CHINESE YEARBOOK
OF
LEGAL EDUCATION

中国法学教育年刊

Chinese Yearbook
of
Legal Education

主　办／中国法学教育研究会
主　编／张文显
副主编／韩大元

2020

（第八卷）

法律出版社
LAW PRESS·CHINA
北京

图书在版编目(CIP)数据

中国法学教育年刊. 2020 : 第八卷 / 张文显主编
. -- 北京 : 法律出版社, 2021
ISBN 978-7-5197-6070-0

Ⅰ. ①中… Ⅱ. ①张… Ⅲ. ①法学教育-中国-2020-年刊 Ⅳ. ①D92-4

中国版本图书馆 CIP 数据核字(2021)第 209607 号

中国法学教育年刊(2020·第八卷)
ZHONGGUO FAXUE JIAOYU NIANKAN (2020·DI-BA JUAN)

张文显 主编

策划编辑 沈小英
责任编辑 沈小英 毛镜澄
装帧设计 汪奇峰

出版发行 法律出版社
编辑统筹 法治与经济出版分社
责任校对 王晓萍
责任印制 吕亚莉
经　　销 新华书店

开本 710 毫米×1000 毫米 1/16
印张 19 **字数** 430 千
版本 2021 年 10 月第 1 版
印次 2021 年 10 月第 1 次印刷
印刷 北京虎彩文化传播有限公司

地址:北京市丰台区莲花池西里 7 号(100073)
网址:www. lawpress. com. cn
投稿邮箱:info@ lawpress. com. cn
举报盗版邮箱:jbwq@ lawpress. com. cn

销售电话:010-83938349
客服电话:010-83938350
咨询电话:010-63939796

书号:ISBN 978-7-5197-6070-0
定价:116.00 元

凡购买本社图书,如有印装错误,我社负责退换。电话:010-83938349

《中国法学教育年刊》
编　委　会

编　辑　部

编辑说明

《中国法学教育年刊》由中国法学会法学教育研究会主办，中国法学会党组成员、学术委员会主任、中国法学会法学教育研究会会长张文显教授任主编，研究会常务副会长韩大元教授任副主编。该书是以法学教育研究为主题的学术文集，也是中国法学教育研究会的学会文集。

在中国法学会的指导下，中国法学会法学教育研究会和编辑部全体工作人员的共同努力下，《中国法学教育年刊》(2012—2013)、《中国法学教育年刊》(2014·第二卷)、《中国法学教育年刊》(2015·第三卷)、《中国法学教育年刊》(2016·第四卷)、《中国法学教育年刊》(2017·第五卷)、《中国法学教育年刊》(2018·第六卷)以及《中国法学教育年刊》(2019·第七卷)分别于2014年、2015年、2016年、2017年、2018年、2019年、2020年顺利出版，在中国法学教育界产生了深远且良好的影响。2021年，在编辑部广泛征集稿件和2020年年会论文集中遴选的基础上，《中国法学教育年刊》(2020·第八卷)顺利编辑并交付出版。现就本书中的各部分内容作如下说明。

"专论"部分收录3篇论文。张文显分析了马克思主义法学中国化的百年历程；王健回顾了新民主主义革命时期的法学教育，蕴含中国特色社会主义法治人才培养工作不断传承和弘扬的红色基因；冀祥德、王纳阐述了中国特色的法学教育模式，法学硕士、法律硕士、法学博士以及全日制、非全日制的具有鲜明中国特色主义法学教育模式的法科研究生格局。

"新时代法学教育"专题收录5篇论文。黄锡生、王中政讨论了在国家治理现代化背景下法科学生的基本素养及培育；华小鹏讨论了国家治理现代化背景下需要提升的法治人才人文素养；杨晓培阐释了新时代高校法治人才培养过程中存在的问题及解决办法；童志锋、郭静忆指出，我们正在进入一个智能化的数字时代，法治人才培养既要随时代的变化而变化，也要德法兼修；屈茂辉、金昱茜运用调查问卷的方法，统计研究数据，对法学专业本科学位论文考察模式的改革方向提出了建议。

"法学实践教育与评价"专题收录5篇论文。申来津、方路锦对线上法学实践教育的教学方式进行了探讨；袁钢分析了我国法律硕士实践能力的评价指标体系构建；郑春燕、王友健对非法本法律硕士培养模式的体系性再造作了研究并提出了自己的建议；吕翾对新时代法学教育与职业深度衔接的课程实施及未来的发展方向进行了分析；张怀印、操友根对新科技革命与知识产权教育改革之间的关系进行了探讨。

"法治人才培养模式"专题收录6篇论文。程雪阳、冯嘉、王振华以法科学生提起公益性诉讼实践为分析对象,讨论了德法兼修的法治人才培养模式;李燕从西南政法大学的教育实践出发,讨论培养法律人才的新格局;胡弘弘、姜明坤讨论了"导师制+学团制+项目制"融通式的地方立法人才培养模式;龙卫球、初殿清从北京航空航天大学的教育实践出发,分析"法律与科技融合"的教育;杜承铭、朱雅妮介绍了法工融合、科技赋能的理工院校培养法治人才的优势;侯明、李玉分析了西藏自治区高校的法治人才培养方式。

"域外经验与启示"专题收录2篇论文。齐凯悦分析了英国高校法律职业伦理教育的发展历程;薛前强、骆广兴翻译的丽贝卡·尼曼的文章,介绍了提升企业诉诸司法能力的课堂,探讨商法对于精英法学教育的重要性。

"信息动态"部分收录了教育部高等学校法学类专业教指委、中国法学会法学教育研究会2020年年会暨"国家治理现代化与法学教育"论坛,中国诊所式法律教育20周年庆典暨"教育、服务与法治"国际论坛以及包括湖北省等10余个省市法学教育研究会的2020年年会综述。

研究资料部分主要包括法学教育研究著作目录和法学教育研究论文,提供有关法学教育研究的相关著作和学术论文,供有兴趣的同仁进一步检索参考。

《中国法学教育年刊》(2020·第八卷)的顺利出版,得到中国法学会和北京市曾宪义法学教育与法律文化基金会的支持。本书的出版也离不开法律出版社的支持,责任编辑负责、高效、专业的工作,使本书增色不少。当然,在本书编辑过程中不免存在一些不足,在论文收集、论文选择等方面也可能不够周全,恳请各位读者、各位理事予以理解和支持,并提出批评和建议,从而使《中国法学教育年刊》日臻完善。

联系邮箱:zgfxjy821@163.com。

《中国法学教育年刊》编辑部

2021年7月

目　录

专　论

新时代法学教育

法学实践教育与评价

法治人才培养模式

域外经验与启示

信息动态

Contents

Monograph

Legal Education in the New Era

Legal Practice Education and Evaluation

Training Modes of Legal Talents

Foreign Experiences

Academic Information

专　　论

马克思主义法学中国化的百年历程*

张文显**

“马克思主义法学中国化”这一科学命题，是“马克思主义中国化”在法治领域的生动实践和在法学领域的具体呈现，是中国共产党人攻坚克难推进法治建设和坚持不懈推动法学创新的历史素描和学理概括。

中国共产党成立之初，党的早期领导人李大钊等就曾经提出把马克思主义应用于中国革命实践的想法，但由于主客观条件的局限，幼年时期的中国共产党尚不可能产生马克思主义中国化的理论思维。历经一系列严重挫折甚至亡党、亡军的危险后，以毛泽东同志为主要代表的中国共产党人深刻认识到对马克思主义的教条主义、本本主义态度的严重危害性，旗帜鲜明地提出“马克思主义中国化”的科学命题，力挽狂澜地开启了马克思主义中国化的历史征程。经过延安整风和党的七大，马克思主义中国化的科学思想逐渐成为全党共识。从此，我们党走上了马克思主义与中国革命、建设、改革实践密切结合的光明正道。中国共产党100年的历史，就是一部把马克思主义基本原理同中国具体实际相结合、不断推进马克思主义中国化的历史。在理论创新与实践创新的良性互动中发展马克思主义，是中国共产党的历史传统和成功经验，也为新时代发展当代中国马克思主义、21世纪马克思主义积累了宝贵经验。

“马克思主义中国化”这一科学命题的核心要义，是将马克思主义基本原理同中国具体实际相结合，既创造性地运用马克思主义，发挥马克思主义在指导中国革命、建设和改革实践中的强大真理力量，又创造性地发展马克思主义，把中国革命、建设和改革的实践经验和历史经验上升为马克思主义理论，形成具有中国特色、历史底蕴、时代精神和实践伟力的马克思主义。

马克思主义理论体系和知识体系博大精深，涉及自然界、人类社会、人类思维各领域，涉及历史、经济、政治、法律、文化、社会、生态、科技、军事、党建、外交等各方面。马克思主义中国化是一个不断探索、不断实践、全面推进的过程，具体体现在马克思主义各组

---

* 原载《吉林大学社会科学学报》2021年第4期。

** 吉林大学法学院教授、中国法学会法学教育研究会会长。

成部分和各方面的中国化。其中,马克思主义法学中国化是马克思主义中国化最重要的方面之一。这是因为,作为马克思主义政党,打碎旧的国家机器、建设新型国家政权、有效治理国家、推进国家治理现代化,是中国共产党领导人民进行革命、建设和改革的首要任务,是领导人民建设社会主义现代化国家的核心课题。在新民主主义革命和社会主义革命时期,我们党致力推翻由帝国主义、封建主义和官僚资本主义所掌控的国家政权,建立人民当家作主的国家政权,建立社会主义国家制度和法律制度;而在革命成功之后,则致力科学有效地治理国家,保证党和国家长治久安,不断推进国家治理现代化。这就必然使以国家和法治理论为主要内容的马克思主义法学在马克思主义中国化进程中具有极其特殊的重大意义。

一、马克思主义法学中国化的历史起点

马克思主义中国化的历史起点是马克思主义传入中国,被中国人民所接受。而马克思主义之所以能够传入中国并成为强大的社会思潮,其主要原因如下。

(一)中华民族救亡图存的艰苦斗争迫切需要马克思主义指引

“理论在一个国家的实现程度,决定于理论满足这个国家的需要的程度。”①毛泽东同志指出:“马克思列宁主义来到中国之所以发生这样大的作用,是因为中国的社会条件有了这种需要,是因为同中国人民革命的实践发生了联系。”②中华民族有5000多年的文明历史,创造了人类历史上无数辉煌成就。但是,1840年鸦片战争以后,在西方列强坚船利炮轰击下,中国危机四起、人民苦难深重,陷入半殖民地半封建社会的黑暗深渊。无数志士仁人前仆后继、不懈探索,寻找救国图存、民族独立、人民解放的道路,却在很长时间内都抱憾而终。太平天国运动、戊戌变法、义和团运动、辛亥革命接连而起,但农民起义、君主立宪、资产阶级共和制等方案都相继失败了。危机下的中国期待着新的社会力量寻找先进理论,以开辟救国救民的正确道路。

在这样的历史背景下,国外各种社会思潮被纷纷介绍到中国,诸如进化论、自由主义、无政府主义、实用主义、改良主义、民粹主义、工团主义、权威主义、民主社会主义等。但是,实践表明,这些理论都解决不了中华民族救亡图存的道路问题,更不可能从根本上解决民族独立、人民解放、国家兴旺的问题。这时,1917年和1919年,相继发生了俄国的十月革命和中国的五四运动。十月革命送来了马克思列宁主义,五四运动推进了马克思主义与中国工人运动的结合,为中国共产党这一马克思主义政党的成立作出了理论准备,创造了实践条件。1921年,在马克思列宁主义同中国工人运动相结合的进程中,中国共产党应运而生。③ 中国共产党的诞生,是中国历史上开天辟地的大事,是中华民族柳暗花明又一村的转折点。

① 马克思、恩格斯:《马克思恩格斯全集》(第1卷),人民出版社1956年版,第462页。

② 毛泽东:《毛泽东选集》(第4卷),人民出版社1991年版,第1515页。

③ 江泽民:《江泽民文选》(第3卷),人民出版社2006年版,第265~266页。

（二）新文化运动为马克思主义在中国的传播打开了道路

革命的起步离不开思想的启蒙。新文化运动是由陈独秀、李大钊、鲁迅、胡适、蔡元培等一批先进知识分子发起的思想启蒙运动，五四运动是新文化运动的巅峰。习近平总书记在纪念五四运动100周年大会上的讲话中指出："五四运动，以彻底反帝反封建的革命性、追求救国强国真理的进步性、各族各界群众积极参与的广泛性，推动了中国社会进步，促进了马克思主义在中国的传播，促进了马克思主义同中国工人运动的结合，为中国共产党成立做了思想上干部上的准备，为新的革命力量、革命文化、革命斗争登上历史舞台创造了条件，是中国旧民主主义革命走向新民主主义革命的转折点，在近代以来中华民族追求民族独立和发展进步的历史进程中具有里程碑意义。"①五四运动前后，我国一批先进知识分子和革命青年，高举"民主"和"科学"的旗帜，在追求真理中传播新思想新文化，勇于打破封建思想的桎梏，猛烈冲击了几千年来的封建旧礼教、旧道德、旧思想、旧文化，为马克思主义等新思想、新理论在中国的传播打开了道路。经过五四运动的洗礼，越来越多的中国先进分子集合在马克思主义旗帜下，产生了以李大钊、陈独秀、毛泽东、蔡和森、瞿秋白等为代表的第一批具有共产主义思想的知识分子。

（三）俄国十月革命给中国送来了马克思列宁主义

马克思主义在20世纪初开始传入中国，但总体而言没有成为一种社会思潮，也没有同中国革命真正结合起来。马克思主义是通过俄国十月革命在中国得到广泛传播的，正如毛泽东同志所说，"十月革命一声炮响，给我们送来了马克思列宁主义"。② 马克思主义国家和革命学说在俄国的成功实践，使破解救亡图存时代课题、探寻民族独立之路却屡遭挫败的中国先进分子受到极大的鼓舞和启迪，使中华儿女看到了中国革命的新希望，渴望这一理论能够在中国尽快实现。正是在这样的背景下，中国先进分子从各种社会思想中选择并接受了马克思主义，产生了以李大钊为代表的一批马克思主义者。他们尝试以马克思主义和十月革命经验探索中国革命规律和中国革命道路，站到了马克思主义与中国革命相结合的历史新起点上。在马克思主义中国化的历史起点上，中国共产党人的杰出代表陈独秀、李大钊、瞿秋白、毛泽东等发挥了先驱者作用。

陈独秀是新文化运动的旗手、在中国传播马克思主义的先行者，中国共产党的主要创始人之一，对马克思主义在中国的传播和中国共产党的建立作出了重要贡献。毛泽东同志曾经指出，"对陈独秀应该承认他对中国共产党和中国人民是有功劳的，大体上如同俄国的普列汉诺夫"，③陈独秀"是五四运动时期的总司令，整个运动实际上是他领导的，他与周围的一群人，如李大钊同志等，是起了大作用的"。④ 陈独秀创办的《新青年》是新

① 习近平：《论中国共产党历史》，中央文献出版社2021年版，第239～240页。

② 毛泽东：《毛泽东选集》（第4卷），人民出版社1991年版，第1471页。

③ 毛泽东：《毛泽东文集》（第3卷），人民出版社1996年版，第283页。

④ 毛泽东：《毛泽东文集》（第3卷），人民出版社1996年版，第294页。

文化运动的主阵地,十月革命后亦作为宣传马克思主义的重要阵地。1920年5月,陈独秀在上海成立马克思主义研究会,组织一大批具有共产主义思想的先进分子译介、研读、阐释和宣传马克思主义,为建党汇聚优秀分子。建党之前,他和李大钊创建了《每周评论》,号召广大知识分子走进工厂和农村,了解工人和农民。1921年中国共产党第一次全国代表大会通过了党的第一个《中国共产党纲领》,明确党的基本任务是坚持无产阶级革命与无产阶级专政,消灭私有制,最终实现社会主义和共产主义。1922年,在陈独秀的主持下,党的二大根据中国国情提出了革命的最低纲领和最高纲领,确立中国革命必须分"两步走"的战略方针。毛泽东同志形象地把"两步走"比喻为文章的上篇与下篇。把中国革命分为最低纲领和最高纲领,把新民主主义革命和社会主义革命看作文章上篇与下篇,是把马克思主义基本原理与中国革命实际相结合的伟大成果。党的二大取得的一系列重要成果为后来提出马克思主义中国化铺垫了思想基础。

李大钊是中国共产主义运动的先驱、伟大的马克思主义者、杰出的无产阶级革命家、中国共产党的主要创始人之一,是20世纪初我国思想文化界的一位杰出人物。① 1913年,他东渡日本留学,开始接触社会主义思想和马克思主义学说。1916年回国后,他积极投身新文化运动,宣传民主、科学精神,抨击旧礼教、旧道德,向封建顽固势力展开猛烈斗争。1917年俄国十月革命胜利后,李大钊备受鼓舞,连续发表一系列文章和演讲,热情讴歌十月革命。他以敏锐的眼光,深刻认识到十月革命将对20世纪世界历史进程产生划时代的影响,也从中看到了中华民族争取独立和中国人民求得解放的希望之光。1919年,伟大的五四运动爆发,李大钊热情投入并参与领导了五四运动。在这场运动中,他更加致力于马克思主义的宣传,并做了大量工作。他在《新青年》发表的《我的马克思主义观》,系统介绍了马克思主义理论,标志马克思主义开始在中国得到比较系统的传播。1920年3月,李大钊在北京大学发起组织创立马克思学说研究会,并积极推动建立全国范围的共产党组织,为中国共产党的创建作出了至关重要的贡献。

李大钊是马克思主义与中国实际相结合的思想先驱。他较早地认识到马克思主义是科学而不是抽象的学理和不变的教条,研究马克思主义必须研究它"怎样应用于中国今日的政治经济情形",并在这个过程中把这一理论推向前进。他强调,正确认识国情非常重要,考虑中国的问题,是不能置国情于不顾的。他十分重视马克思主义在中国具体情况下的实际运用,马克思主义"是一个时代的产物","不要忘了他的时代环境和我们的时代环境"。他强调,社会主义"用以为实际的运动"时,它会"因时、因所、因事的性质"发生"适应环境的变化",②要在运用中加以发展。"社会主义的实现,离开人民本身,

① 王沪宁:《在纪念李大钊同志诞辰130周年座谈会上的讲话》,载《人民日报》2019年10月28日,第3版。

② 李大钊:《李大钊文集》(第3卷),人民出版社1999年版,第3页。

是万万作不到的。”①因此，他在研究和传播马克思主义的过程中，理论联系实际，不仅重视工人阶级在革命中的先锋作用，直接从事工人运动，而且重视农民在革命中的主力军作用，并积极发动和组织农民斗争。

毛泽东同志是中国共产党、中国人民解放军、中华人民共和国的主要缔造者，是伟大的马克思主义者，是马克思主义中国化的伟大开拓者，是领导中国人民彻底改变自己命运和国家面貌的一代伟人。毛泽东同志在青年时期就立下拯救民族于危难的远大志向。十月革命后，毛泽东同志热情地宣传十月革命，宣传马克思主义，从纷然杂陈的各种观点和路径中，经过反复比较和鉴别，毅然选择了马克思主义。从大革命失败的教训中，毛泽东同志深刻认识到，面对中国的特殊国情，中国革命将是一个长期过程，不能以教条主义的观点对待马克思主义，必须从中国实际出发，实现马克思主义中国化。毛泽东同志创造性地解决了马克思主义基本原理同中国具体实际相结合的一系列重大问题，使马克思主义在中国大地落地生根、开花结果。

瞿秋白是中国共产党早期领导人之一，他以马克思主义与俄国革命相结合的生动实践为范例，宣传十月革命的经验，推动马克思列宁主义与中国革命实际相结合。在大革命失败的历史危急关头，瞿秋白主持召开中共中央紧急会议（“八七会议”），坚决地纠正和结束了陈独秀的右倾投降主义，确定了土地革命和武装反抗国民党反动派的总方针，这是马克思主义与中国实际相结合的重要标志性事件，是中国共产党历史上的一个重要转折点。

虽然党的早期领导人都曾经提出，把马克思主义应用到中国的实践当中去，也进行过一些探索，但在这个时期，党对于马克思主义必须与中国实际相结合这个根本问题还没有达成广泛共识。党的中央领导集体真正深刻认识到这个问题的重要性是在20世纪30年代，就全党来讲，则是在延安时期。第一个明确提出“马克思主义中国化”命题的是毛泽东同志。1938年，中共中央在陕北召开了扩大的中央六届六中全会，在这次会议上，毛泽东同志第一次明确提出了“马克思主义的中国化”的理论命题，并指出，所谓马克思主义的中国化，就是马克思主义的具体化，即按照中国的特点去应用它，把马克思主义应用到中国具体环境的具体斗争中去。② 1939年，在《〈共产党人〉发刊词》中，毛泽东同志更加完整准确地提出“将马克思列宁主义的理论和中国革命的实践相结合”的著名论断。③ 随后，毛泽东同志在一系列著作中对马克思主义中国化作了深刻的论证与阐释。

在马克思主义中国化历史进程中，马克思主义法学中国化是其最重要的一个方面，因为中国革命的中心问题是国家政权问题，是推翻“三座大山”、建立人民民主专政的新国家，让国家的一切权力属于人民，让人民成为国家、社会和自己命运的主人，让法治成

① 李大钊：《李大钊文集》（第3卷），人民出版社2006年版，第32页。
② 中央档案馆编：《建党以来重要文献选编》（1921－1949），中央文献出版社2011年版，第651页。
③ 毛泽东：《毛泽东选集》（第2卷），人民出版社1991年版，第611页。

为真正保障民权的良法善治。所以,马克思主义中国化最核心的是其国家和法治理论的中国化。由此,马克思主义法学的中国化是马克思主义中国化历史进程中的一条主线。

习近平总书记指出:“在人类思想史上,没有一种思想理论像马克思主义那样对人类产生了如此广泛而深刻的影响。”①这一科学判断完全可以用来叙说马克思主义法学的划时代意义。对马克思主义法学的划时代意义,可以用一句话集中概括,即“马克思主义法学使法学成为一门真正的科学”。在19世纪,马克思、恩格斯写下了《黑格尔法哲学批判》《神圣家族》《德意志意识形态》《路德维希·费尔巴哈和德国古典哲学的终结》《反杜林论》《家庭、私有制和国家的起源》《资本论》等一系列重要著述,发表了《共产党宣言》,深入揭示了法与统治阶级的内在联系,法与国家之间的必然联系,法与社会物质生活条件的因果联系,法在不同社会、不同国家的不同目的、作用和价值。正是由于他们现实地深入法的实践中,拨云见日般地揭示了法律现象内部的本质以及法律发展的客观规律,才实现了人类法学思想史上的伟大革命,使法学成为一门真正的科学,成为无产阶级革命的强大理论武器。

马克思主义法学不仅为我们认识国家和法治现象提供了科学方法,而且成为中国共产党领导人民夺取国家政权、建立和完善社会主义国家制度和法律制度的坚实理论基础。在陈独秀、李大钊、毛泽东、董必武等中国共产党创始人的大量著作、文稿和译著中,以国家和法治理论为主要内容的法学著述位列第一,且与中国革命相联系、与中华法治文明相融贯、与世界法治文明相融通,开辟马克思主义法学中国化之先河。

二、马克思主义法学中国化的第一次历史性飞跃

20世纪以来,马克思主义在中国广泛传播和深入发展。中国共产党把马克思主义的普遍原理与中国实际相结合,在革命、建设、改革的伟大实践中,创立了毛泽东思想,创立了邓小平理论、形成了“三个代表”重要思想、形成了科学发展观,创立了习近平新时代中国特色社会主义思想,实现了马克思主义中国化3次历史性飞跃。在这一历史进程中,马克思主义法学中国化也相应地发生了3次历史性飞跃,产生了以毛泽东法律思想、中国特色社会主义法治理论、习近平法治思想为主要理论标志的重大成果。马克思主义法学中国化的3次历史性飞跃是马克思主义法学理论既一脉相承又与时俱进的生动体现。

(一)毛泽东法律思想的创立,开启了马克思主义法学中国化历史进程

在领导中国革命和建设的长期实践中,以毛泽东同志为主要代表的中国共产党人,把马克思主义的基本原理同中国革命的具体实际结合起来,创立了毛泽东思想。毛泽东思想蕴含丰富而深刻的国家和法治理论,学术界称为“毛泽东法律思想”。在新民主主义革命、社会主义革命和社会主义建设的各个时期,毛泽东同志发表了一系列有关国家和法治的论著、讲话,推动出台了一系列有关法治的重要文献,具有代表性标志性的有:《新民主主义论》《论政策》《论联合政府》《论人民民主专政》《关于废除伪法统》《关于废除

① 习近平:《论中国共产党历史》,中央文献出版社2021年版,第199页。

国民党的六法全书与确定解放区的司法原则的指示》等。在社会主义国家制度和法律制度建设实践中，毛泽东、周恩来、刘少奇、董必武等发表了一系列论著和讲话，如毛泽东的《关于中华人民共和国宪法草案》《关于正确处理人民内部矛盾的问题》，周恩来的《专政要继续，民主要扩大》，刘少奇的《关于中华人民共和国宪法草案的报告》，董必武的《关于党在政治法律方面的思想工作》《进一步加强人民民主法制，保障社会主义建设事业》等。这些论著和讲话集中体现了马克思主义法学中国化的理论成果——毛泽东法律思想，深刻论述了国家和法治的一般原理、社会主义国家制度和法律制度的基本理论、宪法理论等，为建设工人阶级领导的、以工农联盟为基础的人民民主专政的国体、人民代表大会制度的政体和国家各项基本制度确立了理论基础；深刻论述了社会主义法制，为推进有法可依、有法必依，构建社会主义法律秩序，提供了战略思想；深刻阐述了社会主义条件下的政法工作、刑事政策策略等思想，为保障人民民主和权利、维护国家安全和社会稳定，提供了根本遵循。正是在毛泽东法律思想的科学指引下，党领导人民开启了社会主义法治新纪元。

（二）毛泽东法律思想具有鲜明的革命性

毛泽东法律思想是在中国革命的伟大实践中应运而生的，并指引人民打碎旧的国家机器、摧毁旧的法律制度，废除伪法统、建立新法制的实践。20 世纪 40 年代，在新民主主义革命和人民解放战争取得决定性胜利的历史条件下，毛泽东同志以马克思主义国家观和法律观告诫全党，新民主主义的、社会主义的法制和新中国的法律秩序，绝对不能在国民党旧法统的基础上建立起来，而必须运用革命的暴力手段，彻底打碎国民党的国家机器，废除国民党旧法统，废除国民党反动政府的“六法全书”。1949 年元旦，面对彻底垮台的大势，蒋介石发表“救死求和”声明，提出“和议”的最低要求，其中之一，就是“神圣的宪法不由我而违反，民主宪法不因此而破坏，中华民国的国体能够确保，中华民国的法统不致中断”。[①] 对此，毛泽东同志亲自为新华社起草了《评战犯求和》的评论，驳斥了蒋介石的“法统不致中断”的谬论。紧接着，于 1949 年 1 月 14 日发表了《中共中央毛泽东主席关于时局的声明》，提出了包括废除伪宪法、废除伪法统等在内的国共和平谈判的 8 项条件。随后，中共中央于 1949 年 2 月发出了《关于废除国民党的六法全书与确定解放区的司法原则的指示》。1949 年 9 月 29 日，中国人民政治协商会议第一届全体会议通过的《中国人民政治协商会议共同纲领》第 17 条明确规定：“废除国民党反动政府一切压迫人民的法律、法令和司法制度，制定保护人民的法律、法令，建立人民司法制度。”其后，作为国民党反动政府统治之法律基础的“六法全书”在中国被彻底废除并丧失法律效力，而代之以人民民主的、社会主义的法律和司法机关。

（三）毛泽东法律思想具有鲜明的实践性

在新民主主义革命时期，毛泽东法律思想把马克思主义国家和法治理论同中国革命

---

① 毛泽东：《毛泽东选集》（第 4 卷），人民出版社 1991 年版，第 1381 页。

的具体实践结合起来,在中央苏区和革命根据地建立了新民主主义的政权组织,探索创建了新型法律制度,充分彰显出马克思主义法学中国化的实践伟力。中央苏区制定的《中华苏维埃共和国宪法大纲》,陕甘宁边区通过的《陕甘宁边区施政纲领》、创造的"马锡五审判方式",华北临时人民代表大会通过的《华北人民政府施政方针》等法制建设的历史性成就是这一时期马克思主义法学中国化的重要理论和制度成果。

新中国成立之初,我们党在废除旧法统的同时,积极运用中央苏区和革命根据地法制建设的成功经验,制定具有临时宪法性质的《中国人民政治协商会议共同纲领》,抓紧开展立法工作和法律机构建设,很快就奠定了社会主义法治的基础。1954 年 9 月 20 日,第一届全国人民代表大会第一次会议通过了《宪法》。这部宪法以国家根本大法的形式,确认了近代 100 多年来中国人民为反对内外敌人、争取民族独立和人民自由幸福进行的英勇斗争成果,确认了中国共产党领导中国人民夺取新民主主义革命胜利、进行社会主义革命的历史变革。这部《宪法》以人民民主和社会主义两大原则为统领,规定了我国的国体、政体、国家机构、公民基本权利和义务等,实现了人民民主和社会主义民主的法律化、制度化。《中国人民政治协商会议共同纲领》《宪法》以建国大纲、根本法、总章程的形式,集中体现了毛泽东法律思想。

(四)毛泽东法律思想具有鲜明的科学性

毛泽东法律思想是一个内容丰富、论述深刻的科学理论体系。其中,最具标志性的科学理论包括历史唯物主义的法律观、国体政体理论、宪法制度理论、社会主义法制理论、党内法规理论等。

关于国体政体的理论。在领导中国人民夺取政权、巩固人民民主专政国家政权和发展社会主义民主的革命和建设时期,国体和政体问题是革命和建设的根本问题,毛泽东法律思想自然也就聚焦于国体和政体问题。毛泽东同志在《新民主主义论》《论人民民主专政》《关于中华人民共和国宪法草案》等经典著作中,科学阐述了国体和政体理论。毛泽东同志精辟地指出:"这个国体问题,从前清末年起,闹了几十年还没有闹清楚。其实,它只是指的一个问题,就是社会各阶级在国家中的地位。"①"所谓'政体'问题,那是指的政权构成的形式问题,指的一定的社会阶级取何种形式去组织那反对敌人保护自己的政权机关。"②国体决定政体,政体表征国体。毛泽东同志强调,我国的国体是工人阶级领导(经过共产党)的以工农联盟为基础的人民民主专政,我国的政体是人民代表大会制度。毛泽东思想的国体政体理论是建立、发展和巩固人民民主专政的社会主义国家制度和法律制度的理论基石和根本指针。

关于宪法制度的理论。毛泽东同志等无产阶级革命家从投入革命斗争的那一天起,就致力建设与专制独裁政权根本不同的新民主主义和社会主义的人民共和国,实行民主

① 毛泽东:《毛泽东选集》(第 2 卷),人民出版社 1991 年版,第 676 页。

② 毛泽东:《毛泽东选集》(第 2 卷),人民出版社 1991 年版,第 677 页。

政治，建立宪法制度。在他们有关新民主主义和社会主义国家和法治的理论中，包含丰富的宪法思想。毛泽东同志指出："世界上历来的宪政，不论是英国、法国、美国，或者是苏联，都是在革命成功有了民主事实之后，颁布一个根本大法，去承认它，这就是宪法。"①在制定中华人民共和国第一部宪法的时候，他指出："一个团体要有一个章程，一个国家也要有一个章程，宪法就是一个总章程，是根本大法。用宪法这样一个根本大法的形式，把人民民主和社会主义原则固定下来，使全国人民有一条清楚的轨道，使全国人民感到有一条清楚的明确的和正确的道路可走，就可以提高全国人民的积极性。"②毛泽东同志还用非常形象的比喻，称我国宪法是社会主义制度的"四梁八柱"。

毛泽东同志非常重视宪法的人民性、民主性和人权保障，指出，世界上有不同类型的宪法，"我们的宪法是新的社会主义类型，不同于资产阶级类型"，③"人民民主的原则贯串在我们整个宪法中"，④"我们的民主不是资产阶级的民主，而是人民民主"，⑤"我们的宪法，就是比他们革命时期的宪法也进步得多"。⑥ 早在20世纪20年代，毛泽东、周恩来等就发出"争人权""为自由和人权而战"的呼唤，号召人民群众向帝国主义、封建主义和官僚资本主义争人权，为全中国人民的自由和人权而战，并轰轰烈烈地开展了农民运动和工人运动，打土豪，分田地，闹工潮，争自由，建立红色政权和革命根据地。在抗日战争期间，中国共产党团结、动员一切爱国民主力量，反侵略，打日寇，救亡图存，保卫国家的独立和民族的生存。抗战胜利后，针对蒋介石发动的内战，中国共产党领导全国人民反内战、反饥饿、争民主、争自由，建立了以工人阶级为领导、以工农联盟为基础的人民民主专政的社会主义国家，彻底结束了中国人民100多年来任人宰割、受尽欺凌的屈辱历史和长期战乱、民不聊生的悲惨局面，使中国人民有史以来第一次获得了普遍、平等的人权，获得了广泛的政治自由和经济社会权利。

毛泽东同志亲自主持了我国宪法文本的起草工作，他主张在宪法文本中安排一个内容丰富的序言。通过宪法序言，人们可以清楚地了解中华人民共和国过去从哪里来，现在是什么样，未来向何处去，可以极大地增强我们的历史自信、现实自信、未来自信。这是马克思主义宪法理论的重大创新，闪耀着马克思主义法学理论中国化的思想光芒。

关于社会主义法制的理论。在法制理论方面，毛泽东法律思想提出了一系列重要的法律思想、法律原则和法律制度，例如：民主和社会主义相结合、纲领性和灵活性相结合、领导与群众相结合的立法思想；有法可依，不仅需要民法，也需要刑法，无法无天不行，没有法律不行，不仅要制定法律，还要编案例；有法必依，我们的法律是劳动人民自己制定

① 毛泽东：《毛泽东文集》(第6卷)，人民出版社1999年版，第735页。
② 毛泽东：《毛泽东文集》(第6卷)，人民出版社1999年版，第328页。
③ 毛泽东：《毛泽东文集》(第6卷)，人民出版社1999年版，第326页。
④ 毛泽东：《毛泽东文集》(第6卷)，人民出版社1999年版，第326页。
⑤ 毛泽东：《毛泽东文集》(第6卷)，人民出版社1999年版，第326页。
⑥ 毛泽东：《毛泽东文集》(第6卷)，人民出版社1999年版，第326页。

的,它是维护革命秩序、保护劳动人民利益、保护社会主义经济基础、保护生产力的,所有的人都必须守法,特别是国家机关工作人员要带头实行,不得破坏革命的法制;对反革命分子和严重刑事犯罪,要注意打得稳、打得准、打得狠;提出一系列契合传统法律文化、符合现实国情的刑事政策,如宽严相济,镇压和宽大相结合、惩罚与教育相结合,重证据、不搞刑讯逼供,设立"死缓"制度等。

关于党内法规的理论。1938 年,在党的六届六中全会扩大会议上,针对王明不服从中央决定、公开发表同中央不一致意见,张国焘拒绝执行中央的北上方针、严重破坏党的纪律等严重危害党的行为,毛泽东同志在《论新阶段》的政治报告中提出:"为使党内关系走上正轨,除了上述四项最重要的纪律外,还须制定一种较详细的党内法规,以统一各级领导机关的行动。"①党内法规概念的提出和一系列党内法规的制定和实施,特别是党的七大通过新党章,有力推进了党的规范化制度化建设,维护了党的团结统一,凝聚了党的伟大力量,保证了新民主主义革命的伟大胜利,也极大地丰富和发展了马克思主义法学理论和政党理论,为我们党在新时代明确提出"党内法规制度体系""依规治党"积累了丰硕的理论成果和实践经验。

在毛泽东法律思想的指引下,建立在废除国民党"六法全书"及其法学体系废墟上的社会主义新法学,以马克思主义国家和法治理论为根基,以马克思主义的立场、观点、方法为指南,批判封建主义和资产阶级反人民、反科学的政治法律观点,开展了一系列法学理论问题和法制实践问题的研讨活动,重要议题包括我国社会主义阶段法的性质和作用、法学的研究对象、新法与旧法、国体与政体、民主与专政、政治与法律、国家与法制、法制与文明、政策与法律、党的领导与依法办事、守法与违法、法律与道德、社会主义司法制度、政法工作如何区分两类矛盾、资产阶级法权、镇压反动与保护人民、惩罚犯罪与保护善良、刑事政策、犯罪构成、特赦制度及其实施、死刑复核、诉讼证据、举证责任、枫桥经验、婚姻法和离婚裁判标准、合同制度、法律与和平、和平共处基本原则、主权与人权、国际法体系等,为马克思主义法学中国化作出了开拓性的历史性贡献。

三、马克思主义法学中国化的第二次历史性飞跃

党的十一届三中全会以后,以邓小平同志为主要代表的中国共产党人,团结带领全党全国各族人民,坚持解放思想、实事求是,深刻总结我国社会主义建设正反两方面经验,借鉴世界社会主义历史经验,实现全党工作中心向经济建设的转移;实行改革开放,开辟了社会主义事业发展的新时期,逐步形成了建设中国特色社会主义的路线、方针、政策;阐明了在中国建设社会主义、巩固和发展社会主义的基本问题,创立了邓小平理论,成功开创了中国特色社会主义。

党的十三届四中全会以后,以江泽民同志为主要代表的中国共产党人,团结带领全党全国各族人民,坚持党的基本理论、基本路线,加深了对什么是社会主义、怎样建设社

① 毛泽东:《毛泽东选集》(第 2 卷),人民出版社 1991 年版,第 528 页。

会主义和建设什么样的党、怎样建设党的认识,积累了治党治国新的宝贵经验,形成了“三个代表”重要思想,成功把中国特色社会主义推向21世纪。

党的十六大以后,以胡锦涛同志为主要代表的中国共产党人,团结带领全党全国各族人民,坚持以邓小平理论和“三个代表”重要思想为指导,根据新的发展要求,深刻认识和回答了新形势下实现什么样的发展、怎样发展等重大问题,形成了科学发展观,成功在新的历史起点上坚持和发展了中国特色社会主义。

邓小平理论、“三个代表”重要思想、科学发展观开启了马克思主义中国化进程的第二次历史性飞跃。邓小平理论开辟了中国特色社会主义法治道路,创立了中国特色社会主义法治理论,“三个代表”重要思想和科学发展观拓展、深化和创新了中国特色社会主义法治理论,谱写了改革开放新时期马克思主义法学中国化新篇章。

(一)邓小平理论创立了中国特色社会主义法治理论,开启了马克思主义法学中国化新时期

作为伟大的马克思主义者,伟大的无产阶级革命家、政治家、战略家、改革开放的总设计师,邓小平总是从建设中国特色社会主义的战略高度来思考法治问题,把法治建设放在什么是社会主义、怎样建设社会主义的总体布局内论述。这主要体现在:

第一,邓小平始终从社会主义本质、社会主义制度的必然要求、社会主义现代化建设的题中之意的战略高度来论述民主和法制问题,强调没有民主和法制,就没有社会主义,就没有社会主义的现代化,并指出:“我们要在大幅度提高社会生产力的同时,改革和完善社会主义的经济制度和政治制度,发展高度的社会主义民主和完备的社会主义法制。”①

第二,从防止出现颠覆性、根本性错误,特别是避免像“文化大革命”那样的事件重演的战略高度论述民主和法制问题,告诫党和人民“搞人治危险得很”,“搞法制靠得住些”。

第三,从保证社会稳定和经济发展的战略高度论述民主和法制问题,反复强调党和政府要学会运用法律办事,“这是现在和今后发展社会主义民主、健全社会主义法制的过程中要求我们必须尽快学会处理的新课题”。② 邓小平经常告诫党和人民,中国要发展起来,要实现四个现代化,没有良好的法制环境、严明的纪律和法律,政局不稳,就什么事情也搞不成。

由于问题提得如此敏锐和严峻,故邓小平强调,“为了实现四个现代化,必须发扬社会主义民主和加强社会主义法制”。③ “这是我们党坚定不移的方针”,“这是三中全会以

① 邓小平:《邓小平文选》(第2卷),人民出版社1994年版,第208页。
② 邓小平:《邓小平文选》(第2卷),人民出版社1994年版,第371页。
③ 邓小平:《邓小平文选》(第2卷),人民出版社1994年版,第187页。

来中央坚定不移的基本方针,今后也决不允许有任何动摇”。①

邓小平民主法制思想十分丰富,极其深刻。其精髓在于:

法治立国论。自古以来,对于怎么治理国家,是人治,还是法治?一直存有争论。在比较国内外的历史经验和现实教训的基础上,邓小平着力彻底解决人治与法治问题,并明确提出依靠法制治理国家的方针,要通过政治体制改革处理好“法治和人治的关系”。② 在邓小平主持下制定的《中共中央关于建国以来党的若干历史问题的决议》深刻分析了这一教训,指出,种种历史原因使“我们没有能把党内民主和国家政治社会生活的民主加以制度化、法律化,或者虽然制定了法律,却没有应有的权威”,这“就使党和国家难以防止和制止‘文化大革命’的发动和发展”。③ “为了保障人民民主,必须加强社会主义法制,使民主制度化、法律化,使这种制度和法律具有稳定性、连续性和极大的权威。”④

从20世纪80年代初到1992年南方谈话,邓小平不下10次强调党和国家的长治久安要靠法治,靠制度。1980年,邓小平说:“要认真建立社会主义民主制度和社会主义法制。只有这样,才能解决问题。”⑤1980年,在《党和国家领导制度的改革》这篇著名讲话中,邓小平极其深刻地指出:“制度好可以使坏人无法任意横行,制度不好可以使好人无法充分做好事,甚至会走向反面。”“领导制度、组织制度问题更带根本性、全局性、稳定性和长期性。”⑥基于对共产主义运动和社会主义国家历史经验教训的深刻反思,他反复强调,“还是要靠法制,搞法制靠得住些”。⑦ 邓小平揭示的人治必然导致难以为继、人亡政息的规律深刻地教育了党和人民,坚定了党和人民法治立国、厉行法治的信念。

依法治国论。基于新中国成立以来政治运动接连不断而给党、国家、社会和人民带来痛苦和灾难,对经济社会发展造成严重冲击和损害的教训,邓小平提出,今后“不能采取过去搞政治运动的办法,而要遵循社会主义法制的原则”。⑧ 无论是解决人民内部矛盾,还是解决敌我矛盾,都要遵循法制。“搞四个现代化一定要有两手,只有一手是不行的。所谓两手,即一手抓建设,一手抓法制。”⑨

在推进法制建设的进程中,邓小平强调,我国社会将长期处于社会主义初级阶段,我国的社会主义民主和法制建设必须以这个基本国情为依据;中国共产党在社会主义初级

① 邓小平:《邓小平文选》(第2卷),人民出版社1994年版,第359页。
② 邓小平:《邓小平文选》(第3卷),人民出版社1993年版,第177页。
③ 中共中央文献研究室:《三中全会以来重要文献选编》(下),中央文献出版社2011年版,第151页。
④ 中共中央文献研究室:《三中全会以来重要文献选编》(上),中央文献出版社2011年版,第9页。
⑤ 邓小平:《邓小平文选》(第2卷),人民出版社1994年版,第348页。
⑥ 邓小平:《邓小平文选》(第2卷),人民出版社1994年版,第333页。
⑦ 邓小平:《邓小平文选》(第3卷),人民出版社1993年版,第379页。
⑧ 邓小平:《邓小平文选》(第2卷),人民出版社1994年版,第371页。
⑨ 邓小平:《邓小平文选》(第3卷),人民出版社1993年版,第154页。

阶段的基本路线是社会主义民主和法制建设的根本遵循；必须以“是否有利于发展社会主义社会的生产力、是否有利于增强社会主义国家的综合国力、是否有利于提高人民的生活水平”作为评价社会主义民主法制的根本标准；坚持和改善中国共产党的领导是加强社会主义民主、健全社会主义法制的政治保障；推进经济体制改革和政治体制改革，是发展社会主义民主、健全社会主义法制的强大动力；在社会主义民主和法制建设中，既要认真地划清社会主义民主法制与资产阶级民主法制的界限，又要大胆地借鉴资产阶级民主法制的有益经验。“实现民主和法制，同实现四个现代化一样，不能用大跃进的做法，不能用‘大鸣大放’的做法。就是说，一定要有步骤，有领导。否则，只能助长动乱，只能妨碍四个现代化，也只能妨碍民主和法制。”①

民主法制关系论。民主和法制的关系是邓小平论述较多的法学原理问题。从20世纪70年代末到20世纪90年代初，邓小平反复强调：“民主和法制，这两个方面都应该加强，过去我们都不足。要加强民主就要加强法制。没有广泛的民主是不行的，没有健全的法制也是不行的……民主要坚持下去，法制要坚持下去。这好像两只手，任何一只手削弱都不行。”②“政治体制改革包括民主和法制。我们的民主同法制是相关联的。”③在邓小平理论指导下制定的《中共中央关于社会主义精神文明建设指导方针的决议》指出：“不要社会主义民主的法制，决不是社会主义法制；不要社会主义法制的民主，决不是社会主义民主。”④在社会主义条件下，民主与法制相互依存、相互保障、相互促进。一方面，民主要通过法制来体现和保障。“为了保障人民民主，必须加强法制。必须使民主制度化、法律化，使这种制度和法律不因领导人的改变而改变，不因领导人的看法和注意力的改变而改变。”⑤“要使我们的宪法更加完备、周密、准确，能够切实保证人民真正享有管理国家各级组织和各项企业事业的权力，享有充分的公民权利。”另一方面，民主要纳入法制的轨道，公民依法行使民主权利，国家机关依法保障公民权利。总之，“社会主义民主和社会主义法制是不可分的。不要社会主义法制的民主，不要党的领导的民主，不要纪律和秩序的民主，决不是社会主义民主”。⑥

（二）“三个代表”重要思想深化、拓展和创新了中国特色社会主义法治理论，把马克思主义法学中国化推向新世纪

“三个代表”重要思想强调，中国共产党必须始终代表中国先进生产力的发展要求、代表中国先进文化的前进方向、代表中国最广大人民的根本利益，这是我们党的立党之本、执政之基、力量之源，也是法学理论创新、法律制度创新和法治实践创新的根本指针

① 邓小平：《邓小平文选》（第2卷），人民出版社1994年版，第257页。

② 邓小平：《邓小平文选》（第2卷），人民出版社1994年版，第189页。

③ 邓小平：《邓小平文选》（第3卷），人民出版社1993年版，第244页。

④ 中共中央文献研究室：《十二大以来重要文献选编》（下），中央文献出版社2011年版，第130页。

⑤ 邓小平：《邓小平文选》（第2卷），人民出版社1994年版，第146页。

⑥ 邓小平：《邓小平文选》（第2卷），人民出版社1994年版，第359页。

和价值导向。代表中国先进生产力的发展要求,必然要求法学理论和法治建设符合生产力发展的规律,体现解放和发展社会生产力的根本要求;代表中国先进文化的前进方向,必然要求法学理论和法治建设要面向现代化、面向世界、面向未来,发展社会主义法治文化,培育和弘扬社会主义法治精神,为依法治国、建设社会主义法治国家夯实思想文化基础;代表中国最广大人民的根本利益,必然要求法学理论和法治建设始终把人民的根本利益作为出发点和归宿,切实尊重和保障人权和公民权利,在经济社会不断发展的基础上,使人民群众获得更全面、更殷实的利益。

"三个代表"重要思想对中国特色社会主义法治理论的深化、拓展和创新主要体现在:

第一,创造性地提出了依法治国、建设社会主义法治国家的基本方略和奋斗目标。作为中国共产党第三代领导核心,江泽民同志在党的历史上首次明确提出"依法治国,建设社会主义法治国家"。从20世纪50年代关于人治与法治的讨论到党的十五大宣布"依法治国,建设社会主义法治国家",其间经历了40多年的风风雨雨,最终我们党选择了依法治国、建设社会主义法治国家的正确道路。

第二,深刻阐述了依法治国的本质规定和核心要义。江泽民同志指出:"依法治国,是党领导人民治理国家的基本方略,是发展社会主义市场经济的客观需要,是社会文明进步的重要标志,是国家长治久安的重要保障。"①"依法治国,就是广大人民群众在党的领导下,依照宪法和法律规定,通过各种途径和形式管理国家事务,管理经济文化事业,管理社会事务,保证国家各项工作都依法进行,逐步实现社会主义民主的制度化、法律化,使这种制度和法律不因领导人的改变而改变,不因领导人看法和注意力的改变而改变。"②

第三,深刻阐述了社会主义市场经济条件下法制与经济和社会发展的关系。江泽民同志指出:"经济的发展,社会的进步,都离不开法制的健全。经济和社会的发展,呼唤着法制的完善;反过来,法制的完善,又会进一步促进经济繁荣和社会进步。"③"世界经济的实践证明,一个比较成熟的市场经济,必然要求并具有比较完备的法制。"④

第四,深刻阐述了法制与社会文明的关系。伟大的无产阶级革命家、杰出的马克思主义法学家董必武曾经深刻指出:"说到文明,法制要算一项。"⑤江泽民同志进一步阐明了这一观点,指出:"依法治国是社会进步、社会文明的一个重要标志,是我们建设社会主义现代化国家的必然要求。"⑥我们要"把完善社会主义法制,作为建设富强、民主、文明

---

① 江泽民:《江泽民文选》(第2卷),人民出版社2006年版,第29页。

② 江泽民:《江泽民文选》(第2卷),人民出版社2006年版,第28~29页。

③ 《江泽民主席在开幕式上的讲话》(江泽民同志1995年8月16日在第十四届亚太法协大会和第六届亚太地区首席大法官会议上的讲话),载《人民日报》1995年8月17日。

④ 江泽民:《江泽民文选》(第1卷),人民出版社2006年版,第511页。

⑤ 董必武:《论社会主义民主和法制》,人民出版社1979年版,第154页。

⑥ 江泽民:《江泽民文选》(第1卷),人民出版社2006年版,第513页。

的社会主义现代化国家的重要目标”。[①]

第五,深刻阐述了党与法、党的领导与依法治国的关系。党与法的关系是政治和法治领域的重大问题。江泽民同志在其就任中共中央总书记后的第一次记者招待会上就公开表示:“我们绝不能以党代政,也绝不能以党代法。这也是新闻界讲的究竟是人治还是法治的问题。我想我们一定要遵循法治的方针。”[②]江泽民同志明确指出,法制工作和法制建设,必须坚持党的领导,在建设社会主义法治国家的整个过程中,坚持党的领导是一条根本原则。而“坚持党的政治领导,一个基本的方面就是要坚持党的主张经过法定程序变成国家意志,通过党组织的活动和党员的模范作用,带动人民群众实现党的路线、方针、政策。国家的宪法和法律是人民群众意志的体现,也是党的主张的体现。执行宪法和法律,是按广大人民群众的意志办事,也是贯彻党的路线、方针和政策的重要保障。党领导人民制定宪法和法律,又自觉地在宪法和法律的范围内活动,严格依法办事,依法管理国家,这对实现全党和全国人民意志的统一,对于维护法律的尊严和中央的权威,具有重大而深远的意义”。[③] 依法治国把坚持党的领导、发扬人民民主和严格依法办事统一起来,从制度和法律上保证党的基本路线和基本方针的贯彻实施,保证党始终发挥总览全局、协调各方的领导核心作用。

第六,深刻阐述了坚持依法治国与以德治国相结合的治国理念。江泽民同志科学总结古今中外治国理政的经验,强调指出:“我们在建设有中国特色社会主义、发展社会主义市场经济的过程中,要坚持不懈地加强社会主义法制建设,依法治国;同时也要坚持不懈地加强社会主义道德建设,以德治国……我们要把法制建设与道德建设紧密结合起来,把依法治国与以德治国紧密结合起来。”[④]在党的十六大报告中,江泽民同志进一步把依法治国与以德治国相结合确定为党领导人民建设中国特色社会主义必须坚持的基本经验。江泽民同志关于依法治国与以德治国相结合的重要论述科学阐释了依法治国作为政治文明和以德治国作为精神文明的关系,突破了法治与德治相矛盾的观念和思维定式,阐明了一种现代法治和新型德治相结合的治国新理念。

“三个代表”重要思想还从建设中国特色社会主义的总体纲领和部署出发,阐述了依法治国、建设社会主义法治国家的阶段性目标,明确了立法、执法、司法、守法等法制建设关键环节的重点任务。

(三)科学发展观进一步深化、拓展和创新了中国特色社会主义法治理论,推进了马克思主义法学中国化的新进程

党的十六大以后,形成和发展的科学发展观是中国共产党执政理念的新发展、新飞

---

① 《江泽民主席在开幕式上的讲话》(江泽民同志1995年8月16日在第十四届亚太法协大会和第六届亚太地区首席大法官会议上的讲话),载《人民日报》1995年8月17日。

② 《江泽民答记者问》,载《人民日报》1989年9月27日。

③ 肖扬主编:《社会主义法制建设基本知识》,法律出版社1996年版,第2页。

④ 江泽民:《江泽民文选》(第2卷),人民出版社2006年版,第200页。

跃。科学发展观立足社会主义初级阶段基本国情,总结我国发展实践,借鉴国外发展经验,适应新的发展要求,提出:第一要务是发展,核心是以人为本,基本要求是全面协调可持续,根本方法是统筹兼顾。这一重大战略思想对于法学理论创新和法治科学发展具有重大而深远的意义。科学发展观把法学的论题从"什么是法治""为什么实行法治"转向更深层次的问题,即"我们需要什么样的法治""怎样建设这样的法治",更加关注法治的发展道路和发展质量问题,把我国法治建设纳入科学发展的轨道。在法治发展中,坚持以科学发展观为指导,就是要用科学发展观的核心理念和战略思想审视、检讨和定位我国法治的发展目标和发展道路;要深入贯彻以人为本、以人民为主体、尊重和保障人权等理念,充分体现全面协调可持续发展的要求;要更加关注民生、民利、民权,维护公平正义,促进社会和谐,促进人与自然和谐相处;要坚持依法治国与依法执政的有机结合,体现党的领导、人民当家作主和依法治国的有机统一,体现科学立法、严格执法、公正司法、全民守法的协调性。

科学发展观对中国特色社会主义法治理论的创新还具体体现为:第一,进一步明确了我国社会主义民主法治的政治方向,即坚持走中国特色社会主义民主法治道路,"以保证人民当家作主为根本,以增强党和国家活力、调动人民积极性为目标,扩大社会主义民主,建设社会主义法治国家,发展社会主义政治文明"。① 第二,进一步明确了在新的历史起点上我国社会主义法治建设的指导思想,即始终坚持以人为本的法治理念,全面、协调、可持续的法律发展观,用以人为本这一核心理念指导和规范立法、执法、司法活动,切实把体现人民意志、保障人民权利、促进人的自由平等发展作为社会主义法治的灵魂;要充分体现全面、协调、可持续的根本要求,促进法律与社会的协调发展,促进法律体系的各部门、法律运行的各环节全面协调发展,法律和其他社会控制手段、诉讼和非诉讼纠纷解决机制全面协调发展,妥当处理人与自然、当代人与后代人的关系。第三,进一步明确了社会主义法治理念和法治精神,强调树立以"依法治国、执法为民、公平正义、服务大局、党的领导"为主要内容的社会主义法治理念,②弘扬社会主义法治精神,加强以"民主法治、自由平等、公平正义"为核心的公民意识教育③。第四,进一步系统阐述了社会主义法治原则,例如,一切权力属于人民,并由人民依法行使,要健全民主制度,丰富民主形式,拓宽民主渠道,保障人大代表依法行使职权;尊重和保障人权,保证人民的知情权、参与权、表达权、监督权;坚持公民在法律面前一律平等,维护社会公平正义,维护法制的统一、尊严、权威;坚持决策权、执行权、监督权既相互制约又相互协调;坚持党务公开、政务公开、法务公开,完善各类公开办事制度,提高政府工作透明度和公信力,让权力在阳光下运行;实行以民族区域自治、城乡基层群众自治、公司自治、社会组织自治等为主要内

① 胡锦涛:《胡锦涛文选》(第2卷),人民出版社2016年版,第635页。
② 胡锦涛:《胡锦涛文选》(第2卷),人民出版社2016年版,第428页。
③ 胡锦涛:《胡锦涛文选》(第2卷),人民出版社2016年版,第636页。

容的社会自治;党依法执政,既要在宪法和法律范围内活动,带头维护宪法和法律的权威,又要领导立法、支持和监督依法行政和公正司法;政府要依法行政,建设法治政府,形成权责一致、分工合理、决策科学、执行顺畅、监督有力的行政管理体制等。第五,进一步精辟论述了依法治国、依法执政、依法治军及其有机统一,强调依法治国是党领导人民治理国家的基本方略,依法执政是新的历史条件下我党执政的基本方式,依法治军是党领导和管理人民军队的基本方针。第六,进一步科学论述了法治与社会的关系,提出构建社会主义和谐社会,并把"民主法治、公平正义、诚信友爱、充满活力、安定有序、人与自然和谐相处"①作为社会主义和谐社会的本质特征,法治与和谐社会的重大理论既丰富了依法治国、建设社会主义法治国家的内涵,又对依法治国、建设社会主义法治国家提出了新任务。

在邓小平理论、"三个代表"重要思想、科学发展观的指引下,自20世纪70年代末到2012年,中国法学界围绕发扬社会主义民主、健全社会主义法制、法学领域拨乱反正、正本清源的时代性主题,开展了关于法治与人治、法治与德治、法的阶级性与继承性、法的本质、法律面前人人平等、法的本位等重大理论问题的讨论。围绕构建社会主义市场经济、依法治国、建设社会主义法治国家等时代主题开展了关于市场经济与现代法的精神、市场经济与法治、依法治国、建设社会主义法治国家、法治现代化、人权与公民权、公平与效率、中华法系、宪法实施监督、法治与经济全球化、知识经济与法律制度创新等对我国社会主义法治具有重大建构意义的问题研究。围绕构建社会主义和谐社会、促进经济社会科学发展、全面落实依法治国基本方略等时代性主题,开展了对法治的科学发展、民主政治与宪法、中国共产党依法执政的体制机制、人民代表大会制度的完善与创新、民族区域自治与民族法治建设、完善和发展中国特色社会主义法律体系、全面推进依法行政和建设法治政府、经济发展方式转变与法制创新、法治与社会管理、深化司法体制改革、三大诉讼法修改与程序法治建设、行政执法与刑事司法衔接机制、人权保障与救济机制、环境权和环境法治、全球化与法律变革、全球治理与国际法治、中国海外利益的法律保护、法律外交、法学教育的改革和发展等重大理论和实践问题进行持续深入研究。这些重大问题的研究有力推进了法学领域的思想解放和理论创新,全面拓展了中国法学的研究领域、推进了法学理论创新,为全力打造具有中国特色、中国气派、中国风格的马克思主义法学理论体系,推进马克思主义法学在新时期的中国化发展作出了重大贡献。

四、马克思主义法学中国化的第三次历史性的飞跃

党的十八大以来,以习近平同志为核心的党中央在领导全面依法治国、建设法治中国的伟大实践中,引领法治时代进程、提炼法治时代精神、绘制法治时代蓝图,提出了一系列全面依法治国新理念、新思想、新战略,提出了习近平法治思想,实现了马克思主义法学中国化的又一次历史性飞跃。

① 胡锦涛:《胡锦涛文选》(第2卷),人民出版社2016年版,第626页。

(一)习近平法治思想是马克思主义法学中国化的最新成果

习近平法治思想从历史和现实相贯通、国际和国内相关联、理论和实际相结合的角度,科学阐述了法治的基本原理、中国特色社会主义法治的基本理论、全面依法治国的基本观点,系统阐述了全面依法治国、建设法治中国的政治方向、重要意义、工作布局、重点任务、重要保障、重大关系等带有根本性、全局性、长远性的问题,成为党和人民处理新时代法治问题的基本立场、观点和方法,为全面依法治国、建设法治中国提供了科学的理论指导和根本的行动遵循。作为马克思主义法学中国化的最新重大成果,习近平法治思想的理论精华集中体现为习近平总书记2020年11月16日在中央全面依法治国工作会议上提出的"十一个坚持",即坚持党对全面依法治国的领导,坚持以人民为中心,坚持中国特色社会主义法治道路,坚持依宪治国、依宪执政,坚持在法治轨道上推进国家治理体系和治理能力现代化,坚持建设中国特色社会主义法治体系,坚持依法治国、依法执政、依法行政共同推进,法治国家、法治政府、法治社会一体建设,坚持全面推进科学立法、严格执法、公正司法、全民守法,坚持统筹推进国内法治和涉外法治,坚持建设德才兼备的高素质法治工作队伍,坚持抓住领导干部这个"关键少数"。这"十一个坚持"是对马克思主义法治理论和中国特色社会主义法治理论的创造性重大发展,构成了一个内涵丰富、系统完备、逻辑严密、论述科学、话语精深的法治理论体系。

(二)习近平法治思想深刻揭示了人类社会法治的发展规律

习近平法治思想运用历史唯物主义的理论和方法,在科学洞悉和系统考察人类政治文明史的基础上,深刻揭示了人类社会法治发展的客观规律。习近平总书记指出:"法治和人治问题是人类政治文明史上的一个基本问题,也是各国在实现现代化过程中必须面对和解决的一个重大问题。综观世界近现代史,凡是顺利实现现代化的国家,没有一个不是较好解决了法治和人治问题的。相反,一些国家虽然也一度实现快速发展,但并没有顺利迈进现代化的门槛,而是陷入这样或那样的'陷阱',出现经济社会发展停滞甚至倒退的局面。后一种情况很大程度上与法治不彰有关。"①"历史是最好的老师。经验和教训使我们党深刻认识到,法治是治国理政不可或缺的重要手段。法治兴则国家兴,法治衰则国家乱。什么时候重视法治、法治昌明,什么时候就国泰民安;什么时候忽视法治、法治松弛,什么时候就国乱民怨。"②基于这些历史唯物主义的法治观点,习近平总书记把全面依法治国纳入"四个全面"战略布局,进而上升为坚持和发展中国特色社会主义的基本方略之一,强调"要把全面依法治国放在'四个全面'的战略布局中来把握,深刻认识全面依法治国同其他三个'全面'的关系,努力做到'四个全面'相辅相成、相互促进、相得益彰"。③ "依法治国是坚持和发展中国特色社会主义的本质要求和重要保障,

---

① 中共中央文献研究室编:《习近平关于全面依法治国论述摘编》,中央文献出版社2015年版,第12页。

② 中共中央文献研究室编:《习近平关于全面依法治国论述摘编》,中央文献出版社2015年版,第8页。

③ 习近平:《论坚持全面依法治国》,中央文献出版社2020年版,第145页。

是实现国家治理体系和治理能力现代化的必然要求。我们要实现经济发展、政治清明、文化昌盛、社会公正、生态良好，必须更好发挥法治引领和规范作用。”①“我们面对的改革发展稳定任务之重前所未有，矛盾风险挑战之多前所未有，依法治国地位更加突出、作用更加重大。我们必须坚定不移贯彻依法治国基本方略和依法执政基本方式，坚定不移领导人民建设社会主义法治国家。”②“全面推进依法治国，是我们党从坚持和发展中国特色社会主义出发、为更好治国理政提出的重大战略任务，也是事关我们党执政兴国的一个全局性问题。落实好这项重大战略任务，对推动经济持续健康发展、维护社会和谐稳定、实现社会公平正义，对全面建成小康社会、实现中华民族伟大复兴，都具有十分重大的意义。”③我们要在全面建设社会主义现代化国家、实现中华民族伟大复兴的历史进程中更好地发挥法治固根本、稳预期、利长远的保障作用。

（三）习近平法治思想坚持和拓展了中国特色社会主义法治道路

习近平总书记指出：“中国特色社会主义法治道路，是社会主义法治建设成就和经验的集中体现，是建设社会主义法治国家的唯一正确道路。”④从新中国成立之初，我们党就积极探索符合中国实际的社会主义法治建设道路。进入改革开放新时期后，我们党成功地开辟出中国特色社会主义法治道路，并对这条道路的科学内涵进行了初步概括。党的十八大以来，以习近平同志为核心的党中央在全面推进依法治国、建设法治中国的伟大实践中，深入探索和拓展中国特色社会主义法治道路，使中国特色社会主义法治道路的内涵更加清晰、表述更加明确、方向更加坚定。

习近平总书记指出，走中国特色社会主义法治道路是一个重大课题，有许多东西需要深入探索，但基本的东西必须长期坚持。习近平总书记将中国特色社会主义法治道路的核心要义凝练为坚持党的领导，坚持中国特色社会主义制度，贯彻中国特色社会主义法治理论；并强调坚持中国特色社会主义法治道路，必须一以贯之地坚持中国共产党的领导，坚持人民主体地位，坚持法律面前人人平等，坚持依法治国和以德治国相结合，坚持从中国实际出发。

在坚持中国特色社会主义法治道路的同时，习近平总书记领导党和人民不断推进理论创新、制度创新、实践创新，不断丰富中国特色社会主义法治道路的科学内涵，不断拓展中国特色社会主义法治道路，把“依法治国是党领导人民治理国家的基本方略”升华为新时代“坚持和发展中国特色社会主义的基本方略”。从“依法治国”拓展为“全面依法治国”，从建设“法治国家”拓展为建设“法治中国”，从“健全社会主义法制”转型为“健

① 中共中央文献研究室编：《习近平关于全面依法治国论述摘编》，中央文献出版社 2015 年版，第 4 ~ 5 页。

② 中共中央文献研究室编：《习近平关于全面依法治国论述摘编》，中央文献出版社 2015 年版，第 4 页。

③ 中共中央文献研究室编：《习近平关于全面依法治国论述摘编》，中央文献出版社 2015 年版，第 7 页。

④ 习近平：《论坚持全面依法治国》，中央文献出版社 2020 年版，第 93 页。

全社会主义法治”,从“形成中国特色社会主义法律体系”拓展为“建设中国特色社会主义法治体系”,法治建设目标实现了历史性转变;从“依法治国”“建设法治国家”到“依法治国、依法执政、依法行政共同推进,法治国家、法治政府、法治社会一体建设”,有力促进了中国法治建设的系统性、整体性、协同性;从“有法可依、有法必依、执法必严、违法必究”发展为“全面推进科学立法、严格执法、公正司法、全民守法”,有力推动了中国法治建设从形式法治转型升级为形式法治与实质法治有机统一的良法善治。

(四)习近平法治思想对中华优秀传统法律文化进行了创造性转化、创新性发展,对人类法治文明成果进行了择善性借鉴

习近平法治思想坚持马克思主义历史观和方法论,深耕于中华法治文明的土壤,深入研究中华传统法律文化和法治思想,在思维中鉴古知今,在实践中继往开来。习近平总书记对中华传统法律文化和法理精华胸怀深情,从先秦思想家到孙中山的法律思想,从商鞅变法、贞观之治、王安石变法、张居正变法到清末民初变法图强运动,从秦律、汉律、唐律到清律,从中国古代的国家法律制度到近代中国的国家治理体系,他都进行过深入研究,得出“法治兴则国兴,法治强则国强。从我国古代看,凡属盛世都是法制相对健全的时代”①的科学结论,概括出了出礼入刑、隆礼重法的治国策略,民惟邦本、本固邦宁的民本理念,天下无讼、以和为贵的价值追求,德主刑辅、明德慎罚的慎刑思想,援法断罪、罚当其罪的平等观念,保护鳏寡孤独、老幼妇残的恤刑原则等中华优秀法律文化精华,②一扫近代以来历史虚无主义对中华优秀传统法律文化的曲解,使中华优秀法律文化的精髓得以传承和弘扬,使法治的中国精神和民族精神得以充分彰显,极大地增强了中国人民在法治问题上的文化自信和民族自信。

习近平法治思想在汲取中华传统法律文化精华的同时,也注重对人类法治文明成果的借鉴。习近平总书记指出,我们既要“用鲜活丰富的当代中国实践来推动马克思主义发展”,也需要“用宽广视野吸收人类创造的一切优秀文明成果,坚持在改革中守正出新、不断超越自己,在开放中博采众长、不断完善自己”,“不断开辟当代中国马克思主义、21世纪马克思主义新境界”。习近平总书记系统考察了从古巴比伦国到现代社会法治文明的演进,作出“从世界历史看,国家强盛往往同法治相伴而生”③“人类社会发展的事实证明,依法治理是最可靠、最稳定的治理”④“当今世界,法治逐渐成为国家和社会治理的共同选择,但其具体模式千差万别”⑤等科学论断。由此,他指出:“法治是人类文明的重要

---

① 习近平:《论坚持全面依法治国》,中央文献出版社2020年版,第225~226页。

② 习近平:《坚定不移走中国特色社会主义法治道路 为全面建设社会主义现代化国家提供有力法治保障》,载《求是》2021年第5期。

③ 习近平:《论坚持全面依法治国》,中央文献出版社2020年版,第226页。

④ 习近平:《论坚持全面依法治国》,中央文献出版社2020年版,第120~121页。

⑤ 周咏南:《习近平在省委理论学习中心组学习会上强调 认真学习研究社会主义法治 不断推进“法治浙江”建设》,载《浙江日报》2006年2月6日,第1版。

成果之一,法治的精髓和要旨对于各国国家治理和社会治理具有普遍意义,我们要学习借鉴世界上优秀的法治文明成果。”①在习近平法治思想理论体系中,依法治理、权力制约、权利保障、宪法法律至上、法律面前人人平等、契约自由、正当程序、无罪推定等人类法治文明的成果得以批判继承、择善而用。

(五)习近平法治思想彰显出新时代马克思主义法学中国化的鲜明特色

习近平法治思想实现了马克思主义法学立场、观点和方法的完美统一,蕴含中国特色社会主义法治深邃的政理、法理、哲理,彰显出新时代马克思主义法学中国化的鲜明特色:

党领导法治的政治定力。中国特色社会主义最本质的特征是中国共产党领导,中国特色社会主义制度的最大优势是中国共产党领导,党是最高政治领导力量。习近平法治思想把坚持党对全面依法治国的领导作为决定全面依法治国政治方向的首要问题、中国特色社会主义法治道路的核心要义、全面依法治国的显著优势,旗帜鲜明地提出中国共产党的领导是我国社会主义法治之魂,是推进全面依法治国的根本保证,是我国法治同资本主义国家法治最大的区别,深刻回答了为何坚持党的领导、党领导什么、怎么领导等一系列重大问题,明确要求把党的领导贯彻落实到全面依法治国全过程各方面,健全党领导全面依法治国的制度和工作机制,推进党的领导制度化、法治化,不断提高党领导全面依法治国的能力和水平,增强了各级领导干部在法治领域的政治判断力、政治领悟力、政治执行力,坚定了人民群众对中国特色社会主义法治的道路自信、理论自信、制度自信、文化自信。

以人民为中心的根本立场。人民性是习近平法治思想最鲜明的特征。习近平法治思想始终奉行以人民为中心的理念,把人民作为全面依法治国最广泛、最深厚的基础,把为人民谋幸福作为根本使命;始终把体现人民利益、反映人民愿望、维护人民权益、增进人民福祉落实到全面依法治国各领域全过程,把实现好、维护好、发展好最广大人民根本利益作为法治建设的出发点和落脚点,使法律及其实施充分体现人民意志,尊重和保障人权,促进人的全面发展,不断满足人民对民主、法治、公平、正义、安全、环境等方面日益增长的需要,不断增强人民的获得感、幸福感、安全感、公平感。习近平法治思想始终坚持人民主体地位,把人民作为法治建设的主体,大力弘扬人民权益靠法律保障、法律权威靠人民维护的社会主义法治精神,强调法律为人民所掌握、所遵守、所运用,增强全社会尊法学法守法用法的自觉意识。

奉法强国的坚定信念。习近平总书记以历史唯物主义方法论对人类社会数千年风雨沧桑、兴衰交替的历史进行回观和反思,揭示出“法治兴则国兴,法治强则国强”的历史规律,提出“一个现代化国家必然是法治国家”的科学论断,把法治梦融入强国梦,教育全党和全国人民要坚定不移地走奉法强国之路。习近平总书记强调指出,全面依法治国对

① 习近平:《加快建设社会主义法治国家》(2014 年 10 月 23 日),载《求是》2015 年第 1 期。

全面建设社会主义现代化国家、实现中华民族伟大复兴的中国梦具有十分重大的意义。我们“要着眼长远,筑法治之基、行法治之力、积法治之势,促进各方面制度更加成熟更加定型,为党和国家事业发展提供长期性的制度保障”。①

求真务实的实践理性。求真务实是马克思主义哲学的实践理性,是我们党思想路线的生动体现。习近平法治思想把求真务实的实践理性运用于法治建设,不断深化对法治国情和法治规律的认识,强化全面依法治国的问题导向、目标导向和结果导向,释放出无比磅礴的时代精神和变革力量。主要体现为:一是坚持实事求是;二是坚持从实际出发,与国情相适应;三是强化问题意识,坚持问题导向、目标导向、结果导向;四是坚持理论联系实际的马克思主义学风,强调“推进全面依法治国是国家治理的一场深刻变革,必须以科学理论为指导,加强理论思维,从理论上回答为什么要全面依法治国、怎样全面依法治国这个重大时代课题,不断从理论和实践的结合上取得新成果,总结好、运用好党关于新时代加强法治建设的思想理论成果,更好指导全面依法治国各项工作”。②

统筹全局的系统观念。习近平总书记十分注重运用马克思主义哲学的系统观念来指导实践和推动工作。在全面依法治国、建设法治中国、推进国家治理现代化的伟大实践中,习近平总书记把马克思主义哲学的系统观念作为基础性思想和工作方法精致地运用于法治领域,加强前瞻性思考、全局性谋划、战略性布局、整体性推进。他坚持在中国特色社会主义新的历史方位和“五位一体”总体布局中定位法治建设;在“四个全面”战略布局中推进全面依法治国;在“两个大局”时空背景中统筹推进国内法治和涉外法治;坚持依法治国、依法执政、依法行政共同推进,法治国家、法治政府、法治社会一体建设;建设中国特色社会主义法治体系;统筹推进科学立法、严格执法、公正司法、全民守法;坚持依法治国与制度治党、依规治党统筹推进、一体建设;统筹推进法治领域各项改革;正确处理全面依法治国的重大辩证关系;坚持加强党对全面依法治国的集中统一领导,确保全面依法治国系统工程顺利推进。

精准练达的辩证方法。唯物辩证法是习近平法治思想一以贯之的世界观和方法论。习近平总书记把唯物辩证法娴熟地运用于法治领域,提出了许多饱含辩证思维的理论观点和命题,例如,社会主义法治必须坚持党的领导,党的领导必须依靠社会主义法治;在法治下推进改革,在改革中完善法治;人民权益要靠法律保障,法律权威要靠人民维护;权力是一把“双刃剑”,在法治轨道上行使可以造福人民,在法律之外行使则必然祸害国家和人民;自由是秩序的目的,秩序是自由的保障;安全是发展的前提,发展是安全的保障;法安天下,德润人心;依规治党深入党心,依法治国才能深入民心;全面依法治国,要坚持加强顶层设计与“摸着石头过河”相结合;文明没有优劣之分,只有特色之别;坚持对

① 习近平:《论坚持全面依法治国》,中央文献出版社 2020 年版,第 3 页。

② 习近平:《坚定不移走中国特色社会主义法治道路 为全面建设社会主义现代化国家提供有力法治保障》,载《求是》2021 年第 5 期。

外开放、文明互鉴，但不能机械临摹、全面移植；新闻媒体要加强对执法司法工作的监督，但要防止形成“舆论审判”等。

尊法据理的法治思维。习近平法治思想洋溢着尊法据理的法治思维。“尊法”和“据理”是法治思维的两个决定性要素。尊法，就是尊崇法律，信仰法治。在尊法的意义上，法治思维的要义是，把对法治的尊崇、对法律的敬畏转化成思维方式和行为方式，做到在法治之下，而不是法治之外，更不是法治之上想问题、作决策、办事情，坚持宪法法律至上，坚守法治底线，切实做到依法治国、依法执政、依法行政、依法治军、依法办事、依法维权等。据理，就是依据法理，良法善治。在据理的意义上，法治思维的根基在于法律规定的合理性和法律行为的正当性。在全面依法治国新时代，我们所厉行的法治，不是封建主义的严刑峻法，不是资本主义的形式主义法治，也不是其他法系的法治模式，而是符合我国宪法精神、反映人民意志、得到人民拥护、维护公平正义、弘扬美德义行、促进社会和谐的良法善治。尊法和据理的有机结合，在思维和行动两个层面把形式法治和实质法治统一起来了。在这个意义上，法治思维即良法善治思维。

守正创新的理论品格。守正创新是习近平法治思想鲜明的理论品格，是其具有强大理论优势和生机活力的奥妙所在，也是马克思主义法学中国化的精髓所在。习近平指出：“马克思主义是不断发展的开放的理论……因此，马克思主义能够永葆其美妙之青春，不断探索时代发展提出的新课题、回应人类社会面临的新挑战。”①在依法治县、依法治市、依法治省、依法治国的长期实践中，特别是党的十八大以来，习近平不断深入推进中国特色社会主义法治理论创新、实践创新、制度创新，为全党和全国人民树立了守正创新的光辉典范。他所发表的一系列堪称经典的法治专题讲话、文章批示，他所锤炼的一系列义理精深的法治新概念、新命题、新话语，他所凝练的一系列全面依法治国新理念、新思想、新战略，充分展示了守正创新的伟大理论成果，集中反映了我们党在法治领域的辉煌理论成就。

党的十八大以来，在习近平法治思想的指引下，我国法学界紧紧围绕全面依法治国、建设法治中国、推进国家治理体系和治理能力现代化的时代性主题开展高水平研究，主要研究课题有：习近平法治思想，中国特色社会主义法治理论创新发展，中国特色社会主义法治道路，中国共产党领导体制的法理基础，全面依法治国总目标总抓手，依宪治国、依宪执政重大理论和实践问题，依法治国和依规治党，依法治国和依德治国，国家制度与国家治理，社会主义法治核心价值体系，法治中国的法理基础，法治国情，法治小康，中华法治文明，中华优秀法律文化传统，特别行政区宪制问题，建设法治政府理论，司法体制综合性配套改革，国家监察体制改革，民法典编纂和实施，刑事政策和刑事法治，贯彻新发展理念、推进经济高质量发展的法治保障，法治社会与社会治理法治化，新时代“枫桥经验”，国家安全法治、应急管理法治，美丽中国建设的法治保障，数字法治，生物安全法

① 习近平：《论中国共产党》，中央文献出版社2021年版，第199页。

治,健康中国与卫生法学前沿问题,涉外法治与国际法治等。这些研究取得了一系列高质量理论成果,为习近平法治思想的创立和发展提供了重要的学术理论资源,为发展中国特色社会主义法治理论体系、推进新时代马克思主义法学中国化作出了重要贡献。

五、新时代马克思主义法学中国化的新使命

马克思主义法学中国化的百年历程充分表明,只有把马克思主义法学的基本原理同我国具体的时代条件和现实国情结合起来,与我们正在做的和将要做的伟业结合起来,解放思想、实事求是、与时俱进、求真务实,才能充分彰显马克思主义法学的科学性和真理性、人民性和实践性、开放性和时代性,不断实现马克思主义法学新发展、开创马克思主义法学中国化新境界。

回顾马克思主义法学中国化的光辉历程,总结马克思主义中国化历史经验,根本目的在于继续推进马克思主义法学中国化,进一步发展当代中国马克思主义法学、21 世纪马克思主义法学,让马克思主义法学中国化的创新成果焕发出强大生命力和创造力。

在中国特色社会主义新时代,我们要始终坚持以马克思列宁主义、毛泽东思想、邓小平理论、“三个代表”重要思想、科学发展观、习近平新时代中国特色社会主义思想为指导,高举习近平法治思想伟大旗帜,深入推进马克思主义法学中国化新的历史进程。

第一,对马克思主义经典文献进行全面而深入的研究,对其中的法学思想和法理精华再提炼、再升华、再阐释,对饱含在马克思主义经典文献中的法理精华和法学理论精髓进行体系化构建而不能停留在语录摘编或碎片化的引用上;同时,还原马克思主义法学的科学本色,清除附加在马克思主义法学之上的错误观点,破除由于“左”或“右”的思潮影响而对马克思主义法学的误读和误解。当然,这样做并不是西方“新马克思主义”学者所说的“回到马克思”,而是进一步弄清马克思主义法学的基本原理和精神实质,构建马克思主义法学理论体系,彰显马克思主义法学的本源性,让马克思主义法学之光照亮中国法学的前进之路。

第二,对新时代全面依法治国、建设法治中国、推进国家治理现代化的伟大实践进行系统总结、理论概括和理念提升。新时代中国特色社会主义法治实践是当代马克思主义法学的源头活水,只有认真总结我国法治建设的丰富实践和理论创新,才能不断丰富、创新和发展马克思主义法学,才能产生马克思主义法学的新成果,彰显马克思主义法学的当代性。站在全面依法治国、建设法治中国、推进国家治理现代化的时代潮头,我们比任何时候都更需要立足实践、深入实践、感悟和把握实践,概括出有时代感的新命题,提炼出有原创性的新理论。这是马克思主义科学方法论的必然指向,也是马克思主义法学中国化与中国法治经验马克思主义化的必由之路。

第三,深入挖掘中国传统法学的思想宝库。历史研究是一切社会科学的基础。中国法学是中国法治的学术和理论概括,源远流长、博大精深,是人类法治思想的宝贵遗产,也是我们树立中国法学理论自信、建构中国法学话语体系的资本。但是,长期以来,由于受到“法治虚无主义”和“历史虚无主义”的影响,我们对中国法学的历史遗产重视程度不够,甚至把它们归入"封建糟粕"而废弃。在推进马克思主义中国化新的伟大工程中,我们必须秉持不忘本来、追本溯源的文化理念,努力把中国传统法学的精华凝练出来,对之进行创造性转化、创新性发展,使之融入马克思主义法学思想体系之中,彰显马克思主义法学的历史底蕴和民族精神,为世界法学"百花园"增添一份姹紫嫣红。

第四,以开放眼光和科学态度跟踪研究当代西方法学理论,把西方法学理论中的有益成分识别出来,融入当代中国马克思主义法学理论体系之中。在推进马克思主义法学中国化新的历史阶段,要善于与西方法学开展平等对话和交流,打造融通中西的法学概念、命题和论语,在对话和互鉴中升华马克思主义法学原理,彰显马克思主义法学海纳百川的学术气派和在学术竞争中的优势。同时,我们要着力推进中国法学的时代化、国际化、世界化,为21世纪世界法学和全球治理体系变革提供中国智慧、中国方案。

回望过往奋斗路,眺望前方奋进路,我们应更好地履行新时代马克思主义法学中国化的历史使命。一是用好红色资源、赓续红色血脉。习近平总书记指出:"中国共产党的历史是最生动、最有说服力的教科书。"①马克思主义法学中国化是这部伟大教科书的"法治篇"。我们要在学习好中国共产党党史,学史明理、学史增信、学史崇德、学史力行的同时,学好用好党在法治领域的创新理论,要深入挖掘中国法治的红色资源,传承中国法学的红色基因,续写马克思主义法学中国化的新篇章。二是坚持"三相结合""三化推进",即坚持历史和现实相贯通、国际和国内相关联、理论和实际相结合,深刻揭示马克思主义法学中国化三大创新成果的实践逻辑、理论逻辑、历史逻辑及其一脉相承又与时俱进的生命活力;注重对马克思主义法治理论中国化最新成果——习近平法治思想的学理化阐释、学术化表达、体系化构建、大众化传播,高扬习近平法治思想的理论旗帜,深入推进全面依法治国,在"两大奇迹"的基础上再创"法治新奇迹"。三是解放思想、勇于创新,为创新发展马克思主义法学作出中国共产党党员和中国法学家应有的贡献。在当今世界,中国共产党党员和中国法学家不仅是马克思主义法学的捍卫者,更是马克思主义法学的主要建设者和发展者,要通过我们的学习、研究、创新,不断赋予马克思主义法学新的时代内涵,使马克思主义法学更具科学性和时代性,更具思想魅力和生命活力,构建起集古今中外法治思想之大成、屹立于人类法治文明巅峰的科学理论体系。四是面向世界、放眼未来,在全球范围内广泛传播习近平法治思想这一当代中国马克思主义法学、21世纪马克思主义法学,使中国从法学输入国成为法学输出国,使马克思主义法学不仅作为无产阶级革命和社会主义法治建设的思想武器,而且成为全人类追求和平、发展、公平、正义、民主、自由的法理宝典,为构建人类命运共同体,奉献具有中国特色、中国风格、中国气派且与世界融通的法治理论体系。

---

① 《习近平在参观"'不忘初心·牢记使命'中国共产党历史展览"时强调　铭记奋斗担当历史使命　从党的奋斗历史中汲取前进力量》,载《人民日报》2021年6月19日,第1版。

红色法科之回顾与精神传承

王 健*

早在新民主主义革命时期,中国共产党就开始了国家制度和法律制度建设的探索。这其中就包含培养政法人才和开展法学教育方面的内容,经历了红色政权、抗日民主政权和解放区人民民主政权3个阶段。

一、中央苏区的司法干部培训

1931年11月党领导的苏维埃政权在江西成立了中华苏维埃共和国临时中央政府,先后制定了宪法、劳动法、土地法以及涉及红军、经济政策、少数民族等问题的决议和法令,初步建立起相应的司法体系;在中央设司法人民委员部、国家政治保卫局、工农检察部和最高法院,地方设裁判部、国家政治保卫分局、工农检察部,军队设军事裁判所,还成立了省县区各级苏维埃政府。在此背景下干部培训成为一项迫切任务。

1932年1月何叔衡开办了首期干部培训班。经毛泽东同志推荐,临时中央政府司法部副部长梁柏台担任指导。梁柏台指出:司法干部特别缺乏,部分裁判人员缺乏法律知识和工作经验,工作上常发生许多困难,训练司法人员是一件极为迫切的事情。① 他首先制订了一项为期40天的教学计划,包括30天室内教学和军事训练,10天异地实习,培养了第一批40名中央苏区检察干部。1932年冬他为最高法庭和裁判部办了一期司法干部训练班,讲授怎样认定刑事犯、政治犯、军事犯,农村怎样开展司法工作,怎样办理案件等。1933年8月临时中央政府创办苏维埃大学,毛泽东同志任校长。学校设司法班,采取跟班学习方式,边学边干,实行"活的指导",即组织上级机关干部去指导下级机关工作,面对面指导,或组织巡视团到新区和边区裁判部工作,解决实际问题。他把瑞金市苏维埃政府裁判科法庭打造为可作为实习场所的模范法庭。1932年3月2日梁柏台在《红色中华》开辟"苏维埃法庭"专栏,另外还创办了《苏维埃司法》小报,刊登有关法规、法令、司法判决、典型案例、动态消息等。梁柏台是中央苏区司法干部培训工作的开创者,苏区司法训练工作为后来的政法干部教育工作积累了经验。

---

* 西北政法大学副校长,教授。

① 梁柏台:《司法人民委员会一年来的工作》,载《红色中华》1932年第39期。

二、陕甘宁边区的司法教育

延安时期党在政权组织和法律制度建设方面进一步发展。为大量培养抗战和边区建设人才，中共中央在延安等地创办了一批学校、培训或研究机构。这些机构都具有政治教育的性质，与后来更加专业化的法学教育关系密切。其中，行政学院和延安大学（以下简称延大）都开设有法学院或司法系。行政学院是陕甘宁边区政府1940年7月成立的，主要任务是培养区县级行政干部，边区政府主席林伯渠兼任院长。延安行政学院分设普科和专修科，学制一年，专修科分行政、财经、法律三系，与国民政府大学法学院下设法律、政治、经济三系的制度类似。但是，延安行政学院下设的系实际就是班，系主任即班主任，由边区政府各厅厅长兼任。延安行政学院办学遵循“学的即用的”原则，强调学习课目与政府工作和社会现实的沟通，学习程序由具体到理论，使延安行政学院成为行政工作的研究机关。1943年延安行政学院将原班正式扩建为系，设行政、司法、教育、财经四系，何思敬任司法系主任。1944年4月根据中共西北局和边区政府决定，延安行政学院与延大合并，成为延大所属的一个学院。延安行政学院开设法律系，是中国共产党正式创办红色政法教育机构的开始。

1941年创办的延大设有法学院，是历史上第一个红色法学教育机构。延大由泽东青年干部学校（1940年成立）、陕北公学（1937年成立）、中国女子大学（1938年成立）3校合并组建。1943年又并入鲁艺、自然科学院、民族学院、新文字干部学校。延大法学院开办时即设本科，将延安行政学院法律系的一个班调入，学制2～3年，但往往根据形势变化需要，以修完规定科目为准。何思敬任法学院院长。法学院开设“中国政治”“中国经济”“根据地情况及政策”“敌伪研究”“中国通史”“国际问题”“三民主义”“思想方法论”“国文”等课程。学校学习气氛浓厚，成立了边区“新法学会”学术组织。延安行政学院并入后，院长由延大副校长王子宜兼任，雷经天兼任司法系主任。

延安大学法学院招收和培养了几期学生，目前缺乏足够的文献材料可供考证。雷经天留传下来的手写讲课提纲《陕甘宁边区司法工作的特点》是雷经天之子雷炳坚在整理雷经天遗物时发现的，手稿共有9页，并于2017年12月12日在延安市中级人民法院举办的纪念陕甘宁边区高等法院成立80周年座谈会时捐赠给延安市中级人民法院。该提纲记载：“1942～1946在延安大学设法学院、司法系、司法班。”这里至少包含两个信息，一是延大开设法科的时间；二是延大开设的法科有法学院、司法系、司法班等不同的名称。雷经天于1937～1945年历任陕甘宁边区高等法院审判庭庭长、代理院长兼庭长和院长等职务，1956年6月任华东政法学院党委书记和院长（第三任院长）；同时还是上海市法学会和上海市社会科学院的倡办人和首任会长、首任院长。雷经天无疑是中国共产党在革命和建设时期创建红色法科权威的亲历者和见证人。

根据1944年制订的教育计划，延大行政学院司法系课程分共同课和专修课。共同课设边区建设（主要讲授边区革命及建设史略、三三制及政权问题、文教政策、财经政策、司法政策）、中国革命史（主要讲毛泽东同志等领导主要著作和党的重要文件）、革命人生观(主要讲劳动观点、群众观点、革命观点)、时事教育(主要讲党和边区政府重要文件)。专修课有边区法令、判例研究、司法业务、民间调解、法学概论、现行法律研究,规定可从这6门课中任选两门学习。延大社科类教材大多为教师自己编写的讲授提纲,受出版印刷等条件所限,学生边听边记录,很少能拿到教材。在极为艰难的条件下,1944年何思敬编写出了《经济学批判讲授提纲》《比较宪法》《国家的起源和阶级斗争讲授提纲》等教材。1945年司法系又编写出《马恩列斯法律语录》《比较宪法》《司法业务研究讲义》《边区法令提纲》《监狱材料》《判例研究提纲》等教材。在延安,通行的学习方式主要是听讲、阅读、漫谈、谈论和实习,校内占60%,校外40%,教师学员均须参加经常性劳动,学习占80%,生产劳动占20%。

1945年10月延大行政学院除陕籍学员留延安外,其余全部东迁,后来留在了华北联合大学(以下简称华北联大)。1939年7月由陕北公学、鲁迅艺术学院、延安工人学校、安吴堡战时青年训练班四校合并成立华北联大,成仿吾任校长。1940年1月华北联大设社会科学部,下设法政系和教育系,各招240名学生。当年10月社会科学部改院,下设法政、财经两系,学习期限本科4~6年,专修科6个月。1941年华北联大与抗战建国学院(1939年9月晋察冀边区创办)合并改编为华北联大法政学院,郭任之任院长,杜文敏任副院长兼党总支书记。

三、解放区的政法干部教育

随着解放战争的节节胜利,急需大量干部接管政权。全国各大区,通过创办或合并组建的方式设立各区的人民革命大学政法院系。政法教育由局部迅速向全国推展。在西北,延大根据形势变化调整了自己的办学性质和任务,决定仍以训练边区实际需要的干部为主,原院系建制改为班,设司法班,学制1年,任扶中任司法班班主任。1947年10月延大复设大学部,之下仍设政法系,由边区政府秘书长兼民政厅长王子宜兼任系主任,杨培源任第一副主任,赵耀先任第二副主任,学习期限1~2年。政法系设行政、司法两班,附设文化班。行政班培养县级科员以上行政干部,招收高中毕业或具有同等学力者;司法班培养地方法院书记员与裁判员,招收学员标准与行政班相同。文化班培养乡级干部,招收两年以上区、乡工作经历和具有小学以上文化程度者。政法系的业务课主要内容以党的新民主主义各项政策以及各项政策在工作中的实际应用为主,包括税收负担及支前、统一战线、司法政策、政权问题。1947年11月5日举行各系成立大会,边区高等法院院长马锡五出席大会。1949年4月,政法、教育、文艺、经建4系390名学员提前毕业,各奔急需之处。同时决定延大今后不再设系,主要举办3~6个月的政治短训班,课程一律简化,只保留中国革命基本问题、新民主主义基本政策,增设马列主义基础课,其他全部撤销。培养对象主要是急需的政治、经济、文教、军事、民运等方面的一般干部。1949年5月中共中央西北局决定西北人民艺术学校、西北财经学校、延安大学合并组建西北人民革命大学,迁至西安,后发展为西北政法学院。

在华北,抗战胜利后,中共晋察冀中央局决定全面恢复华北联大。1945年11月恢复了法政学院,设政法系和财经政治系,学制3年。1946年9月法政学院两个系部分学员提前毕业,同时,为顺应时局需要,法政学院更名为政治学院,撤销了政法系和财经系。1948年8月华北联大与北方大学(1945年11月在邢台成立的晋冀鲁豫边区的一所大学,校长范文澜)合并成立华北大学,吴玉章任校长。华北大学成立时设有8个研究室,其中包括国际法研究室,何思敬任主任,结合现实研究国际法问题。1949年12月中央人民政府政务院会议决定设立中国人民大学,华北大学、中国政法大学(原朝阳学院)、华北人民革命大学汇入,成为中国人民大学法律系的源头。

在东北,1946年9月中共中央东北局决定在哈尔滨成立东北行政学院。1948年5月根据东北局和东北行政委员会决定,东北行政学院与哈尔滨大学合并组建东北科学院,下设行政、公安系。同年11月随着胜利进军迁入沈阳,东北科学院复名东北行政学院,设行政系、司法系。1948年12月招收第一届学员100多名,学制2年,至1950年毕业,大多毕业生分配到东北人民政府司法部和沈阳、长春政法部门。1949年秋司法系招收第二届学员约100人,学制3年。1950年3月学院改为东北人民大学,学制、课程、教材依准中国人民大学,司法系也改称法律系,同年9月校址由沈阳迁至长春,1958年改称吉林大学法律系。

在中原解放区,1948年8月中共中央中原局决定在河南宝丰成立中原大学,范文澜任校长,1949年8月学校由开封迁至武汉,同年12月成立中原大学政治学院。全国院系调整时,即1953年4月,中南行政委员会决定以中原大学政治学院为基础,中山大学、广西大学、湖南大学政法科系并入,成立中南政法学院。

在西南,1949年11月重庆解放,1950年4月中共中央西南局和西南军政委员会成立西南人民革命大学(以下简称革大),定位为“短期的政治大学”。随着院系的调整,西南局文教部决定将革大过渡为正规大学,西南政法委员会和文教部决定将西南地区高校政治、法律院系调整出来组建西南政法学院。鉴于立即建院有困难,决定委托革大承担筹备工作,于1952年8月在革大设政法系,然后接纳调整来的政法专业师生。1953年6月,鉴于改造知识分子、培养提高工农积极分子和筹办政法、财经、俄文等院校任务圆满完成,革大并入西南局党校,不复存在。

新民主主义革命时期形成的政法教育传统,具有以下突出特点:

一是政法教育是在党的领导下创办和发展起来的,是党的干部教育的重要组成部分。中国共产党非常重视对干部政治素质、业务能力的教育培养,对干部教育提出具体的方针和政策加以指导。在这个意义上,中国共产党历来重视政法干部队伍的建设。尽管这个时期的法学教育,具有简单、不持续稳定等特点,但它适应了新民主主义革命政权建设和制度建设的需要。

二是马克思主义基本原理及其中国化成果是政法教育的必修内容,始终坚持把政法人才的政治素质和政治要求作为政法教育革命性、进步性的主要标志。在教学中特别注重马克思主义基本理论和中国革命实际相结合。在此前提下,强调政法干部应具备的专业知识和业务能力。

三是遵循理论联系实际,教学为现实斗争服务、为革命战争服务的教育原则。法学院或司法系都要与实际部门对号挂钩,强调为政府部门直接培养各种专业干部。例如,延大的教学原则坚持:教学内容与社会实际需要及学生原有文化程度密切配合;理论联系实际,学用一致,各系要与边区政府有关部门建立一定的联系,聘请有关负责人参与领导和教学活动,强调学习期间的实践环节;教员要以身作则,诱导启发学生,学员要着重自学,辅之以集体互助,提倡敢于怀疑、自由研究、民主讨论、服从真理的学风等。

四是办学形式上,从短训班到正规化办学交错发展。中央苏区主要采取司法干部短训班形式,延安时期的司法教育较之前相对正规。随着革命形势的迅猛发展,出现了短训班式大学与正规学制大学并存和交错发展的现象。

五是新民主主义革命时期,政法干部教育思想和经验都渗透到了新中国的政法教育中,经过院系调整,成为组建新中国政法院系的根本元素,在法学教育发展中长期居于支配地位。当今法治人才培养的许多要求,都可以在新民主主义革命时期初步开创的红色法科教育实践中找到影子。

中国法科研究生教育反思性检讨

冀祥德[*]　王　纳[**]

一、引言

2014 年 11 月，《中共中央关于全面推进依法治国若干重大问题的决定》中明确提出，要“创新法治人才培养机制”。2017 年 5 月，习近平总书记在中国政法大学“5 · 3”重要讲话中指出，“法治人才培养是全面依法治国重要的一环”。2020 年 10 月，中国共产党第第十九届中央委员会第五次全体会议审议通过了《中共中央关于制定国民经济和社会发展第十四个五年规划和二〇三五年远景目标的建议》，提出到 2035 年基本实现社会主义现代化远景目标，其中，基本实现国家治理体系和治理能力现代化，基本建成法治国家、法治政府、法治社会，与法学教育直接相关。当下，法学教育如何培养、塑造、熟悉并坚持中国特色社会主义法治体系的法治人才及后备力量，推动法治国家、法治政府、法治社会建设，亟须法学教育研究者和实践者全面检视我国法科研究生教育的历史，反思当下存在的不足，立足我国社会发展对法科研究生教育的现实需要，谋划法科研究生教育高质量发展之路。

二、我国法科研究生教育现状

（一）法科研究生的种类

1. 法学硕士、法律硕士与法学博士

根据学位的不同，法科研究生分为法学硕士学术学位研究生（以下简称法学硕士）、法律硕士专业学位研究生（以下简称法律硕士）与法学博士学术学位研究生（以下简称法学博士）。其中，以本科阶段所学专业是否为法学为标准，又可以将法律硕士分为法律硕士（法学）（以下简称法本法硕）与法律硕士（非法学）（以下简称非法本法硕）。

2. 全日制硕士与非全日制硕士，全日制博士与在职博士

根据培养方式的不同，法科硕士研究生可以分为全日制硕士研究生和非全日制硕士研究生，法学博士又可以分为全日制法学博士与在职法学博士。其中，全日制培养方式，是指将研究生的档案转入学校，学校对学生发放助学金的培养方式；非全日制及在职培

* 中国社会科学院大学教授，中国社会科学院法学研究所研究员、博士研究生导师。

** 中国社会科学院大学法学院硕士研究生。

养方式,是指研究生的档案留在原工作单位,学校不对研究生发放助学金的培养方式。

(二)法科研究生教育发展沿革

1978 年,我国恢复招收法学硕士研究生。1982 年,开始招收法学博士研究生。1996 年,首批法律硕士的 8 个学位点开始招生。2000 年,法律硕士不再面向法学本科毕业生,仅面向非法学本科毕业生招生。2009 年,法律硕士(法学)重新恢复招生。2016 年,教育部办公厅印发《关于统筹全日制和非全日制研究生管理工作的通知》,明确自 2017 年起,全日制和非全日制研究生由国家统一下达招生计划,以相同政策和标准招收。2020 年 9 月 30 日,国务院学位委员会第三十六次会议审核通过《专业学位研究生教育发展方案(2020—2025)》,指出将硕士专业学位研究生招生规模扩大到硕士研究生招生总规模的 2/3,大幅增加博士专业学位研究生招生数量。

截至 2020 年 1 月,全国拥有法学硕士一级学科授权点 147 个,法律硕士专业学位授权点 247 个,实现了除我国港澳台地区外,全国各省(区/市)法科硕士学位授权点的全覆盖。全国法学博士一级学科授权点 52 个,除我国港澳台地区外,目前全国共有 25 个省拥有法学博士一级学科授权点,仍有西藏、甘肃、青海、广西、内蒙古、宁夏 6 个省(自治区)尚未实现法学博士一级学科授权点“零”的突破。

三、我国法科研究生教育思考

(一)学术硕士与法律硕士同质化

法学硕士与法律硕士教育的同质化,是我国当前法科研究生教育的主要问题之一。所谓同质化,简单来说,就是我国的法学硕士与法律硕士、法本法硕与非法本法硕的培养模式与成果,即毕业生,在各方面存在明显的趋同的现象,这种同质化主要表现在以下三个方面。

1. 培养方式同质化

无论是法学硕士还是法律硕士,在课程设置和培养方式上都以法学理论教育为重点,着重基础学科知识的学习。仿佛法学硕士与法律硕士只在学习法律的时间、知识的广度与深度上存在差别,而知识结构与素质能力趋同。法律硕士的培养方案更是仅停留在类似法学本科的通识教育课程设计层面,学生只能学习到各法学二级学科的基础理论知识,无法深入系统学习某一具体领域的理论知识。

特别是法律硕士教育中的应用导向、实务导向不明显,反而充斥学术特点。各高校法律硕士的任课教师由于长期从事学术研究或者从事本科、法学硕士教学,其方法和经验难以完全满足法律硕士的教学需要,存在过于理论化、简单重复本科教学内容等现象,①导致法律硕士对于法律知识的理解和掌握较基础和广泛,缺乏对法律问题深入思考和研究的能力。

2. 学位论文同质化

虽然大部分高校允许法科研究生的学位论文采用多样形式,如专项调查、研究报告、

① 参见冀祥德、王崇华:《规范与特色:中国法本法硕培养反思》,载《西部法学评论》2010 年第 4 期。

案例分析等，但不能否认的是，法科研究生的学位论文都以学术论文为主。强调学生的学术研究水平而忽略实践能力与职业能力，也没有基于不同的学位设置不同的评价体系，法学硕士与法律硕士在培养目标（学术型与应用型）及学位（学术学位与专业学位）上的区别体现得不明显。

3. 法学院系同质化

法学硕士在入学考试中已区分出二级学科，法律硕士在入学后也会区分学科方向，但是大部分法学院校（系）在培养方式上，没有针对不同的学科方向对课程进行划分，缺乏专业特色，使二级学科与专业方向的划分没有得以充分体现，不同学科方向学生的专业特色不突出。此外，我国设有法学硕士学位点与法律硕士学位点的高校与科研机构共247个，其中不乏综合性大学、理工科大学、师范类大学和财经类大学，但是在法科研究生的培养方式与教学内容上却同质化严重，没有体现出各自的优势与特点。

（二）法科硕士培养定位与现实存在偏差

从这些年我国法科研究生培养情况来看，法科硕士培养定位与现实培养情况有较大差距，存在“学硕不学，专硕不专”的现象。法学硕士本应作为法学博士的过渡性学位或者科研及高校教师的后备力量，而根据教育部公布的数据来看，现实中大部分法学硕士却没有转向学术型与研究型道路，而选择进入法律实务部门工作。没有需求就没有市场，法学硕士的就业选择与用人市场的实际情况不无关系。笔者对“2021 年度某省党政机关选调应届优秀大学毕业生职位计划表”进行了数据分析，[①]在招考法学类专业的141个职位中，要求学历为“硕士及以上”的职位为89个（其中硕士为85个，博士为4个），约占63.12%；对于仅招收硕士的85个职位，在不区分二级学科的情况下，专业要求为“法学硕士”的占100%，其中仅要求“法学硕士”的为69个，占81.18%（见图1）。

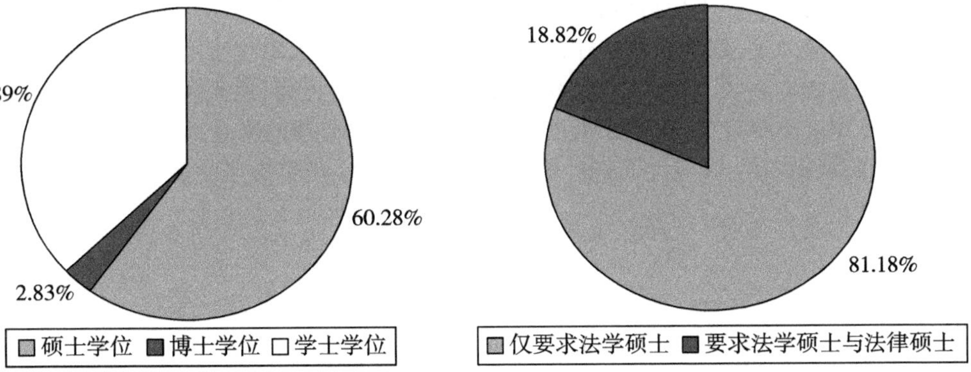

图1　职位与学位及法科硕士学位职业情况分布

① 《2021年浙江省党政机关选调应届优秀大学生毕业生公告》，载华东师范大学就业信息网2020年9月30日，https://career.ecnu.edu.cn/commonpage/NewsDetail.aspx? sn = YAokHB1bAEM = &ivk_sa = 1024320u。

反观高校及科研机构的招考要求,绝大多数招聘法学专业教师或研究工作者时,都要求法学博士学位,许多高校还要求应聘者有不少于1年的海外留学经历,这使法学硕士进入高校及科研机构的机会十分渺茫。因此,法学硕士选择法律实务部门工作也就不足为奇了。

法律硕士就业现实与培养定位的偏差也较为明显。根据国务院学位委员会转发的《法律硕士专业学位研究生指导性培养方案》(2017年)的要求,法本法硕主要培养"立法、司法、行政执法和法律服务领域德才兼备的高层次的专门型、应用型法治人才",非法本法硕主要培养"立法、司法、行政执法和法律服务及各行业领域德才兼备的高层次复合型、应用型法治人才"。法律硕士专业设立之初,有学者强调,"创立JM教育是政法队伍建设的必然要求",①而在实际情况中,立法、司法等部门招录法律硕士的岗位比例很小,招录法律硕士更多的是行政岗位。此外,一部分法律硕士在毕业后选择了升学道路,这是制度创设之初没有重点考虑的。

(三)存在"重法学硕士、轻法律硕士,重全日制、轻非全日制"不足

1. 重法学硕士,轻法律硕士

依据全国法律专业学位研究生教育指导委员会(以下简称法律教指委)提供的数据,1998年授予法律硕士学位66人,2001年达到1375人,2004年迅速增加到4282人,2010年达到10,361人,从2011年开始每年授予法律硕士学位的人数均在17,000人左右。近年来,全国法律硕士每年招生规模均在20,000人左右,累计授予法律硕士专业学位170,000余人。

从以上数据来看,法律硕士是目前法科研究生的主体,应当是法律实务部门所需人才的主要供给渠道,也是法学高等院校人才培养的重心。但实际情况并非如此,在高校法科研究生中,法律硕士从高昂的学费到师资配备再到后勤保障等缺乏足够的重视。另外,在专业竞争力上,即使其他条件相差无几,大部分的用人单位也会优先考虑录用法学硕士,其次是法本法硕,最后是非法本法硕。在招录公务员时,用人单位对法律硕士也不够重视,从图1不难看出,法学硕士进入党政机关时的选择范围远大于法律硕士。而在法律硕士能够报考的16个职位中,还有4个职位不允许非法本法硕报考,占25%(见图2)。

① 霍宪丹:《中国法律硕士专业学位教育制度的实践与反思》,载《河南省政法管理干部学院学报》2008年第5期。

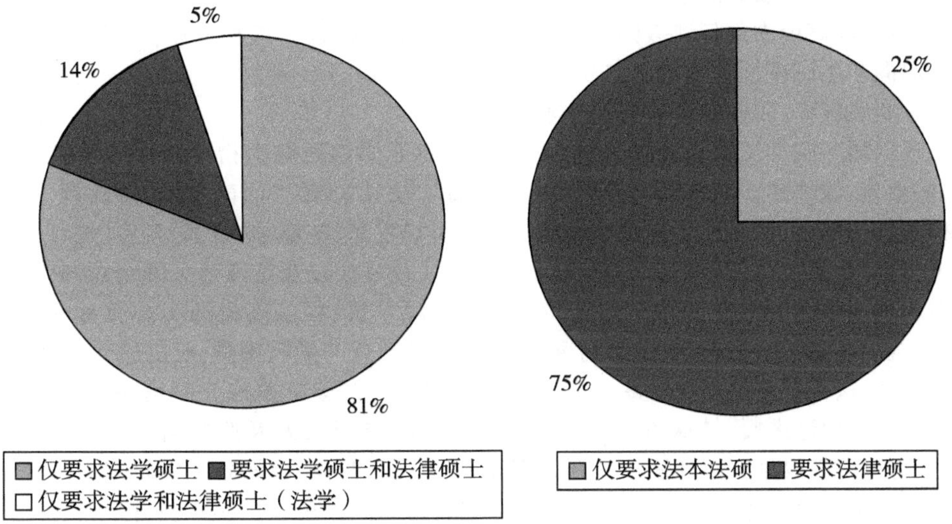

图2 法学硕士、法本法硕、非法本法硕及法律硕士职位情况分布

由此可见，法律硕士中，非法本法硕就业时的选择范围狭窄，这与当前法科硕士培养模式的改革，以及法律硕士已成为法科研究生教育的主要部分的现状不相适应。

2. 存在“重全日制，轻非全日制”现象

2016年，为推进全日制和非全日制研究生教育协调发展，教育部颁布《关于统筹全日制和非全日制研究生管理工作的通知》，明确界定全日制研究生与非全日制研究生的概念。该项改革打破了原本“双证”与“单证”研究生双轨并行的局面，在职攻读硕士专业学位的研究生由单独考试、单独招录变为与全日制研究生统一考试、统一招录，统筹全日制与非全日制研究生教育协调发展，坚持同一标准，保证同等质量，实现将非全日制研究生纳入国民教育序列。① 但就现实情况来看，培养单位对非全日制法科研究生不够重视，培养模式与非全日制的特点不符；用人单位在招录人员时普遍将非全日制研究生排除在外，非全日制研究生只能以本科生的身份和专业参加招录，这使非全日制研究生在就业选择上处于尴尬境地。

（四）存在法科研究生理论与实践教育脱节现象

1. 理论教育未真正立足实践

法学研究不仅源于理论，更源于法律实践，法律实务中产生的问题不仅需要通过实

① 参见教育部办公厅《关于统筹全日制和非全日制研究生管理工作的通知》。

务来解决,更应当成为法学研究的对象。① 而目前我国法科研究生教育仍然以通识教育为主,各法学高校中的任课教师大部分以理论知识见长,较少参与实务及法律实践,因此更倾向向学生讲授抽象理论而忽视实务操作。

2. 实践教育、职业教育没有抓住根本

根据国务院学位委员会转发的《法律硕士专业学位研究生指导性培养方案》(2017年)的要求,法律硕士教育应当开设"法律文书""法律谈判""法律实践"等课程,并进行模拟法庭训练,以使研究生较熟练地把握各类诉讼程序,能够主持诉讼程序,进行调查与取证,熟练地从事代理与辩护业务,从事非诉讼法律事务以及法律事务的组织与管理,并取得起草规范性法律文件的一般经验。但从实际来看,很多高校的实践教育常流于形式,不重视调动学生兴趣,学生参与度偏低,知识的转化与吸收困难,难以达到应有要求。

此外,法科研究生还存在缺乏职业教育的问题。在教育方式上,一般都是由教师在课堂上进行理论讲授,结课方式以论文、考试为主,缺乏实践及职业培养。在课程设置上,只有少数高校推行诸如法律诊所之类的法律职业教育,大部分法科研究生的职业教育来自外出实习,但大部分实习机会由学生自己取得。学校缺少实践教育平台和广泛的实习渠道,难以满足法科研究生普遍、多样化的职业教育需求。

(五)法科研究生学位体系不完善,法科博士专业学位缺失

目前,我国法科研究生学位体系中还没有法科博士专业学位(以下简称法律博士),这与当前我国社会主义法治体系渐趋完善,法律职业规范日益成熟的现状不相匹配。当前我国社会中,博士层次的应用型法治人才存在较大缺口,同时法律硕士及广大法律职业者也有进一步深造的现实需求,而我国现有法科研究生学位体系发展尚不能满足社会需要。无论是为了建设更高素质的法治工作队伍还是健全我国法学教育学位体系,抑或是进一步深化法律硕士教育改革,都迫切需要设立更高层次的法学类学位。

近年来我国法学博士按期毕业人数仅占毕业生人数的1/3左右。尽管存在种种原因,但不能否认的是,我国当前仅设有法学博士一种博士学位也是重要原因之一:正因为只存在一种博士学位,大量在法律职业中需要进一步深造的人士才只能选择攻读与自身研究能力与职业需求不匹配的法学博士,从而导致低毕业率的出现。

2013年教育部、国家发展改革委、财政部在《关于深化研究生教育改革的意见》中要求"稳步发展博士专业学位研究生教育"。2017年教育部在《学位与研究生教育发展"十三五"规划》中提出,加强博士专业学位的论证和设置工作。2018年教育部工作要点也提出:实施博士研究生教育综合改革试点……修订印发高等学校和科研机构联合培养博士研究生工作实施办法,推进科教融合。2020年9月30日,国务院学位委员会审议通过了《专业学位研究生教育发展方案(2020—2025)》,指出要加快发展博士专业学位研究

① 参见胡巍:《复合型法律职业人才培养模式研究》,载《河南教育学院学报(哲学社会科学版)》2020年第2期。

生教育,同时明确提出"博士专业学位类别设置的重点是工程师、医师、教师、律师、公共卫生、公共政策与管理等"。由此可见,国家对于设置法律博士的必要性已经有充分认识,探索法律博士学位培养已经提上议事日程。

(六)法科研究生"产品"不能适应社会需求

目前,我国法治建设进入快速发展阶段,各领域对法治人才都有巨大需求,法科毕业生就业市场远未饱和。与此同时,法科毕业生就业率偏低,甚至在一些年度成为最难就业的专业。看似矛盾的现象实际上体现了我国当前法学教育中存在的法治人才培养与市场需求不匹配的问题。从制度层面来看,我国至今没有制订统一的法学教育准入制度,既缺乏规范的准入条件,也没有制度化的退出机制,更缺乏完善的监督管理与考核评价机制。一方面,专业设置泛滥使法科研究生教学质量和水平良莠不齐;另一方面,经济导向使法科研究生教育在招生方面出现"劣币驱逐良币"的现象。另外,我国至今没有专门的法学教育管理机构。历史上有一段时期由司法部主管法学教育,其后机构职能改革时去掉了司法部的这一职能,以教育部作为全国所有高等教育专业的统一管理部门,由教育部下属的法学类教学指导委员会指导法学硕士、法学博士教育,由法律教指委指导法律硕士教育,这导致法科研究生教育缺乏统一有力的管理机构。①

法科研究生就业难并不是由于学生数量多,而是由于其培养结构无法匹配用人单位的需求。"法学教育的根本目的是培养高素质的、符合社会需要的法律人才,我们未完全按照社会需求来培养人才,是导致目前毕业生就业难的根本。"②长期以来,我国法科研究生培养工作相对行业人才需求具有滞后性,尤其是在科技发展日新月异的今天,新经济新产业不断涌现,对法学人才的需求呈现多元化趋势。主要表现在:一方面,当前的课程设计无法满足用人单位对于具有扎实理论功底的高质量法治人才的需求;另一方面,各院校对复合型法治人才的理解与行业需求产生偏差,大多数院校未能将非法本法硕的培养与其本科知识体系有机衔接,缺乏实质的知识复合、能力复合机制,③简单、表面的知识复合人才与用人单位所期待的具有高水平知识复合应用的人才存在较大差距。

四、解决我国法科研究生培养问题之道

(一)优化恒定法科研究生培养定位

包括优化法科研究生培养定位和恒定法科研究生培养定位两方面的内容。

1. 优化法科研究生的培养定位

应当通过法律法规的形式明确当前各类法科研究生的培养定位。对法学硕士的培养,应确定为学术教育,主要招收法学本科专业毕业生,以法学研究者和高校教师为培养

---

① 参见王新清:《论法学教育"内涵式发展"的必由之路——解决我国当前法学教育的主要矛盾》,载《中国青年社会科学》2018 年第 1 期。

② 黄泽群:《沈家本法学教育思想与应用型法学人才培养》,载《江西社会科学》2016 年第 11 期。

③ 参见郑春燕、王友健:《非法本法律硕士培养模式的体系性再造》,载《研究生教育》2020 年第 5 期。

导向,是学术法律人,而非实务法律人。[①] 对法律硕士的培养,应定位为职业教育,目标是培养具有社会主义法治理念、德才兼备、高层次的复合型、应用型、实务型法治人才。法律硕士又分为法本法硕和非法本法硕,其中,法本法硕招收法学本科专业毕业生,其培养定位为以法律职业素质养成为导向,为法律实务部门培养专业型、实践型高级法律人才。非法本法硕主要招收非法学本科专业毕业生,其培养定位为以法律职业素质养成为导向,为有关部门培养复合型、应用型法律人才。法学博士的培养定位,应确定为高端研究型法学人才,主要招收法科硕士专业毕业生,以学术研究能力为培养导向,以法学理论创新为培养目标,培养精英型法律人才,锻造其创造性思维与创新性能力,以适应法律科学研究与社会高端管理之需。[②] 同时,鼓励不同类型的培养单位设定特色法科研究生培养定位。

2. 恒定法科研究生培养定位

之所以提出恒定法科研究生培养定位,是因为某些研究生培养定位虽已确立,但并没有落到实处,如非法本法硕的培养,设立之初并不是为政法机关培养人才,而是为政法机关以外的机关、团体、企业、事业单位培养复合型、应用型法律人才。但是,在具体实践中却混同于法律(法学)硕士,培养定位与培养现实出现了较大反差。因此,建议主管部门提出恒定法科研究生培养定位的明确要求,培养单位切实按照培养定位设置法科研究生的培养方案,将培养定位落实到位。

(二)科学调整法科研究生培养模式

1. 调整全国法科研究生培养模式

法科硕士研究生从以培养法学硕士为主转向以法律硕士为主,是我国法科研究生培养模式转型之趋势。[③] 在操作层面,可将部分法学硕士招生计划调整为法律硕士招生计划。同时,教育主管部门应当加强对法律硕士及非全日制法科研究生的同等关注,鼓励用人单位招收法律硕士和非全日制法科研究生。此外,监管部门也应主动监督,推进法科研究生教育、培养、就业的公平。

2. 调整法学硕士培养模式

法学硕士的培养初衷是学术科研工作者,因此在培养中要加强对法学硕士的学术指导,为其安排更多的学术训练,在课程设置上要注重培养法学硕士的学术素养,增强其科研能力。

当然,重视法学硕士学术研究能力的培养,并不意味着只进行单一的法学理论研究,

---

① 参见冀祥德:《论中国法科研究生培养模式转型之必要——从以培养法学硕士为主转向以法律硕士为主》,载《环球法律评论》2012 年第 5 期。

② 参见冀祥德:《法学教育的现状及展望》,载李林主编:《中国法治发展报告 No. 7(2009)》,社会科学文献出版社 2009 年版,第 332 页。

③ 关于该问题之详论,参见冀祥德:《论中国法科研究生培养模式转型之必要——从以培养法学硕士为主转向以法律硕士为主》,载《环球法律评论》2012 年第 5 期。

只研究理论而不结合实际,知识就成了无源之水、无根之木。因此,高校更应当同时重视培养法学硕士从实践中发现问题,研究社会热点法律问题,同时倡导基础法学和对策法学研究。

3. 调整法律硕士培养模式

第一,调整法本法硕培养模式。对于法本法硕,针对其高级应用法治人才的定位,在研究生教育阶段不需要过分强调法学基础理论的重复学习,更应进行精细化培养,既可以根据法学二级学科设置专业,也可以根据实务领域类型设置不同培养方向,如法官、检察官、律师等,甚至将其进一步细化到民事法官、刑事法官、商事法官等。从职业教育出发设置课程,才能提升培养质量,更好地适应社会现实需求。

第二,调整非法本法硕培养模式。由于非法本法硕在本科阶段没有对法学相关学科进行系统学习,因此其培养过程首先应始终贯穿法学基本原理教育,提升其法学知识水平;根据其复合型、应用型法治人才的培养定位,培养单位应注重建构非法本法硕的特色培养体系和"本硕连贯"的复合型法治人才培养机制,结合学生本科所学专业及职业方向对学生区分设置培养方案,如本科为财经类专业的学生可以朝经济法、商法职业方向培养,本科为管理类专业的学生可以朝行政法、政府法律顾问方向培养,真正实现本科知识与法学知识的有机复合。

4. 调整非全日制法科研究生培养模式

教育主管部门和培养单位应共同直面非全日制法科研究生招生和培养过程中出现的问题,在培养方案、教学课程设计、论文撰写、培养过程监督等方面针对非全日制法科研究生的特点进行改进。笔者受线上授课的启发,建议培养机构在对非全日制法科研究生授课时可采用线上线下相结合的方式,借助线上教学平台为在职人员接受更高层次的教育提供现代化的平台和条件。运用线上公开课等手段,在注重培养质量的同时创新培养方式,这对于非全日制法科研究生开拓法治视野具有积极作用。

(三)开拓创新法科研究生培养机制

1. 建立法学硕士和法学博士衔接培养机制

建议强化法学硕士学术性培养力度,将法学硕士作为法学博士的过渡学位,普遍建立硕博连读和本硕博连读机制,保持法学科学学位教育的连续性和递进性,提高培养人才的学术质量。① 同时,对于学术能力不达标的法学硕士,可在学习期间主动申请或经学校考察决定转为法本法硕,转化为实践型、应用型高级法律人才培养。

2. 创设法律博士专业学位

2010 年,国务院学位委员会第 27 次会议审议通过《硕士博士学位设置与授权审核办法》,其中明确规定设置硕士、博士专业学位应具备的基本条件是:(1)具有明确的职业指向,所对应职业领域的人才培养,已形成相对完整、系统的知识体系;(2)对应职业领域

① 参见冀祥德:《对中国法学教育全面反思与展望》,载《中国政法大学学报》2010 年第 4 期。

已形成相对独立的专业技术标准,以及相对成熟的职业规范和特定的职业能力标准;(3)对应职业领域的人才需求有较大规模。在法律硕士专业学位设置并招生培养20余年经验基础之上,法律专业学位指向更加明确,法学知识体系更加完整、系统,法律职业规范和职业能力日趋成熟,特别是社会对更高层次法治人才有更高需求。此时,设置法律博士学位已符合以上3个条件。

我国法律博士专业学位报考者应仅限于已经获得法学硕士或法律硕士学位的人,非法科硕士不能报考。这是因为,我国法科专业博士学位是法律实务界具有较高理论与实务水平的标志,具有很强的职业性和专业性,非法科硕士没有经过基本的理论和实务训练,不具备相应的专业基础。此外,法学硕士也不应成为法律博士的主要招生对象。

结合法学研究生教育发展现状,借鉴现有专业学位博士运行经验,建议法律博士的设置可以兼采工程博士和教育博士培养方案,即以与行业联合培养为主,高校自主培养为辅,主要招收法律实务部门在职人员,以造就法律实务领域的应用型、职业型高级专门人才为目标,集中并结合行业部门的优势资源,实现培养单位与行业部门的联合培养。

从专业学位自身定位来看,法律博士应具有鲜明的实践特性和职业指向,应区别于法学博士的学术型、研究型定位。法律博士主要面向法律实务部门培养"研究型专业人员",使已具有较丰富法律实务经验和取得优秀法律实务工作业绩的法律工作者综合掌握各种知识和方法,发展从事法律实务工作的素质和能力,养成通过研究解决实际问题的意识和方法,创造性地解决法律实务领域中的关键问题。其基本定位是"实践型",主要培养"实践反思型法律工作者"。①

实践操作上,可在具有优秀师资和长期法律硕士培养经验,并且已与法律实务部门建立联合培养机制的培养单位中遴选出试点院校。其中,拥有法学博士一级学科授予权、参加过法律硕士专业学位综合改革试点的高等院校、科研机构应当优先。

3. 成立法科研究生专门指导机构

针对当前法科研究生缺乏统一有力的管理机构的问题,建议中央政法工作委员会(以下简称中央政法委)联合教育部、司法部等部门,成立一个能够统一规划法科研究生教育的"全国法科研究生教育指导委员会"。在中央政法委的领导下,规划、指导、监督、评估全国的法科教育工作,制订法科研究生学位点的学科考核评价制度,设立准入与退出机制,运用评估考核制度实现法科研究生培养单位的"优胜劣汰"。

(四)开放拓展法科研究生培养方式

1. 建立法律硕士多元培养方式

各院校应根据自身的教学资源及学生个人情况,为法律硕士制订多元培养方案和培养方式,探索符合教育规律和社会需求的特色教育模式,使教育能够对接实践与职业需求。特别是非法本法硕的培养,要契合2018年10月教育部与中央政法委联合下发的

① 袁钢:《我国法律博士专业学位设置的必要性和可行性》,载《中国高教研究》2020年第1期。

《关于坚持德法兼修实施卓越法治人才教育培养计划2.0的意见》中提出的"找准人才培养和行业需求的结合点,深化高等法学教育教学改革"的总体思路。

2. 完善"双导师制"培养方式

目前,由校内学业导师与校外实践导师联合完成法科研究生培养的"双导师制",主要存在5个问题:一是没有建立校外导师遴选机制;二是对校外导师缺乏导师基本素养培训;三是培养单位对校外导师指导学生的管理水平有待提升;四是校外导师教学指导随意性较大;五是校内学业导师与校外实践导师缺乏有效沟通与联合。培养单位可以与法官协会、检察官协会、律师协会等法律职业协会展开合作,从中聘请符合条件的专家担任法科研究生实践导师,并进行岗前培训。

3. 实施"产教融合"培养方式

在课程设计上,应结合培养方向对法科研究生的专业课进行模块化设计,使学生在理论学习的基础上,能够根据自己的培养方向选择适当的模块课程,就某一实务领域的法学知识进行体系性学习。在实习机会上,高校应进一步加强校地、校企合作,尽可能为学生提供多样化的实习形式,包括多样化的实习周期、实习单位等。此外,可通过协议方式来规范实习单位对学生实习的内容安排、过程指导和成绩考核,避免实习流于形式。在校内实训平台上,应大力推广法律诊所教育。① 诊所法律教育作为融合"模拟法庭""法律谈判""法律文书写作"等实训课程的科学教育方式,一方面,其小班化、实战化的授课模式提高了学生应用型学习的质量;另一方面,法律诊所还为学生参与立法论证、法律咨询特别是真实案件处理搭建了实务训练平台,使学生在参与课题项目、案件处理过程中提升知识运用能力。②

4. 采取"量身定做"的培养模式

对于社会日益增长的多元化、高层次、高质量法治人才需求,要实现针对行业需求的法治人才高质量产出,培养单位应探索按照用人单位需求定向培养法科研究生的新模式,与用人单位展开合作,精准对接特定层次的行业用人需求,有针对性设置符合人才定位与用人单位要求的法科研究生培养方案,实现法治人才供给与需求的高精度契合,以"育市场所需,为市场所用"。

五、结语

70余年来,经过几代人接续不懈地努力,法学教育的中国模式已经初步形成,与以美国法学教育为代表的法律职业教育模式和以德国为代表的法律素质教育模式呈现三足

---

① 关于该问题之专论,详见冀祥德:《以诊所法律教育统领法律实践教育:可行性及制度设计》,载《山东大学学报(哲学社会科学版)》2017年第5期。

② 参见冀祥德、李庆明:《诊所法律教育:中国法律硕士培养制度改革的基本方向》,载《法学杂志》2011年第2期。

鼎立之势。[1] 法科研究生作为我国高素质法律人才的核心与骨干,是法治人才队伍建设中不容忽视的部分,而我国当前的法科研究生教育培养机制仍然以粗放型、程式化、统一化为主要特征,这与当前法律行业发展精细化、多元化,以及人才需求专业化、层次化的现状不匹配。这就要求我们及时调整升级人才培养模式,使法治人才培养真正符合国家治理能力和治理体系现代化的要求。

① 参见冀祥德:《论法学教育中国模式的初步形成》,载《法学论坛》2011 年第 5 期。

新时代法学教育

论国家治理现代化背景下法科生的基本素养及培育

黄锡生* 王中政**

千秋基业，人才为本。当今世界国与国之间的竞争，在很大程度上是法治的竞争，而法治的竞争又集中表现为法治人才的竞争。党的十九大报告强调，全面深化改革的总目标是完善和发展中国特色社会主义制度、推进国家治理体系和治理能力现代化。国家治理现代化是法学教育的目标，同时也对法学教育提出了新要求。“要按照新时代、新思想、新矛盾对教育的新要求，瞄准社会主义现代化强国‘两步走’目标，加强顶层设计，谋划各级各类教育发展战略，加快推进教育现代化。”①从新中国成立至今，我国法学教育已走过70余载，现已基本完成从数量到质量、从一元到多元、从西化到本土化等方面的转变。② 然而，从“传统”和“西方”走出的法学教育在国家治理现代化背景下，面临诸多挑战也是不争的事实。其中，法学教育的供给与法科生的需求在理论与实践的双重压力下，表现出供需失调的结构性困境。如何将国家治理现代化的目标与法学教育对接，实现法学教育与法科生基本素养的融合，成为每一位法学教育工作者亟须思考的问题。

一、国家治理现代化与法科生的基本素养

(一)从国家治理现代化到法学教育现代化

1. 国家治理现代化与法学教育的关系

党的十八届三中全会将“国家治理体系和治理能力现代化”作为全面深化改革的总目标以来，“国家治理体系和治理能力现代化”不仅成为政策文件中的热词，也成为学术研究的热点。党的十九大进一步阐释了“国家治理体系和治理能力现代化”的内涵，明确提出了国家治理现代化的时间表和路线图。党的十九届四中全会通过的《中共中央关于

* 重庆大学法学院院长，教授、博士研究生导师。

** 重庆大学法学院博士研究生。

① 新华社:《奋力谱写建设教育强国时代新篇章》，载《人民日报》2018年1月26日，第2版。

② 参见李其瑞、冯飞飞:《中国法学教育70年的发展历程、问题反思和未来展望》，载《法学教育研究》2020年第2期。

坚持和完善中国特色社会主义制度、推进国家治理体系和治理能力现代化若干重大问题的决定》则深刻、系统、全面地诠释了"国家治理体系和治理能力现代化"。

国家治理现代化涉及政治、经济、文化、社会、生态等各个领域,是党的执政方式和执政理念的一次整体性调整。其中,法治与国家治理密切相关。法治是国家治理的基本方式,是国家治理现代化的重要标志。① 从某种程度上说,国家治理现代化即是国家治理制度化、体系化和法治化的过程。法治兴则国家兴,法治强则国家强,实现国家治理现代化的目标必须将法治建设放在突出位置。然而,法治建设是一项浩大的工程。"合抱之木始于毫末,万丈高楼起于垒土",法治建设须依靠全体国民的共同努力,其中法科生是法治国家建设的"主力军",而培养合格的法治人才离不开法学教育。对此,孙晓楼教授曾指出:"一国法律教育的得失,有关国家法治的前途。"②没有法学教育的繁荣和发展,没有法学智力和法治人才的支持,国家治理现代化就失去了根基。在此意义上,法学教育是国家治理现代化的基础。但是,法学教育不能脱离国家治理现代化的目标和要求。从功能上看,法学教育不但赋予学生专业的知识、健全的人格、生存的本领,更重要的是,为国家和社会培养优秀的人才。因此,法学教育应当融入国家治理现代化的整体布局之中,服务国家的工作大局。

2. 法学教育的现代化转型

国家治理现代化对法学教育的新要求促使法学教育的现代化转型。法学教育现代化要以先进的教育理念为指导,使法学教育与经济和社会发展相适应,达到世界法学教育先进水平,培育出满足国家治理现代化要求的新型法学人才。法学教育现代化主要包括教育思想现代化、教育模式现代化、课程体系和教学内容现代化、教育手段和教育方法现代化等。③ 法学教育现代化不仅关乎法学学科教育的现代化,而且决定了培养法治国家建设人才的质量。法学教育的现代化主要体现在两个方面:

第一,理念变革:从个体到社会。每个人既是个体的,也是社会的。传统法学教育以个体为本位,将个人的发展作为教育的出发点和落脚点。亚里士多德认为,人之为人是因为天生理性。如果理性是人的本性,教育的结果应该能够促使每一个人作为一个理性的个体来行动。因此,每一个人将会认识到他的本性,并能够执行他的正当职责。④ 个体本位论的教育理念充分关注到了教育对象的最小单元,符合个体差异对教育获得需求的不同。然而,在更大层面上,个体本位论的教育理念却难以为社会的整体性进步提供坚实的教育基础。一方面,由于个体的差异性,每个人接受教育的机会和能力是不同的。在缺少社会关怀和矫正正义的情况下,教育资源的分配不均逐渐演化为社会资源的两级

① 参见张文显:《法治与国家治理现代化》,载《中国法学》2014 年第 4 期。

② 孙晓楼:《法律教育》,中国政法大学出版社 2004 年版,第 6 页。

③ 参见王继军:《高等法学教育现代化的思考》,载《山西大学学报(哲学社会科学版)》2004 年第 3 期。

④ 参见[美]凯瑟琳·埃尔金、李雁冰:《教育的目的》,载《教育发展研究》2016 年第 18 期。

分化,进而诱发社会矛盾。另一方面,个体本位的教育思想在不断提高个人能力的同时,却难以将家国情怀、社会担当等价值观念融入教育中,至少在某种程度上,它与个体本位教育理念所含摄的"个人至上观"是相矛盾的。可见,个体本位的教育理念与国家治理现代化对法治教育的期待是偏离的。国家治理现代化所要求的法学教育理念必须从个体本位上升到社会本位,将"服务于国家和社会发展"作为法学教育的最终目标。

第二,方法变革:从脱离到融合。法学教育现代化的理念转型也促使法学教育方法的转型。传统法学教育方法主要以课堂讲授为主。随着社会实践对法学人才需求的转变,传统法学教育吸收了实践教学的内容,从而形成了现代法学教育的经典模式,即理论教学和实践教学相结合。然而,尽管在形式上法学教育"理论 + 实践"的模式已然形成,但实质上,法学理论教育与法学实践教育是相脱离的。这一方法也产生了一些问题:其一,导致部分学生在实习或工作后,感受到自己学习的理论知识与实践问题无关或关系不大,进而对理论学习产生怀疑;其二,导致法学实践教学偏向社会的需要,将法学实践教学转变为法律职业培养工具,忽视了理论与实践之间的互动性。法学教育现代化应当打破理论教育与实践教育的隔阂,学以致用、用以促学,将理论教育与实践教育真正融合起来,实现法学教育方法的现代化。

(二)国家治理现代化背景下法科生的基本素养

国家治理现代化不仅促使法学教育理念和方法的转型,同时也对法科生提出了要求。从功能上看,教育只是培养法治人才的一种外部手段,好的教育并不一定能培养出好的人才,关键在于受教育者本身对教育的认同程度。在此意义上,法科生的基本素养是国家治理现代化的决定性因素。笔者认为,国家治理现代化背景下,法科生的基本素养包括道德素养、知识素养、实践素养三个方面。

1. 道德素养

"德为才之帅,才为德之资。德器深厚,所就必大,德器浅薄,虽成亦小。"新时代的法科生必须将道德素养放在基本素养的核心地位。习近平总书记指出,中国特色社会主义法治道路的一个鲜明特点,就是坚持依法治国和以德治国相结合,强调法治和德治两手抓、两手都要硬。法学教育要坚持立德树人,不仅要提高学生的法学知识水平,而且要培养学生的思想道德素养。法学教育的核心问题依然是人的问题,道德素养在人的培养问题上依旧是不可缺位的关键要素。近年来,一些法官、检察官、律师等法治工作者知法犯法,一些出身法律专业的领导干部沦为阶下囚,问题并不在于他们的业务水平不过关,而是作为法律人的道德素养缺乏。道德素养的培育,一方面,要发挥老师的模范作用,通过自己的言行感染和教化学生;另一方面,也要发挥学生自身的主观能动性,通过学习和反思提高自己的道德素养。

2. 知识素养

素养作为一种经常修习之涵养以一定的知识为原点,一定的知识构成素养的基础,而法学素养的基础就是法学知识。法学知识是法科学生必须掌握的基本知识,是法科学生在未来职业领域运用言辞和文字进行表达的基础,是他们在不同法律事务工作领域里进行交流的工具要素,同时也是其他法学素养得以形成的前提。法学作为一门专业性极强的学科,历经几千年的发展,现已形成了体系庞杂、内容繁多、晦涩艰深的学科体系。这样一门学科,对学习者的要求是极高的。况且,法律作为治国理政的重器,要适应时代和国家的发展。因此,法学知识也必然处于不断变动和丰富之中。可见,法学专业本身即对法科生提出了较高要求。而要学好这门专业,学生必须具备持之以恒的精神、刻苦钻研的态度、极深研几的能力。

3. 实践素养

法律是为社会调控而存在的,解决现实问题是法律存在的使命。尽管我们有意识地逃离法律工具主义的窠臼,但法律在现实生活中确实扮演着治理国家和社会的工具性角色。而法律的工具性和世俗性也决定了法学教育是要培养一大批运用法律知识去解决社会问题的专业人士,这也是人们投身法学专业的基本愿望。法律的实践性要求法科生必须具备实践素养,即可以运用知识解决社会问题。但遗憾的是,我国法科生的实践素养普遍偏弱,这既是学校教育的问题,也是社会问题。因此,法科生实践素养的培育不能仅依靠学校的教育,更要发挥社会主体,例如,法院、检察院、律师事务所等单位的培育功能,共同提高法科生的实践素养。

二、法科生基本素养的培育困难及成因分析

法科生基本素养的培育以及法学教育现代化对实现国家治理体系和治理能力现代化的目标具有基础性作用。然而,在法学教育开展多年,具备法学专业背景人数总体增加的情况下,法治意识和法治精神仍然是社会的“稀罕物”。很多法科生或不具备识别“社会不公”的能力,或不具有为他人权利发声的热情,甚至自己直面侵权时都缺乏为权利斗争的勇气。① 这不得不说是我国法科生基本素养的不足以及法学教育的缺憾,而其成因亦值得思考。

(一)法科生基本素养的培育难题

1. 个人成长与学校教育的错位

在法科生基本素养的培育环节中,学校教育无疑具有至关重要的作用。然而,学校教育却存在两方面的困难:第一,学校教育的普适性与学生个体的差异性之间的矛盾。学校教育的对象是全体学生,即便是专业化教育所针对的同一学院或同一专业,也有几百名或几千名学生。每个学生都是有思想的个体,他们对自己的未来或多或少都有基本预期。在未来目标的指引下,他们会对自己的学习作出规划。例如,有的同学打算从事科研工作,他们会更注重理论学习;而有的同学打算从事律师、法官或检察官等实务工作,他们则更倾向实务训练。而学校为了达到不同需求的平衡,同时开设了理论课程和实践课程。但学校对教育资源的分配一般符合大多数人的需求,难以实行个性化的培

---

① 参见黄文瀚:《法律实践教育的人文反思与路径求索》,载《法学教育研究》2020 年第 2 期。

养。第二,学校教育目标的统一性与学生个体发展目标的多元性之间的矛盾。学校教育的目标是培养合格的人才,至于合格的标准,学校只能以国家的标准为参照,即通过标准化的教学大纲、教学计划、教育方法以完成特定的教学内容、实现预期的教学效果。[①] 然而,这种以统一化的教学目标为主的培养方式忽视了学生个体目标的多元性,造成个体目标与学校目标的错位。

2. 理论教育与实践教育的脱离

法学既是一门强理论性的学科,也是一门强实践性的学科。法学教育应当关注法学学科的综合性特征。然而,当下的情况是理论教育与实践教育的衔接不足,一方面导致理论对实践的指导作用弱化;另一方面也使理论得不到实践的检验。其中,主要原因是对法学实践教育的曲解。我国的法学实践教育通常被认为是"法律职业教育"。在这一观念之下,法学的理论教育不再是教学生"如何像法律人一样思考",而是让他们学会"如何像法律人一样解决问题"。"法律职业教育"观念下的法学实践教育并不能推动法学理论教育的发展,因为解决实际问题往往不需要深奥的理论,能够认识、理解和运用法条足以。而所谓实践教育(Learning by Doing),实际上就是"做中学",体验式学习。[②] 我们现在采取的所谓实践教育,如案例教学、案例研讨课、实务讲座等,虽然与实践教学密切相关,但并非严格意义上的实践教育。此外,单纯让学生自己组织,缺少规划、涉及、反馈、指导的模拟法庭只是法律实践活动,而不是实践教学。[③] 对法学实践教育的误解割裂了法学理论教育与实践教育的有机性,造成了两者的脱离。

3. 通识教育与专业教育的断联

关于通识教育与专业教育的争论由来已久。通识教育重视内在适切性,强调高等教育要切合学生的内在需要,培养人的理智和理性能力是高等教育的首要目的。专业教育重视外在适切性,强调高等教育要切合社会需求,培养职业能力和谋生技能是高等教育的主要目的。[④] 通识教育与专业教育的争论,实际上反映了对高等教育功能定位的不同认知。从法学教育的性质上看,法学教育既是一种通识教育,也是一种专业教育。但现在的问题是,法学通识教育与专业教育之间存在梗阻,无法实现互通。结果是接受了法学通识教育的人难以适应专业教育,或者说,法学通识教育并不能为法学专业教育提供良好的基础。因为低质量的通识教育所教育出来的并非能思考、敢质疑、有研究能力的

① 参见黄锡生、陈先根:《法学实践教育标准制度探究》,载张文显主编:《中国法学教育年刊》第六卷,法律出版社 2019 年版,第 155 页。

② 参见许身健:《明确法学教育培养目标提升实践性法学教育》,载许身健主编:《实践性法学教育论丛》第一卷,知识产权出版社 2010 年版,第 5 页。

③ 参见许身健:《完善法学教育:路径与方法》,载张文显主编:《中国法学教育年刊》第五卷,法律出版社 2018 年版,第 142 页。

④ 参见周光礼:《论高等教育的适切性——通识教育与专业教育的分歧与融合研究》,载《高等工程教育研究》2015 年第 2 期。

学生。学生从小就被要求对各种指定的知识了如指掌,而非批判性地理解知识以及创造新的知识。学生通常有强烈的"正确答案"意识,认为学习就是学习知识,并体现为试卷上的正确答案,鲜有去发现问题、分析问题和解决问题的意愿和能力。而这种应试教育的"成功"并不能为专业教育带来实质性的帮助。很多进入法学专业教育的学生又得重新训练批判思维、培养专业能力,这无疑给本就紧迫的专业教育带来了新的负担。

4. 传统教育与现代科技的失调

随着信息化、智能化时代的到来,现代科技对传统法学教育的理念和方法产生了巨大冲击。首先,现代科技正对法科生的基本素养提出新的要求。在传统法学教育之下,法学知识是法科生学习的重中之重,大到某一理论,小到具体法条。然而,人工智能的出现在很大程度上取代了人类的简单记忆工作。以司法实践为例,人工智能的引入会替代很多人力劳动,从而促使人在司法活动中的职能从基础性工作转向评价性工作,即需要对人工智能产生的司法结果进行人性的思考和评价。而这也意味着法科生基本能力的转向,因为司法评价需要更高的人性、更好的道德、更强的判断能力。① 其次,现代科技对传统法学教育的方式也产生了深刻影响。传统法学教育以教师、课堂、书本为中心,现代科技打破了传统教育的时空束缚,实现了法学教育的广泛性共享。然而,现代科技在为法学教育带来新的可能性的同时,也显现出其弊端:且无论教师对现代科技的接受程度如何,即使是新时代的学生对科技的引入也有一个适应过程,而在这一变革过程中就容易出现传统教育与现代科技的脱节。例如,多数学校采取网络授课的方式,尽管授课的内容与线下差别不大,但还是有学生不适应线上学习,导致听课效率低下等一系列问题。

(二)法科生基本素养培育困难的成因分析

1. 个人原因:主观意志的薄弱性

主观意志是人行为的基础。法科生基本素养的培育首先从对自身专业的认同开始,而基本素养的缺失也首先是对专业认同的缺失。那么,为什么法科生不愿意主动培养自己的专业素养?从主观角度分析,其一,认知的落差。对于尚未进入法学殿堂的学生来说,他们选择法学专业更多的是出于感性的认知,即想象未来能够成为法官、检察官等。而当他们开始接受法学教育之后,发现法学课程压力之大、内容之多,远超他们的预期,进而产生排斥心理。其二,观念的偏颇。对于很多法科生来说,法学专业的学习只是一种未来谋生的手段,记住法条、通过法律职业资格考试似乎成为学习的主旋律。在这种观念之下,很难形成对法学的兴趣,遑论对法的信仰。其三,懒惰的惯性。严格来说,懒惰是任何专业学生培育困境的重要因素,法学尤甚。不同于理工科的实验性教学,法学教学多以书本教学为主。由于课堂时间有限,很多课程内容只能依赖学生自学。在缺少外在约束的情况下,学生极易产生惰性,自我培养意识大打折扣。

---

① 参见吕泽华:《智能时代法学教育变革的初步思考》,载张文显主编:《中国法学教育年刊》第六卷,法律出版社 2019 年版,第 13~14 页。

2. 教师原因:教学方式的单一性

教学是在教育目的规范下由教师的教和学生的学共同组成的一种教育活动。① 无论是讲授式教学方法、案例式教学方法,还是研讨式教学方法、问诊式教学方法,都是法学教师传播知识技能和学生领会学习要点的方式。然而,当下我国高校法学教师的教学方式仍以讲授式为主,辅以案例式教学,总体上呈现简单化和机械化的特征,不利于提高法科生的基本素养。其一,我国法学教学的现状是,本科生教育多以年轻老师为主,研究生教育以资深老师为主。由于年轻老师刚从学校毕业,并不具备实务经验,因而很难从年轻老师的课堂上发现实务教学的要素。而资深老师虽然具有实务经验,但研究生教育多以理论知识为主,实务教学并不契合研究生培养的主线。因此,教师资源的"错配"导致了教学方式与教学对象的不匹配。其二,科研与教学的潜在矛盾。法学学科既是科学研究的平台,也是法学教学的平台。法学研究与法学教学之间高度正相关:法学研究在很大程度上影响法学教学水平,法学教学水平也可以转化为法学研究能力。然而,由于教师个人素质的不同,部分教师不能很好地兼顾科研与教学,导致了两者的冲突。

3. 学校原因:培养目标的模糊性

法科生培养目标的设定,在很大程度上反映出高校对法学教育的基本定位,同时也决定着法科生培养方案的制订。从理论上看,我国法科生的培养目标主要分为3类:一是"精英法律人才说",即培养在研究能力以及法学思维方面十分优秀,同时能够对法学理论和法律专业知识牢固掌握的法律人才;二是"职业法律人才说",即培养对法律实践的操作技巧十分熟练,具有很强的实践能力,以及可以处理复杂的法律实务的法律人才;三是"高素质法律人才说",即培养具有学术能力和实践能力的综合性人才。② 尽管在理论上法科生培养目标是明确的,但在现实中很多高校的培养目标却较模糊。一方面,由于高校之间没有形成共同的培养目标,各个高校自身的个性化特征压过了法学教育共同的人才属性;另一方面,即使是在同一所高校里,法科生的培养目标也存在不一致性。结果是,法科生的理论水平没有达到预期高度,实践能力也没有得以较大提升。

4. 社会原因:社会期待的功利性

法科生基本素养的培育困境除自身原因和校内因素外,与社会的大环境不无关系。随着社会竞争的加剧,"效率至上"似乎成为社会的主旋律。在"效率至上"的统摄下,社会对法科生的期待也逐渐呈现功利化的倾向。其一,用人单位对法科生设置的门槛越来越高。随着开设法学专业的高校越来越多以及招生规模的整体扩大,法学专业学生供过于求的问题日渐显现。而与之相应的是,用人单位对法科生设置的门槛越来越高。很多地区单位招人的标准已经提高至硕士研究生,且必须通过法律职业资格考试(以下简称

① 参见王道俊、王汉澜:《教育学》,人民教育出版社1989年版,第178页。

② 参见才让塔:《新时期地方民族院校法学本科培养目标及定位》,载张文显主编:《中国法学教育年刊》第五卷,法律出版社2018年版,第171页。

法考)。对于那些未通过法考和研究生考试的法科生,只能从事基础工作或转行。其二,用人单位对法科生的容忍度越来越低。在大环境的约束下,用人单位需要的是"即战力",他们不愿意花费更多的成本去培养年轻人,这对刚入职的法科生来说无疑是残酷的。社会期待的功利性逐渐演化为教育的功利性。当就业率成为考核指标的时候,学校的教育就显示出了对社会的妥协。法学专业教育也不再从最基础的开始,法治理念没有融入法学教育之中。在某一些课堂上,甚至开始讲起了法考的内容。在功利性氛围之下,很难培养和提高法科生的基本素养。

三、法科生基本素养培育的逻辑及进路

基于上文的分析,法科生基本素养与国家治理现代化的需求存在较大差距。为提高法科生对于国家治理现代化的支持力度,法学教育应作出逻辑和路径上的革新。

(一)法科生基本素养培育的双重逻辑

1.纵向逻辑:完善分级培养体系

法学教育70余年,不仅使我国的法学学科体系更完整,也使我国法学培养体系更成熟。目前,我国基本形成了"本科—硕士—博士"的法学分级培养体系。然而,这一培养体系仍然存在两点不足:一是体系内不足,即法学本科、硕士、博士教育本身存在问题。例如,我国法学本科教育的定位尚存争议。付子堂教授对本科教育专科化的趋势表达了担忧。① 贾宇教授则持相反观点,认为法学职业化教育可以培养更多高素质的实务人才。② 如果说法学本科教育的问题停留在培养定位上,那么硕士教育的问题则更多地体现在培养目标上。目前,我国硕士培养体系分为法学硕士(偏学术)和法律硕士(偏实务)两类。分类培养的初衷是正确的,但难就难在"偏"字上。由于不同院校教育基础不同,容易造成"法学硕士教育非学术化、法律硕士教育非实践化"的问题。③ 此外,法学博士的培养也令人忧心。在毕业条件的压力之下,法学博士教育已然演化为"论文锦标赛",教育的德化作用弱化。二是体系间不足,即法学本科、硕士、博士教育的衔接困难。好的教育应当一以贯之,本科打基础、硕士练技能、博士求创新。但部分院校基础薄弱,导致其根本无法保质保量地完成法学基本教育,遑论提高教学质量。而基于市场选择与自我认知,这些院校的毕业生考研率一直居高不下。然而,尚未进行很好的本科教育就直接进入硕士学习阶段,不仅增加了硕士培养的难度,而且有使后者沦为本科再教育的趋势。④

基于此,笔者认为,完善法学教育、提高法科生基本素质的前提是要完善法学分级培

① 参见柴葳:《规模扩张遭遇结构失调,与实践脱节导致就业率滑坡,在依法治国大背景下——法治人才培养如何应对挑战》,载《中国教育报》2015年7月20日,第1版。

② 参见贾宇:《改革开放三十年法学教育的发展及其当前改革》,载《法律科学(西北政法大学学报)》2008年第6期。

③ 参见朱立恒:《我国法学硕士教育的学术化改造》,载《社会科学家》2009年第6期。

④ 参见屈茂辉、李勤通:《法学教育的知识属性及其建构意义》,载《中国法学教育研究》2018年第4期。

养体系，打通不同阶段的壁垒，实现一体化培养。首先，本科教育宜定位为基础教育。其中，以法学知识教育为主，重点培养法科生的法治精神和法治意识。在具体方式上，可以探索将法学教育与社会主义核心价值观相衔接，培养法科生的家国情怀和社会服务意识。其次，在硕士培养方面，应坚持法律硕士与法学硕士的分类，同时建立两者的流通机制，即法学硕士与法律硕士在培养过程中可以实现两者的转换。最后，法学博士的改革重点应当放在考核机制上，破除“论文至上”的单一评价体系，释放法学博士生的思想空间，走出学校、走出论文，更多地参与社会治理，从社会实践中发现问题。

2. 横向逻辑：构建分类培养体系

与纵向分级培养体系相对应，法学教育还可以通过构建横向的法学分类培养体系培育法科生的基本素养。这主要基于两方面原因：其一，法学学科的特殊性。法学学科范围之广、理论之深，意味着培养“法学全才”几乎是一件不可能的事情。因此，法学培养应当突出专业化和差异化的特点，即培养“术业有专攻”的法学人才。其二，教育资源的差异性。我国目前开设法学专业的院校主要分为 3 类：一是综合性大学法学院（重视基础法学，以培养能够熟练从事法律或相关工作或可以继续攻读研究生的专门人才为目标）；二是专业性政法院校（多以职业教育为特色，其人才流向也主要是公、检、法、司等传统司法部门）；三是财经类、师范类、理工农医类等院校开设的法学专业（多具有复合型法律人才教育的特点）。① 由于院校间的资源禀赋差异较大，以统一培养标准要求所有院校几乎不可能。因此，法学教育应当构建分类培养体系。在宏观层面上，分类培养体系的构建需要以院校为基础。如上文所述，不同院校的教育资源是不同的，由此培养的法学人才也应当各具特色。例如，财经类院校法学专业的优势主要集中在经济法、民商法、国际法等与财经专业密切相关的法学二级学科。因而，各财经类院校在培养法科生时，除教授法学基础知识外，还可以充分利用本院校的特色资源，将法学与经济学、管理学结合，开展交叉性学科培养。在微观层面上，分类培养体系的构建需要以学生为基础。承认学生的个体差异是教育活动的前提。法学硕士教育将培养对象分为法律硕士和法学硕士，是一种很好的尝试。同样地，这种分类培养方法也应当沿用到法学博士的培养体系中，即在现有的法学博士培养体系之外，构建法律博士培养体系。② 一是为了满足司法实践对高素质法治工作者队伍的需要，二是破解我国日渐突出的法学博士培养难题的新思路。

（二）法科生基本素养培育的具体路径

1. 教育理念：德法合一

教育理念的转变是提高法科生基本素养的先决条件。习近平总书记强调，全面推进依法治国是一项长期而重大的历史任务，要坚持中国特色社会主义法治道路，坚持以马

① 参见乔宝杰：《论高校法学人才培养模式的改革与创新》，载《中国高等教育》2011 年 23 期。

② 参见袁钢：《我国法律博士专业学位设置的必要性和可行性》，载《中国高教研究》2020 年第 1 期。

克思主义法学思想和中国特色社会主义法治理论为指导,立德树人,德法兼修,培养高素质法治人才。“德法兼修”是法科生的基本素养,也是法学教育的应然目标。新时代语境下的“德法兼修”不仅要求法科生具有“德”与“法”的“两条腿”,而且要求“两条腿”的协调。法律人是法律的实施者,是国家意志的主要践行者,其行为关系国家法律制度的实施,关系公民权利的保障。① 如果法律人的道德出现问题,就可能出现“知识越多越反动,技能越熟越糟糕”的情况。当然,“德法兼修”并不意味着“德法分修”,而是强调“德法交融”。“德法分修”最大的问题是“德”“法”步调不一,容易出现“有法无德”的情况。新时代法科生的教育应当贯彻“德法一体”的理念。其一,坚持以马克思主义法学思想统领法学教育。在中国特色社会主义建设的大背景下,将法治人才培养与“四个全面”战略布局、五大发展理念等国家重大战略相衔接,制定明确的法治人才目标,保障法治人才培养不偏离正确的政治方向。其二,重点培养法科生的法治精神。尽管法律与道德有千丝万缕的联系,但两者毕竟属于不同的范畴。而法治精神作为超越法律文本的存在,与自然法、道德同在一个层面,是实现两者衔接的关键要素。因此,将法治精神的培养和道德品行的养成紧密结合并融入法学教育中,使“德法兼修”内化于心、外化于行,对提高法科生的基本素养至关重要。

2. 教育主体:专兼合一

教育主体是教育活动的核心,提高法科生基本素养的关键就在于打破法学教育主体的固化。在传统法学教育模式中,教师是教育的主体,学生是教育的对象。这种认知已被实践证明是存在局限性的:在这一模式中,学生的能动性被大幅压缩,渐而被塑造成被动的接受者和教育的旁观者,自身对教育的认同感逐渐消失,取而代之的是对教育的排斥。因此,法学教育改革的关键一步就是破除“主体—对象”的二元对立,将学生置于法学教育的主体地位,赋予其“为自己而学”的教育观念。此外,教育主体的变革还体现在教师一侧。学生需求的多样性也考验着法学教师,不仅要讲授法学知识,还要传播实务经验,更有甚者还要以生动活泼的方式呈现,这难免有“强人所难”之嫌。丰富法学教师的主体范围或许是解决这一问题的有益尝试。其一,坚持和完善“校内专职教师 + 校外兼职教师”的联合授课方式。目前,校外兼职教师制度在很多高校都已确立。但校外教师的作用被更多地放在研究生培养以及实务教学环节,其真正进入课堂讲课的时间和次数还是相当有限。因此,法学教育改革的下一个方向可以是兼职教师制度的改革,通过开展定期课程、不定期讲座的方式,进一步发挥校外兼职教师的作用。其二,坚持高校教师资源的共享。如前文所述,我国很多高校虽然开设了法学专业,但师资力量相对较弱,很难提高法科生的基本素养。在这种情况下,可以探索高校合作教学的方式,通过资源丰富的高校对资源较弱的高校对口帮扶,助力该院校法科生的培养。

---

① 参见付子堂:《立德树人、德法兼修,为全面依法治国培养高素质法治人才》,载《中国法学教育研究》2017 年第 3 期。

3.教育内容:学用合一

法学学科的专业性和实践性要求法学教学突出理论教育与实践教育两个维度。目前,我国法学教育以及法科生基本素养培育的难题就在于理论教育与实践教育的分离。因此,法学教育应当在教学内容上作出调整,既要突出理论教学与实践教学,也要突出两者的融合,真正做到学用合一。就理论教学而言,我国法学教育的问题在于理论教学方式单一以及教育水平参差不齐。由于法学理论不同于丰富多彩的法律实践,显得较单一和乏味。因此,在授课方式上,高校教师多偏向文本讲授的方式。而这在一定程度上也造成了路径依赖:有的老师授课内容多年不变,同一 PPT 沿用多年,对法学理论的发展关注不够,无法将最前沿的法学理论讲授给学生。教育水平的参差不齐则主要体现在教材上。由于把编写教材作为晋升职称的捷径,一些缺乏编写能力的院校所编写的法学教材往往是低水平地重复国家组编教材或名校的教材,同时却不敢全盘照搬,致使在教材体系、理论观点和技术规范上存在严重弊病。① 因此,笔者认为,教师的授课水平无法用统一标准要求,但教学的内容可以尝试通过指定教材的方式避免各院校的参差不齐。就实践教学而言,最大的问题是实践教学的"有名无实"。目前,实践教学被限定在案例研讨、法律诊所、模拟法庭等形式中,呈现"中断性"和"孤岛化"的特征,即每种实践教学都是一个独立的单元,缺少体系性。实践教学在法学课堂教学中的比重全看教师"心情"和个人兴趣,实践实习的机会直接受到所在高校社会资源充裕程度、教师人脉的条件性束缚,未能在理念上、制度上、方案上建设一种长效、规范化的操作机制。② 基于此,法学实践教学的改革重点应当放在课程体系的建立上,即建立"实验—实训—实践"三位一体的实践教学课程体系,通过证据实验、基础实训、综合实训、法务实践等递进式的实践教学培养法科生的法律技能和实践能力。最后,值得注意的是法学理论教育与实践教育的融合。理论与实践犹是法学教育的"双翼",废一不可。无论是"理论为先"还是"实践为先",都会导致法学教育的"瘸腿"。只有实现两者的融合,才能保障法科生"能文能武"。

4.教育评价:知行合一

教育评价事关教育发展方向,有什么样的评价指挥棒,就有什么样的办学导向。目前,我国大多数法学院校对于传统理论课程的教育评价还停留在"以成绩论英雄"的阶段。单一的评价方式表征了我们法学院校过分强调理论体系的传授,却没有引导、教育学生做好未来的职业准备。而法学实践教育同样存在评价标准单一化的问题。无论是校外实习还是校内诊所,往往由校外实习单位和监管学生的老师根据主观意见评定分数。这种缺少客观性、多样性的评价体系,往往使教学活动陷入不公。2020 年 10 月,中共中央、国务院印发《深化新时代教育评价改革总体方案》,提出坚决改变用分数给学生

① 参见张文显、黄文艺:《高校法学理论教学存在的问题与改革思路》,载《中国大学教学》2004 年第 1 期。

② 参见于志刚:《法治人才培养中实践教学模式的中国探索:"同步实践教学"》,载《中国政法大学学报》2017 年第 5 期。

贴标签的做法,创新德智体美劳过程性评价办法。基于此,首先,法学教育的评价标准是要破除"唯分数"的顽瘴痼疾,建立"道德—知识—实践"三位一体的评价体系。在传统的评价体系中,道德作为一种隐性的评价标准常常被忽视,使部分同学通过不道德的行为获得高分数,造成了负面的教学氛围。因此,新的法学教育评价体系要将道德标准凸显出来,作为教学评价的基础和前提。其次,在法学教学的综合评价环节中,应将知识与实践以1∶1的权重进行考量。传统法学教育重理论、轻实务的弊端已然显现,归根结底是评价环节的重理论、轻实务。因此,可以采取"末端治理"的思想,重置评价标准以推动法学教育的改革。

四、结语

当今时代充满机遇与挑战,法科生的基本素养在一定程度上决定国家的前途和民族的命运。在全面依法治国的今天,建设法治国家、法治政府、法治社会,实现科学立法、严格执法、公正司法、全民守法,离不开一批高素质的法治队伍,这就要求法学教育必须以培养高质量的法治人才为己任,满足国家治理现代化的各方面需求。然而,由于我国法学教育开展的时间较短,导致法科生的培养陷入多重困境。新时代法科生基本素质的培养应以法学教育改革为主线,以完善纵向分级培养体系和构建横向分类培养体系为主体,以改革教育理念、教育主体、教育内容、教育评价为重点,实现国家治理现代化与法科生基本素养的衔接。

国家治理现代化背景下法治人才人文素养提升研究

华小鹏*

国家治理现代化需要法治人才培养现代化,因为,法治是国家治理现代化的核心内容,而法治的质量和进展程度又很大程度上取决于法治人才培养的质量。在目前的法治人才培养机制中,较完善的是确立了法律核心课程和选修课程,并通过严格的法律职业资格考试来检验学生运用法律知识解决实际问题的能力。因此近年来,法治人才在培养标准的统一化和专业性层面上得以大幅提升,司法队伍和律师行业中吸收的新人能够较快地适应法律实践,司法质量和法律服务质量也因此有大的提升。但是,仍然存在一个问题,那就是法治人才的专业外素养培养不足,视野较狭窄,综合解决案件的能力不足,在整体中把握案件的能力还有明显欠缺。法治人才固然需要精通法律专业知识,掌握实务处理技能,但专业之外的人文哲学和社会学素养也是解决案件所必需的。就此而言,现行法治人才培养机制给予的重视和制度安排是明显不足的。因此,在国家治理现代化这一高目标要求下,法治人才不应该仅精通法律和掌握技能,否则,法治人才的内心坚守和价值判断会出现偏差,从而造成案件处理合法而不合正义的窘境。显然,这样的法治人才是和国家治理现代化的目标相背离的。

一、法治人才人文素养的内涵与作用

法治人才,是指服务于当代法治国家、法治政府和法治社会的掌握法律专业知识和技能的人才,最典型的代表是司法队伍和律师。尽管司法人员、律师以及其他法律行业人才的实际工作并不完全一致,但从其共同担负的实现法治、维护法治这一社会大事业而言,他们的分工只是完成全社会法治,实现法治国家的需要,他们都属于法治人才。之所以不从法律职业视角单独讨论各种人才,就是因为这些人才有其共性,他们的职业区别并不意味共性不重要。因而,对法治人才的认知,既需要专业化分工的视野,也需要整体性法律职业共同体的概念。法治人才的共性除法律外,还应有人文素养,即上述法律

* 河南财经政法大学党委副书记,教授,法学博士。

职业人员以及和法律相关的职业人员应当在心理、价值观、道德、兴趣等方面具有符合社会主流观念的认知和心理倾向。

法治人才人文素养在法治人才素养中处于次要地位,但由于其直接服务于法治人才的专业素养,在一定程度上制约着专业素养的展现,因而也具有非常重要的意义。刑法学者陈忠林曾提出著名的“三常”观念,即常识、常情和常理,他认为相对司法人员精通法律,具备“三常”素质同样重要。因为,大部分司法案件只需要“三常”就可以认知和判断,即使复杂的案件也离不开“三常”。就此而言,我们也可以从司法案件所适用的法律来理解。这些法律和案件与社会生活的联系都较紧密,因而大概率上,司法运行并不仅是在高深复杂、抽象晦涩的规范系统内进行理性推演,还需要大量被社会公众所理解和运用的“三常”。司法人员只有有此认识能力,才能作出被社会接受的裁判。尽管近年来,科技发展、经济升级、网络普及带来了大量新型案件,涉及较复杂而专业的规则,但这些抽象事物的出现也同时是一个日益生活化、普及化的过程。新事物、新科技、新价值只有被社会认可和运用才有生命力。这就说明,法律的发展不可能脱离民众的接受程度。就“三常”而言,其实是一种人文素养,但人文素养的外延远大于“三常”。

具备一定的人文素养,意味着法治人才拥有积极向上、健康乐观的性格和心理倾向。专业是社会分工的需要,是社会治理的体现,也是个人生存发展的基础。因此,重视专业能力建设是社会运行的基础,对法治人才的培养也概莫能外。但是,专业“嫁接”在人才之上,是人才来运用专业技能,因而人才的心智、心理和认知倾向也是人本身的一部分,会以一定形式体现在专业人才的工作、生活中,从而可能对专业活动带来影响。影响存在积极和消极两个层面。就负面影响而言,不积极的心理、偏利己的行为、较极端的认知,不仅影响案件处理的客观、正义,还会影响司法权威,造成社会对司法队伍的负面观感。显然,法治人才应提升人文素养,选择社会主流认知,拥有社会肯定的积极心理,避免极端化判断,从而保持较中道圆润、宽容正直的人格形象,以更好地服务法治事业。

具备一定的人文素养,意味着法治人才拥有正确的“三观”。“三观”是方向,无论是何种职业,何种工作,“三观”都起着中枢性作用。尽管法学专业的培养和教育已经严格要求社会主义核心价值观的树立,但仍会出现以专业技能为工具满足特定目标的情形。法治人才的“三观”合格,首先就是政治立场的正确,对人生和社会的良性认识,对客观世界的唯物主义态度。有了这种“三观”,才可以使法律的运用与国家、民族的大业联系起来,和人民群众以及历史规律联系起来,和社会的整体利益联系起来,才可以使案件经得住当下及未来的考验。

具备一定的人文素养,意味着法治人才掌握社会的道德习俗和政策精神,具有共情能力。法治人才的专业运用离不开道德和政策指引,但何为道德、何为习俗、何为政策,则需要法治人才在专业之外有新的修养。这些修养和素质具备了,就可以使法律的生命力更强,使法律的运用更契合实际,更能化解社会矛盾,从而使裁判的可接受性大大增强。如果,法治人才在专业活动中只有法律的逻辑和理性,不能设身处地,不具有共情能力,则会出现合法不合情理的悖谬现象,这显然不是法治成熟的应有表现。

二、法治人才人文素养缺乏的典型案例

法治人才人文素养长期得不到重视,是法治建设中抓住主要矛盾忽略次要矛盾的结果。但这样的法治人才培养设计在法治建设的40余年之后将难以为继,因为我们对法治的质量要求越来越高。可以说,我们的法治进入了精细化、更有关怀的时期,而在现实中,由于缺乏充分的人文素养,法治人才的表现在某些方面,不仅不能促进正义的实现,反而阻碍正义的到来。以下案例就是忽视人文素养的例证(见表1)。

表1　人文素养缺乏的典型案例

案件名称	争议判词或裁判论理
"南京彭某案"	一审法院判决指出,如果被告是见义勇为做好事,更符合实际的做法应是抓住撞倒原告的人,而不仅是好心相扶;如果被告是做好事,根据社会情理,在原告的家人到达后,其完全可以在言明事实经过并让原告的家人将原告送往医院,然后自行离开,但被告未作此等选择,其行为显然与情理相悖
"辱母杀人案"	一审法院认为,被告人于某持尖刀捅刺多名被害人腹背部,虽然当时其人身自由权利受到限制,也遭到对方辱骂和侮辱,但对方均未有人使用工具,在派出所已经出警的情况下,被告人于某和其母亲的生命健康权利被侵犯的现实危险性较小,不存在防卫的紧迫性,所以于某持尖刀捅刺被害人不存在正当防卫意义的不法侵害前提,辩护人认为于某系防卫过当以此要求减轻处罚的意见法院不予采纳
"涡阳强奸精神病人案"	一审法院认为,被告人刘某某在明知被害人患有精神病的情况下,多次与被害人发生性关系,其行为已经构成强奸罪,事实清楚、证据确实充分,应当以强奸罪追究其责任
"张氏叔侄强奸案"	侦查机关DNA检验报告中发现被害人8个指甲末端均检出与其他异性的混合DNA谱带,一审法院解释为,因手指为相对开放部位,不排除被害人因身前与其他异性接触而在手指甲内留下DNA的可能性,因此该证据与本案犯罪事实并无关联
"于某某案"	侦查人员在于某某妻子体内发现精液,提取后送检,但DNA检测显示精液不是于某某的。侦查人员解释为是于某某伪造现场所致

上述案例存在的问题并非专业判断或专业技能不足,而是法治人才的人文素养不足。"南京彭某案"中,中国社会的助人为乐美德被解释为违背社会情理,显示出司法人员缺乏社会常识,不熟悉主流道德观念。"辱母杀人案"中,一审法院的法官认为,在被告人母亲人身自由被非法限制且被公然侮辱的前提下,被告人仍不具备防卫前提。这背离了人伦观念,存在"坐而论道",不讲场景,不讲情理的机械化法律推理认识。"涡阳强奸精神病人案"中,一审法院没有查明,被告人是以强奸还是以"娶妻子"为目的与被害人

生活10年之久,其间将被害人关在房屋内,是为限制被害人自由还是为了出去干农活不得已为之,因为被害人离开后可能无法回到家中。法院只是"紧扣"刑法中的罪名构成要件进行直线式思维,表面上是遵循法律,实质上是缺乏对生活情理的正当性认知。"张氏叔侄强奸案"中,稍微有生活逻辑的人都会对被害人8个指甲内的男性DNA进行排查,从而保障侦查的科学性,但侦查机关和法院均接受可能接触其他异性这种荒谬推论。"于某某案"中,将被害人体内的第三者精液解释为被告人伪造所致,也体现出和"张氏叔侄强奸案"同样的问题。而且上述案件中,还存在刑讯逼供现象。究其原因,可以概括为:缺乏同理心、缺乏常识、缺乏道德观念、缺乏责任心、功利性对待工作,心态冷漠,对法治缺乏责任感和敬畏心,人格意识不强。上述案例只是冰山一角,生活中还有类似行为,尽管这些行为不一定都如此典型,但确实给法治和司法造成了不良影响。或者说,法治要继续前行,就应当逐步从这些细节上改善,让法治人才不仅有专业能力,也有人文情怀,从而把法律纠纷放在社会系统中处理,真正实现人民群众需要的正义。现实中,法治人才在人文素养方面还有待提升,有关部门不够重视,为实现全面依法治国的宏伟目标,需要我们深刻剖析其产生原因,从根源上防止这一问题继续存在,从而为法治进步提供更好的主观保障。

三、法治人才人文素养缺乏的形成原因

法治人才素质结构中人文素养的缺乏现象并非短时间内形成的,而是由来已久。改革开放40余年,到今天为止,我们可以说已经具备了较完备的法律规范体系和司法制度,法学教育和法律职业资格制度也已走上正轨,法治政府和司法公正也越来越到位。但综观这些成就,概括而言,主要还是围绕"法"本身的硬件和软件,对法作为"对象知识"和法作为"运行机制"倾注了极大精力,这在法治建设初期显然是正确的,但未来则须解决法治人才素质"不齐全"的问题,从而真正推行好法治。而要解决问题,必须先分析原因。法治人才"知识"结构性缺乏的原因主要在于下述几方面。

(一)法治建设初期法律知识具有紧缺性、紧要性

在新的时代命题下,需要及时弥补过去治理中的短板,快速建构起相应的法律体系和法治机构,因而这一时期的法治人才培养不仅具有紧要性,且其培养内容也限于法律。最初,在法治人才欠缺背景下,不少转业军人进入法治队伍,这与军人职业和纪律、规范、命令有关,应该具备一定的"法律"意识和基础。在实践中,要改变传统的政策和政治治理模式,就需要大量懂得法律规则、能够运用法律规则的人员,这是这一时期法治建设的重点,自然不可能打造"全面型"法治人才。这种偏重法律专业的人才素质在当时确实可以解决很多问题,能够较快地在司法系统和社会公众中树立和强化规则观念。对于农业社会中的道德和政策治理现实来说,尽快发展具有法律知识的人才是正确的。但基于社会转变的缓慢性,法治人才的素质结构性缺陷也将长期存在。

(二)法治人才培养的知识结构上忽视人文素质

改革开放之初,新中国成立后设立的"五院四系"法律人才培养机制中,只有西南政

法学院得以连续培养,其他法律院系均在“文化大革命”期间停招并解散了。恢复法律专业招生后的法学教育很快从“五院四系”的狭小规模扩充发展起来,如今全国已有600多所院校开设法律专业,法治人才的培养规模大大提升。但时至今日,法律专业课程体系中,人文类课程还只属于选修范围,法律职业伦理也是近年才进入必修范围。如果不选修人文类课程,那么学生将无法在法学教育体系中学到哲学、政治、历史、文学、文化、逻辑等范畴的知识,从而导致其知识面不够宽,思维模式较呆板,视野和认知高度都受限的不利局面。事实上,大学生不阅读的情况在法科学生中也较严重,除教材外,对经典的阅读缺乏。即使有些学校和老师特别强调经典阅读,也大部分是在法学经典之内。这种知识培养体系的不足和学生学习动能的缺乏共同导致法治人才培养的先天不足。所谓的机械司法、冷漠司法、合法不合情理的司法大多映照人文素养不足的影子。但就今天而言,高校在法学课程体系改革中的主动权有限,能够改变这一“知识缺陷”的硬手段不多。因为课程的设置和内容都是全国统一的,选修课程无法覆盖全体对象。未来,我们需要在国情基础上不断进行改革,使法治人才的教育培养体系更加科学。

(三)法治人才选拔标准侧重专业知识体系的书面考查

法治人才专业知识培养力度大而人文素养教育缺乏,还与法治人才评价和选拔标准有关。法律职业资格考试总体考查学生综合运用法律解决问题的能力,其中,职业道德和伦理的考查占比较少。这种书面考试,客观上造成学生的功利性选择,即使用大量时间和精力去背诵概念和法条,去理解法律规范,同时把职业伦理的内容也作为一种“知识”来识记。这种考查模式,虽然能够考查到专业素养和一定的伦理素养,但学生的实际行动如何,不得而知。事实上,行为和认知之间还有相当的距离,能够认知未必能够行为,或者有些情况行为完全背离了认知。因此,法律职业资格考试很难测试出学生的人文和道德素养。

我们国家可以加大遴选机制的运用力度,避免中级以上人民法院直接从学生中招考。在遴选机制中,既可以引进专业技能优秀的人才,又可以考查人才的人文素养在实践中的表现,从而更全面地选拔优秀的法治人才。

(四)实践中司法能力培养机制不够完善

法治人才的人文素养短板还与现行司法人才培养和进修机制有关。现行司法队伍和律师队伍的进修机制中,核心内容是法律专业理论和技能,非法律内容的培训主要是政治和政策,其他内容可有可无。因而,除非具有个人爱好,否则司法人员和律师很难通过系统的机制来提升人文素养。然而,法治人才的成熟绝不限于精通法律,还在于具有丰富的社会体验和人文情怀。法律作为社会事物,法治作为社会活动,都需要对社会有深刻理解才能掌握,而非把法律作为脱离社会的一套系统。从这个意义上说,法治人才在前期,也就是学校学习期间形成的人文知识短板,应在司法和其他法律职业过程中去弥补。因为人文素养缺失或不足是否对法治实现带来损害,在实践中的法治人才体会地最深刻。因此,我们需要在正视问题的基础上,加强人文素养的培训和提升,让法治人才的内涵“丰满”起来,为法治的全面实现提供扎实的认知保障。

四、法治人才人文素养的培育机制改进

法治人才的水平与中国法治国家、法治政府和法治社会“三位一体”建设的成效息息相关,尤其是中国法治建设已经经过了40余年,进入新时代,意味着法治发展路径和内容的“转型升级”。这需要更精细的法治去实现,需要法治和其他社会观念更紧密结合,才能带动法治向社会的纵深和腹地进发,才能使法治权威和法治思维成为当然的第一“条件反射”。因此,为了这一目标,至少应弥补法治人才培养机制和现状中的人文素质缺陷。就此,大致需要做到如下几方面的改进。

(一)适当增加法科生人文素质课程内容并列入必修范围

2018年教育部新修订的法学专业核心课程体系,采取了“10+X”的分类设置模式。“10”是指10门专业必修课,其中最大的变化是将法律职业伦理纳入。“X”是指院校可根据办学特色自行开设的专业必修课,包括经济法、知识产权法、商法、国际私法、国际经济法、环境资源法、劳动与社会保障法、证据法和财税法。“X”所指课程不限于5门。这次修订,有意扩大法治人才的知识面,增强法治人才的伦理意识,提升法治人才的多元化素质。但就人文素养而言,这一改革仍未完全到位。职业伦理是法律职业的重要素养,但并不能代表人文素养的全部。所增加的“X”课程,虽可以列入选修,但其推荐范围还是在纯粹法律范畴,并无法律专业知识之外的教育内容。因此,本次修订基本上还是进一步强化了法律专业知识和技能的多元化培养问题。未来,培养法治人才的人文素养,还应继续改革,在法律必修课程中增加一门核心课程,即法律职业人文素养课程,唯有如此,才能真正全面树立法治人才培养的科学机制,才能培养出兼具健全人格精神和专业知识的高级法律人才,才能迎合未来法治深化发展的时代需要。

(二)增加法律职业资格考试制度中的实践性环节

2018年4月,司法部颁布了新的《国家统一法律职业资格考试实施办法》,将之前的一次性考试改为两次考试,分为客观题考试和主观题考试两部分,综合考查应试人员从事法律职业应当具有的政治素养、业务能力和职业伦理,主观题考试侧重实践性考查。这一改革的意义在于更强调对法律综合运用能力的考查,但这一实践性考查机制仍不完善,不能充分考查从业者的实践能力。

我国法律体系和大陆法系国家较为接近,法治人才培养和法律资格考试内容可以加大对实践性能力的培养和考查,在两次法律资格考试之间增加实践学习时间。且可在法科课程中加大人文素养的教育,并在实践性学习环节进行考查,合格后方可进入下一轮考试。

(三)司法能力培养内容的全面拓展

司法人员进入司法机构后,并不是法治教育的结束,而要遵循终身学习的理念继续进行专业研修。目前,司法人员分别在法官学院和检察官学院进行定期培训。但目前司法人员进修内容比较单薄,不够广泛,主要是法律技能和理论的提升。在全面依法治国的时代，法治人才的进修内容也须进行相应变革，增设一定比例的人文修养课程。如此安排，意在不仅使司法人员成为具有理性的专业人士，还要避免司法人员成为只有法律理性而脱离生活的“工具性”人士，从而时时保持司法人员是“现实”的人，具有社会经验的人。这是人文素养的体现。人文素养可以极大地拉近法律和生活的距离，使法律和裁判为社会所接纳。而截至目前，我们对法治人才基本素质之认识还没有达到这个水准。

五、结语

法治人才的人文素养是一个小众话题，在大力强化法治人才的专业素养和技能的全面依法治国时代，提出这一话题似乎不合时宜，或者说为时尚早。但客观上，40 余年来，对法治的持续投入已在专业能力上花费太大力气，在此过程中，我们认识到法治人才的素质应是多元的、综合的，这一素质的缺乏导致的司法机械、司法冷漠、司法背离常情已经成为一种现象，这显然不符合现代法治精神。成熟的法治不应是毫无人性关怀的法治，法治本身就蕴含着理性与温度。进入新时代，我们的法治人才培养内容与目标也应有所调整，大力增加人文素养教育，并继续改革法律资格考试制度，增加实践性学习环节，同时考查人文素养。所有这些主张都是基于一个这样的理念：法律人必须首先成为人，才能成为法律人；一个不合格的人，自然也难以说是合格的法律人。而成为人就是成为一个具有人文关怀精神的人，在这种精神关照下才能把法律的理性发挥得更加充分，也才能更好地解决社会矛盾、实现正义。

新时代高校法治人才培养中的组织与行动

杨晓培*

一、高校在法治人才培养过程中存在的“不平衡”与“不充分”

新时代“不平衡”“不充分”发展的主要矛盾同样客观诠释、反映了我国法治人才培养的现状。高校是国家繁荣富强和经济社会发展的“引擎”,法治则是“压舱石”“稳定器”。为此,高校在全面推进依法治国进程中,应紧跟时代发展步伐,勇担历史责任和使命,主动识变、求变,以解决高校法治人才培养过程中出现的问题,积极探索人才培养的新模式、新机制(见图1、图2)。

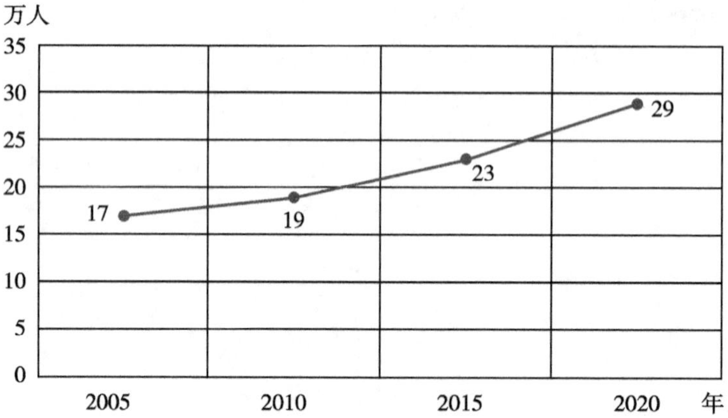

图1　开设法学教育高校统计

* 法学博士,华东交通大学铁路法治研究院副院长、法学系主任,副教授、硕士研究生导师,厦门大学党内法规特聘研究员。

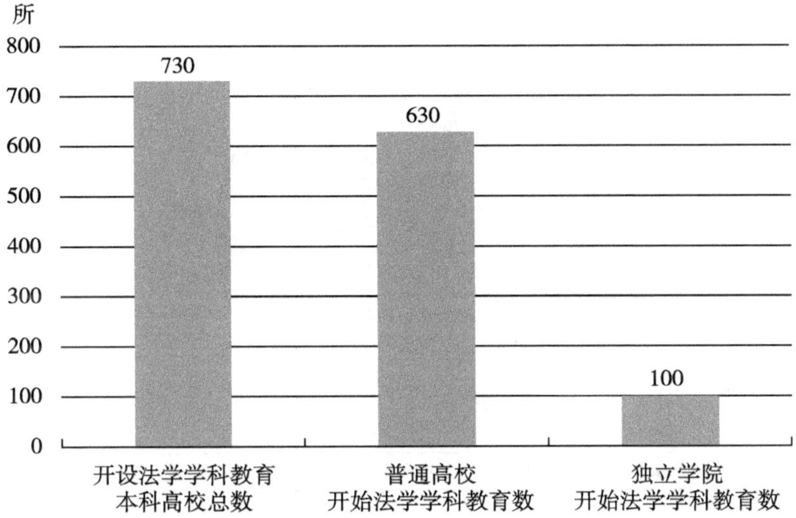

图2 全国高校法学毕业人数统计

（一）法治人才培养与现实的脱节：传统问题存量明显

1. 人才培养的价值性仍然不足。高校法学教育课程设置、考核重心偏于"专业"考量，缺乏"为谁培养人""培养什么样的人"的关注，具体表征为欠缺对青年学生牢固树立正确世界观、人生观、价值观的引领与精神品格的塑造。

2. 人才培养的同质化较为严重。一方面，高校法学教育人才培养模式存在课程设置和教学内容趋同化、样本化、公式化，如除传统部门法外，特色法学课程设置不足或缺失。另一方面，偏重法学理论灌输，专注"学法"过程，"知法"培养，缺乏"用法"指导，对法律实践技能培训重视程度不够，培养出的学生擅长法学理论但不擅长法律实务。

3. 人才培养过程仍然失衡。该"失衡"主要表现为：以"教师为主"自言自语式教学与现代化教学的不适，教学理论课与实践课无法互动，人才培养的价值理性与技术理性无法相互支撑等方面。当然，高校法学教师过于完美的理论如果难以实现成果转化，在很大程度上无法服务社会与国家决策，这需要认真检视、修正及不断迭代。

（二）新时代驱动下的法治人才培养之困：新问题凸显

1. 涉外法治人才培养任务艰巨。随着"一带一路"倡议的深入实施，以及中国"走出去"战略、自贸区建设和中国参与全球治理和国际法治的进程不断加快，国家对"会语言、通国家、精法律"的多语种卓越法律人才的需求日益增巨，这已构成了我国涉外法律服务市场的"短板"。高校是涉外法律人才培养的重镇，但传统的人才培养机制因其长期积压的弊端制约了涉外法律人才培养的规模和质量，涉外法学教育在法学学科体系、学术体系和话语体系中存在滞后现象（见图3）。

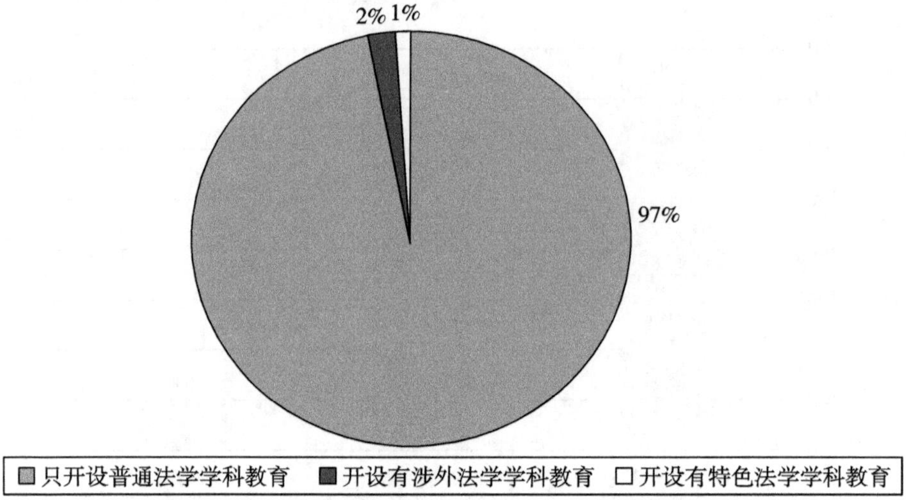

图3　2020年全国高校法学学科教育分类情况统计

2."互联网+"驱动下法治教育回应滞缓。近些年来,"互联网+"技术的飞速发展,给人们生活、工作、学习的方方面面都带来了很大变化,但与此同时,"互联网+"技术的发展,也使个人隐私保护以及个人信息安全等法律问题层出不穷,给社会和人们的信息安全、个人安全带来了严重危害。在当前的法学教育中,对这些新产业所引发的新问题的研究还很欠缺。虽然我国在2012年实施了《网络安全法》,但在学校的法学教育中,这方面依然滞后。

3.教师信息化技术能力仍然不足。互联网技术的大规模发展,打破了高校原来的法学教育教学模式,给教师的教学理念带来改变。互联网时代下,要求培养出的法律人才须能胜任各项法律工作、解决各种法律问题。但遗憾的是,在"互联网+"的影响下,高校法学教师的教学能力受到了挑战,这对于那些对"互联网+"技术了解得不多,运用不是很熟悉的教师来说,其教学能力受到一定影响,使课堂学习缺少趣味性,不能激发学生学习的兴趣,自然就会影响授课的效果。

4.教师为主的教学模式仍然被依赖。虽然素质教育在我国已经实行了很长时间,但应试教育的影响依然还存在。在法学教育中,很多时候还是以教师讲解为主,教师占据主导地位。由于法学知识的复杂性,很多教师担心学生理解不了,就一味地对学习内容进行讲解。但是,很多法学内容是比较枯燥的,如果一味地以讲解为主,会让学生感到乏味,失去学习的兴趣,反而不利于学生的学习。

5.大学生创新创业法治教育存在阙如或空转。目前大多数高校的大学生创新创业法治教育正处于发展阶段,教育体系并不成熟,多数高校的创新创业法治教育仍存在实际的阙如或空转。主要表现在:(1)创新创业法治教育课程的设置不合理。当前全国各高校开展创新创业法治教育课程较少，通常都只存在于“大学生创新创业”和“思想道德修养与法律基础”等公共课或思政课程当中的一个部分，偏向培养学生的市场意识、创新意识，而忽略了大学生法治观念的培养。（2）创新创业教育中法治教育的师资力量配给不足。当前，全国各高校开展创新创业课程的教师，往往由思政教师和辅导员等兼任，这部分教师缺少法学理论知识和实践经验，不利于学生法治思维与创新创造能力的培养。

二、高校法治人才培养的价值理性

价值理性，是党领导下的高校法治人才培养贯彻“为谁培养人”“培养什么样的人”之正当性基础，也是培养过程“怎样培养人”之技术理性的前提与先导。没有价值理性，培养过程则缺乏方向与客观性。

1.忠诚国家，政治素质过硬。当代中国正昂首阔步、众志成城、矢志不渝地实现中华民族伟大复兴的中国梦。全面推进依法治国是实现中国梦的必由之路，是保证中国成为世界强国的必要条件之一，而培养出忠诚于国家，热爱人民、有担当、业务精湛的优秀法律人才，使其全心全意服务当代中国法治建设，才能打造出高水平的中国特色社会主义法治，才能为全面依法治国保驾护航。为此，高校应培养诚于社会主义法治事业，具备良好的法律职业道德素养，自觉秉承公平正义等法律内在精神品格的优秀法治人才。

2.勿忘初心，德法兼修。法律人往往执掌国家公器，定分止争，维护社会公平正义，守护社会的良心。如果没有“德法兼修”，法律人就会迷失初心，就很可能滑向腐败的“泥潭”。要抓住“立德树人德法兼修”这一关键，法学教育绝不仅仅要造就法律知识和技能的“专”，也要注重“德”的化育。高校在法治人才培养过程中必须自觉将“立德树人德法兼修”作为工作的尺度，将道德育化与专业传授并重，全面提升青年学生的政治素质、道德素质和专业素质，培养学生良好法律专业能力、法律职业道德素养和自觉秉承公平正义等法律内在的精神品格，使青年学生成为有坚定政治信仰，热爱祖国，忠诚于社会主义法治事业的合格接班人。

3.彰显伦理价值，以人为本。马克思和恩格斯认为，未来社会最显著的特征就是人的自由发展。而人要自由发展，最重要的就是没有剥削、没有压迫的社会条件。法律是一种表征公平、正义的价值衡量与文本象征符号，法治话语背后蕴含基本价值诉求与“人是目的”的意义。在某种意义上，人是在不断地与自身打交道而不是在应付事物本身。而人无论是在与自身打交道还是与他人交往过程中，都应维系道德伦理的基本操守。“礼义廉耻，国之四维”，这是构成社会价值观的重要基座。无论时间、空间，法律均须遵循宪法精神，均要坚持“以人为本”和“以权利为本”的理念，人性化规范、制约。给予人性以尊重，便是给予未来希望。宪法规定，尊重和保障人权——人是目的。为此，法治人才培养过程中，应始终围绕“党的事业至上”，遵循“尊重人性”，坚持“宪法法律至上”“人民利益至上”的理念，忽视“人民利益至上”则会动摇“党的事业至上”“宪法法律至上”的合法性与正当性基础。

三、高校法治人才培养的技术理性

(一)激活教师潜能,合理均衡师资比例

1. 建立鼓励与约束并存、协同的教师规范机制。一方面,鼓励法学教师积极通过自主学习法律职业道德课程以提高自身对法律职业道德的认知和理解能力,对担任法律职业道德课程的教师可以在课时费上实施倾斜政策。另一方面,如果法律职业道德课程的教师没有认真完成授课任务,或者学生普遍反映授课效果不佳,可以实施减少课时费等相应的约束机制。

2. 提升法律职业道德相关师资比例。建议高校法学学科教育结合法律职业教育改革,结合卓越法制人才培养的契机,改变法律职业道德师资力量比较薄弱的困境。十年树木,百年树人。职业道德教育对处于"拔节孕穗期"的大学生成长成才具有深远影响,而法律职业道德教师则是法学大学生在这个成长期途中的"启明灯",因此高校在思想上要高度重视法律职业道德师资的培训工作,采取多项措施,积极创造条件,给予经费支持,给有志于从事法律职业道德教育的教师提供赴国际交流的机会。

3. 建立高校法学学科教育与实务部门长期性的人才交流机制。高校法学学科教育应引进法律实务部门中经验丰富、职业道德评价较高的法律实务人员或资深律师担任职业道德任课教师。这种机制对于充实法学学科教育的师资力量、提高法学学科教师的法律实践技能水平,进而提升法律教育质量具有重要作用。法律实务部门的法官、检察官以及资深律师在从事多年法律实务工作之后,对法律职业道德有丰富的实践经验,可以在法律职业道德授课中结合自身体会,深入浅出、形象生动地教育学生,使学生能够深刻地体会如何理解和遵守法律职业道德规范,为未来的法律实务工作奠定扎实的理论基础。

(二)以目标为导向,有针对性设置层次各异的课程体系

通过增加法律实践课和法律职业训练课占比,增设批判性、创新性、发散性、逻辑性思维课程和跨学科、国际化课程,培养应用型、卓越型法律人才。卓越法治人才的培养需要高校更加重视课程设置的多样化、层次化、国际化和跨学科,同时根据不同的培养目标设计不同类型、不同层次的法律理论课程和实务课程,以发现并解决问题、提高法律实务技能为导向,较好地实现法律人才的培养目标。

1. 增加法律实践课和法律职业训练课所占比重。长期以来,我国的法律教育定位为培养法学通才,学生在毕业后再从事法律职业。这种培养模式导致我国的法律、法治队伍过于年轻化,缺乏实务经验,在办案过程中容易犯错。因此,高校在法学学科教育中,应重构法律教育结构,增加法律实践教学的比重,减少法律理论教学的比重,以法律职业教育为导向,确立法律实践教学和法律理论教学并重理念。具体而言,应增加法律实践课的种类和课时,除常见的案例研习课程、学年论文、毕业论文、模拟法庭、法庭辩论、法律实务部门实习等课程外,还应该增设以培养不同法律实践技能为目标的法律实践

课程。

2. 高校法学学科教育要增设批判性、创新性、发散性、逻辑性思维课程和跨学科、国际化课程。我国现有法学教育的课程体系中，对批判性思维、创造性思维、发散性思维和逻辑思维的训练不够，造成我国法律教育培养的人才缺乏创新能力、逻辑推理能力等问题。因此，高校应强化对这4种思维的训练力度，即设立专门的思维训练课程，同时将思维训练贯穿法学必修课、选修课、实习课之中，把批判性思维、创造性思维等思维训练与学习法学基本理论知识、掌握法律实践技能等结合起来。强化批判性、创新性、发散性、逻辑性思维课程和跨学科、国际化课程的建设，对培养高校法学生的创新思维能力，造就创新思维成果具有重要推动作用。

（三）围绕“胜任力”培育，建立涉外法学改革长效机制

习近平总书记在中央全面依法治国工作会上提出的“十一个坚持”中提出“坚持统筹推进国内法治和涉外法治”的精神，强调要加快涉外法治工作战略布局，协调推进国内治理和国际治理，更好维护国家主权、安全、发展利益。要强化法治思维，运用法治方式，有效应对挑战、防范风险，综合利用立法、执法、司法等手段开展斗争，坚决维护国家主权、尊严和核心利益。当前，为更好对接国家治理、国际交往，应及时建构和完善涉外法学学科体系、学术体系和话语体系，推动中国法治深入发展，以更开阔的视野认知和探索中国法治实践，为当代中国的全面依法治国战略培养卓越的涉外法治人才。高校应依托学校法学学科资源，创新法律人才培养模式，探索培养多语种、具有国际视野和跨文化沟通能力，法律功底扎实，外语技能精湛，能胜任涉外法务与国际法务的多语种的卓越涉外法律人才。

1. 以高端复合型涉外法律人才为培养目标。相对新时期国家发展战略目标而言，高端复合型涉外法律人才存在供需缺口，这将影响我国“一带一路”倡议与国家对外发展等战略目标的有效推进。为此，高校法学学科教育在涉外法学教育方面，应将培养具有国际视野和跨文化沟通能力，法律功底扎实，外语技能精湛，能胜任涉外法务与国际法务的多语种卓越涉外法律人才作为涉外法学学科的发展目标。建议高校创新改革涉外法律人才的培养方案，进行“三导师制”的人才培养，即为涉外法学学生分别配备法学专业导师、涉外法律实务导师和不同语种的外国文化与外语技能导师，注重提升涉外法学学生扎实的涉外法律素养和法律职业能力，培养学生跨文化法律沟通能力和外语能力。

2. 多方位培养跨学科的涉外法治人才。高校在夯实法科学生涉外法学基本理论的基础上，健全涉外法学学科体系，将涉外法学确立为法学门类下的一级学科，同时建立跨学科人才培养模式，培养复合型、应用型、创新型、国际型涉外法治人才，增设国际法课程，强化外语、国际政治、国际关系、国际经贸、世界历史、跨文化交流等课程教学，积极探索“国内＋国外”联合培养机制，拓宽与国际高水平大学合作交流渠道，加强师生互派、互换、课程互通、互认、学位互授联授。

3.建立高校涉外法学理论研究与实务部门双向联动机制。高校应建立涉外法学学术体系研究与涉外政府部门、涉外司法机关、涉外企业、涉外法律服务机构等实务部门联合培养涉外法治人才的协同工作机制,将涉外实际工作部门的优质实践教学资源引入高校的法学学术研究,同时强化实践教学,以培养具有国际视野和扎实涉外法学学术理论水平的涉外法治人才。建立切实有效的涉外法学学术科研激励机制,安排从事法学教育和法学研究的专家学者到涉外法治实际工作部门进行学术研修,从事涉外法治实际工作的专家到高校实质性参与涉外法治人才培养,将学术理论研究同实际涉外法务相结合,培养具有国际视野和扎实涉外法学学术理论水平的涉外法治人才。

4.构建科学、规范、系统的涉外法学话语体系。当代中国涉外法学话语体系是具有中国特色、中国风格和中国气派的当代国际法学体系的基础和内核,而高校肩负推动中国涉外法学不断发展的历史重任。为更好地维护国家核心利益,提升我国作为负责任大国的国际形象与地位,高校应整合国际法的基本知识、基本理论和基本技能,通过中国涉外法学的话语体系,建立涉外法学人才培养机制,同时运用中国涉外法学话语体系研究当代国际法的前沿理论和实践问题以及中国和平发展中的重大国际法律问题,繁荣中国特色的国际法学研究,不断提升中国国际法学研究水平,维护国家核心利益,提升中国负责任大国的国际形象与地位。

(四)大学生创新创业教育亟须“法治”护航

当前,大众创业、万众创新的理念深入人心。全面依法治国背景下,高校创新创业教育肩负培育大学生依法行事能力的使命,在创新创业教育中融入法治教育,教导学生用法治方式化解利益矛盾,维护相关合法权益。

1.健全大学生创新创业教育中的法治课程体系。课堂教学是高校教育教学最重要、最常规的手段。高校应重新审视和定位创新创业法治教育课程,把创新创业法治教育和实践课程纳入高校必修课体系。同时,将法治模块内容有机融入创新创业教育课程系统中,主动强化法治的理念、知识以及方法的教育,从而内化为大学生的创新创业知识,为大学生创新创业进行法治知识储备和法治意识培育。

2.建设大学生创新创业教育中的法治教师队伍。师德高尚、教育理念先进、知识结构科学、教学能力优秀、身心素质健康的师资队伍是保障创新创业法治教育教学质量的先决条件。高校应积极组织创新创业法治教师参加法学培训,进行专题知识学习,保证其及时获取法律资讯;进行社会考察,制订各种激励机制,鼓励教师多到司法机关、律师事务所、法律援助中心等开展实践教学,通过钻研实际案例提高教学业务水平。同时“采他山之石”,有效聘请来自实务部门的专家常态化、不定期授课,打造多层次、多元化的校内外导师队伍,授以学生扎实的法治理论和应用性技能。

(五)“互联网+”模式下法学教育的因应

在“互联网+”技术快速发展的背景下,高校面临诸多挑战,应紧跟时代契机,积极探索新时期下高校法学教育新模式。高校的法学教育要跟得上时代的发展,不断进行改革和创新,以适应"互联网+"时代高校法律人才培养和社会发展的要求。

1."互联网+"驱动法学课程延伸广度和深度。伴随"互联网+"技术的发展,法学教育的培养变得更加具有时代性和实践性。在"互联网+"模式下,学生可以通过多种渠道获得知识,不再受时间和地域的限制,学生的学习方式也更加多样化。"互联网+"和法学教育的相互融合,使学生获取法律知识更加方便,让学校的法学课程变得更加丰富。学生可以根据自己的需要,通过互联网平台,随时随地查阅相关法学资料,以更好地学习法学知识,更深地了解法律实践的运用,这自然会增强学生对各种法律知识的认识和理解,促进学校法律人才培养模式的多元化。

2.提升教师的信息化教学水平。在法学教育中,教师是不可或缺的参与者,对学生的法学学习有重要的引导作用。在"互联网+"的影响下,高校更要注重对法学教师专业能力和实际操作能力的培养和提高,可借助强大的互联网资源共享来提高学校的师资水平。为教师提供学习的机会以及再教育的培训机会,提升其利用"互联网+"技术开展法学教学的能力,帮助教师适应时代的发展以及学校法学教育工作的要求,培养操作能力和专业能力兼备的法律人才。

3.创新现代教学方法。无论在哪个学科的教育中,教学方法都不是单一的,尤其在"互联网+"时代下,高校的教育又增添了更多教学方法上的选择。就法学教育来说,互联网时代为高校的法学教育提供了更多的可能性,微课堂、翻转课堂等新的教学模式,可以让学生对法学课程更有兴趣,大大提高法学教育的效率。教师可根据具体的法学教育内容,虚拟仿真案例,通过网络搜索还原案件的证据材料,让案件更加直观生动,也可以通过角色设置等方式来培养学生发现问题、分析问题的实践应用能力。这对培养学生的法律思维能力和灵活运用能力有很大的促进作用。

四、法治人才建设示例:以江西省高校法学教育为文本

我国目前法学人才培养输出与国家法治发展的人才需求不匹配,因此,虽然国家对高质量法律人才的需求呈逐年递增的趋势,江西省各高校也在陆续加强法学学科建设,截至2020年江西省共有22所开设法学专业的普通本科高校,全日制普通本科生9200多人,但全省本科高校法学学科建设相对其他省市而言,仍显滞后。在2020年全国法学学科排名中,全省仅江西财经大学上榜,学科排名第36名。究其原因,主要是江西省各高校在法学实践教育形式方面存在不足,缺少对应用型、复合型、创新型法律职业人才的培养,涉外法治人才的培养更是不足。这与当前仍然依赖传统理论教学密切相关,忽略了实践教学的重要性(见图4)。

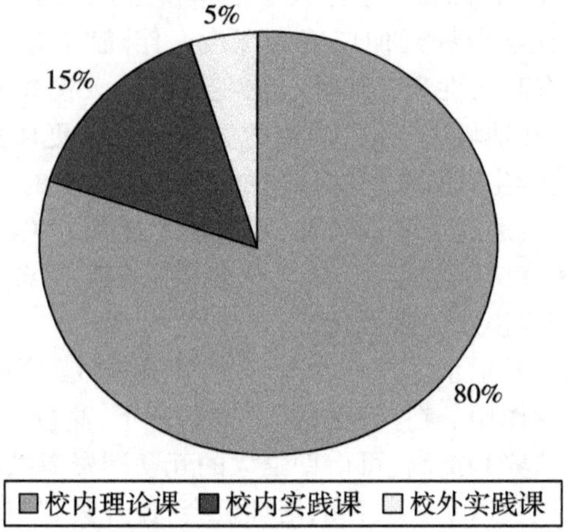

图4 江西省高校法学学科教育理论课程比例统计

(一)当前江西省高校法学实践教育的不足

法学实践教育注重培养学生的创新精神及实践能力,法学学科设置实践课程能够有效避免走出“象牙塔”的法学学生只懂理论不会实践、理论和实践脱节严重的问题。当前,江西省各高校法学实践教育存在模式单一,学生实践能力不强,应用型、复合型法律职业人才培养不足等问题,要满足社会以及学生日益增长的对法学实践能力的需求,则需要对当前法学实践教育的课程体系进行改进和创新。

1.轻实践、重理论。江西省高校在法学教育中,实践教育的比重仍小于理论教育,即使在实践教育中实践的比重也远小于实务理论的比重。在课程设置部分,法学实践课程通常为选修课程,无论在学分还是课时上都远少于法学理论课程,且一般采取随堂考查的方式而不是考试的方式进行考核。还有一种常见的实践教学方式,即为实践课程设置一定的学分,但学校并不提供教学,而是由学生在假期自主选择法律相关单位进行实习,将实习单位签字盖章的反馈作为学生完成实践指标的依据。由于这种实习不具有组织性和监督性,通常以实习单位签字盖章为完成标准,从而难以保障学生是否真实参与、参与的程度和参与的质量。总的来说,目前的法学教育中实践教育地位较低,比重小,实践内容也较单一,属于次要地位。

2.课程教学中理论与实务脱节严重。目前,江西省大部分高校法学专业进行法学实践教育时,仍采取传统的法学理论教学方式,主要表现为由校内教师以教材为基础进行教学。教材从编写、出版再到运用于课堂上耗时较长,与实务的变化相比具有一定的滞后性。此外,在进行法学实践课程教学时存在重形式轻内容的倾向。例如,在“法律文书”课程中,通常注重讲解不同法律文书在格式上的区别,忽视了不同主体制作法律文书时内容上的不同等实质问题。此外,由于教学资源的缺乏,由法学理论课程的教师兼任实践课的教师也是目前江西省高校的普遍做法。虽然法学教师通常也会兼任律师,并非完全不接触实务工作,但由于繁重的教学负担和学术任务,与全职法律职业人相比其参与实务的频次和参与度都较有限。因此,由理论授课教师一力承担实践课教学的重任难免有所不足。

3. 法学实践教学适用范围狭窄。就法学实践教育方式而言,目前江西省各高校多采取的是学生校外实习的模式,这种实习通常只要求学生在本科阶段择以假期完成即可,逐渐转变为针对大四学生的毕业实习。至于模拟法庭竞赛以及法律诊所课程之类的法学实践教育模式,由于名额有限,通常需要对参与者进行选拔,只有其中一小部分优胜者才有资格参与,尤其是前者。因此,如果以此类活动作为实践教学的主要形式,则会限制学生对实务课程的参与和学习。

(二)创新法学实践教育形式

目前江西省法学实践活动在教学时间和教学内容的设置上都存在一定问题,要提高实践教学人才培养效果和实用性,还需要在以下几个方面进行调整:

1. 以小学期形式开展实践教学活动。就目前的实践教学模式而言,将实践课程独立设置于小学期中是一种较可行的方式。首先,小学期贯穿整个本科学习阶段,任何一个常规学期之后都可以设置小学期,以小学期方式进行实践教育,有利于保证实践教学均衡分布于本科学习阶段,从而保证实践教学的连续性和连贯性。其次,小学期授课时长通常为两周至一个月,比起每周仅有一次授课时间的选修课,小学期可以提供充分的教学时间,从而保证实践教学的深度。最后,小学期安排于常规学期之后,学生在接受法学学科的理论学习具备一定的知识储备后,接受实践教学不仅可以复习理论知识,同时还可以将其运用于解决实务问题,有利于理论学习和实践学习之间的衔接,一举两得。

2. 扩大实践教学授课主体范围。实践教学旨在培养具有实务操作能力的人才,因此,实践教学的授课主体必然是深入、高度参与法律实务的主体,唯有如此,才能为学生介绍、讲解实务问题以及教导实务技能。因此,在选取实践教学授课主体时不应局限于校内教师,不妨根据不同的教学内容邀请公检法工作人员、律师、仲裁员、法务等诸多不同领域的法律职业人进行有针对性的授课。授课主体的多样性不仅可以减轻教师的教学负担,同时有利于学生掌握不同法律职业的知识和技能,在某种程度上还有利于学生的职业设想。

3. 创新灵活、多样的实践教学活动形式。鉴于法学专业的特殊性与实践性,高校应采取灵活、多样、分散的实践形式。设立法学专业校外实践基地是国内外高校实践教育的重要方式之一,涉及各个专业当然也包括对人才实践能力的培养。校外实践基地通常采用与高校签订合作协议方式建立一定期限或者长期合作关系,选择校外实践基地一般会考虑实际工作单位、各个院校的学科培养需求、院校地理位置等因素进行选择。实践方式主要为高校组织学生进入这些工作单位进行固定期限的实习,在实习期内由实践基地安排带教教师对学生进行工作指导。通过设立校外实践基地的方式进行实践教育有两大优势:一是校外实践基地性质多样,包括法院、检察院、司法局、仲裁委员会、律所等,学生可以根据自己的职业规划或者兴趣选择;二是实践教育较规范,有专门的带教教师进行指导,实习中和实习结束后设置一定的考核检验实习成果。

(三)依托行业特色,开展学科交叉研究

1.整合专业资源,组建专业团队,科际整合,凝聚研究特色。整合校内外法学理论专家队伍,加强团队协作和集体科研攻关,多出成果、出好成果,在全面依法治国新征程中作出独特贡献。高校应为进一步整合智库和学科资源,畅通法治科研交流渠道,积极加强与其他高校、政府法制部门的交流合作,走出去、请进来,努力实现学术互联、信息互通、研究互动,开展协同攻关,由"单兵作战"变"集体冲锋",为全面依法治国、推进国家治理现代化、建设法治强国指明方向、任务、路径,也为法学研究、法学教育提供了丰厚的资源。

2.依托行业,准确识变,主动求变——以华东交通大学为例。华东交通大学法学依托学校"交通特色、轨道核心"的发展理念,突出人才培养过程的交通与人文特色,并成立铁路法治研究院,不断提升整体科研水平和综合实力。成立一年来,多位博士获得国家项目与国家铁路局法规类项目,并成功受聘为国家铁路局法律专家顾问,受邀参加《铁路法》修订专家论证会,多元化服务地方铁路监管与治理事务等相关法治实践活动,形成铁路法治专业理论与社会实践相互作用、互相形构的"共栖"模式。

此外,华东交通大学立足学校"交通为特色、轨道为核心"的办学定位,依托华东交通大学铁路法治研究院、江西省知识产权学院等学术平台开设"天佑"课程"铁路法治与风险防范",培养具有远大志向、创新精神、卓越才能、人文情怀的"天佑学子",这正是培养"德法兼修"跨学科法治人才途径的新探索。

五、高校法治人才建设的集体行动:技术与价值结合

马克思指出:"理论在一个国家实现的程度,总是取决于理论满足这个国家需要的程度。"新时代下,不平衡、不充分发展矛盾交织叠加,社会异化风险"折叠"严重,社会治理失衡,人们对法治国家、法治政府、法治社会的期待不断被激起,对高校培养优秀法治人才的呼声愈演愈烈。全面依法治国语境下,育人者更应懂法、知荣辱,高校法治人才培养既是根本任务、时代责任,又是一项系统性工程。是故,高校既要牢牢把握"为谁培养人""培养什么人",立德树人、德法兼修、以人为本之价值理性,还应在开放式、动态式语境中,有效开展系统性组织、集体性行动,掌握"怎么培养人"的技术理性,打造系统性、规范性的"学法—知法—懂法—守法—用法"高质量培养链条,形成法治人才培养的技术与价值结合,且以契合社会发展和社会治理需求为导向进行完善,从而构建新时代下高校法治人才培养的特色话语体系。这既是党和人民事业所需,也是高校在"全面依法治国"背景下责任与使命的客观实践。

面对数字时代法治人才培养的“变”与“不变”

——以地方性法学院为视角

童志锋[*] 郭静忆[**]

随着大数据、人工智能、区块链等技术的发展与应用，我们正进入一个智慧化、智能化发展的数字时代，随之而来的新技术和新型社会关系对法学教育产生了巨大影响。针对这种变化，国务院发布了《新一代人工智能发展规划》，为进一步提升高校人工智能领域科技创新、人才培养和服务国家需求的能力，教育部也在2018年印发了《高等学校人工智能创新行动计划》，这些都对法学教育提出了新要求。面对数字时代，地方性法学院法治人才培养面临怎样的困境，应该在哪些方面积极求变，又在哪些方面保持定力，是一个值得探讨的问题。

一、数字时代法学教育面临的问题

数字时代新兴产业的兴起带来各种前所未有的挑战，法律领域和法学教育也面临新的问题。人工智能的发展在提高生产效率的同时，也对传统法律行业和法律人才的培养造成了巨大的冲击，人工智能在司法中的应用更有可能带来许多复杂的问题。

（一）新兴产业带来新的法律问题

2020年“双十一”天猫平台成交额接近5000亿元人民币，新冠肺炎疫情的影响和数字经济的高速发展使人们越来越习惯于网上购物。然而，现有的法律更多地规范现实社会关系，对于新兴的线上关系很多法律法规都难以适用。近年来，网络购物和直播卖货的假货和售后问题、共享单车押金退还、网约车安全保障、长租公寓“暴雷”等由数字经济兴起带来的新问题每每挑战着现有的法律体系。此外，社交媒体的快速发展也同样可能侵害公民的权利，短视频等电子作品的著作权侵害、利用网络暴力和人肉搜索造成“社会性死亡”等问题多次引起大众的广泛关注和讨论。面对这些复杂的问题，现有法律体系尚未将其列入规范范围，或现有法律条文无法适用，亟须复合型法律人才来解决。

---

[*] 浙江财经大学法学院院长，教授，法学博士。

[**] 浙江财经大学地方立法与法治社会研究院助理研究员，硕士。

(二)人工智能发展对法律工作者的冲击

人工智能的发展极大地提高了人类生产和工作的效率,尤其在机械化、重复性的工作中,人工智能的准确性和高效性具有极大优势,在法律工作领域也不例外。目前,国内外均已出现法律人工智能系统。美国很多律师事务所和法院系统开发人工智能的判例辅助系统,导致法律职业吸引力有所降低。俄罗斯联邦储蓄银行近年宣布引入法律服务机器人取代律师,来实现法律文本的全部自动化形成。① 大成德同在2016年创建了人工智能实验室,其与IBM Watson合作开发的法律人工智能产品ROSS,可以替代律师的大部分工作,并且准确率高达90%以上。我国的法律人工智能技术开发起步较晚,但近年来随着国务院发布《新一代人工智能发展规划》以及大数据、人工智能技术的发展,智慧法院等智能辅助办案系统正逐步取代初级法律工作者,完成包括案卷检索、合同审核、法律文书撰写等在内的工作。上海法院刑事案件智能辅助系统(以下简称"206"系统)已具备证据标准指引、逮捕条件审查、社会危害性评估等13项功能,并已联通公安、检察、法院三大机关的办案平台。② 杭州市检察机关已经启用智慧辅助办案系统,远程提审、庭审、送达系统,智能语音识别系统,法律文书智能校对系统等功能一应俱全。人工智能法律系统的应用,一方面提高了法律工作的效率,另一方面也在一定程度上减少了初级法律工作者的工作机会。近些年,不少国内外高校法学院均不同程度地面临报考学生数量减少、就业率降低等问题。③

(三)善用人工智能的法学人才培养

数字时代下,法院、检察机关、律师事务所引入人工智能辅助系统势在必行。然而,目前国内的人工智能系统均由非法学人才设计,能否正确体现法律精神尚待验证。故法律领域的人工智能系统尚处于初级阶段,仅能起到初级的辅助作用。随着技术的发展和社会进步的要求,未来的法律从业者必须具有计算思维。理解人工智能的系统逻辑、善用人工智能辅助法律工作将成为未来优秀法律从业者的必要条件。

二、面对数字时代法治人才培养的主动求"变"

(一)面对数字时代,地方性院校尤其要实现从法学人才培养到法治人才培养的转变

党的十八届四中全会决定,法学教育要培养懂国情、能贯彻中国特色社会主义法治理论的法治人才。习近平总书记在中国政法大学的"5·3"讲话中指出,"法治领域如果不能人才辈出,法治人才培养上不去,全面依法治国也是不可能做好"。"法治人才培养是全面依法治国重要的一环"。对地方院校来说,更要从学术型法学教育转向适应中国法治需要的职业型法学教育。习近平总书记在2018年9月10日全国教育大会上提出,

① 参见张建文:《人工智能技术的发展对法学教育的影响与应对》,载《北京航空航天大学学报(社会科学版)》2018年第2期。

② 参见向玲:《人工智能背景下法学教育教学的改革与创新研究》,载《现代职业教育》2018年第34期。

③ 参见赵鹏:《法律人工智能技术的发展和法学教育的回应》,载《中国高等教育》2019年第Z1期。

要“着重培养创新型、复合型、应用型人才”，法学人才培养也必须贯彻这一理念。地方性法学院应该以服务区域、地方经济社会发展需求为导向。如浙江省是经济大省和财税大省，2019年全省生产企业超过200万家，浙江省的财税系统与公司企业，迫切需要高层次的财税法治人才。在人才培养方面，要注重经济法学与财政学交叉融合，注重财税法人才培养。

面对人工智能的发展，习近平总书记在全国教育大会上提出“加快推进教育现代化、建设教育强国”。人工智能在教育领域的创新应用，可以助推这一目标的实现。国务院发布的《新一代人工智能发展规划》鼓励高校在原有基础上拓宽人工智能专业教育内容，形成“人工智能+X”复合专业培养新模式，重视人工智能法学等学科专业教育的交叉融合。① 《新一代人工智能发展规划》同时提出，要加强高水平智库建设，法学院校也应结合自身特色和优势，坚持多学科交叉融合发展。如笔者所在浙江财经大学法学院设有浙江省法学类唯一的省级新型高校智库“浙江省地方立法与法治战略研究院”，并正积极创建“长三角社会治理协同创新中心”，并以此为依托融合法学与社会学，致力服务地方发展与社会治理。

（二）面对数字时代，地方性院校要实现从单一学科法治人才到跨学科的法治人才培养的转变

中国法学教育40年，从1983年的90多所院校，到鼎盛时期的639所法学院校，近10年来，法学教育逐渐进入平稳发展期，保持在600所院校左右。法治人才的培养要以解决问题为导向，数字时代面临的问题已不能用单一学科的知识来解决，唯有跨学科融合发展方能成为稀缺的优质法律人才。

1. 以地方需求为导向培养跨学科的复合型法治人才

2018年教育部发布《法学本科专业教学质量国家标准》，法学课程设置改革，从过去的16门核心课程到现在的“10+X”，允许高校根据各自的办学特色和优势学科开设选修课，把更多的选择权还给高校，这体现了我国法学教育理念的转变。中国政法大学的前身北京政法学院，是由北京大学、清华大学、燕京大学和辅仁大学的法学、政治学和社会学等科系组合而成。地方性院校也应结合当地的实际需求，同时针对人工智能的发展，调整教学理念，在法治人才课程培养体系上主动求变。

浙江财经大学法学院，以“夯实法学基础，发挥财经优势，培养实务能力，突出专业特色”为宗旨，培养适应社会需求且具有高尚职业道德、扎实专业基础与较强实务能力的复合型人才。依托学校经管类学科优势，在筑牢法学理论基础上，在法学中融入财税等特色课程。除“法理学”“中国法律史”“刑法总论”“民法总论”等法学核心课程外，该院还开设了“商法学”“债权法”“财税法”“知识产权法”等专业课程，以及“法学方法论”“法律思维与案例研究”等方法论课程，“公司法律实务”“经典案例分析”等实务课程。此

① 参见高学强：《智能时代的法学教育革命》，载《中国社会科学报》2020年8月26日，第3版。

外,该院以服务地方经济、关注社会治理为导向,在法学教学体系中融合了社会学体系,设置了“社会学概论”“社会研究方法”等相关社会学课程,以促进法学与社会学的交叉融合发展,服务地方法治建设,取得了显著成效。

考虑到长江三角洲区域一体化发展对非诉法律服务的需求,该院在2014年创设了“非诉法律人才实验班”,重点培养拔尖学生的非诉业务处理能力。在教学上,该实验班打破以教师讲解为主的传统授课方式,采用“沉浸式教学法”,以实务案例为线索,为学生设计了讨论环节。在师资力量方面,该院注重对实务人才的选择,在校内遴选优秀教师任课的同时,积极从校外引进实务团队授课。如与浙江省一些知名律所合作,根据律所的优势业务方向,制订专门课程体系,邀请其资深律师进入课堂传授实务知识。目前,该院开设的“法律谈判与辩论”“公司法律实务”等课程,全程由北京盈科(杭州)律师事务所、浙江泰杭律师事务所团队负责授课。①

2. 以人工智能发展为契机培养兼具法律思维和计算思维的创新型法治人才

面对人工智能的快速发展,国内外高校均在积极寻求改革。早在20世纪70年代,美国学者已经发表了人工智能和法律推理的实验分析论文,从20世纪80年代起,美国的知名法律院校,如斯坦福大学法学院、哈佛大学法学院,便开始为法律专业的学生开设人工智能的相关课程,帮助学生掌握人工智能技术的背景知识,并探讨人工智能和法律的关系。相关课程在国内开展较晚,但随着互联网技术在中国的迅猛发展,一些院校也已开始着手相关研究,如北京大学成立了法律人工智能实验室,西南政法大学成立了人工智能法学院,并设置了法学二级学科——人工智能法学。②

人工智能在法律领域的应用和发展对法律人才的培养提出了新要求。首先,法律人才应该在法律专业知识齐备的基础上,具备基本的人工智能和大数据相关知识,能灵活地运用法律解决涉及互联网、人工智能发展的新兴产业中出现的新问题。其次,法律人才应该具备大数据思维能力,可以运用现有的人工智能和大数据技术来辅助办案,提高数据分析处理的能力和效率。最后,法律人才应兼具法律思维和计算思维,实现人工智能与法学的交叉融合。③ 如果人工智能系统的设计者不懂法学,怎么设计出真正智能的法律系统?同样,如果法律智能系统的使用者不懂计算逻辑和语言,如何提出问题和改进意见?因此,唯有兼具法律思维和计算思维,才能实现法学和人工智能的共同发展。

面对数字时代,地方性院校也已开始作出改革,尽管目前还处于初级阶段。以浙江财经大学法学院为例,该院教师积极参与法学教学软件研发,包括用于“民事诉讼法”课

---

① 参见陈和秋:《以地方需求为导向培养“非诉”法律人才》,载《民主与法制时报》2020年11月19日,第5版。

② 参见高学强:《智能时代的法学教育革命》,载《中国社会科学报》2020年8月26日,第3版。

③ 参见赵艳红:《人工智能背景下法学高等教育的改革》,载《北京航空航天大学学报(社会科学版)》2020年第5期。

程在线教学的“民事诉讼法通达翻转教学平台软件”、浙江省“十三五”产学合作协同育人项目“《民事诉讼法》虚拟仿真实训系统”、虚拟仿真实验教学项目“公司创立法律程序仿真教学软件”以及“E法考法学专业手机学习软件(E法考App)”,将信息化教学与法学专业课程教学、实验实训教学结合,为全院师生提供了更加便捷高效的教学工具。此外,面对杭州互联网经济和人工智能的迅速发展,该院在2018年增设了“大数据与互联网法学”选修课,2019年增设了“人工智能犯罪的刑法规制”(短学期)课程,培养学生的大数据思维和人工智能运用能力。

(三)面对数字时代,地方性院校要实现从传授理论知识到培养法律适用能力的转变

法学并非纯粹的理论学科,而是一门经世济用之学。我国法学教育培养的预设目标是法官。不同于美国以律师为培养目标、注重实践的法学教育,我国法学教育存在学理化、重诉讼、实践能力培养不足等问题①。院校普遍重视学生法律基础知识的学习、法律条文的理解,学生学习以通过法律职业资格考试为目的,工作以后只会机械套用法律条文,而未形成法律思维,缺乏法律实践能力。现有的法律不能涵盖所有的社会关系,尤其在数字时代,新兴产业不断兴起,新兴问题层出不穷,学好现有的法律条文不足以解决问题。院校应培养学生的法律适用能力,用有限的规范解决无限的法律问题。

培养学生的法律适用能力,需要院校在课程设置和师资配套上做好准备。在本科阶段设置法律适用课程,让学生在本科阶段就有接触实际案例的机会。如浙江财经大学法学院从理论掌握、规范解读、实务处理的专业内在要求出发,在完善“教学案例库”的基础上,创立“法理—法条—案例”三位一体的教学标准,培养学生的法律实践能力。

法律适用课程对教师也有更高要求:不仅要有扎实的法学理论基础,更应有丰富的法律实践经验。院校应鼓励教师到实务部门挂职,同时从实务部门引进实务导师。如浙江财经大学法学院与浙江省人大常委会法工委、浙江省人民检察院、浙江大学地方政府与社会治理中心、浙江浙联律师事务所等50余家国家机关、企事业单位和社会组织签订战略合作协议,建成研究生和本科生的实习和校外实践基地40余处,在人才输送、智力支持等方面达成共识,实现资源的优势互补,提升协同发展效果。在学院鼓励下,7名青年教师先后前往杭州市中级人民法院、杭州市铁路运输检察院、宁波市人民检察院等6家司法机关挂职,在协助提升司法机关科研能力的同时,自身也积累了丰富的法律实践经验。此外,该院实施理论和实务双导师制度,与知名律师事务所合作创设律师学院,吸引实务部门的实践精英参与到人才培养中。目前,法律硕士专业共聘请47名实务导师,均为来自浙江省人民检察院、浙江省高级人民法院、浙江浙联律师事务所等司法机关和企事业单位的资深业务专家,为学生提供法律适用方面的指导和半年以上的实习机会。

① 参见李政辉:《法学教育的困境、原因与出路探索——以非诉法律人才培养为方向》,载《现代教育科学》2013年第5期。

三、数字时代法治人才培养的"不变"

(一)数字化时代,"法学专业人才培养要坚持立德树人、德法兼修,适应建设中国特色社会主义法治体系,建设社会主义法治国家的实际需要"

立德树人是教育的根本任务,在人工智能、区块链时代更要坚持,否则将影响社会的发展。如浙江财经大学法学院的院训是"厚德格致,尚法笃行",特别注重学生德法兼修。以此为宗旨,该院开展了许多校内外活动,如以学生为主体的"宪法普法志愿服务团队"获浙江省法治宣传教育优秀项目以及 2017 年、2018 年度浙江省十大普法影响力事件提名奖。再如,该院实施了本科生导师制 18 年,又全面推行本科生"班主任"制度,辅导员、班主任、综合导师制齐抓共管,落实三全育人。

(二)数字化时代,更要重申法治人才培养的人文性

作为地方院校,尽管已逐渐走向职业化的法治人才培养模式,但不能把法治人才培养理解为职业技术教育。要"以自由看待发展",要重申包括法治人才在内的人才培养的人文性,而人文性、自由教育也往往与德性教育相得益彰。大学教育对人的一生都有极大的塑造作用,法学作为一门重要的人文社会学科,更要在社会中发挥关键性作用。因此,法学教育不应仅仅着眼于"术",现代社会知识更新迭代的速度远远快于教育改革的速度,要更加强调"道",引导学生形成正确的价值取向,培养学生的综合素养、实践适用能力和终身学习的能力。

(三)数字化时代,应该正确认识人工智能对法学的影响

既不闭耳塞听、无视人工智能对法学的冲击,也不盲目追求智能化、忽视法学的内核与本心。从现阶段来说,人工智能只是一种工具,尚不能作为法律活动的主体,更不能完全取代法官和律师的作用。因此,学会如何正确运用这件工具来提高法律活动的效率、推动法学研究的进步才是当下应着眼的问题,而法学教育仍然应该强调对法治人才本身的素质和人文培养。

这是一个人工智能的时代,但是人工智能也必须运行在正确的法治轨道上。立足人的全面发展,在教学理念和教学方式上积极求变,在价值引导和人文培养上坚定原则,自由发展,立德树人,法学教育可立不败之地。

法学专业本科论文考察模式改革路径研究

——基于双主体调查的分析

屈茂辉* 金昱茜**

一、问题的由来

2018 年 8 月，以全国教育大会为契机，教育部提出“高等教育要努力发展新工科、新医科、新农科、新文科”的“四新”建设；2019 年多部委在天津联合召开“六卓越一拔尖”计划 2.0 启动大会，标志着国家“四新”建设工程正式开启。① 正如教育部高教司吴岩司长指出的，“以‘四新’的质量革命来推动内涵式发展”，需要推进人才培养体制机制创新，提高高校服务经济社会发展能力。② 作为国家战略的组成部分，“新文科”建设也要符合质量理念、质量标准、质量文化、质量体系的系统设置，尊重学科规律、坚持守正创新、促进专业优化。

在 2018 年新时代全国高等学校本科教育工作会议上，教育部党组书记、部长陈宝生指出，高等教育要“以本为本”，对大学生要合理“增负”，以人才培养高质量结果为导向，真正把内涵建设、质量提升体现在每一个学生的学习成果上。③ 而在 2019 年 10 月发布的《关于深化本科教育教学改革全面能提高人才培养质量的意见》中，教育部进一步明确，要提升学业挑战难度，强化人才培养方案等方面的质量要求，强调严把考试和毕业关，科学合理制订本科毕业设计（论文）要求，严格全过程管理。因此，执行一套能够实现教学目的、符合体系定位的论文考察模式，是“学生—学术—学科”三位一体结构中，实现

* 湖南大学法学院院长，教授，博士研究生导师。

** 湖南大学法学院助理教授，法学博士。

① 参见黄启兵、田晓明：《“新文科”的来源、特性及建设路径》，载《苏州大学学报（教育科学版）》2020 年第 2 期。

② 参见《吴岩司长在高等学校专业设置与教学指导委员会第一次全体会议上的讲话》，载高等教育研究所网 2019 年 6 月 27 日，http://gjs.njit.edu.cn/info/1064/1599.htm。

③ 参见《教育部长陈宝生在新时代全国高等学校本科教育工作会议上的讲话》，载中国教育信息化网 2018 年 6 月 28 日，http://laws.ict.edu.cn/laws/jianghua/cbs/n20180628_51921.shtml。

学科系统传授学术知识、进行科学研究和培养高质量人才的组织功能的重要手段。①

法学是一门理论与实践紧密结合的社会学科,法学教育肩负培养“具有扎实专业理论基础和熟练的职业技能、合理的知识结构……的复合型、应用型、创新型法治人才及后备力量”的重任。② 本科毕业论文作为检验该学科教育质量的重要环节,从系统训练学生综合思维和逻辑分析能力、并落实到职业实践之预备的角度,尚无其他课程能达到如此全面的效果。近10余年,与本科论文考核相关的讨论常见诸期刊纸端,但无论是“存废之辨”还是质量问题分析,③一是多泛于本科教育的大范围,对法学学科的针对性考察百之一二;二是多限于教育者一方观点,作为本科论文写作亲历者的学生的声音相对稀缺;④三是多就现有设置作一般性改进建议,而从功能目的出发、专注本科论文考核模式结构优化的探讨相对不足。

以补足当下研究存在的缺漏为目的,笔者以法学专业本科论文考察模式改革为主题进行本次调查研究,旨在通过问卷、访谈以及相关资料的查阅,依次明确两个前提问题:(1)法学本科(毕业)论文考察的功能应如何定位?(2)法学本科(毕业)论文考察功能是否实现及影响其实现因素?并在此基础上,审视当下存在的种种疑难,探讨论文考察模式的改革方向与路径。

二、研究方法

(一)双调查主体设置及其情况

为了更准确地把握法学本科论文考察模式的教学价值及其问题,本次问卷采取了双调查主体设置,也即,本次问卷的调查对象包括作为本科培养方案与论文考察标准主要制订者的各法学院院长,也包括毕业论文考察项目的参与者即历届法学专业本科毕业生。

对法学院院长组的问卷调查采取通过微信群发放专业软件填写邀请的方式,由参与者自愿匿名填写,从而基本保证问卷填写群体的准确性和问卷结果的真实性。调查问卷的填写和回收期间为2019年12月3~16日,一共收到55份答卷,其中有效答卷53份,有效回收率96%。问卷填写IP实时地域包含湖南、四川、浙江、湖北、北京、宁夏、内蒙

---

① 参见李世辉、李香花:《“学生—学术—学科”三位一体大学生创新能力培养模式研究》,载《中国高等教育》2020年第8期。

② 参见《普通高等学校本科专业类教学质量国家标准》,法学类教学质量标准部分;时伟:《大学本科毕业论文的弃与存》,载《中国高等教育》2010年第7期;杨卓娟、杨晓东:《本科毕业设计(论文)存废之辨析》,载《黑龙江高教研究》2011年第9期;饶家辉、张乃生:《综合性大学取消本科毕业论文辨析》,载《高校教育管理》2014年第3期;等等。

③ 参见乔军、孟庆玲:《提高本科毕业论文质量的几点思考》,载《教育探索》2011年第9期;姚世斌、彭宇霞等:《基于学术规范的本科毕业论文质量评价体系建设》,载《高教探索》2016年第S1期;刘国华、张伟东:《提高法学专业本科毕业论文质量的路径研究》,载《黑龙江高教研究》2014年第5期。

④ 类似观点参见刘爱生、王文利:《大学生对本科毕业论文的态度——来自浙江省某重点高校大四学生的调查》,载《高教探索》2019年第8期。

古、贵州、云南、吉林、辽宁、山东、河北、江苏、黑龙江15个国内省市(自治区)以及英国、美国、俄罗斯3国,在一定程度上体现了被调查群体样本的广泛性(见表1)。

表1 调查对象(院长组)所在学院师生规模情况摸底

教师人数	学生人数		
	100人以下	100(含)~200人	200(含)人以上
50人以下	14	22	3
50(含)~100人	—	8	4
100人(含)以上	—	—	2

数据显示,大部分接受调查者所在学院的师生人数比值在1∶2到1∶4之间,师生比较合理,但也有一定数量的院校存在教师人数相对甚至严重不足的情况,客观上将影响学生指导和教学方面的效率与效果。

为避免对象范围过大,反致调查结果过度离散而缺少针对性,故在学生主体一方,笔者选择某中部省份985综合性大学的法学本科毕业生作为调查对象。该校法学学科位于全国同专业排名20~50名区间,基本保证学生综合素质与学院教育水准的稳定性。笔者在设计问卷时,也尽量从多侧面对同一调查目标进行反复考证,加大多选内容,避免与该院校具体教学计划相关的项目出现,尽量减少因调查对象的范围限制而对数据结果的客观性产生影响。

调查采取匿名问卷和抽样访谈形式,原计划于2020年3月底前完成,但由于新冠肺炎疫情原因,调查开展和问卷回收均受到一定程度影响。截至2020年5月30日,调查共收到有效问卷90份,填写者100%为该校法学专业本科毕业生,其中大部分调查者本科毕业距今不超过10年,对现阶段本科毕业论文的考察模式比较了解(见表2)。

表2 调查对象(毕业学生组)基本情况摸底

本科毕业时间	人数/人	占比/%	毕业后升学人数/人	占比/%	毕业后工作人数/人	占比/%
2010年之前	14	15.5	6	42.9	8	57.1
2010~2015年	24	26.7	8	33.3	16	66.7
2016年之后	52	57.8	18	34.6	34	65.4
总计	90	100.0	32	35.6	58	64.4

(二)研究工具与问卷设置

考虑到双调查主体的设置,在制作问卷时采取了"一体两式"的设计。两套问卷均包含18个问题项,最后一道均为文字项选答题,其余为选择项必答题,部分多项选择题设置“其他”选项,允许观点补充。在具体问题的设定上,以被调查者所在法学院本科毕业论文考核模式现状、考察标准与问题分析、改良模式探索为主要考察模块;两套问卷的核心问题及选项保持一致,只在被调查者基本情况部分有所区别。院长组侧重了解其所属法学院基本规模(师生比)和是否有论文考察项目设置,而学生组则主要了解其就读时段、就业去向,以及本科论文考察训练对后续工作学习的作用认知。

三、调查结果及分析

(一)论文考核模式现状

对于法学本科论文考核模式当前的基本实施情况,笔者从是否有论文考察项目、(毕业论文)考察程序设置、通过率设置以及论文质量水平以及对后续工作学习的作用评判4个方面进行考察,同时利用双调查主体的设计,在两套问卷中分别加入具有相关性的问题项,以便进行数据比照。

从数据结果来看,绝大多数法学院校(98.1%)均设有毕业论文考察环节,另有近半数(41.5%)院校设有学年论文考察项目。现有本科毕业论文的考察程序大多包括选题开题、指导老师评分评级、论文答辩以及(答辩未通过情况下)限期修改/二次答辩4个主要环节。值得一提的是,尽管现实中大部分被调查学院(62.3%)并未设置中期答辩程序,但有超过半数的被调查学生(63.3%)认为论文考察程序应包含此项程序,认为据此可以“获得更多指导,同时督促自己合理分配时间、按时完成论文”。

为了解当前(毕业)论文考核模式的执行效果,笔者在院长组的调查问卷中设置了两个问题项,分别为“所在学院本科(毕业)论文考察项目中二次答辩/不通过情况”以及“认为所在院校本科生(毕业)论文质量水平如何”;作为对照数据,在学生组问卷中,笔者设置了“认为本科生论文答辩(含二次答辩)是否应设置不通过率”以及“认为本科阶段(毕业)论文考察训练对后续工作学习是否有用”的认知体验选题(见表3)。

表3 本科生培养方案中论文考察项目设置情况(院长组)

考察项目	无其他论文考察设置	有学年论文考察设置	设置其他论文考察形式
有毕业论文考察设置	29	21	2
无毕业论文考察设置	—	1	—

从下面的表4、表5可以看出,对所在院校论文质量的平均水平,绝大部分接受调查的教育方给出了一般(56.6%)或较差(16.98%)两个评判,但论文考察程序中进行二次答辩或不通过的比例却相对较低,选择极少发生或者控制人数比例选项的占比达到75.5%。也即,只有不到1/4的被调查院校对此不作人数或比例限制。与之相比,学生组被调查者对论文答辩不通过的结果大多持开放态度,选择论文答辩不通过率不应设上下限,或者认可一定比例不通过率的占到调查总数的91.1%。同时,虽然教育者一方普遍觉得论文质量总体欠佳,但多数接受教育者仍认为,其接受的本科(毕业)论文训练对

后续工作学习有一定正面作用(75.6%)。调查中,有多名受访者认为通过论文考察的训练,提升了自己资料检索、问题分析和材料写作能力,训练了办公软件操作技能,毕业论文写作是“本科阶段难得的一次系统练习过程,无论是对思辨能力还是形式规范都有积极作用”,但也有学生指出,“因没有系统教学,以自行摸索为主”“理论与实际工作结合不紧密”。

表4 本科生(毕业)论文考察项目中二次答辩/不通过情况对比

本科(毕业)论文二次答辩/不通过情况(院长组)		本科生论文答辩是否应设置不通过率(毕业学生组)	
极少发生	49.1%	应全部通过	7.8%
有,但控制在5名学生或5%以下	26.4%	应控制在5%以下	33.3%
—	—	应控制在10%以下	13.3%
不作人数比例限制	24.5%	不应设上下限	44.5%
其他	0%	其他	1.1%

表5 本科生(毕业)论文质量水平与论文考察训练对后续工作学习是否有用认知情况对比

所在院校本科生(毕业)论文质量水平认知(院长组)		本科(毕业)论文考察训练对后续工作学习作用(毕业学生组)	
高	1.9%	有,很有意义	28.9%
较高	9.4%	还是有些积极作用	46.7%
一般	56.6%	用处不明显	15.6%
较差	17.0%	几乎没用	6.6%
差	1.9%	没用	2.2%
参差不齐、不好判断	13.2%	—	—

(二)本科论文训练目的、考察标准与问题分析

1.目的与标准——毕业论文训练的功能定位

在毕业论文考察项目的功能定位调查中,课题组划分了两个指标:一是被调查者对通过撰写毕业论文期望达成之本科生培养目的的认知;二是对于论文评价的标准判断。其中第二项的调查又进一步分为“合格”与“优秀”两个层次,由于标准认定实际上带有一定主观性,与教学经验或教育经历相关,因此在相关问题项中,我们设计了一定重复内容(参见表7、表8中的加下划线项),以尽量全面归纳实践中普遍认可的一般性指标。

对于将撰写毕业论文作为本科生培养考核内容的目的,参与调查的教、学双方对于考核目的的序列认知基本一致。绝大多数都认为,“训练发现、论证、解决问题的逻辑思

维能力”和“培养资料检索、鉴赏、总结和提炼能力”是重中之重;其次是考察“法律思维训练和研究方法掌握情况”以及“法律文书规范与专业写作能力”的锻炼。虽然对于部分具备继续深造潜力的学生,通过毕业论文训练,可以对其学术功底和研究潜力进行一定程度的(自我)考察,但该选项并非普遍认可的核心功能(见表6)。

表6 撰写毕业论文作为本科生培养考核项目目的(多选)

选项	院长组		毕业学生组	
	人数/人	比例/%	人数/人	比例/%
培养资料检索、鉴赏、总结和提炼能力	49	92.5	81	90.0
学习法律文书规范、提高专业写作能力	40	75.5	59	65.6
训练发现、论证、解决问题的逻辑思维能力	50	94.0	75	83.3
考察本科阶段法律思维训练和研究方法掌握情况	46	86.8	59	65.6
考察学生的学术功底和研究潜力	31	58.5	36	40.0

相对而言,教育工作者倾向强调对学生逻辑思维能力和解决问题(研究)能力的综合检验。有参与调查者专门留言,指出毕业论文应起到对本科生4年基础学习的总结作用,实现综合考察研究能力和写作能力的功能。而毕业学生组则最希望在撰写毕业论文过程中,获得对资料检索和总结提炼能力的训练提升,学习如何检索资料、论证观点,然后通过写作对问题进行“深度观察”,进而“培养批判性思维”。

在涉及对本科生毕业论文评价标准的考察上,我们以院长组即“裁判方”的观点为主要信息收集对象,但出于全面了解双方观点的考虑,此项问题也被纳入学生组的调查问卷之中。

从整理所得的图表中可以看出,双方对于论文质量的判定标准整体无重大出入,满足基本学术规范和写作规范要求,是大部分参与调查者认可的、一篇合格本科毕业论文须满足的底线标准。而对于优秀论文,则强调应在一般的形式规范要求之上,进一步考核学生的阅读深度、文字把控和思考能力。

值得注意的是,“问题意识”“恰当选题”“观点明确”3项,既被认定为是对合格论文的一般性要求,也被大多数参与调查者列入优秀论文的重要评判标准之中。究其原因,上述3项标准本质上指向的是论文核心论点选取与论证逻辑的合理性,是论文写作、训练过程中最需重点关注和推敲的“实质”部分。其中,具有“问题意识”显得尤为重要,“选题恰当,论点突出”倾向普遍性要求,而是否有“翔实充分的论证”支撑明确的观点,则是论文从合格到优秀需要跨越的藩篱。

比较两组图表的数据结果,我们也可以发现一些细微的认知差别:[①]相对教育者更看重论文应体现出有意识地“围绕问题”的论证,学生一方则关注论文撰写过程中所直面的,诸如“选题”“论证”“结论”等具体环节的完成度。这实际上是对作为初级学术作品的毕业论文价值标准的两层认知。对于“问题意识”的培养,需要细化到每一个具体的写作环节,贯穿论文写作的整个指导过程;[②]学生需要通过前期的阅读和练习,通过个别到一般的归纳,真正理解论文结构中各部分的功能和局部价值,才能在最终的论文写作中,经由一般到个别的演绎,抓住“目标问题”(选题),运用“问题工具”(论证),并组织和整理出“问题答案”(结论),从而完成一篇有逻辑的写作。

相比之下,追求观点创新虽然被鼓励,但无论对于一篇合格或是优秀的法学本科论文而言,都不是首要的“考察点”(见表7、表8)。

表7 毕业论文基本标准认知(院长组)

合格标准		优秀标准	
选项	比例/%	选项	比例/%
写作规范,引注得当,无抄袭	92.5	—	—
布局合理,思路清晰	84.9	—	—
资料充实(如有文献综述,或行文体现出一定文献阅读量)	83.0	—	—
行文流畅,用词准确	83.0	—	—
<u>有问题意识,论证无重大瑕疵</u>	79.2	<u>有问题意识,论证无重大瑕疵</u>	71.7
<u>选题恰当,论点突出</u>	69.8	<u>选题恰当,论点突出</u>	62.3
结论/观点明确	62.3	<u>论证翔实充分,结论/观点明确</u>	69.8
字数要求	26.4	—	—
观点有创新	18.8	<u>观点有创新</u>	43.4
—	—	资料翔实多元,体现阅读深度	86.8
—	—	行文精练,思路周延	67.9
—	—	见解独到,有实质、有深度	58.5

① 另外一个比较有趣的数据是,在院长组中有超过8成的被调查者认为,论文撰写应满足“行文流畅,用词准确”的要求,但学生组对项要求的认可度只有不到6成。根据笔者与多名参加者的交流,推测造成此项认知差异的原因,可能是教育者一方在多年的教学中观察到,部分毕业论文存在一定程度上的粗制滥造现象,一些学生书面表达能力较弱,加之缺乏训练,导致论文文本问题较多,进而影响文章整体质量。但学生被调查者作为个人,很难关注到此项普遍性问题。

② 参见王德朋:《本科毕业论文的功能应重新定位》,载《中国大学教育》2017年第5期。

表8 毕业论文基本标准认知(毕业学生组)

合格标准		优秀标准	
选项	比例/%	选项	比例/%
写作规范,引注得当,无抄袭	90.0	—	—
布局合理,思路清晰	90.0	—	—
资料充实(如有文献综述,或行文体现出一定文献阅读量)	77.8	—	—
行文流畅,用词准确	58.9	—	—
有问题意识,论证无重大瑕疵	53.3	有问题意识,论证无重大瑕疵	55.6
选题恰当,论点突出	61.1	选题恰当,论点突出	55.6
结论/观点明确	46.7	论证翔实充分,结论/观点明确	66.7
字数要求	18.9	—	—
观点有创新	15.6	观点有创新	37.8
—	—	资料翔实多元,体现阅读深度	72.2
—	—	行文精练,思路周延	47.8
—	—	见解独到,有实质、有深度	46.7

综上,法学本科(毕业)论文考察本质上是法学本科教学计划中的一环,其首要功能应体现在法律思维和学术规范的综合性训练上。① 在此基础上,让学生借助一般性研究方法,独立完成对具有一定深度的专业知识点的整理、逻辑分析和总结,提高其发现问题与解决问题的能力。

2. 考察目的是否达到——论文质量问题分析

数据显示,两组被调查对象中只有不到半数认为所在院校进行的(毕业)论文写作训练达到或基本达到(院长组为47.2%;毕业学生组为47.8%)上节中认可的训练目的。这与上一部分提到的,院长组大部分参与调查者认为本科生论文质量总体水平一般或较不理想的调查结果相对应。

对于造成这一现状的可能原因,院长组超过八成参与者(81.13%)认为,主要在于前期缺乏系统性训练,使学生"不了解法学论文结构与内容规范"。另外,超过六成的参与者认为"论文对升学、就业无影响,敷衍了事""部分老师论文指导流于形式""毕业论文最终必过,重视不够"导致本科生论文质量水平不佳。总体而言,大多数参与调查者认

① 学术规范一般包括学术道德规范、学术法律规范和写作技术规范多个层面,是在长期科学研究过程中形成的,需要共同遵守。

为，大学本科教学设置在论文写作环节存在没有专门课程训练，只考不教、学生不会的问题；另外，对于学术不端、质量不高的论文把关不严和“最终必过”的思想也是造成当前论文质量整体不理想的重要原因。

作为毕业论文训练的实际参与者，绝大部分参与调查的毕业生也认为，前期系统训练，特别是学术规范和写作技术规范训练的缺失是造成其论文质量不高的主要原因；对此，有学生在访谈中感叹自己“一开始不了解写论文的方法，等差不多了时间又不充裕了，急急忙忙赶了一篇出来”。另外，部分教师在论文指导方面投入不足，①也使学生在写作过程中的理解困惑和方法疑难无法及时得到指引，进一步降低了学生对论文训练收获的期待值。加上毕业论文对学生的短期影响（指升学、就业）较小，因此，即使“知道是本科阶段一次很难得的训练机会”，但最终也只是敷衍了事、完成任务。

值得重视的是，较多教育者认可的“学生认为毕业论文最终必过，重视不够”的观点（62.3%），在接受调查的学生群体中却未获普遍承认（37.8%）。在留言和访谈中，多名学生都表达了对本科写作训练重要性的认可，谈及在毕业论文写作中通过自行研究解决具体问题的收获（见表9）。与之相对应，就问卷中“毕业论文考核制度设置是否必要”的选题，高达88.9%的毕业学生选择了“必要”一项，远高于另一组选择此项的比例（60.4%）。②

表9　本科生论文质量（可能）存在问题的主因

选项	院长组		毕业学生组	
	人数/人	比例/%	人数/人	比例/%
时间安排与考试、实习冲突，投入不足	31	58.5	38	42.2
缺乏前期系统训练，不了解法学论文结构与内容规范	43	81.1	75	83.3
部分老师论文指导流于形式	34	64.2	50	55.6
论文对升学、就业无影响，敷衍了事	38	71.7	47	52.2
毕业论文“最终必过”，重视不够	33	62.3	34	37.8

① 这可能与前文中提及的部分院校教师与学生配置比例失当，造成教师指导任务过重有一定关系；另外，论文质量评价体系过于主观、缺乏统一可操作的客观指标，造成指导教师之间的标准差别过大、全靠工作责任心支撑也是因素之一。参见汪强：《本科毕业设计（论文）质量下降的原因及对策探讨》，载《山西财经大学学报》2012年S1期；姚世斌、彭宇霞等：《基于学术规范的本科毕业论文质量评价体系建设》，载《高教探索》2016年S1期。

② 在关于“毕业论文考核制度设置是否必要”的选题中，课题组设置了“必要”、“不必要”和“其他（比如：论文训练和考核有必要，但不必以毕业论文形式）”3个选项。整理后的数据显示，绝大多数参与调查的学生认为毕业论文考核制度有必要（如正文所示）；院长组此选项获选率虽然只占6成，但有3成参与者认为“不必以毕业论文形式”。也即，如果综合此2个选项，两组均有获9成以上被调查者认可论文训练和考核在本科教育中的必要性。

综上,基于被调查者的教育教学经验和接受教育训练经历,双方都认为加强前期系统训练,让学生真正知道论文应该写什么、怎么写,才是提高本科(毕业)论文质量、实现论文考察模式思维与规范综合性训练的基本功能定位的治本之道。在此基础上,学生才可能通过大四的毕业写作过程,专心于理论上或实践中某一专业性知识点的整理、分析和总结,实现研究能力、思维能力和大材料写作能力的针对性提升。

四、更好实现论文考察功能与目的的方案探索

针对实践中存在的、对当前法学(毕业)论文考察模式适当性的争论,笔者通过前期调研,基本确定了模式改良和模式替换两类改革意向,并对应整理出若干备选项,供调查对象选择参考;同时,在问卷中亦设置关于论文考察模式改革的开放建议栏,以收集更多补充意见与观点。

(一)类方案一:优化现有模式与训练前置

笔者在写作期间,通过网络访问,对国内30余所高校法学院系的培养方案进行了随机查阅,发现虽在具体学分、时间和程序安排上略有差异,但均有毕业论文的环节设置;而如前文所示,在本次调查中,尽管对毕业论文考察模式的实施效果各有定论,仍有六成教育者群体和近九成学生群体认为,毕业论文考核制度设置有其必要性。从当前本科教育教学体系的模式安排出发,法学专业本科毕业论文作为其中最后一道教学程序,在某种程度上,既是对学生4年专业能力培养的综合考察,也是对法学本科教育效果的整体检验。但若要真正实现通过毕业论文实现个体和整体培养效果的检验目的,体现其“综合性”的学术思维与规范训练的功能,现有的考察模式在加强前期系统训练等方面,确有可供优化的空间。

笔者观察到的各院校培养方案中,关于毕业论文的规定大多只包含对学期与学分配置的寥寥数语,涉及执行程序(包括对具体执行文件的指引)与阶段性安排的内容相对较少。或有毕业论文程序启动条件的规定,也只要求“课堂教学学分修满”,而对专业写作准备无要求。有些院校的培养计划中虽有诸如“法律检索及写作”的课程设计,但由于只是一门选修,客观上亦无法承担对全体本科生进行系统性专业写作训练的重担。在本次调研中,有院长组参与者直言,相比课堂教学检测,毕业论文考察才是名副其实的“只考不教、学生不会”。这一点也从问卷调查的数据上得到印证,参与调查者普遍(约77%)认为,增加专业写作比重并安排相应的系统性训练,既是当前整体提高本科论文写作质量的最佳方法,也是直指问题根源的解决之道(见表10)。

表10　提高毕业论文质量的可行途径调查

选项	院长组		毕业学生组	
	人数/人	比例/%	人数/人	比例/%
培养方案中增加专业写作比重，学制前期完成系统性训练	41	77.3	70	77.8
提前毕业论文启动时间，避开考试就业等冲突	30	56.6	61	67.8
改革考试、实习制度，保证大四论文写作时间充足	26	49.1	35	38.9
强化考核标准，增加二次答辩、不通过比例	27	50.1	26	28.9
加强指导老师的指导权利和责任	27	50.1	56	62.2

目前，可供参考的方案是，在保留毕业论文考察模式的基础上，于培养计划中提高专业写作类课程的比重、设置独立培养环节或增设学分修习要求，保证学生在进入毕业论文撰写阶段前，已经对初级学术论文的典型结构和学术规范有大致了解；通过针对性的课程训练，从基础性、一般性研究主题入手，让学生切身体会资料检索、材料研习、文献综述、提纲编写等前期准备工作的意义和作用；同时，加大对学年论文的重视力度，鼓励在学年论文和学位论文间建立写作培养模式上的延续关系；①将学年论文视作毕业论文选题论证的基础研究阶段，让后者承接前者写作中发现的问题，并开展较深入的理论研究或应用考察。通过前期训练，“教”给学生必要的写作“范例”与“思路工具”，才能在毕业论文阶段有效实现对学生“解题”规范、逻辑思维和论证能力的综合考察。

加强前期训练，客观上也有助于学生在撰写毕业论文时，对整体与特定撰写环节需要的时间作出合理预期。学院可以以此为基准，参考就业、考试等实际因素，对毕业论文启动时间与时长作适当调整；另外，也有助于院系根据前期系统性训练的情况反馈，制订相对统一且客观的论文质量评价标准，简化并明确指导老师与答辩老师的权力与责任。

（二）类方案二：可替换模式及其可行性

现行毕业论文考察模式的功能性和重要性不容否认，但其作为法学本科教育体系的组成部分，最终仍服务于提升学生思维能力和全面能力的教学目标；如果存在其他备选，有望在达成前者定位之功能基础上，弥补其不逮，则亦应将其纳入观察范畴，并就可行性作进一步探讨。

在本次调查中，结合前期调研情况，于问卷中提供了几种备选方案供问卷填写者参考。院长组亦有部分参与者结合自己的教学经验与观察思考，提出相关建议。从调查结果来看，与模式优化方案相比，对给出的毕业论文替换模式参考项的认同度略显不足，所有选项均未获得过半数同意。相对而言，两组参与调查者比较认可（超过40%）的替代

① 类似观点参见刘国华、张伟东：《提高法学专业本科毕业论文质量的路径研究》，载《黑龙江高教研究》2014年第5期。

方式包括研习论文形式、论文必修课形式以及多重类型毕业写作考察形式(见表11)。

表11 可替换模式及其可行性调查

选项	院长组		毕业学生组	
	人数/人	比例/%	人数/人	比例/%
以大三学位论文考察代替,保证相对充足写作时间	13	24.5	12	13.3
以每年学年论文代替,提前多次训练考察	20	37.7	34	37.8
保留论文考察形式,给定题目范围、基本文献和统一格式(类比国外 Seminar 形式)	15	28.3	42	46.7
结合本表中第2项和第3项,按学年逐步提高字数要求和考核标准	9	17.0	27	30.0
大三开设写作必修课(2学期),结课方式为论文答辩	18	34.0	43	47.8
本科期间完成私法、公法和刑法方向各一篇论文,要求参考本表中第3项	6	11.3	19	21.1
毕业写作增加其他考察类型,根据就业意向等条件选择(比如:案例检索与分析报告、法律文本实证分析等)	26	49.1	31	34.4

研习论文(Seminar)是德国法学本科教育中采取的常规论文训练方式,通常由1~2名教师发起,参与对象为本科中高年级学生。发起教师根据当前研究重心或者相关领域的争议热点,确定一个核心研习主题并围绕该主题拟定若干选题方向。研习计划公布后,由感兴趣的学生进行选题"认领"。在接下来的3~6个月时间内,参与学生需要阅读、搜集和筛选资料,拟定提纲并完成10,000字左右的论文。文章正式提交后,教师会安排一次"报告日",由学生就所写内容依次进行选题报告,参会师生进行讨论,最后由教师根据写作质量与报告情况综合评分。

由于研习主题由教师决定,学生相当于完成"半命题论文",因此选题的引导和把控效果较好;教师一般会拟定3~4个基本文献,让学生以此为圆心扩展阅读,循序渐进训练资料检索能力。另外,由于研习论文由教师个人发起,故时间安排相对灵活,教师可以根据工作安排,将集中写作时间放在授课时段或者假期;而学生也可根据自己的学业计划,选择完成该培养模块的学年段。如果暂时未达到写作要求或能力、兴趣足够,还可参加多个研习项目。由于我国与德国法学本科教育在常规学制、授课方式和课程设置方面具有一定相似性,因此研习论文模式在国内亦具备推行条件。但采取研习论文模式对发起教师的教学和科研要求相对较高,需要其具备深厚教学经验同时亦熟悉业内理论、实务的前沿问题,才能确定合适的主题与选题方向,并适当引领,给学生足够的训练与发挥空间。

论文必修课形式实际上是上节现有模式优化方案的进阶版，即将论文写作课程与毕业论文考核合二为一，用大三一学年的时间，完成训练与考察（答辩）的全过程。此种考核模式可以合理避开大四阶段在考试和找工作方面的时间冲突，也给部分不合格学生提供一年“重修”机会；但持续一年的课程安排，需要指导老师大量的时间和精力投入。同时，毕业论文考核模式中针对学生个人的开题、提纲编写包括中期答辩等前期环节，如何与集体进行的写作课堂有机结合起来，也是需要细化讨论的问题。

上述两类侧重“写作训练”的替换模式更受学生组青睐，而学生对于系统写作训练的偏好，也从侧面反映出现有培养模式在此方面的不足。

而教学工作者在针对本题的调查中，则主要从另一角度探讨本科生写作培养目的实现问题：有约半数参与调查者（49.1%）认为，可以通过在毕业写作项目中，增加如案例检索与分析报告、法律文本实证分析等其他考察类型的方式，根据学生的就业意向针对性训练考察。作为一门实践性很强的学科，法学教育确须在教学过程中加入必要技能培训，实现与法律职业之间的有机衔接。实际上，根据现行《学位条例》的规定，①本科教育的学术水平考核实际包含了掌握学科基本理论知识技能和具备从事职业工作初步能力的两层指标，而我国的法学教育中也确实存在职业技能培养力度不足的问题。在学生组的问卷访谈中，有学生反映毕业论文写作专注于个别法律部门的单个理论问题，与毕业后从事的工作无关联，是写作过程中得到逻辑思维、写作规范训练，甚至是统筹规划能力的锻炼让自己受益良多。写作能力非仅指论文写作能力，应参考本专业毕业生的就业去向，丰富考核形式。除学术论文外，案例分析、调查报告或相关文书写作也可纳入毕业写作考核范畴之中。在本次问卷的建议栏中，多位法学院系的院长均发表了类似看法，其中亦有人表示已对此展开了实践尝试。

多重类型毕业写作考察形式在具体实施过程中，亦不可忽视前期的系统训练工作，如比照学术写作开发相应的职业写作课程等；同时，还需要针对不同写作形式制订合理、客观的评价指标，以避免实践类型写作考核成为部分企图敷衍了事、蒙混过关的毕业生的“避风港”。从教育与职业对接的角度出发，考虑到目前高等院校法学学科师资多以理论研究、学科建设为主，未来还须吸收来自实务部门的、具有实践经验的职业力量加入指导教师团队，②使职业性写作训练与考核真正落到实处，把法学教育、法律职业与新兴市场需求有机衔接起来，落实当前“新文科”建设模式创新、协同育人的改革目标。

五、结语：新文科建设背景下，论文考察模式“合理增负”的改革路径选择

贯彻高校法学教育“以本为本”的要求，实现本科教育的“合理增负”，需要教育者重

① 《学位条例》第4条对授予学士学位的本科毕业生的学术水平考核要求包含两条：一是较好地掌握本门学科的基础理论、专门知识和基本技能；二是具有从事科学研究工作或担负专门技术工作的初步能力。

② 参见徐显明：《新文科建设与卓越法治人才培养——在新文科建设工作会议上的大会发言》，载兰州工业学院高教研究室网2020年10月5日，http://gaojiao.lzit.edu.cn/info/1022/1346.htm。

新检视法学本科教育的培养目的,对当前培养方案中不合理、不全面之处进行修正。“严把毕业关”不能简单通过提高毕业论文不通过率或者提高毕业论文考评要求实现,而是应针对当前模式执行过程中暴露出的培养短板与问题,采取相应措施予以优化和解决。在本次调查中,课题组发现无论是教育者还是接受教育者,对毕业论文考察模式的功能定位和评价标准的认知都是趋近的,同时也基本一致认可加强前期的系统性写作训练是弥补现有模式下学生论文写作能力不佳的短板的首要途径;而对于毕业论文考察模式,有条件的法学院系也可以尝试通过其他模式予以替代。

2020 年 11 月 3 日,在山东召开的新文科建设工作会议正式发布了《新文科建设宣言》,明确培养适应新时代要求的应用型复合型文科人才的教育目标,构建以育人、育才为中心的哲学社会科学发展新格局,促进专业优化、推动模式创新、打造质量文化,推进学界业界优势互补和文科人才培养能力持续提升。① 当今社会,各行业、各学科互相影响渗透,法学教育也需要因应社会变革与实践需求,实现与职业应用的有机结合。本科阶段的初级学术写作虽不强调内容创新,但应培养创新思维,鼓励学生发现实践中的新问题、真问题;②应根据学生本人的兴趣与就业意向,通过不同类型的写作形式,考察学生的学术规范、逻辑思维和对所学知识的综合运用能力,真正做到学以致用。基于此种考虑,笔者认为,“强化前期系统写作训练 + 多类型毕业写作考察”是优化现有本科论文考察模式的合理路径。前期训练时,可以开设专门写作课程并在培养方案中增设专门的写作培养模块,也可部分借鉴德国研习论文形式,通过训练逐步提高考核标准;同时,吸收具有实务经验的师资力量,在毕业写作考察中实现分类指导、专业考核,加强高校与实务部门的“双协同”,让想进一步深造的学生感受初探学术幽微的乐趣,而让致力工作执业的同学掌握职业进阶所需的专业工具和基本技能。

---

① 参见《〈新文科建设宣言〉正式发布》,载中国教育网 2020 年 11 月 3 日,https://news.eol.cn/yaowen/202011/t20201103_2029763.shtml。

② 参见周继超、沙招友等:《本科教育合理增负的隐性社会价值》,载《中国高等教育》2020 年第 2 期。

法学实践教育与评价

法学线上实践教学的踌躇与抉择

申来津* 方路锦**

一、问题的提出

线上教学正在深刻影响当代教师和学生的“教”与“学”,尤其是在当下,法学线上实践教学模式正在徘徊中踌躇、抉择中前进。法学作为一门实践性较强的学科,进行一定的实践训练是培养合格法学人才的必要路径。据统计,全国法学院校只有不到一半将实践教学作为线上必备课程。即便将线上实践教育作为必备课程的院校,其教学质量和管理效果也是参差不齐的。学界对于法学实践教学更多从规划与构建层面展开探讨,而较少结合法学教育的本质对线上教学实践进行系统研究。基于此,针对当前线上法学学科实践教学出现的问题,如何保证互联网环境下实践教学顺利推进,对理论界与实务界来说,均是一个难以回避的重点课题。本文在厘清法学实践教学目标定位的基础上,深入分析当前线上实践教学面临的“瓶颈”问题,试图为线上实践教育的发展提供有益对策与建议。

二、法学线上实践教学的目标定位

法学线上教育的深入既是权衡之举,同时也是互联网高度普及的必然结果。甚至,有专家大胆断言,未来几年内网络法学教育将会替代传统的实体法学院。① 教育关于法学线上教育的实效,尤其是针对实践教学,各大法学院校存在不同程度的差异,因而有必要对其教学目标予以明确化。

(一)培养现代法律职业思维

法律思维是职业法律人的特有品质,是职业法律人区别于非法律人的关键。法律思维需要专门的训练才能养成,不是普通人看看法律条文、听听法律故事就能够获得的。在线上教学过程中,法学教育工作者有义务也有责任去有意识地培养学生的法律思维,使学生在遇到法律问题时,能以法学专业特有的思维模式来考量、解析和攻克法律问题。

---

* 武汉理工大学法学社会学院教授,博士研究生导师。

** 武汉理工大学法学社会学院法律硕士研究生。

① 参见冯果:《大数据时代的法学教育及其变革》,载《法学教育研究》2018 年第 2 期。

2012年党的十八大报告明确要求:"各级领导干部要提高运用法治思维和法治方式深化改革、推动发展、化解矛盾、维护稳定能力,努力推动形成办事依法、遇事找法、解决问题用法、化解矛盾靠法的良好法治环境,在法治轨道上推动各项工作。"因此,作为培养国家法治人才的高校教育工作者,理应将培养现代化的法律职业思维作为线上实践教学的目标之一。

(二)锤炼娴熟法律职业技能

具备娴熟的法律职业素养是一个法律人必备的核心要素,也是评价法律工作者最重要的标准之一。在线上教学中,法学教育工作者应当明确法律职业的必备技能,有针对性地对学生的相关技能训练予以关注、引导和强化。具体来说,法律职业技能主要包括以下几点内容:

第一,具有专业的法律职业语言。法律人在学术和实务中沟通、交流形成的法律术语,是法律工作者必备的最基本技能,这种专业能力建立起一套隐形的专业屏障。第二,具有完备的法律职业知识,即熟知法学各学科基本理论知识和相关法律条文,能够在实务中熟练运用。第三,具有娴熟法律实践技能,即法律解释技能、法律推理技术、法庭辩论技术以及法律文书制作技术等各种基本实务操作能力。

(三)养成良好法律职业伦理

法律职业伦理是法律职业活动中应当遵循的伦理规范。法律职业共同体的存在与发展,必须依靠每一名法律人对职业伦理的遵守与维护,也必须依靠法律共同体内部法律伦理秩序的文明、有序开展。其中,职业道德和职业信仰都属于法律职业伦理的范畴。在线上实践教学中,法学教育工作者有必要强调法律职业伦理的重要性,积极培养学生符合社会主义核心价值观的法律道德,努力帮助学生树立社会主义国家的法律信仰,保证每一个法科生具备符合国家职业伦理所规定的必备素养。①

三、法学线上实践教育的主要问题

如今,高校在线教育采用了很多计算机软件系统,法学专业亦是如此,并且法学专业本就有实践性强的特点,采用教学软件在实践教学中对于培养综合应用型法律人才,有不可替代的作用。但就教学效果来看,仍然存在一些棘手的问题有待探讨。

(一)教学规范亟须完善

当前,真正意义上的法学线上实践教学并未在各大法学院校普遍开展,有条件开设线上实践教学的院校数量并不可观。即便是开展线上实践教学的院校,其实际做法与培养模式也存在很大差别。无论是实践教学的目标、途径,抑或是教学效果,均存在很大差异。包括刘茂林教授早在2008年就开始研究的基于LETS软件的法学实验教学体系,和2019年王占全教授发表的题为《新文科背景下法学虚拟实验教学平台的设计与实现》的研究,都对以往线下法学实践教育体系进行了创造性改进。各大法学院校虽都在学习和

① 参见申来津:《心理契约:德育提升的支点》,载《教育研究》2003年第9期。

借鉴这些先进模式，但实际操作层面仍存在很大差异。法学作为一门与意识形态紧密结合的人文学科，应回应经济基础对上层建筑的要求，在大体上保持整体的均衡性。基于此，法学实践教育作为培养法治人才精神层面的关键一环，应当保持一定的合理尺度与适当理性。仅凭各大政法院校分别进行单一的自我探索，难以实现教学均衡性与规范化的目标，因而有必要加强相关教学理论的深入研究，有必要对相关规章制度统一规范。笔者认为，全国法学会和地方法学会，作为法学教育和研究专家学者最集中的团体，是创制和完善这一规范的最佳主体。①

（二）操作技能尚待提升

线上教学有一个特别的要求，就是需要师者熟练操作互联网在线教学的功能，否则很多活动难以在线上开展。据悉，北京某高校在网上在线讲授公共课程时，就由于对线上教学平台的基本操作技能不熟悉，在出现教学事故时未尽到阻止事故继续发展的义务。在法学实践教学领域，虽还未发生过类似的教学事故，但存在发生类似风险的可能。因为，法学线上实践教学不仅涉及基础互联网，也涉及人工智能领域，其基本操作更复杂。况且，法学实践的严肃性也不允许教学事故任意发生。此外，线上实践教学中，学习效果也与教师的线上操作技能密切相关。尤其是在进行一些模拟活动时，熟练地线上操作技能可以保证较线下更好的教学效果，而如果对很多功能不熟悉，就会出现难以控制场面的情况。因此，教师进行线上实践教学时是否具备娴熟的操作技能对教学成效来说至关重要。当然，线上实践教学程序普遍操作起来过于复杂，也是教师操作不便的原因之一。从这个角度讲，程序简化也应早日提上日程。

（三）实践形式胜于内容

实践教育长期以来一直是我国法学教育的短板，即便是到了线上，也很难克服法学实践教育普遍缺乏和质量不高的难题。其中，最突出的就是实践教育的“形式主义”，许多实践内容在理论层面都规定得很细致，但由于种种原因落实效果依然不尽如人意，往往更多停留在表面的模拟，而实质效果并不明显。当前，诸多学者相继提出法学与人工智能的结合方案，推行线上多种法律模拟和实训，极大地提升了线上实践的实效性。如杨继文教授提出了“从实验法学到智能法学”。法学向人工智能领域的转变在很大程度上克服了以往的弊病。然而，人工智能也存在其特有缺陷，即缺乏师生之间灵活的互动性，也缺乏教师对学生的引导与监督作用。这可能走向两个极端，有自主学习能力的学生往往因其便捷和高效受益匪浅，而缺乏自主学习能力和操作技能不足的学生则可能只是在形式上学习和实践。② 形式上的走马观花自然不是实践教育的“附属品”，更像是将

① 参见汪习根：《美国法学教育的最新改革及其启示——以哈佛大学法学院为样本》，载《法学杂志》2010年第1期。

② 参见韩大元等：《跨学科教育与研究：新时代法学学科建设的实现路径》，载《中国大学教学》2018年第4期。

实践教学拉向相反的一面。

(四)评价体系较为模糊

建立一套可行的线上实践教学质量评价体系,可以推动线上实践教学的高质量发展,有效提升学习效果。形式多样的法学实践性课程给教学管理和评估带来了一定的困难,条件受限的线上实践教育也给传统教学评价带来了诸多问题。如多数学校都没有开发统一的实践教学软件,线上实践教学的开展形式和内容由老师个人推荐。因此,学校对实践教学进行监管和评价在很大程度上是受限的。其结果就是,导致个别学生应付实习活动,还有部分学生利用代刷软件应对监督。这表明,实践教学质量评价体系不适宜、不明确,存在诸多缺陷。适宜而规范的线上实践教学质量评价体系的缺席,会带来诸多教学弊端。①

(五)法律权威难以树立

法律之所以为人民大众所遵守和服从,是来自其独特的威严在民众心中被真诚地拥护和坚定地信仰。习近平总书记也多次强调要树立法律权威。法学实践教学对于法律权威在法学生中的树立起着非常重要的作用。但是,线上实践教学则在这一方面存在一定的困难。以当前一些院校探索、开发、使用的法学实验教学系统为例,该系统将法学专业的多种实践与人工智能有机结合起来,实现了法学线上实践教学领域的飞跃。然而,科技在造福我们的同时,也带来了问题。经常与机器打交道并在虚拟的法律实践中遨游的法科学生,相比线下实习的同学,很难体会与感知原告、被告对簿公堂的威严与肃穆,很难真正树立起对法律的敬畏。如何化解这一困境,成为摆在所有法学教育者面前的重大课题。

四、法学线上实践教学探索成果

新冠肺炎疫情暴发期间,各大法学院校采用不同方式进行线上理论教学,但实践教学的线上应用面临很大的困难。但部分高校在线上实践教学方面取得了良好效果。如表1所示,中南财经政法大学的法学实验教学系统(LETS),将法学实务全程入网,学生可自主模拟立法、执法、诉讼和非诉讼业务;河南财经政法大学的虚拟仿真教学项目,通过加强虚拟仿真教研团队建设,积极申报虚拟仿真“金课”项目,取得丰硕成果;长春财经学院创立的刑事诉讼线上实训课程,以“剧本杀”为突破口,开辟高度虚拟仿真路径,营造真实场景;中国政法大学开辟的实况转播庭审现场,与多家法院签订合作协议,实现足不出户完成实践教学的目的。

① 参见王占全等:《新文科背景下法学虚拟实验教学平台的设计与实现》,载《实验室研究与探索》2019年第12期。

表1　部分法学院校线上实践教学的探索成果

学校	名称	特点
中南财经政法大学	法学实验教学系统(LETS)	将法学实务全程入网,学生可自主模拟立法、执法、诉讼和非诉讼业务
河南财经政法大学	虚拟仿真教学项目	加强虚拟仿真教研团队建设,申报虚拟仿真“金课”项目
长春财经学院	刑事诉讼线上实训课程	以“剧本杀”为突破口,开辟高度虚拟仿真路径,营造真实场景
中国政法大学	实况转播庭审现场	与多家法院签订合作协议,实现足不出户完成实践教学

五、法学线上实践教学改进策略

尽管将法学实践教育引入线上存在诸多质疑,将实践内容应用于线上教育也存在诸多制约因素,但互联网的发展对社会生活各方面都产生了一定影响,任何行业都无法抗拒这一改变,包括教育领域。更何况,互联网将教育从工业化时代带进数字化时代,对改变陈旧的教育教学理念、改进落后的教学手段和方式、拓展教学的范围和空间具有重要价值,在线上教学几乎成为主要教学手段的当下更是如此。①

(一)开展调查研究,推动规范指引

首先,针对当前法学线上实践教育“百花齐放”的局面,法学教育学界应进行深入分析和研究,为法学线上教育步入正轨建言献策,整合出一套普遍适用的总体纲领和应用模式,以避免各高校线上实践教学质量参差不齐、评估方式各不相同的局面。其次,行政主管部门可以参照“互联网+”领域的管理方式,进行“依法监管、分类监管、协同监管”,逐步推进互联网教育监督管理建设的创新性发展。例如,可建立健全市场监管机制,设立网络教育监管委员会,成立独立监管部门,在完善立法情况下,推进教学监督,营造健康、安定的教育氛围,打造绿色持续发展的教育生态圈。

虚拟教学平台的大数据分析离不开网络体系本身的安全保障。为强化虚拟教学平台大数据分析功能,应健全现有法学实践教学网络安全保障机制,如健全信息安全管控,制订师生信息发布的隐私保护政策等。高校还有必要投入人力、物力对支撑虚拟教学平台数据分析的技术系统进行定期维护,设置专门化的管理机构对网络运行中出现的问题作出及时处理,扫清师生在线教学、学习的技术障碍。

(二)培训操作技术,提升操作技能

高水平的教师队伍是发展线上实践教育的基本保障。基于此,国家、地方、各级教育

① 参见朱继萍:《“互联网+”时代法学教育改革的踌躇与抉择》,载《法学教育研究》2018年第1期。

部门和法学院校有必要大力开展教师队伍的操作技能培训,使教师队伍线上实践授课的操作水平普遍提升。第一,可根据教师自身的情况和所属院校的需要来拓宽和创新培训主题和内容,并在此基础上建立立体性、多层次的培训内容体系。第二,创新教师培训方法,推动法学教师能够主动将“互联网”与实践教学深度融合,通过专题培训、开展教研、主题式培训、举行赛课、考核应用、案例分析等方式,开展以教学实践能力为导向的教师培训,从而有重点地提升教师线上实践教学能力。第三,进一步探讨教师线上实践教学激励模式,大力倡导教师将相关操作技术融入日常生活,使其与线上实践教学深度融合,实现教师队伍具备熟练操作线上实践教学的相关技能。

(三)发挥科技优势,加强实践感知

要充分利用现代化信息技术,将模拟法庭、法律文书写作、律师业务、公证处业务、公安机关模拟办案、检察院模拟办案、仲裁委员会模拟办案等法学实践教学以教学软件的方式全方位呈现,全面打破传统法学实践教学在设备、时间、空间、人员等方面的制约,满足校内网24小时不间断应用,也可满足实训室现场应用。①

随着线上教学的推行,教师不再以讲解法律理论知识为主,而要将剖析的经验传授给学生。这里的经验即所谓的隐性知识。在传统的法学教学模式下,教师提及的法律基本知识和典型案例,都可以通过互联网获取并自主学习。但是,其表现出来的隐性问题是持续增长的。② 在现代日常生活中,法律实践更依赖高水平的隐性知识,不仅需要较高的法学专业功底,亦对内在包含的隐性知识要求得更迫切。目前,从隐性知识向显性知识过渡,将其转化成方便当事人理解的形式,实现隐性知识的显性化并不容易。基于此,应当理性面对“互联网+”环境下法学教育在隐性知识方面的难题,在积极利用人工智能、互联网的基础上,有效而迅速地革新隐性知识,加强当代线上法科学生实践课程的真实感知,破除线上实践教学的非立体感。

(四)设立评价标准,创新评价体系

法学线上实践教育不断发展的同时,教育评价体系却几乎未有进展。传统的单一粗劣的教学评价机制严重影响学生的积极进取和教师的不断提升。而大数据技术基于云学习平台、学习终端的广泛应用,可收集学生的过程性数据(如学习行为、学习表现、学习习惯),通过采集分析系统的数据挖掘、比照、整理及分析,实现教学由一次性、间断性的评价向过程性、伴随性评价转变,进而有助于教学评价走出经验主义泥淖,迈入精细的数据主义。依靠大数据应用进行归纳与整理使教学评价的反馈更精准,不再是传统意义上经验的粗略估计,亦有利于在学习分析过程中发现教学、学习规律,为实现教学优化提供准确的依据和参考方向。因此,评价体系的重点转向和精细化分析将在学生掌握知识的

① See Marin, et al., “*Bridging Divides: Understanding Knowledge Producers' Perspectives on the Use of Research in Law*”, The Journal of Higher Education 91, p. 6.

② 参见王禄生:《论法律大数据“领域理论”的构建》,载《中国法学》2020年第2期。

基础上,促进其全方面提升个人能力。①

(五)加深现实感触,永葆法律威严

培养法学生对法律的敬畏感必须加深学生个人对法律的切身感触,提升学生法律上的精神境界。精神可以定义为:包括社会存在决定的人的意识活动及其内容的总称,其包含个人生活中的思维、意志、情绪等实践活动,亦包含社会生活中的思想、观念、理论学说等内容。日常生活中经常提及的思想、理想、信念、信仰均属于精神层面的内容。这种法律敬畏精神的提升能够促进法学生内心深处对法律的认可和信仰,对法律人职业生涯的发展有莫大帮助。

具体来说,线上教学中,提升法律人现实感触有以下路径:第一,可结合当前人工智能等高新科技,开发与法律模拟相关的 VR 产品,让学生有更真实的现场体验,可使法学生身临其境。第二,可邀请法律实务领域的专家分享实务与理论的区别,让学生对其差异有初步印象。第三,在线上模拟法律实务中,尽量避免出现程序瑕疵、氛围不严肃、模拟环境不达标等情况,因为法律无戏言,必须严肃对待。②

六、结语

在给国际教育信息化大会的祝贺函中,习近平总书记提出:"在当今世界,科学进步日新月异。互联网、云计算、大数据等现代信息技术深刻改变着人们的思维、生产、生活、学习方式。"第四次工业革命给世界和中国带来诸多机遇,同时也带来种种挑战。这一工业革命给法治中国的建设提出适应性的发展要求,也给法学实践教育带来了时代变革的期待。

推动线上实践教育的革新,建立智能型、信息型、实践型的线上教育教学体系,营造学习型国家的总体氛围,培育大规模实践性人才队伍,是全球面临的重要课题。作为法学教育工作者,有必要通过数字化、电子化方式,有效加强线上教育的实践性、可操作性,实现法学线上实践教育的实质化、智能化和标准化发展。整体而言,法学线上实践教学建设目前还处于起步和探索阶段,其实效本身有待不断的实践检验。但就其未来发展而言,毫无疑问是契合信息化、电子化、网络化的社会基本发展趋势的,也是法学实践教学模式转型的可行路径。但是,当前法学线上实践教学逐步进入发展"瓶颈"期,针对当前线上实践教学遇到的困境,有必要予以回应和解决,以推动法学线上实践教育的健康、有序、高质量发展。③

---

① See Shuhong Yu, et al. ,"*Cross-National Comparative Study on Legal Education and Admission to Practice Between China, India and Pakistan*", J legal Stud 21, pp. 16 - 37.

② See Karen Jensen, et al. ,"*Enrolment of newcomers in expert cultures: An analysis of epistemic practices in a legal education introductory course*", J High Educ 88, pp. 86 - 88.

③ 参见[美]米歇尔·皮斯托、周亚玲:《法学院与技术——我们现在何处并将驶向何方》,载《法学教育研究》2016 年第 2 期。

我国法律硕士实践能力评价指标体系的构建*

袁　钢**

在我国法学教育存在的诸多矛盾中,法律硕士与法学硕士的培养同质化是一对突出矛盾。① 解决这对矛盾可以从适当提高实践教学课程及课时比例、转变传统的实践教学授课方式、加强实践教学师资队伍建设、丰富实践教学资源、强化毕业实习实践指导效果等方面改革法律硕士的培养方式,②提高法律硕士研究生的培养质量,实现法律硕士教育所设定的复合型、应用型法治人才培养的特殊优势。毋庸置疑,加强法律硕士研究生的实践教学,提高法律硕士研究生实务技能,是调和法律硕士与法学硕士、法学本科学位之间"差别不大"的张力,是缓解法学教育和法律职业之间衔接不均衡矛盾的重要措施。目前,有关法律硕士教学改革研究成果也主要集中于此,即关注"如何做好法律硕士的实践教学"问题。但是,研究成果和教学实践均忽略了另外一个问题:如何评价法律硕士培养单位的实践教学。为此,笔者将以构建我国法律硕士实践能力评价体系为目标,从构建意义、对象、特征、设计和内容五个方面试图作出回答,以期完善我国法律硕士教育评价体系,实现我国法律硕士教育的可持续性。

一、构建我国法律硕士实践能力评价指标体系的意义

(一)深化法律硕士培养工作的客观要求

面向21世纪的中国法学教育,面对社会发展的要求,中国法学教育显现出以下问题:现行法学教育模式偏重向学生传授必要的法学原理和基于现行规范的法律知识,忽视了学生实践能力和操作能力的培养,课堂教学亦多囿于知识的系统性而割裂文本与实

---

* 本文系法治建设与法学理论研究部级科研项目重点课题"完善我国法律职业伦理考试制度研究"(项目编号:20SFB1002)阶段性研究成果。

** 中国政法大学法学院教授,博士研究生导师,法学博士,中国法学会法学教育研究会副秘书长、理事,中国法学会法律文书学研究会常务副秘书长、理事。

① 参见王新清:《论法学教育"内涵式发展"的必由之路——解决我国当前法学教育的主要矛盾》,载《中国青年社会科学》2018年第1期。

② 参见卢明威、李图仁:《法律硕士研究生实践教学现存不足及解决措施》,载《学位与研究生教育》2017年第3期。

际的联系,忽略了对学生实际运用法律能力的训练。因此,无论是司法实务界,还是法学教育界愈发重视和加强实践教学,并将培养学生的实践能力和创新能力作为中国高校法学教育教学改革的主题和重心。

社会主义法治建设新时期,赋予了法学教育和法治人才培养新的历史使命、作为法律后备人才培养的重要途径。法律硕士教育肩负推进社会主义民主法治建设、充实法治人才队伍的重要使命。对于以培养应用型、复合型人才为目标的法律硕士教育来说,如何提升法律硕士的实践能力显得尤为重要。2013 年教育部《关于深化专业学位研究生教育综合改革》,教育部、国家发展改革委《关于深化研究生教育改革的意见》,教育部、人力资源社会保障部《关于深入推进专业学位研究生培养模式改革的意见》(教研〔2013〕3 号),国务院学位委员会、教育部《专业学位研究生教育发展方案(2020—2025)》(学位〔2020〕20 号)等文件确定了新时期法律硕士教育改革的方向,也对包括法律硕士实践能力评价在内的法律硕士评价体系建设提出了要求。

(二)反映法律硕士实践教学的必然要求

构建一套科学、可行的法律硕士实践能力评价指标体系,应当通过社会指标和相关分析的方法,通过研究法律硕士实践教学情况,反馈法律硕士的教育情况。衡量法律硕士实践能力的指标体系,应具有系统性、可接近性、清晰性,所有指标含义应作出清晰释义,且满足以下要求:(1)深入总结法律硕士实践教学教育的特色、特征,牢牢把握法律硕士实践教学精髓;(2)梳理法律硕士实践教学环节并分别设置指标,评估方法、体系应能科学反映为法律硕士实践教学效果;(3)设计指标以系统、全面、准确归纳各高校法律硕士实践教学的现状;(4)结合指标体系适用情况,不断摸索总结、反馈和修正指标。

为做好研究工作,笔者需要解决如下问题:(1)寻找法律硕士教育的纯教学性和法学职业的应用性可能存在的冲突并积极做好应对措施;(2)及时反映法学教育问题的新变化,以准确发挥法律硕士实践教学的特色;(3)做好与法律、人文等社科课程的衔接,结合法律硕士实践能力的应用型特点,安排学生掌握基本法律知识及学习相关政治、经济、社会等学科;(4)让法律硕士实践教学运行模式具备一定复制性,并结合中国法律教育实践,探索中国特色法律硕士实践教学的运行机制。

(三)评价法律硕士培养目标的实现情况

我国法律硕士教育制度始于 1995 年,关于法律硕士教育的目标定位,越来越清晰明确。当初决定设立法律硕士教育,主要是考虑到司法活动范围越来越广泛,面对的问题越来越复杂,任务越来越繁重,要求越来越高,迫切需要一大批高层次应用类法治人才。同时,发展市场经济、建立社会主义市场经济体制需要大批高素质律师,且各行各业都将逐步纳入法治发展轨道,也急需一大批既懂本行业专业知识,又具备法学专业知识的复合型人才。[①] 尽管国务院学位委员会、教育部教学指导委员会牵头,对法律硕士的培养目

---

① 参见霍宪丹:《不解之缘——二十年法学教育之见证》,法律出版社 2003 年版,第 213 页。

标进行了数次修改,但毫无疑问,当今中国法律硕士教育制度的主要目的,就是担当法学教育服务于法律职业的重任。

2017年国务院学位委员会办公室发布了《法律硕士专业学位研究生指导性培养方案》(以下简称《培养方案》),《培养方案》明确指出,法律硕士专业学位主要培养立法、司法、行政执法和法律服务以及各行业领域德才兼备的高层次复合型、应用型法治人才。《培养方案》对法律硕士提出了以下基本要求:(1)掌握中国特色社会主义理论体系,遵守宪法和法律,德法兼修,具有良好的政治素质和道德品质,遵循法律职业伦理和法律职业道德规范;(2)全面掌握法学基本原理,特别是社会主义法学基本原理,具备从事法律职业所要求的法律知识、法律术语、法律思维、法律方法和法律技能;(3)自觉践行社会主义核心价值观念,综合运用法律和其他专业知识,具有独立从事法务工作的能力;(4)熟练掌握一门外语。

法律硕士作为将来法律职业共同体成员,应具备一个法律人应有的资质,具备作为法律职业共同体成员的基本素养。而这种基本素养应包含法律硕士实践能力。在国务院学位委员会发布的《法律硕士专业学位基本要求》中进一步确定了法律硕士应具备的基本素养,包括:(1)掌握马克思主义的基本原理和中国特色社会主义理论,树立社会主义法治理念,遵守宪法和法律,恪守法律职业伦理原则和规范;(2)掌握法学基本原理,具备从事法律职业所要求的法律知识、法律思维、法律语言、法律方法、职业技术和职业伦理等素养;(3)能综合运用法律和其他专业知识,具有独立从事法律职业实务工作的能力,具备特定法律职业任职资格,或根据工作岗位的性质和特点,能够综合运用法律和相关岗位所需的其他专业知识;(4)较熟练地掌握一门外语,能阅读专业外语资料;(5)创新创业能力。①

学界及实务界从不同角度对法律职业的基本素养提出了不同见解,例如,孙晓楼教授认为应包括法律学问、社会常识、法律道德;②丘汉平教授责则认为包括认识时代、了解法律、熟谙审判、人情世故、道德涵养5项条件。普遍观点认为,法律职业人才的评价标准应与相应的社会需求密切相关,通过对当代中国司法需求的分析来看,适应中国特色社会主义司法发展需求的卓越法治人才必须具备以下条件:(1)忠诚的政治本色,即忠诚于党、国家、人民、法律;(2)坚实的法律素养,即具备法律理念、法律思维、法律知识等方面的素养;(3)高超的法律技能;(4)真挚的为民情怀;(5)宽厚的人文底蕴;(6)良好的社会职业形象。③

结合前述对法学教育属性的分析,应将法律硕士教育的目标定位为,以法律职业教

---

① 参见全国专业学位研究生教育指导委员会编:《专业学位类别(领域)博士、硕士学位基本要求》,高等教育出版社2015年版,第34页。

② 参见孙晓楼:《法律教育》,中国政法大学出版社1997年版,第13页。

③ 参见公丕祥:《变革时代的司法需求与卓越法律人才教育培养计划》,载张文显主编:《中国法学教育年刊》(2012—2013),法律出版社2014年版,第39页。

育为导向，培养高层次复合型、应用型、职业型的法治人才。将实践能力培养这一核心贯穿法律硕士培养的全过程，通过多种途径和方式加强法律职业通用技能的培养。法律职业通用技能，是指法官、检察官、律师、公证员和企业法律顾问等法律职业群中体现出的共性的法律知识和技能要求，兼及行政执法人员的法律知识和技能要求。法律职业通用技能具体包括法律知识、法律思维、法律语言、法律方法、执业技术五个方面。①

在以上目标的指引下，法律硕士实践能力的培养成为法律硕士教育的关键一环，实践能力的高低也构成法律硕士评价体系的关键要素。因此，有必要考量法律硕士实践能力的内涵及其具体体现，从而构建法律硕士实践能力评价体系，对法律硕士进行科学合理、全方位的考察。

二、构建我国法律硕士实践能力评价指标体系的对象

构建我国法律硕士实践能力评价指标体系的前提是其对象，即法律硕士应具备哪些法律职业技能。在以职业主义为导向的法律硕士教育的定位下，法律职业技能掌握情况便成为法律实践能力最直观、最核心的评价标准。掌握法律职业技能也是对法律硕士的基本要求。学界对法律职业技能一直有不同的界定，需要对域内、域外对法律职业技能的探讨进行梳理。

从广义法律职业技能角度来理解，可以将法律职业能力区分为专业能力、方法能力、社会能力三个方面。首先，专业能力，是指具备从事职业活动所需要的技能与其相应的知识，包括单项的技能与知识、综合的技能与知识，具体有：(1)法律概括能力；(2)法律分析能力；(3)语言文字表达能力。其次，方法能力，是指具备从事职业活动所需要的工作方法和学习方法，包括制订工作制度的步骤，解决实际问题的思想，独立学习新技术的方法，评估工作结果的方式等。包括：(1)学习能力；(2)综合运用能力；(3)解决问题能力；(4)运用外语与掌握现代科技手段的能力。最后，社会能力，是指具备从事职业活动所需要的行为能力，包括人际交往、公共关系、职业道德、环境意识。又进一步将法律职业技能具体为“法律技术”，主要包括：(1)文本分析技术，包括类型及类型化思维技术、法律注释技术、法律原则适用技术、不确定法律概念的确定技术；(2)事实发现技术，包括法律事实采证技术、法律事实判断技术、法律事实解释技术；(3)法律适用技术，包括法律渊源识别技术、判例识别技术、法律解释技术、利益衡量技术、法律推理技术、法律漏洞补充技术和判决说理技术。② 对于法律技能，可以通过识记技能、理解技能、表达技能和运用技能 4 个指标进行评价。③

---

① 参见全国专业学位研究生教育指导委员会编：《专业学位类别（领域）博士、硕士学位基本要求》，高等教育出版社 2015 年版，第 37 页。

② 参见胡玉鸿：《卓越人才培养与法学教育模式的转轨》，载张文显主编：《中国法学教育年刊》（2012—2013），法律出版社 2014 年版，第 105 页。

③ 参见梁成意：《论法律人才的评价指标》，载《长江大学学报》2013 年第 3 期。

根据卓越法治人才培养目标,从微观方面理解法律职业技能,其包括:(1)阅读技能,即阅读案件事实和证据的能力、阅读和理解法律规则的能力、阅读当事人的能力、阅读诉讼程序或法庭审理的能力。(2)言辞表达技能:抓住要害、突出重点;运用法律思维逻辑思维,善于抓住和利用矛盾,彰显自己的观点和意见;用法言法语,表达准确规范。(3)书写技能:司法文书的格式规范;条理清楚、逻辑严密。(4)终身学习技能:扎实的基础知识、技能,新案件、新规则、前沿知识敏锐的洞察能力,具有良好的学习方法。① 陈云良认为,实践应用能力是卓越法治人才的基本要求。从宏观方面来理解法律职业技能,其应包括7种能力:维护正义的能力、沟通交往的能力、表达论辩的能力、团队协作能力、逻辑推理能力、发现、保护和运用证据的能力和法律写作能力。②

从高等法律院校角度分析法律技能的内涵,有学者认为,法律职业技能主要包含:(1)理解、分析和诠释法律条文的能力;(2)将法律条文与现实情况进行联系从而进行法律推理和法律论证的能力;(3)洞察人情世故和社会现象的能力;(4)总结归纳事实中的法律问题和法律争端的能力;(5)调查取证和探知法律事实的能力;(6)运用法律规定解决问题的能力;(7)草拟法律文件的能力;(8)口头或书面论证的能力;(9)利益衡量的能力;(10)高效人际沟通的能力。③ 还有学者认为,法律职业技能具体包括:(1)针对具体法律纠纷提炼法律争议点、撰写法律文书的能力;(2)针对具体法律或诉讼问题搜寻、整合法律和相关材料的技能;(3)同法律客户以及其他法律人的谈判和交往能力;(4)解决具体纠纷的能力;(5)在具体案件中熟练运用诉讼程序应对诉求的能力;(6)就具体案件在法庭辩论、说服法官的能力;(7)在立法中就特定法律事项游说和推动法律变革的能力。④

还可以从法律实践工作角度来理解法律职业技能的内涵。从国内法律实务工作者角度,法律职业者应掌握法律行业的职业技能,包括沟通协商的技能、谈判妥协的技能、辩论的技能、起草法律文书的技能、获取和运用信息的能力、制订规则的能力、起草合同的能力、证据审核和有效运用的能力。⑤ 张光华等认为,法律职业专业技能的内容应包括:(1)案件分析能力;(2)收集证据和使用证据的能力;(3)法律文件书写能力;(4)熟悉各类案件诉讼程序的能力;(5)处理非诉讼事务的能力。⑥ 从国外法律实务工作者角度,

---

① 参见吴德成:《诊所教育与卓越法律人才的培育》,载《教育教学论坛》2014年第44期。

② 参见陈云良:《法科生能力培养研究》,载张文显主编:《中国法学教育年刊》(2012—2013),法律出版社2014年版,第166~174页。

③ 参见冷传莉:《卓越法律人才教育培养中法律实务技能训练机制的构建》,载张文显主编:《中国法学教育年刊》(2012—2013),法律出版社2014年版,第91~100页。

④ 参见苏力:《中国法律技能教育的制度分析》,载《法学家》2008年第2期。

⑤ 参见霍宪丹:《法律职业与法律人才培养》,载《法学研究》2003年第4期。

⑥ 参见张光华、孙一宁:《法律职业技能的实践性教学培养方式》,载《吉林公安高等专科学校学报》2009年第2期。

学生在法学院学习的内容应包括:(1)健全的分析和判断能力;(2)实体法和程序法的知识;(3)技术性的法律技巧,包括会见、提供咨询、谈判、事实调查、法律研究、法律写作、起草文书、庭审技巧和口头辩论;(4)关于法律体系、法律社会机构的知识,包括理解三大部门怎样运作以及律师在其中的作用;(5)职业责任。①

三、构建我国法律硕士实践能力评价指标体系的特征

本文虽不进行严格的文本解释,但是将利用启发式的方法,勾勒出法律硕士实践能力提高的路线图。建立一个绝对有效的评价办法是不现实的,所以本文试图建立一套相对完整的基准,并用以评价法律硕士的实践能力。这样的基准需要考虑法律硕士实践能力的类型和层次的多样性,相对而不是绝对地进行评价。

(一)综合运用定量和定性指标、客观指标和主观指标

法律硕士实践能力指标按其内容可分为定量指标与定性指标。定量指标具有直观的可比较性和可验证性。但在实践中,定量指标的制订却不简单。定量指标最好的情况是能反映事物发展某一瞬间的情况,最差的情况是由于其不能反映变化中的进程从而影响分析。定性指标是评估事件或者进程的特性、变化,而不是进行计算,正好弥补定量指标的缺陷,这比简单的调查更精细一些,并且进行初步数据整理、趋势判断。但是,这种计量化定性指标也具有纯粹定量指标的缺陷,简化了复杂和动态的社会进程。以定量指标为基础,定性指标作为辅助能够较全面反映法律硕士实践能力的培养状况。

法律硕士实践能力指标按其性质可分为客观指标与主观指标。客观指标,是指用来反映所研究的法律硕士实践能力发展的客观存在的事物及其状况的指标,②客观指标是对法律硕士实践能力现象的客观反映,一般由统计指标反映,如在校生法律图书拥有量。研究法律硕士实践能力基本情况时,本文大多使用客观指标。主观指标则是人们对客观法律硕士实践能力发展的感受,所以也称作感觉指标。它表现为人们的心态、情结、愿望和满意程度等,如毕业生对法律硕士实践能力的满意度调查。当然,主观指标的缺点显而易见:它是不稳定的,很难进行国际比较,而且研究成本较高等。③

定量指标和定性指标、客观指标与主观指标一起使用,可提供范围更广的资料,并减少单独使用其中一项指标产生的弊端。通过发掘中国法律硕士实践能力的普遍性和特殊性,也是本文主要的创新之处。更重要的是,围绕这些普遍性和特殊性,本文将进一步研究和论证,在本土化与全球化的双重冲击下,法律硕士培养模式如何在教育理念、管理机制、教学体系、考核制度、教材建设、招生就业等方面进行调适与创新,从而走出一条既

---

① 参见柯岚:《诊所法律教育的起源及其法理学意义》,载《中国法学教育研究》2006 年第 3 期。

② 参见张欢、胡静:《社会治理绩效评估的公众主观指标体系探讨》,载《四川大学学报(哲学社会科学版)》2014 年第 2 期。

③ 参见王称心、蒋立山主编:《现代化法治城市评价——北京市法治建设状况综合评价指标体系研究》,知识产权出版社 2008 年版,第 31 ~ 32 页。

符合中国国情,又体现社会主义法治理念的法律职业教育之路。

(二)具体性、数量性、时间性和地域性、综合系统性

法律硕士实践能力评价指标是一种社会指标,是对法律现象进行考察和评估的专门化社会指标。社会指标是"判断社会在准则、价值和目标等方面表现"的依据,是"作为具有普遍社会意义的社会状况的指数",是对经济指标的"补充"和"扩展",是"在那些通常不易于定量测量或不属于经济学家专业范围的领域内,为我们提供有关社会状况的信息"。①

法律硕士实践能力指标是一种能够反映法律硕士实践教学运行状况数量特征的特殊社会指标,可以作为判断法律硕士实践教学制度及其运行状况的依据。因此,法律硕士实践能力指标具有如下特征:(1)具体性。法律硕士实践能力指标不是抽象的概念和数字,而是针对法律硕士实践教学运行状况某一特定方面或典型现象所作出的特定反映形式。(2)数量性。法律硕士实践能力指标是一种量化数据,不同于其他非数量化的方法,它适应信息社会的需要,将法律硕士实践教学情况用数字、数据等表现形式反映出来。(3)时间性和地域性。法律硕士实践能力指标都是对特定时期、特定地域范围内法律现象的反映,它会随着地域的不同和时间的流逝而变化。(4)综合系统性。法律硕士实践能力指标不仅反映社会的某一个体现象,不同的指标还会形成体系,以综合反映高等教育发展的基本状况,揭示事物的本质和规律。

四、构建我国法律硕士实践能力评价指标体系的设计

根据我国法律专业学位研究生培养模式的改革精神,按照教育督导评估的要求,笔者经过文本和实践调研,听取了有关理论学者、实务专家的意见,凝聚共识,考查学生是否具备以上10种能力,形成《法律硕士实践能力评估指标体系》。就指标体系设计理念、设计创新、体系框架及其权重设计方式等内容说明如下。

(一)设计理念

1. 导向为主

指标体系深入贯彻《关于深化研究生教育改革的意见》《关于深入推进专业学位研究生培养模式改革的意见》等文件精神,以"服务需求、提高质量"为主线,以"深化培养模式改革、规范管理"为导向,促进单位注重学生实践能力的培养,在案例教学和实习实践等方面与行业深度合作,强调实践能力与职业发展的衔接。

2. 质量为重

深入贯彻国家教育改革发展规划纲要精神,紧密围绕"研究生培养质量"核心内容,通过设置"培养目标、师资队伍、培养过程、就业质量、社会评价"5个一级指标,全面综合评价法律硕士专业学位实践教学的教育质量。

3. 突出特色

充分体现法律硕士专业学位的应用性培养特点,凸显案例与实践教学、创新能力、职

① 朱庆芳、吴寒光:《社会指标体系》,中国社会科学出版社2001年版,第3页。

业发展能力、行业参与培养,以及用人单位参与质量评价等。

4. 注重衔接

注重衔接法学专业学科评估、法学专业合格评估(包括6年一次的合格评估和新设学位点3年的专项合格评估)和法律硕士专业水平评估等既有评价指标体系,既不另起炉灶重新设计,也不叠床架屋重复适用。以法学专业学科评估和合格评估的"常态化"培养数据收集为基础,重点参考法律专业学位水平评估的指标体系,吸收法学专业学科评估和合格评估的成熟做法。以上指标都经历过至少1轮全国性运用的充分验证,并且各培养单位都已在评估中建立起了相关数据收集机制,因此注重衔接既可以保证指标的科学性,又可以保证指标的可实施性。

(二)构建过程

法律硕士实践能力评价指标体系由许多有内在联系的单项指标组合而成,在设计法律硕士实践能力评价指标体系时,既要从整体上全面考虑社会指标体系所应包括的内容及其框架体系,也要逐一考虑各个单项指标的含义、口径及计算方法等。

1. 设计指标体系的总体构架

根据制订法律硕士实践能力评价指标体系所应包括的内容和范围,考虑如何分类、编排、推敲和设计其结构和层次,必要时应确定哪些指标是中心指标或核心指标。

2. 确定指标的名称、含义和口径范围

在确定法律硕士实践能力评价指标体系中各项指标的名称和含义时,主要依据相应的科学概念、实践的需要,要便于进行实际操作。指标的名称和含义往往制约其口径范围。必须根据法学研究的目的和要求,科学地界定指标的名称、含义及其口径范围。

3. 确定指标的计算方法和计量单位

在已经确定的法律硕士实践能力评价指标体系中,有些指标必须规定具体的计算方法,因为这些指标的计算表现为计数和简单的汇总等。有些指标的计算方法往往比较复杂,这就需要根据指标的不同性质和要求,分别设计和规定其计算方法。但是,无论计算方法是简单还是复杂,由于任何一个指标都具有一定的社会内容,所以必须结合不同指标的性质和要求,规定其具有的计量单位。

4. 确定指标的计算时间和空间范围

法律硕士实践能力评价指标体系中各项指标的计算时间有两种:一种是以一段时间(年、月、日等)为计算的时间界限;另一种是以某一时点为计算的时间界限。按哪一种计算时间由具体指标的性质、特点和需要所决定。空间范围一般包括地域范围,也包括不同的培养单位、地域等。

5. 正确运用参与性指标

以上对指标的基本分析表明,只有充分运用好定量和定性指标才能正确进行评测。学生被要求根据自身的期待和需求对教学进行评价,也经常被要求就教学方法或者教授者进行评价。研究生教育主管部门和学生也被要求对行动质量进行评价,这些定性的指标可以计量方式进行归类整理来确定是否绝大部分学生觉得有用。这有助于研究生教育主管部门判断法律硕士实践能力教学是否达到了高校、教师和学生的预期目标。但是,这种常用参与性指标常常具有主观性,不同学生带着不同的主观利益和理解参与培训,因此,将这些不同的观点汇总也具有一定的主观性。而且,这种参与性指标的实施显然是冗长的、繁重的和代价不菲的。

(三)指标体系创新点

各指标在设计时充分考虑了法律硕士专业学位教育特征和改革方向,重点关注法律硕士专业学位培养质量以及支撑学生培养的水平和成效。指标体系突出以下几个特点。

1. 改革教师评价方式,突出实践指导能力

评价体系通过考察师资队伍结构质量,强调教师对学生实践指导能力的考察。引入代表性"导师实践指导能力"评价指标,检验校内外"双导师制"成效,鼓励培养单位聘请实践经验丰富的行(企)业及国(境)内外专家,形成满足专业学位培养要求的专业化导师队伍。

2. 改革人才评价方式,突出毕业生职业发展质量

评价体系注重监测培养目标、过程、保障体系对培养质量的作用与成效。引入"学业质量"指标,对毕业成果进行考察,并通过考察"创新能力""实践能力""职业发展能力"等引导培养单位关注学生培养质量,特别是毕业生的职业发展情况。与此同时,注重用人单位对学生职业胜任力、职业道德与社会责任感的评价。

3. 推动案例教学与实践基地建设,突出学生实践能力培养

评价体系强调案例与实践教学及其效果。案例教学突出实用性和综合性;实习实践关注实践基地建设,特别是使用效果。同时,以实践基地为纽带,推动学校行业深度合作,促进行业企业参与专业学位研究生培养,推动法律硕士专业学位教育与职业资格标准的有机衔接。

(四)指标体系权重与系数

对法律硕士实践能力指标体系中各指标权重,先由笔者给出建议,再邀请各位专家提出建议。指标体系的权重,以培养过程为评价中心,拟赋权40%;并辅以就业质量和社会评价,拟合并赋权30%。根据现有建议权重,从数据来源上来看,学校填报数据占50%、学生调查所获数据占40%,用人单位调查所获数据占10%;从评价方式上看,专家的主观评价分数占40%,调查评价等客观评价分数占60%。

同一指标如有不同级别的项目(如国际、国内),按"折算系数"进行折算。折算系数以及一级、二级、三级指标权重给出建议值,再由相关评估单位根据各校情况确定各指标项的最终权重。

五、构建我国法律硕士实践能力评价指标体系的内容

（一）法律硕士实践能力评价指标体系（见表 1）

表 1　法律硕士实践能力评价指标体系

一级指标	二级指标	三级指标	观测点	建议权重	信息来源评价方式
A 培养目标	A1. 培养目标	S1. 人才培养目标	①培养目标（结合自身定位特色与社会需求） ②培养方案（对实现培养目标的支撑度与可行性） ③毕业生就业方向的设计（是否符合培养目标）	15	学校填报 专家评价
B 师资队伍	B1. 师资队伍	S2. 导师队伍质量	①本专业学位学生与导师情况（校内、校外导师总数、学生总数、生师比例；校内、校外导师的年龄结构、职称结构、学历结构、法律实务背景等） ②具有较强实践指导能力的 20 名代表性导师（15 名校内导师，其中应至少包含 5 名 45 岁以下导师；5 名校外导师）	10	学校填报 专家评价
C 培养过程	C1. 案例与实践教学	S3. 实习实践教学质量	实习实践教学的效果及满意度	15	学生调查 调查评价
		S4. 案例教学质量	案例教学与实训教学（如模拟法庭、法律诊所）的效果及满意度	15	学生调查 调查评价
	C2. 双导师落实情况	S5. 校外资源参与教学情况	①近 3 年有教学经验的法律职业人员在本校为法律硕士专业学位研究生开设法律实务课程的情况 ②列举近 3 年法律职业人员参与指导以案例分析、调查报告完成毕业论文的题目、作者、指导教师、摘要（不超过 10 篇） ③列举近 3 年法律职业人员在本校为法律硕士专业学位研究生举办讲座的情况（不超过 50 场）	10	学校填报 专家评价

续表

一级指标	二级指标	三级指标	观测点	建议权重	信息来源评价方式
D 就业质量	D1. 职业资格情况	S6. 获得职(执)业资格证书比例	近3年学生毕业前已获得《法律职业资格证书》的学生比例	10	学校填报客观评价
	D2. 职业发展能力	S7. 职业吻合度	近3年毕业生从事法律相关工作(包括立法工作者、法官、检察官、社会律师、公职律师、公司律师等)的比例	10	学生调查调查评价
		S8. 优秀毕业生	近10年15名优秀毕业生情况	5	学校填报专家评价
E 社会评价	E1. 用人单位评价	S9. 用人单位评价	用人单位对近3年毕业生的评价(用人单位相关负责人对到本单位工作的学生的职业能力进行专项评价)	10	用人单位调查调查评价

注:1. 本体系中各"观测点"的详细填报要求,参见《法律硕士实践能力基础数据信息表》;
2. 为保证公共信息准确无误,公共信息先由学校填报,再由评估单位审计核实;
3. 权重值总分是100分。

(二)法律硕士实践能力评价指标说明

指标体系框架共设有"培养目标""师资队伍""培养过程""就业质量""社会评价"5个一级指标,7个二级指标,9个三级指标及14个观测点。指标体系关注培养目标定位的合理性、培养过程的系统性和有效性、培养产出与目标的一致性、各类支撑体系的科学性和针对性,具体说明如下:

1. 培养目标

"培养目标"主要考察培养单位培养目标是否符合自身定位,是否以培养法律职业人员为导向,数据以学校填报为基础。

(1)邀请专家对培养单位培养目标设置进行评价,判断其培养目标是否符合法律硕士教育的目标定位,即是否以职业主义为导向,且是否能够反映出该学位点自身特色,拟赋权4分。

(2)邀请专家对培养方案进行详细评价,重点考察培养单位法律硕士的10项实践能力相关课程,拟赋权8分,课程与实践能力对应关系如表2所示。

表2 课程与实践能力对应关系

序号	法律硕士实践能力	可能对应的课程名称
1	交流协商能力	“法律诊所”
2	谈判调解能力	“ADR”“谈判技能”“调解技能”
3	论辩说服能力	“法庭论辩技巧”“模拟法庭”
4	文书制作能力	“法律文书”“法律写作”
5	法律检索能力	“法律检索”“法律研究”
6	证据收集运用能力	“证据法学”“证据实务”
7	逻辑思维能力	“法律逻辑”“形式逻辑”
8	诉讼仲裁能力	“民事诉讼实务”“刑事诉讼实务”“法律诊所”
9	事务组织管理能力	“法律诊所”
10	解决职业伦理问题能力	“法律职业伦理”“法律职业道德”

(3)邀请专家对培养方案中特色选修课进行考察,重点评价是否形成面向职业和就业的选修课课程组,拟赋权3分。

2. 师资队伍

“师资队伍”主要对师资(导师)水平进行考察。一方面,考察师资(导师)结构是否合理,能否支撑专业学位特色培养;另一方面,考察导师的“实践指导能力”,数据以学校填报为基础,再进行专家评价,目的在于考察现有校内、校外师资队伍是否有可能担负10项实践能力的培养。

(1)邀请专家对学生与导师情况进行评价,包括校内、校外导师总数、学生总数、生师比例;校内导师的年龄结构、职称结构、学历结构、法律实务背景等,拟赋权5分。

(2)邀请专家对具有较强实践指导能力的20名代表性导师进行评价,包括15名校内导师,其中应至少包含5名45岁以下导师;5名校外导师,拟赋权5分。

3. 培养过程

“培养过程”主要是对人才培养过程的成效性考察。强调为培养学生实践能力服务,突出培养的应用性和实践性。该项一级指标包括案例与实践教学、与双导师落实情况2个二级指标,目的在于考查学生对于培养单位10项实践能力培养的满意度。

(1)考察培养单位案例与实践教学,以学生调查方式获取数据,包括法律硕士学生对实习实践教学的效果及满意度,以及对案例教学与实训教学(如模拟法庭、法律诊所)的效果及满意度,分别赋权15%,合计30%。笔者拟将以上S3、S4和S7的3个三级指标综合成一份问卷,并对学生开展直接问卷调查。

(2)考察双导师的落实情况,以学校填报数据为基础,邀请专家从以下3个方面来进行评价:①近3年有教学经验的法律职业人员在本校为法律硕士专业学位研究生开设法律实务课程的情况;②近3年法律职业人员在本校为法律硕士专业学位研究生举办讲座的情况;③列3年法律职业人员参与指导以案例分析、调查报告完成毕业论文的题目、作者、指导教师、摘要,分别赋权4分、4分和2分。

4. 就业质量

"就业质量"把职业发展能力作为评估重点,突出专业学位教育的最终目标,采用学生就业质量的反馈评价,目的在于以法律职业资格考试和法律职业就业为视角,考查学生是否具备10项实践能力。

(1)考察职业资格情况,以学校填报近3年学生毕业前已获得《法律职业资格证书》的学生比例数据为准,进行客观评价,赋权10分。按照获得《法律职业资格证书》学生比例进行对应换算,采用四舍五入方式,保留小数点后2位方式来计算,如学生获得《法律职业资格证书》比例为63.36%,换算成6.34分。

(2)考察职业发展能力,采用问卷调查方式,再邀请专家进行评价,包括近3年毕业生从事法律相关工作(包括立法工作者、法官、检察官、社会律师、公职律师、公司律师等)的比例,赋权5分,按照以上方式换算后乘以0.5,如学生从事法律相关比例为35.76%,换算成3.58分,乘0.5后为1.79分。

对于近10年15名优秀毕业生情况,由专家进行主观评价,赋权5分。

5. 社会评价

"社会评价"通过用人单位评价与考察。将用人单位评价作为社会评价的重要指标,并强调学生的职业道德、职业胜任力和与社会责任感,目的在于以用人单位评价为视角,考查学生是否具备10项实践能力。

该指标可以反映毕业生掌握10项实践能力的基本状况,重点考察用人单位相关负责人对到本单位工作的学生职业能力的专项评价,该项数据可以直接调用《法律硕士专业学位研究生就业质量评价体系研究》中的相关数据,赋分10分。

非法本法律硕士培养模式的体系性再造*

郑春燕** 王友健***

一、引言:非法本法律硕士缘何成了人才需求市场的"鸡肋"

2011年,我国开始实施"卓越法律人才教育培养计划"(现更名为"卓越法治人才教育培养计划"),目标重点定位"培养应用型、复合型法治人才"。无独有偶,法律硕士专业学位研究生教育中的法律硕士(非法学)①(以下简称"非法本法律硕士")的人才培养目标,恰是"高层次复合型、应用型法治人才",两者完美契合。然而,经过20多年的学科发展,非法本法律硕士培养质量虽有显著提升,却仍会在就业环节遭遇"鸡肋"境况,"法律硕士教育并没有完成其使命,反而其声誉有江河日下之虞"。② 这可从两个事例中得以呈现:

其一,《上海市2020年度公务员招考简章》(招考职位表)中,上海市各级人民法院、检察院对于法官助理、检察官助理的招录,报考学历条件无论是硕士及以上、还是本科及以上,除上海金融法院、崇明区人民法院外,均特别要求报考人员"本科及研究生阶段均为全日制法学类专业"。③ 但法律硕士专业初创时,霍宪丹教授还强调,"创立JM教育是

* 浙江大学2018年研究生教育研究课题项目"社科类专业产教融合培养研究生模式探索的实验研究——以法律硕士培养方案改革为例"(20180201);2018年浙江大学高等教育"十三五"第一批教学改革研究项目"复合型法治人才培养模式探索的实验研究——以浙江大学法律硕士培养方案改革为例"(Zdjg08071)。

** 浙江大学光华法学院副院长,教授,博士研究生导师。

*** 浙江大学光华法学院宪法学与行政法学博士研究生。

① 法律硕士专业学位内部分为法律硕士(非法学)(本科毕业于非法学专业的学生可以报考)、法律硕士(法学)(本科毕业于法学专业的学生可以报考)两个专业方向。

② 参见冀祥德:《论中国法科研究生培养模式转型之必要——从以培养法学硕士为主转向以法律硕士为主》,载《环球法律评论》2012年第5期。

③ 《上海市2020年度公务员招考简章》,载上海市公务员局网2020年11月5日,http://www.shacs.gov.cn/CivilServants/ExamEmployment? type = gwykl。类似现象在各地法官助理、检察官助理招录中并不鲜见,当然也并非全部如此,如北京市检察院、法院系统2020年公务员招录中此类岗位大多数无此要求。

政法队伍建设的必然要求”。①

其二,在与用人单位、毕业生的交流过程中,对于专业竞争力的问题,笔者观察到一个现象,如果同时有法学硕士、法本法律硕士和非法本法律硕士3类应届毕业生应聘一家单位,在其他方面相差无几的情况下,大部分的用人单位会优先考虑法学硕士、法本法律硕士。

2018年10月,教育部与中央政法委联合下发《关于坚持德法兼修实施卓越法治人才教育培养计划2.0的意见》,提出“找准人才培养和行业需求的结合点,深化高等法学教育教学改革”的总体思路。② 带着前述疑问和这一法治人才培养最新理念,笔者尝试通过以浙江大学非法本法律硕士培养现状为样本的实证研究,探究非法本法律硕士遭遇人才“鸡肋”境遇背后的深层次原因,并以此切入,探索行业需求导向下以非法本法律硕士为典型的卓越法治人才培养实现路径。

二、“鸡肋”背后:粗放型人才培养方式与高质量人才需求的背离

(一)非法本法律硕士的就业现状

浙江大学2017年、2018年、2019年三届非法本法律硕士毕业生中,初次就业进入法院工作的人数约占总初次就业人数的1%(3人),进入检察院工作的约占1%(2人),进入法院、检察院以外的党政机关工作的占21%(45人),进入事业单位工作的占7%(16人),进入律师事务所工作的占28%(59人),进入银行、证券、互联网、地产等企业单位工作的占42%(90人)(见图1)。笔者从中随机抽取了44名毕业生与21家用人单位进行问卷调研。③ 从毕业生与用人单位的反馈来看,当前非法本法律硕士毕业生在职业竞争中普遍呈现出三方面问题:一是学生理论功底不够扎实;二是学生复合人才优势未能显现;④三是学生实务能力仍待进一步提升。

---

① 霍宪丹:《中国法律硕士专业学位教育制度的实践与反思》,载《河南省政法管理干部学院学报》2008年第5期。

② 参见《中共中央关于坚持和完善中国特色社会主义制度 推进国家治理体系和治理能力现代化若干重大问题的决定》,载中国政府网,http://www.gov.cn/xinwen/2019-11/05/content_5449023.htm。

③ 随机抽取的44名受访非法本法律硕士毕业生中,2019届毕业生16名,2018届毕业生12名,2017届毕业生16名;21家受访用人单位中,法院、检察院、政府等党政机关4家,事业单位1家,律师事务所8家,企业8家。

④ 调研结果显示,就同一招聘岗位,若有法学硕士、法本法律硕士和非法本法律硕士3类毕业生同时应聘,仅有9.5%的受访用人单位表示会因为非法本法律硕士的交叉学科教育背景,在招聘中有所倾向。

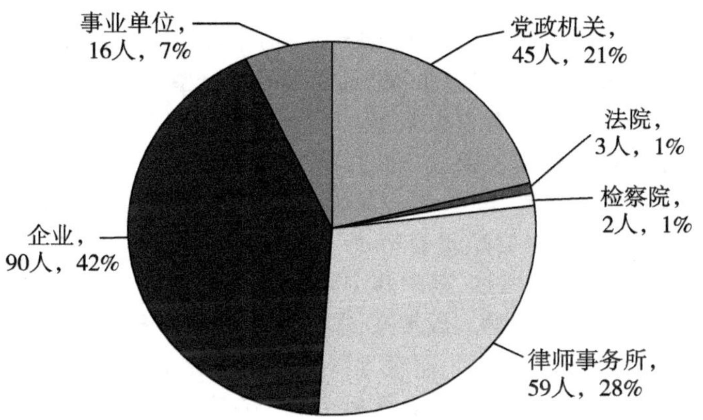

图1　浙江大学2017年、2018年、2019年三届非法本法律硕士毕业生初次就业去向分布

(二)人才培养模式与人才需求相背离的三重表现

通过对调研问卷的分析发现,非法本法律硕士培养工作中存在的学生理论功底不够扎实等问题的主要根源在于:当前粗放型法治人才培养方式与行业日益增强的高质量法治人才需求之间存在背离。具体体现在以下3个方面:

1. 概览性课程教学设计与扎实理论功底需求的错位

调研结果显示,非法本法律硕士对于基础理论学习的态度,并非全是过去认为的“不够重视”;相反,大部分学生重视基础理论的学习,只是实际上未能付诸行动来夯实自己的理论功底。①

笔者认为,真正的问题在于,我们的培养方案还仅停留在类似法学本科学生的通识性法学课程设计,未能区分不同的培养方向,为学生提供一套能够深入系统学习某一具体实务领域(如政府法务、民商法务)理论知识的课程体系。这自然只能使学生通识性、概览性地掌握各法学二级学科的入门理论知识,而无法帮助学生就一个特定实务领域的知识进行深入系统地研习,以致无法满足行业对具有扎实理论功底的高质量法治人才的需求。

2. 形式性复合人才培养与实质复合人才需求的龃龉

在调研展开前,对非法本法律硕士的复合型法治人才优势未能显现原因的判断是,当下用人市场对复合型法治人才的需求并不太大。但在调研过程中,笔者了解到真实的

① 52.3%的受访毕业生认为,对于可能影响毕业后工作能力发挥的知识、技能和经验,第一重要的是理论功底;72.7%的受访毕业生表示,在校期间应强化学习与自己培养方向相对应的体系化的理论课程而实际上未能深入学习。另外,随机抽取的53名非法本法律硕士在校生(2017级18名,2018级17名,2019级18名)中,50.9%的受访在校生认为,对于可能影响毕业后工作能力发挥的知识、技能和经验,第一重要的是基础理论知识;66%的受访在校生表示,在校期间应强化学习与自己培养方向相对应的理论课程。

情况是:不少用人单位需要复合型法治人才,但目前大多数院校并未将非法本法律硕士的教育教学与其本科专业知识有机衔接,缺乏实质的知识复合、能力复合机制,以致通过简单多学科教育经历叠加培养出的“外观”意义上的复合型人才,与行业所期待的具有真正复合知识运用能力的人才仍有较大差距。

3. 有限低质量实训资源与较强实务能力需求的矛盾

从调研问卷反馈情况来看,非法本法律硕士实务能力未达到行业需求的主要原因,一方面,校内外实训课程的内容质量有待进一步提升;①另一方面,实训资源相对不足。对于后者,以往未能给予足够关注,其中两个问题较突出:

一是大班化的实训课程教学。近年来,非法本法律硕士招生规模较庞大,这意味着实训课程在内的专业必修课程,不可避免地要采取大班化的授课形式,导致无法使每一个学生都能得到全流程的充分的实务训练机会。② 这对于学生实务要领的有效掌握、知识技能的熟练运用会造成较大影响。

二是实务导师缺乏介入指导平台。调研结果显示,学生对实务导师指导工作的满意度相对论文导师满意度显著偏低。同时,学生与实务导师的沟通频率相较与论文导师的沟通频率也显著偏低。③ 笔者发现,学生对实务导师的较低满意度,恰是因为二者的较低沟通频率。这一现象反映出的是,学生虽具有紧密型导学关系的需求,但缺乏与实务导师进行经常性沟通交流的平台——与论文导师不同,实务导师均从校外实务部门聘请而来,不具备和论文导师一样便利的时间、空间条件,无法获得充足机会与学生面对面进行课上、课下的交流,难以经常性地组织学生开展实务训练。而互动平台的缺乏也使学生处于一种沟通“畏难”状态,以致呈现一方面不主动联系实务导师,另一方面又对实务导师满意度偏低的现象。

三、行业需求导向下的卓越法治人才培养目标的厘清

“法学教育的根本目的是培养高素质的、符合社会需要的法律人才,我们未完全按照社会需求来培养人才,是导致目前毕业生就业难的根本。”④从前述调研发现的问题来看,归根结底,是由于长期以来我们的人才培养工作就行业人才需求变化的反应速度相

① 例如,调研结果显示,受访毕业生中参与过校外实习的36名毕业生,有22.2%的毕业生表示,尽管接触过实习单位的实质工作内容,但大多数时间是在进行文档归类、文书传递等程序性事务或行政文秘事务;还有8.3%的毕业生表示,未接触过实质工作内容,仅做程序性事务或行政文秘事务。

② 调研结果显示,84.1%的受访毕业生表示,模拟法庭、法律谈判、法律诊所等实训课程对自己专业知识运用能力的提升、法律思维的训练具有较大帮助;但同时指出,这些课程存在训练次数不足、上课人数过多以致实际参与度不高等现实问题。

③ 受访毕业生反馈,在校学习期间每周都与实务导师就学业方面进行有沟通的仅占9.1%,每月偶尔沟通的占13.6%,每学期偶尔沟通的占27.3%,在校期间未曾与实务导师沟通过的毕业生则达到50%。而毕业生与论文导师的沟通频率远高于这一水平,在校期间每周都与论文导师有沟通的占38.6%,每月偶尔沟通的占45.5%,每学期偶尔沟通的仅占13.6%,仅有个别毕业生则表示除论文指导外未与导师进行过沟通交流。

④ 参见黄泽群:《沈家本法学教育思想与应用型法学人才培养》,载《江西社会科学》2016年第11期。

对缓慢造成的，尤其是对当前不断增强的多元化、高层次、高质量法治人才的需求认识不足，从而导致对非法本法律硕士“复合型、应用型法治人才”这一培养目标存在认识误区：一是简单地认为培养复合型人才，通过为学生叠加两种不同的教育经历和学科知识即能实现；二是惯性地认为培养应用型人才就是培养技术型、实操型人才，通过大量的实务经验积累即可完成。面向行业不断增强的卓越法治人才需求，就“复合型法治人才”和“应用型法治人才”双重培养目标内涵予以厘清，对推进以非法本法律硕士为典型的卓越法治人才培养模式的改革探索，大为必要。

(一)复合型法治人才:“复合”理念之审视

1.“复合”的初定位

“社会越发展，现实问题越复杂，单一专业的知识背景和狭隘的学科思维无法解决纷繁复杂的现实难题，过于精细化的专业人才培养无法满足复杂社会的需求。”①确立复合型法治人才培养目标，初始指向的即是应对纷繁复杂的法律实务问题，而这需要学生对复合知识拥有充分的实际应用能力。

2.“复合”的现实观察

但是，就非法本法律硕士专业而言，无论是从全国法律硕士专业学位教育指导委员会(以下简称教指委)前后几版指导性培养方案调整的内容来看，还是从人才培养实践来看，均呈现“应用型”培养目标抓得比较紧、比较实，“复合型”培养目标则抓得有些松、有些虚的特点。

例如，如前所述，针对“复合型”培养目标，从全国范围来看，仅有少部分院校进行了有针对性的培养方案设计，大部分院校则沿袭传统的学术硕士培养方式：一方面，在非法本法律硕士研究生入学后，毕业于不同本科专业的学生都可根据自己的专长或兴趣来选择导师，研究方向随之落在导师所在的法学二级学科点下，跟随学科点开展相关学习研究活动，无须与其本科专业相衔接；另一方面，未结合行业人才需求来设置不同的培养方向，或虽结合实务领域类型设置了相应培养方向，但实际各培养方向的课程安排并无差异，学生可以凭借个人兴趣自由选择各实务领域的选修课程，未引导学生进行深入的体系性学习。“法律硕士的‘实践性’与‘复合性’并没有得到体现。”②

这些现象背后恰反映出，过去较长的一段时间里，我们理所当然地、简单地认为复合型人才就是具有两种或两种以上不同专业教育经历、知识背景的人才。但诚如学者质疑，“一个学习了两个专业的人是否就能算‘宽口径’‘复合型’人才”?③

---

① 冯果:《新理念与法学教育创新》，载《中国大学教学》2019年第10期。

② 冀祥德、李庆明:《诊所法律教育:中国法律硕士培养制度改革的基本方向》，载《法学杂志》2011年第2期。

③ 姜朋:《现实与理想:中国法律硕士专业学位教育》，载《中外法学》2005年第6期。

3."复合"的真正意涵

教指委在2006年版《〈法律硕士专业学位研究生指导性培养方案〉修订说明》中曾指出,"复合可分为两种:一是'跨学科专业复合',也就是知识的复合,即法律知识与其他领域或专业的知识的复合,它是简单形态的复合。二是能力的复合,JM教育在3年之中除了知识复合之外,还应当有一种复杂形态的复合"。而我们目前的培养理念和模式还停留在最初阶形式的知识背景、教育经历上的复合,误以为这样简单形式的本硕结合即能实现复合人才培养,使非法本法律硕士"复合型法治人才"培养目标的实质推进尤为缓慢,人才培养质量难以满足行业需求,以致毕业生职业竞争优势明显不足。

"复合型法治人才"与"应用型法治人才"是非法本法律硕士培养目标的"一体两翼",①需要我们切实理解复合型法治人才之"复合"的真正意涵,朝着培养学生复合能力的方向改革我们的人才培养方案。

(二)应用型法治人才:"应用"导向之反思

对前述非法本法律硕士培养工作中呈现的无论是课程体系设计过于概览性的问题,还是实训资源供给不足、质量不高的问题,在人才培养理念层面反映出的均是我们对"应用型法治人才"培养目标认识的不足:一是简单地将"应用"与"实操"等同;二是在"应用""实操"等同的偏误观念下,过于片面地追求学生实践经验的积累和实训种类的丰富,一方面轻视了扎实理论基础对学生应用能力提升的根基性作用,另一方面忽略了实训质量对应用型法治人才培养的实质意义。

(三)"应用"与"实操"之辨析

应用型人才能否简单地等同技术型人才、实操型人才?笔者认为,至少在法治人才的培养上,不可简单等同。法律工作,从来不是简单的、纯粹的,可以反复适用的技术性工作,其本质是一门关涉社会科学问题的专业活动。"专业活动本质并不体现在体力、仪器设备上","而隐含在专业实践中的真正核心特征是'思考的过程',是智识的运用"。②

诚如韩大元教授所担心,"如果我们过分强调职业教育,我担心不少法学院会把职业教育理解为非价值、非人文教育,强调法学教育技术能力的提高"。③ 过去,不少同学认为,法律硕士作为应用型法治人才,只要掌握个案的处理技艺即可,无须过多关注学术研究。殊不知,法学是"以处理规范性角度下的法规范为主要任务"的学科,"它关切的是实证法的规范效力、规范的意义内容,以及法律判决中包含的裁判准则"。④ 法学学术研究主流方法之一的规范分析,即重在训练学生解释法律的能力。学理的储备越深,对同

① 丁国峰:《论我国法学教育"一体两翼"培养模式的构建与完善》,载《河北法学》2018年第8期。

② 王军:《智识作为专业教育的产品——弗莱克斯纳专业智识教育理论探析》,载《比较教育研究》2020年第2期。

③ 徐显明、黄进等:《改革开放四十年的中国法学教育》,载《中国法律评论》2018年第3期。

④ [德]卡尔·拉伦兹:《法学方法论》,陈爱娥译,商务印书馆2005年版,第77页。

一法律概念的理解就越多元，对同一法律条款适用形态的认识就越丰富。反之，将极大地掣肘一个法律人在具体个案中的处理技艺。以往司法实践中出现的一些“机械教条主义”的案件，即“反映出脱离中国国情、缺少法学理论和基本素养支撑的判决对中国法治实践和司法公信的影响和危害”。①

应用型法治人才，当指人才培养目标更多的是为中国法治建设一线输送具备深厚法学底蕴和良好法学素养、能够充分运用自身智识解决社会实际问题的法治人才。但是，这些一线岗位并非意味着只是简单、重复地进行技术性工作。法治人才，是具有高智识的专业性人才，肩负促进社会进步的使命，不顾扎实的理论功底积累、法学思维训练而片面追求丰富实践经验、实操技能，无异于“空中楼阁”。

（四）“应用”与“实训”的联结

厘清“应用”与“实操”差异后，我们即能准确地看待实训与应用型法治人才培养的关系。应用型法治人才培养的目标在于能够有效地将学生所学理论知识转化为实际应用能力，实训是将知识转化为能力的重要途径和方法。但一项具体实训活动是否有利于应用型法治人才的培养，关键要看这项实训活动能否有效促进学生理论知识的运用、法学思维的训练，而非简单地靠实训数量、实训种类的积累和丰富就能实现。我们需要着力扭转“实践教学过程经常流于表面化、形式化，学生参与程度不够，收效不大”的问题。②

四、非法本法律硕士培养目标的实现路径：培养方案的体系性改革

面对日益增长的行业多元化、高层次、高质量法治人才需求，要实现以非法本法律硕士为典型的卓越法治人才的高质量产出，关键在于树立“顶天立地”的法治人才培养理念，建构“产教融合”的应用型法治人才培养体系和“本硕连贯”的复合型法治人才培养机制。

（一）“顶天立地”的培养理念

“法治人才是指具备法律职业伦理道德，驾驭中国特色法治体系，具备国际法治视野，掌握具体法治知识和技能，从事法治系统各个运行环节工作的高素质专业人才。”③这就要求我们树立“顶天立地”的法治人才培养理念——法治人才的培养，不仅要求学生“应拥有国际化的视野与高远的法治理想”，④同时需要我们通过教育让学生深刻地理解中国法治建设的特色性，“对立法、司法、执法、守法以及法律监督等法治环节，对中国法治建设的历史沿革等都要有一个清晰的认识”，⑤这可谓“顶天”；“法治人才培养不能脱

① 冯果：《论新时代法学教育的公共精神向度》，载《中国大学教学》2018年第10期。

② 李麒、王继军：《实践教学与卓越法律人才培养》，载《中国高等教育》2012年第24期。

③ 董娟、赵威：《从法律人才到法治人才：法律硕士培养目标的新转变》，载《学位与研究生教育》2019年第5期。

④ 邓海峰、魏晶：《锻造“顶天立地”的精英型法律实务人才——清华大学全日制法律硕士研究生教育综合改革与创新》，载《学位与研究生教育》2013年第12期。

⑤ 董娟、赵威：《从法律人才到法治人才：法律硕士培养目标的新转变》，载《学位与研究生教育》2019年第5期。

离中国的基本国情,一个合格的法治人才,应能够熟练应用法学理论来思考和解决当下中国的现实问题”。[①] 让学生能够将所学理论知识充分运用到中国的法治实践,满足国家法治建设的需要,这即是“立地”。

(二)“产教融合”的培养体系

2017 年 10 月,党的十九大报告提出,要“完善职业教育和培训体系,深化产教融合、校企合作”。2017 年 12 月,国务院办公厅在《关于深化产教融合的若干意见》(国办发〔2017〕95 号)中又明确要求,“推进专业学位研究生产学结合培养模式改革,增强复合型人才培养能力”,“对于普通本科高校,产教融合最重要的内容是根据产业需求培养应用型人才”。[②] 这就要求我们要切实加强产教融合,找准各层次法治人才的培养目标,精准对接特定层次的行业用人需求,精细化改革符合人才定位与行业需求的产教融合化培养方案。

(三)建立产教融合化的培养模式

第一,培养方向设置实务化。非法本法律硕士专业应当结合当下法律实务领域类型,设置不同的培养方向,不宜简单地套用法学二级学科作为培养方向分类(见图 2)。目前,浙江大学光华法学院(以下简称浙大法学院)结合法律实务领域类型,重新划分并初步设置了政府法务、民商法务、经济法务、环境资源法务、涉外(国际组织)法务、互联网法务等培养方向,[③]未来还将根据实际情况和行业发展进一步调整和修正(见图 3);同时,学院还积极参与计算机学院牵头的“人工智能协同创新中心”,尝试以“4 +3”模式共同培养人工智能方向的法治人才。

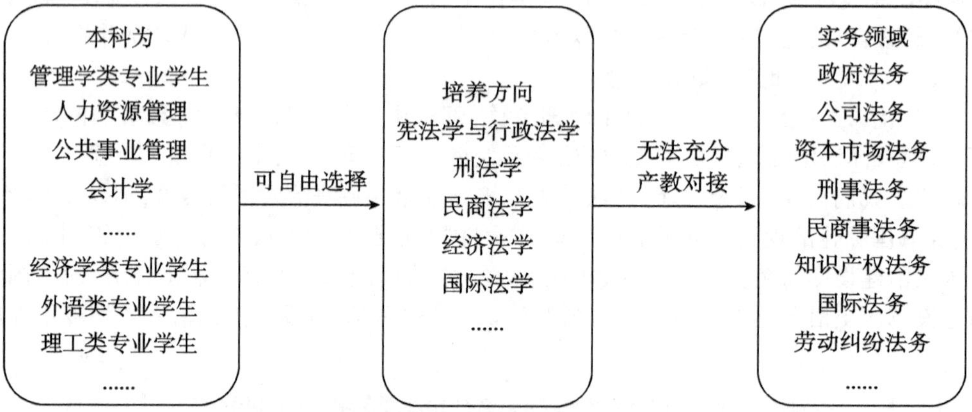

图 2　以往非法本法律硕士培养方向设置示例

① 施志源:《创新法学研究生人才培养机制》,载《中国社会科学报》2020 年 6 月 12 日。

② 叶飞帆:《产教融合:普通本科高校向应用型转变的目标和路径》,载《中国高等教育》2017 年第 22 期。

③ 互联网法务方向不仅是培养“互联网专业 + 法学专业”的复合型人才,还包括云计算、大数据、区块链等专业与法学专业的融合,该培养方向将吸引这些专业的本科毕业生进入法律硕士专业进行学习。

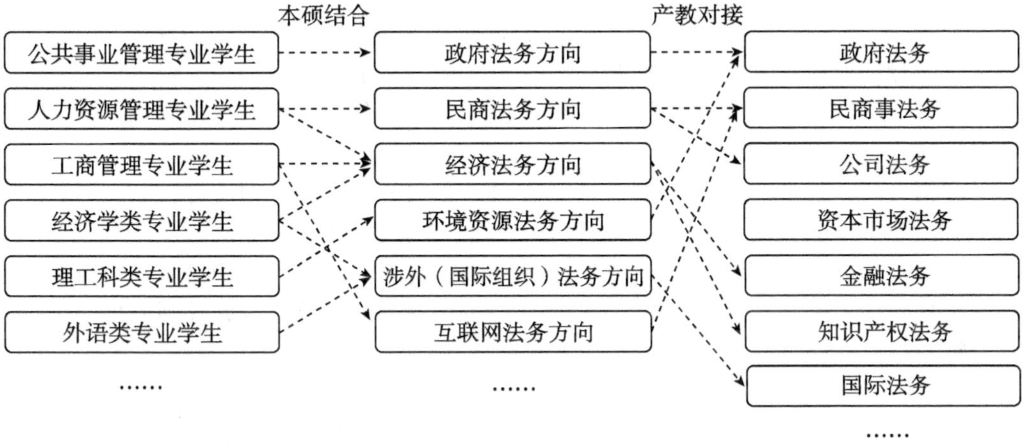

图3 培养方案改革后培养方向设置演示性示例

注：该示例仅对培养方向设置的产教对接方式、本硕专业衔接方式作演示性展示，实际的对接、衔接与该示例会存在一定出入。例如，公共事业管理专业生源未必就只能选择政府法务培养方向，互联网法务培养方向的法律硕士毕业生未必就只能从事民商事法务工作。

第二，课程教学设计体系化。在课程设计上，应结合培养方向设置对非法本法律硕士的专业选修课进行模块化设计，使学生在通识性地学习大类法学知识基础上，能根据自己的培养方向选择适当的模块课程就某一实务领域的法学知识进行体系性修读。摒弃过去由学生在所有专业选修课范围内自由选择学习的课程修读方式。目前，浙大法学院已将法律硕士的专业选修课程按前述不同的培养方向设计了模块化课程，要求学生原则上根据自己的培养方向选择对应模块内的课程进行修读。例如，对于政府法务方向的学生，鼓励其从政府法务课程模块内选择合适的课程进行学习。

（四）完善学生实务能力培养机制

第一，实习方案提质提效。非法本法律硕士培养单位应进一步加强校地、校企深度合作，与实习单位确定详尽的实习方案，健全实习质量把控机制，确保学生能够接触到实习单位的实质工作内容。同时，应尽可能提供给学生多样化的实习形式，包括多样化的实习周期、实习单位等，确保学生不同的实习偏好得以满足。

目前，浙大法学院一方面与多家高级律所等实习单位签订"实习基地协议"，通过协议方式规范实习单位对学生实习的内容安排、过程指导和成绩考评等；另一方面引入实习单位"黑名单"制度，通过学生的实习反馈，对无法保障学生实习质量的单位或团队予以沟通交涉或排除出实习单位名单，以此双向监督评价机制，确保学生的校外实习质量。与此同时，在教指委规定的6个月毕业实习时间里，允许学生从研究生二年级开始即可根据自身需求，按照"2+2+2"或"3+3"的分时段实习方式选择一家或多家实习单位实习，以便学生在校内学习期间就能接触到不同的法律职业和实务内容，更好地了解自身职业偏好,明晰未来职业方向。

第二,搭建实务导师介入指导平台。首先,可将实务导师指导与实习相衔接,让学生进入实务导师所在单位实习,由实务导师指导;其次,可由实务导师承担部分实训课程的教学任务,在教学过程中指导学生;最后,可设置实务导师与学生的定期联系机制,搭建交流互动平台。

以浙大法学院为例,目前主要从四个方面健全实务导师指导制度、搭建介入指导平台:首先,要求学生须在入学1个月后即确定实务导师,以便更好地融入实务导师团队,得到实务导师更多的指导。其次,在实务导师的遴选上,一方面,更侧重从校友群体、合作单位中选聘实务导师;另一方面,建立起学科点(研究所)推荐实务导师制度,双管齐下,确保遴选出熟悉学院、学生情况,具有足够指导时间、精力,且能够与论文导师协同开展学生学业指导工作的高质量实务导师队伍。最后,建立起论文导师、实务导师与被指导学生三方定期见面会机制,促进导师,尤其是实务导师与学生的紧密联系。另外,实行实务导师评价制度,动态淘汰履职不合格的实务导师,以切实督促实务导师对学生开展有效指导。

第三,搭建多样化实训平台。一方面,应加强现有模拟法庭、法律谈判、法律文书写作等实训课程的质量把控,授课形式逐步向小班化、实战化转型;另一方面,应更多搭建学生参与立法论证、法律咨询等课题项目或真实案件处理的实务训练平台,将学生化整为零吸收进各研究团队,使之在参与课题项目、案件处理过程中提升知识运用能力。

在前一方面,浙大法学院目前已建立起实训仿真实验室,并已完成"模拟法庭"等课程的改造升级。如"模拟法庭"课程,通过与杭州互联网法院等单位合作,改革为"在线法庭"课程,具体分为庭审观摩、专家授课、实操训练3个环节,根据课程需要来安排、引入正在进行时的真实审判案例,最大限度地还原司法审判活动的各个环节,为学生提供逼真的实训场景(课程各环节内容设计见表1)。学生作出的"上诉状""答辩状""判决书"等法律文书,将提供给一审法官作判决时的参考,一方面,以此检验学生的专业知识水平和实务能力;另一方面,借以体现学生的劳动价值,提升学生课程参与的积极性。

表1 "在线法庭"课程仿真化教学设计(以刑事案件为例)

教学环节设置	所耗课时	教学方式	教学内容
庭审观摩环节	1次课 (3课时)	通过在线法庭平台或庭审现场开展教学	观摩真实庭审活动
专家授课环节	3次课 (9课时)	由法官、检察官和律师团队分别授课	讲授如何庭审、调解,如何开展公诉,如何刑辩等实务知识和技能
实操训练环节	1次课 (3课时)	由学生模拟上诉审	1.撰写"上诉状""答辩状""判决书"等法律文书;2.模拟庭审

对于后一方面，浙大法学院目前正在积极与阿里巴巴达摩院合作，引入自然语言处理（Natural Language Processing，NLP）学习平台。[①] 学生通过这一平台能够对待处理案件的诉请要素、事实要素、争议焦点等关键裁判要素进行“关键词”标注，使之与平台人工智能技术自动识别、抓取出的裁判要素进行对比分析——理论上，学生功底越深厚，标注出的裁判要素就会越精准，凭此生成的裁判文书与经平台人工智能技术自动生成的裁判文书内容就会越接近——从而达到对学生法律思维方法、法学知识运用能力的规范化训练。与此同时，浙大法学院依托“立法研究院”“跨行政区划审判研究中心”“互联网法律研究中心”等校地合作研究平台，将学生吸纳进各个研究团队，使其能够更多参与到实务研究活动中。

第四，论文写作要求与评价标准实务化。尽管非法本法律硕士需要具备一定的科研能力，但终究面向的是“应用型法治人才”，以传统学术学位研究生论文写作标准和评价标准来要求专业学位研究生并不合适。应尽快落实教指委提出的法律硕士“学位论文应以法律实务研究为主要内容，提倡采用案例分析、研究报告、专项调查等形式”的要求，使学生毕业论文写作尽可能偏向实务化研究，并将其作为法律硕士论文质量的评价指标之一。

（五）“本硕连贯”的复合机制

第一，将学生培养方向与其本科专业相衔接。如前所述，以往大多数即使设置了非法本法律硕士培养方向的院校，也基本上不要求学生在选择培养方向时必须与其本科专业相衔接。而这可能会使学生研究生期间法学知识的学习与其本科专业知识储备相分离，难以形成知识上的复合。为应对这一问题，在改革后的培养方案中，浙大法学院要求学生对研究方向的选择，原则上应当与其本科所学专业相衔接。例如，本科来自公共事业管理专业的学生，在攻读法律硕士期间，非特殊情况，鼓励其选择政府法务等培养方向进行学习。

第二，搭建学生复合能力培养平台。在非法本法律硕士研究生学习期间，除对其进行系统的法学课程教学外，还应加强与学生本科专业相关的交叉学科课程或知识的供给；同时，应为学生搭建起复合知识的运用实践平台，尽可能帮助学生从知识复合迈向能力复合。如本科为公共事业管理专业的学生，法律硕士阶段可以引导其选择政府法务方向，运用新行政法学的交叉学科研究方法，探索政府机构改革的法治化、公私合作引发的合作治理等议题。

第三，建立生源筛选机制，精选招生对象。目前，非法本法律硕士专业的招生，除法学本科毕业生不得报考外，并不限制考生的本科专业背景，以浙江大学为例，2014～2016

---

① 这一平台通过人工智能算法技术可对海量司法裁判文书的诉请要素、事实要素、争议焦点等裁判关键要素进行“关键词”式标注，使计算机习得、掌握裁判文书的底层要素结构及其适用场景，从而从其他案件庭审材料中自主识别、抓取出裁判关键要素，自动生成相应裁判文书。

级非法本法律硕士研究生分别来自78个不同的本科专业(见表2)。但是,显然有的专业与法学学科并无紧密关联,简单地为学生叠加两种无明显关联的学科教育经历,很难说是在培养复合型人才。因此,在未来非法本法律硕士招生时应适当筛选适合进行复合型法治人才培养的相关专业的生源,确保培养的可行性和有效性。

表2　浙江大学2014~2016级非法本法律硕士本科专业背景情况统计

本科专业背景	人数/人	本科专业背景	人数/人	本科专业背景	人数/人
英语	47	日语	2	广播电视工程	1
国际经济与贸易	14	社会学	2	汉语国际教育	1
行政管理	13	信息管理与信息系统	2	机械工程及自动化	1
汉语言文学	10	药事管理	2	交通工程	1
工商管理	9	药学	2	交通运输	1
金融学	8	应用化学	2	金属材料工程	1
公共事业管理	7	哲学	2	经济统计学	1
会计学	6	侦查学	2	勘查技术与工程	1
人力资源管理	6	植物保护	2	民族学	1
广播电视新闻学	5	资源环境与城乡规划管理	2	社会工作	1
财务管理	4	安全工程	1	生物技术	1
新闻学	4	保险	1	食品科学与工程	1
国际政治	3	编辑出版学	1	数学与应用数学	1
计算机科学与技术	3	财政学	1	数字媒体技术	1
经济学	3	茶学	1	投资学	1
劳动与社会保障	3	档案学	1	图书馆学	1
市场营销	3	电气工程及其自动化	1	文化产业管理	1
思想政治教育	3	电子商务	1	物理学	1
物流管理	3	电子信息科学与技术	1	物联网工程	1
园艺	3	动物科学	1	信息与计算科学	1
政治学与行政学	3	俄语	1	信息资源管理	1
资源环境科学	3	法语	1	刑事科学技术	1
材料科学与工程	2	翻译	1	应用心理学	1
传播学	2	飞行器制造工程	1	制药工程	1
工业设计	2	工程管理	1	治安学	1
历史学	2	公共关系学	1	自动化	1

五、结语

随着全面依法治国的推进,和社会分工的日益精细化,传统的统一规格的粗放型法治人才培养模式,已无法满足多元化、高质量、高层次的行业法治人才需求。这就要求卓越法治人才培养工作要及时跟上经济社会发展步伐,适时调整升级人才培养模式,使培养出的法治人才充分契合经济社会发展的需要,以符合国家治理能力和治理体系现代化的要求。

新时代法学教育与职业深度衔接的课程实施:理念与评价

吕　翾*

一、职业衔接之法学教育反思

(一)职业能力的缺乏

为适应经济与社会发展需求,我国法治思想与法学教育理念也在不断提升与锤炼,但仍存在三方面问题:其一,社会治理的法律"无为性"。表现为传统农耕社会意识强,强调借用熟人关系处理经济与社会问题,依靠普通人的正义观念、借助多年来形成的习惯、依靠领导权威来调整社会关系,似乎法律的实用性不大。这种观念虽经历多次变革,仍依顽固地遗存了下来,影响法学教育的价值取向与课程构造,使理论与实践失衡。其二,法学教育能力课程"空壳性"。首先,法学教育课程体系中理论性知识课程占比极高,反映人文素质、专业素养与职业能力的课程占比极低;其次,法学本科教育实训课程缺失,专业素养与职业能力未能与课程衔接,即使法学院院内设有实践教学中心,如模拟法庭、法律诊所等,也是空有"牌子",而无"里子";最后,实习教学环节时间较短,实务部门扎堆,学生忙于"赶场子"。其三,法学教育教学方法"传统性"。主要采取"满堂灌"的讲义形式,倚重背诵条文、标准答案以应对考试,缺乏专业素养与职业能力的严格训练。

法学教育职业能力的缺失,导致法学人才价值与经济社会价值需求严重不符,法学专业毕业生就业困难。麦可思研究院一直关注中国大学生就业问题,每年发布《中国大学生就业报告》。图1为麦可思研究院2011~2017年发布的7份《中国大学生就业报告》(就业蓝皮书),①从图表数据可知,法学专业就业率连续7年低于全国平均水平,与现实中法治国家与法治社会的发展需求极为不称。

* 华南理工大学法学院讲师,博士,主要从事法学教育研究。

① 各年数据参见麦可思研究院2010~2016年《中国大学生就业报告》(就业蓝皮书)。

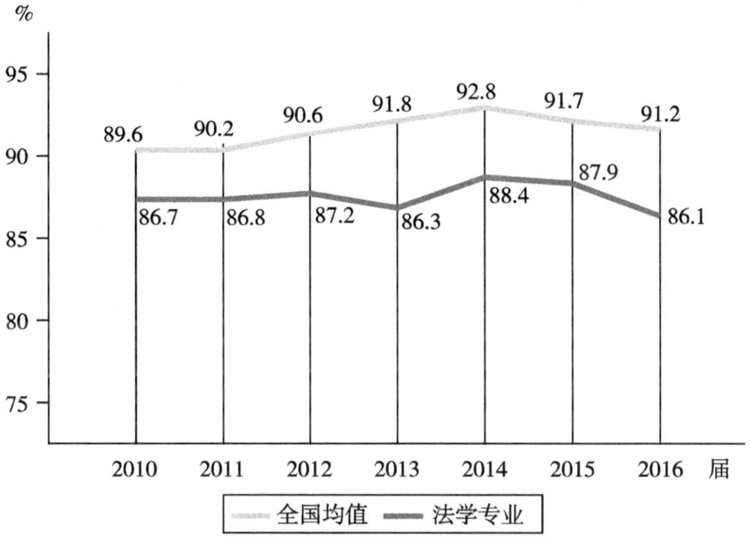

图1　2010～2016届大学本科毕业生就业率

（二）改革创新的需要

当今中国的改革开放不断深化，社会主义市场经济体系不断完善，经济关系与社会关系发生了快速与重大变化。一方面，中国经济快速融入全球化时代，大批中国企业实施“走出去”战略，陡然增加了防范海外法律风险、应对国际诉讼的必然性，需要培养高水平涉外复合型法律人才；另一方面，快速的城市化，使人员自由流动不断加速，催生了一个与农耕文明熟人社会不一样的现代文明陌生人社会。在这个社会里，经济关系与社会关系呈现复杂化、专业化与利益诉求多元化趋势，没有经过系统教育训练、具有专业知识与职业素质及能力的法律人难以应对。

为应对法学教育复合化与职业化培养趋势，2011年年末，教育部、中央政法委员会联合颁布《关于实施卓越法律人才教育培养计划的若干意见》（教高〔2011〕10号），指出：“培养应用型、复合型法律职业人才，是实施卓越法律人才教育培养计划的重点。要适应多样化法律职业要求，坚持厚基础、宽口径，强化学生法律职业伦理教育、强化学生法律实务技能培养，提高学生运用法学与其他学科知识方法解决实际法律问题的能力，促进法学教育与法律职业的深度衔接。”[①]这是一个国家层面的职业培养计划，可见意义非凡。

2014年10月，党的十八届四中全会作出了《中共中央关于全面推进依法治国若干重大问题的决定》（以下简称《决定》），《决定》确立了依法治国的总目标、法治体系

① 教育部、中央政法委员会《关于实施卓越法律人才教育培养计划的若干意见》（教高〔2011〕10号）。

及重大任务。实施依法治国方略,离不开正规化、专业法与职业化的法治人才培养。为此,党的十八届四中全会公报指出"创新法治人才培养机制,形成完善的中国特色社会主义法学理论体系、学科体系、课程体系,推动中国特色社会主义法治理论进教材、进课堂、进头脑,培养造就熟悉和坚持中国特色社会主义法治体系的法治人才及后备力量"。①

二、深度职业衔接之关键:课程逻辑

职业深度衔接的本质是职业能力(Occupational Ability),它是人们从事其职业多种能力的复合,是个体将所学的知识、技能和素养在特定职业活动或情境中进行类化迁移与整合所形成的能完成一定职业任务的能力。可见,职业能力的基本要素是知识、技能与素养。现代教育就是利用学校这一特殊环境中的课程来实现其能力要素目标的。因为,课程逻辑的历史、内涵与职业能力紧密相连,课程是实现职业能力的桥梁。

(一)课程的历史逻辑

无论是中国史还是世界史都证明,人类文化的传承与发展离不开教育,教育的最优方式是课程。在中国古代夏商周时期,学校皆以"礼、乐、射、御、书、数"为基本教学科目,这就是中国古代最早的专门化课程体系——"六艺"。春秋战国时期,儒家私学课程成为先秦课程的主导,孔子也就成为中国古代人文课程体系的奠基人。孔子尊崇周礼和西周时期的"六艺"教育,并编订了《诗》《书》《礼》《乐》《易》《春秋》等儒家课程来教授学生,即后来的《六经》课程,也是中国第一套较完整的教科书。唐、宋时期,理学兴起,宋朝的朱熹是理学的集大成者,他提出《大学》《中庸》《论语》《孟子》,合称《四书》课程,并为《四书》详加注释,它与《诗》《书》《礼》《易》《春秋》合称《四书》《五经》,成为封建社会后期学校的标准课程与教材,并成为元、明、清三代封建学校课程。②

课程的历史变迁,看似一个时间流逝的过程,但这水滴石穿的进程中,折射着人类文明与文化不断传承、修正与发展的必然,是人类应对自然环境与社会挑战的能力不断提升的结果,客观反映人的能力提升背后教育目的与教育目标实现的心路历程和人们对这一历程的认识观,课程能力的逻辑是上述历程在思维中反映的次序和进程。没有课程发展历史,就不会有思维意义上的课程;没有思维的进步就不会有人类能力的进步。课程的历史,特别是课程客观发展的过程是在先的,它决定着课程逻辑,是课程逻辑产生的基础、人类能力发展的基础。正如恩克斯指出,"历史从哪里开始,思想进程也应当从哪里开始,而思想进程的进一步发展不过是历史过程在抽象的、理论上前后一贯的形式上的反映"。③ 由此可见,课程—思维—能力,一脉相承。

---

① 《中共中央关于全面推进依法治国若干重大问题的决定》及十八届四中全会公报。

② 参见孙培青:《中国教育史》(第3版),华东师范大学出版社2009年版,第23页。

③ 中央编译局主编:《马克思恩格斯选集》(第2卷),人民教育出版社2012年版,第122页。

(二)课程昭示能力的内涵逻辑

1. 课程定义折射能力取向

关于课程的定义,一般为对育人目标、教学内容、教学活动方式的规划和设计,是教学计划、教学大纲和教材全部内容及其实施过程的总和。从中可提炼出两个关键词,即"育人目标"与"总和"。这两个关键词内核就是课程的能力折射。首先,目标牵引着能力,有什么样的目标,就需要什么样的能力,与之产生对应的课程。因为,课程它是人格形成实践过程中进行内化的手段,是将目标化为手段的转化力。① 这种转化力是人类自我能力发展的内动力。今天,航天科技的飞速发展,就源于人类飞天目标的梦想。同样,"育人目标"的规划,就是对人综合能力的规划,就是课程的能力前行轨道,课程能力目标到达之时,就是"育人目标"实现之日。此外,"总和"是集合概念,折射着课程就是一个体系。这种课程体系式人才培养是人类智慧的精髓,也是现代教育最本质的特征。

2. 课程理念引领能力方向

其一,课程理念的本质就是课程的价值观,是课程建构的指导思想与方法论。不同的价值观,指导思想就不同,就会引领出不同的课程方向、不同的育人轨道。通过价值观取向修正课程轨道,明确课程目标方向,调整课程方式与结构,从而促使能力沿着课程理念指引的方向形成与发展。其二,课程理念引领方法论。方法论在能力实现与效果上能发挥积极的指导作用。现代人文社会科学研究表明,方法论普遍适用于各类具体人文社会科学并起指导作用。此外,方法论也是一个哲学概念,因为方法论总是与价值观即指导思想相联系的。什么样的课程理念,就决定什么样的方法论去指导能力的实现。杜威"儿童中心论"的课程理念,为其活动课程论的产生提供了理论与方法指导。杜威的活动课程不仅对接受基础教育的学生的能力与素质发展产生积极促进作用,也对20世纪的课程理论与实践产生了深远影响。②

3. 课程结构实现能力转化

课程结构,是指课程各部分的组织和配合,它使课程各组成部分有机联系起来。简约的分析课程结构,可以用数学映射模型来描述,这种数学模型将课程与能力密切关联的映射关系,展示得一览无余(见图2)。由此可见,能力与课程的映射式对接,使能力有机转化为可以实施的课程系统,通过科学的课程方案、课程实施与课程评价,达成既定的能力目标。因此,课程结构起到能力目标实现的桥梁纽带作用。现代教育的发展已经证明:建构一个系统的、专业的、科学的和标准的课程结构体系是实现能力目标关键所在。

---

① 参见[日]筑波大学教育研究会主编:《现代教育学基础》,钟启泉译,上海教育出版社2003年版,第52页。

② 参见梁花、李雪梅:《杜威教育思想对我国学校教育的启示》,载《教育探索》2008年第11期。

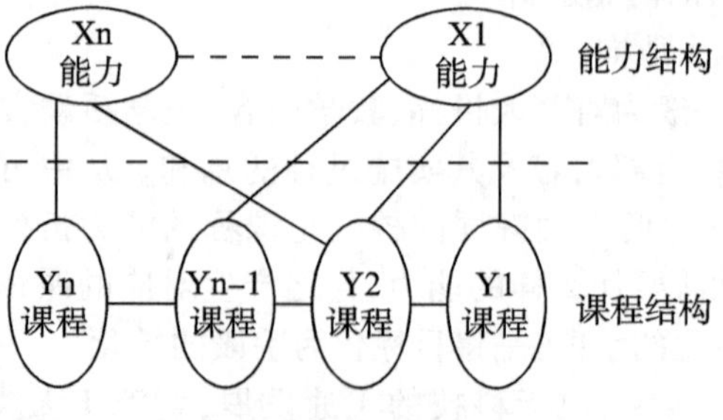

图2 能力与课程关系

三、法学课程四维建构之策略:理念、机制、路径与评价

(一)树立"共享与发展"之法学教育新理念

长期以来,作为培养法律人的法学教育,一直与上层建筑和意识形态联系紧密,基于这一点,学界一直不太认可法学教育也是职业教育。所形成的法学教育理念,便是"理论至上,组织治理"的模式。这种法学教育理念,会无形地在教育教学中形成一种特定"社会环境",这种"社会环境"正如杜威描述的"包括促成或阻碍、刺激或抑制生物的特有的活动的各种条件"。① 置身于这种"社会环境"中的法律人,为了自身需要,必须接受并适应这种"社会环境"。这种"社会环境""引导他看到和感觉到一件东西,而不是另一件东西……它强化某些信仰而弱化另一些信仰作为赢得他人赞同的一个条件"。② 因此,这种人治思维,潜意识地造成了法律人自我发展动力不足、服务社会能力不足。

随着我国改革开放的不断深入,城市化带动社会加快转型,农耕社会已经转型为现代陌生人社会,社会形态已由关系简单化与利益单一化,演化为关系复杂化与利益多元化,法律人服务社会能力不足的矛盾更凸显。这已为广大法学教育工作者所诟病。"教育作为服务的一种,必须主要考虑满足受教育者以及社会的需要,而非满足教育者(大学、教授)自身的期望。因此,法学教育必须主要考虑毕业生将来的人生和职业需要。显然,学生最希望的是法学教育能够为其将来的职业生涯打下坚实的基础,而这也是社会对法学教育的首要需求。"③因此,我们必须顺应新时代的呼求,有意识地强调法律的职业性,把法律职业的内涵彰显出来。不能片面看重法律职业管理社会的职能,而忽视其服务社会、服务他人以及个体发展的功能。课程是"跑道",但不是一般的"跑道",它既是能力竞技的跑道,更是思想升华的跑道。因此,以人的发展为中心,倡导并树立"共享社会价值与人的发展价值"的法学教育新理念,扭住法学教育与法律职业深度衔接这一关键环节,明确法学教育既是培养法律人的教育更是培养人才的教育。法学生必须具备

① [美]约翰·杜威:《民主主义与教育》,王承绪译,人民教育出版社2001年版,第17页。

② [美]约翰·杜威:《民主主义与教育》,王承绪译,人民教育出版社2001年版,第17页。

③ 葛云松:《法学教育的理想》,载《中外法学》2014年第2期。

厚重的理论基础、优良的人文素质，专业的法律素养与法律实务技能，并能综合运用法学与其他学科知识方法解决实际法律问题的能力。

（二）重构"职业复合能力"的课程机制新体系

1."职业复合能力"入课程

传统的法学课程机制聚焦在学科的理论性、系统性和专业性之上，重视知识的记忆、重视学生的现实需要；但轻视职业技能、轻视人文素养、轻视社会应用能力、忽视学生未来发展。这种课程机制体系的目标显然与职业能力偏离甚远，不能应对新时代的要求。正如美国大学与学院联合会的观点："今天加速发展的社会变革，突出表现为知识的急剧发展，因此，大学课程与教学就需要把知识传输观转变为能力培养观。"①因此，我们必须有意识地强化法律的职业性与经验性，重构"职业复合能力"的法学课程机制新体系，彰显法律职业能力的内涵。

不言而喻，传统的课程机制必须重构，课程设置应紧扣人才培养目标。法律人才培养的核心，"就是课程结构体系，通过课程安排为学生今后从事法律职业提供各种知识、能力与素质准备。在课程的设置上，应从学科的整体发展和综合平衡着手，宜通过整体优化的课程结构传授给学生整体性的知识，注重交叉学科知识对法学的影响及法学学科领域内的应用，注重相关法律部门专业领域内技术性知识的教学"。② 同时，课程要有前瞻性与整合性，不仅关注学生的现实需要，更要关注学生的职业生涯发展；职业判断不只停留在单一职业上，而要有基于职业群（Occupational Cluster）的思维，课程的整合要体现学校课程（学术性与职业性）、工作课程（发展性）与社会课程（合作性）的优化融合。③因此，法学课程重构必须坚持"能力导向，发展为本"这一原则。"能力"是一种职业复合能力，涵盖法治思维与伦理价值、法学理论与应用技能、方法能力与社会的能力等多元要素的优化复合，具备履行服务现代社会的能力；发展是关于人的发展、人与社会的和谐进步。牢握时代脉搏，使课程机制体系充分体现"共享社会价值与人的发展价值"的法学教育新理念；改变旧的单一课程模式，让反映时代进步与有利个人发展的"职业复合能力"进入课程，形成创新性"职业复合能力"的法学课程机制结构，如图 3 所示。其旨意是，从职业能力目标出发，将其分解为六大能力要素，重构形成一个新型法学课程系统，用 5 种组合模式实施教学确保实现能力目标。

① 吕林海、龚放：《美国本科教育的基本理念、改革思路及其启示——基于 AAC&U 的相关研究》，载《教育发展研究》2012 年第 3 期。

② 焦富民：《"法治中国"视域下法学教育的定位与人才培养机制的优化》，载《法学杂志》2015 年第 3 期。

③ 参见郑阳：《STC 理念下美国职业教育课程改革的启示》，载《江苏广播电视大学学报》2008 年第 4 期。

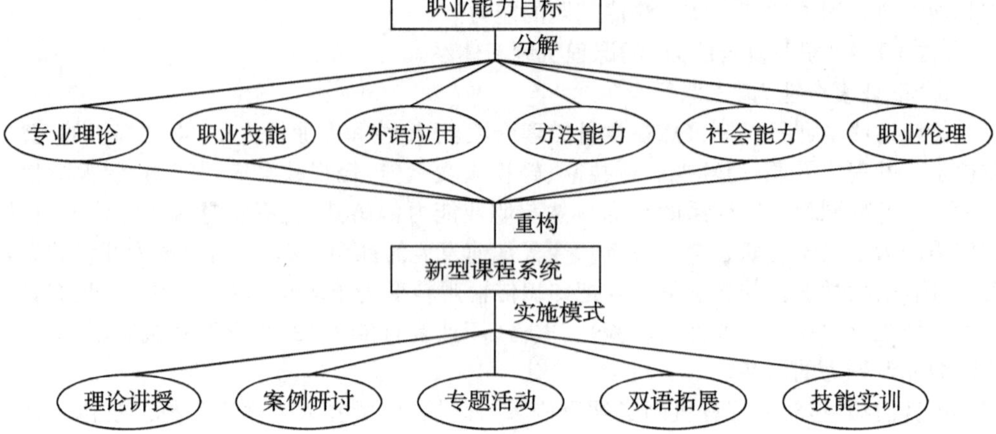

图3　课程机制结构

2. 职业能力六大要素解析

职业能力的实质是一种复合能力,进入课程的职业能力必须创新分解,方能科学实施。因此,形成职业能力六大要素分解策略。以职业能力为目标,将其进行要素分解,分为专业理论、职业技能、外语应用、方法能力、社会能力和职业伦理六大要素模块。

(1)专业理论。这是课程的基石,也是法律科学得以产生、发展的基础。但是,课程重构不是照搬原有专业理论,而是运用加减法式"课程整合"方略,以减为主。对原有专业理论进行削减与转移、保留与更新。削减部分陈旧、与时代发展趋势不相符的理论;转移部分简单与深奥理论至隐性课程与选修课程;保留经典并与关键理论组合重构;把新时代呈现的新理论充实于新课程中。

(2)职业技能。法律职业是一门需要经过特殊训练的职业。一方面,要转变思想观念,承认法学教育也属于职业教育,需要职业技能的有力支撑;另一方面,要顺应新时代呼求,通过课程牵引,完善与补强校内实训设施建设,设置"包括法律推理技能、法律解释技能、法律诉讼技能等"职业技能课程;①实施积极合作互惠策略,大力开拓校外实训基地,借力校外实务部门开展职业技能岗位训练。双管齐下,全方位提升职业技能水平,满足经济与社会对当代法律人职业能力之要求。

(3)外语应用。中国的改革开放是全方位的、面向世界的。自中国加入WTO以来,中国的社会主义市场经济已高度衔接于世界,世界离不开中国,中国也离不开世界,经济市场化与全球化不可逆转,市场经济是法治的经济与制度的经济。必须培养既能熟练掌握两大法系(大陆法系和英美法系)相关的涉外法律法规,并知晓经济规则、外商投资、国

① 参见蒋悟真、黄越:《依法治国与法治人才培养机制的创新》,载《江西财经大学学报》2015年第1期。

际贸易、反垄断与知识产权保护等知识,同时又具有优秀外语表达应用能力的复合型法律人才,才能在制度创新与法治进步的环境中应对全球化挑战。

(4)方法能力。主要包括提出问题能力、收集信息能力、交流能力、集中注意能力以及法律思维与方法。这些能力关乎法律人职业发展与个人价值的实现。课程要引导学生树立科学辩证的思维方式,在逻辑思辨、合理优化与价值判断各方面得以较快提升。其一,良好的语言沟通。言语是情感沟通、信息传递的快优方式,法律服务者与当事人交流并不全是谈法律,让别人接受、信任你才是关键;其二,信息收集与加工。我们处在一个高度信息化的时代,树立"大数据思维"十分必要。"在信息时代,我们应充分认识大数据对法律行业的意义,积极利用大数据带来的新思维、新方法推动法律行业发展。"① 不仅凭经验提升职业能力,而且运用数据化思维、借助数据分析工具也是积累经验与拓展能力的优方式。唯有掌握方法、善用方法、创新方法,方能发展。

(5)社会能力。主要包括合作能力、自控能力、激励与抗挫折能力。职业是社会分工的产物,离开社会就没有职业,提升社会能力是实现职业价值的保障。课程应以多方式活动与共同作业模式,促进学生与社会交流互动、学生与学生间合作互助;倡导合作思维,善于同行间精诚合作、专业化分工,高效率服务市场需求;倡导社会化思维,法律人要走出法律的世界,开拓视野,多了解社会其他行业领域运作方式,提升全方位服务水平。顺应时代潮流,把控社会需求,在合作中彰显个性,在共生中互惠多赢。

(6)职业伦理。主要包括道德品质、行为规范与价值判断。无论是可能拥有公权力的公、检、法、司与立法职业人,还是提供法律服务与法律教育的涉法职业人,修身立德、矢志不渝,提升伦理道德修养与法律人格伦理,尤为重要。正如英国著名思想家弗朗西斯·培根所说,"一次不公正的(司法)判断比多次不平的举动为祸尤烈。因为这些不平的举动不过弄脏了水流,而不公正的判断则把水源败坏了"。② 所以,不仅是要专门开设"法律职业伦理"课程;更重要的是,要将法律职业伦理的精髓以渗透的方式融入课程重构之中,充分体现法治精神与价值判断、道德品质与职业形象。

(三)探寻"内外交融"与"知行合一"之实施路径

以职业能力为目标抓手的法学课程重构,应以创新法学课程与探索新型校本课程开发、开展横向合作,引入实务部门参与法学课程开发与开展国际交流,引进部分国际先进的法学课程作为主要实施路径。

1. 创新重构法学课程与探索新型校本课程开发

首先,对现行法学课程实施创新重构。依据图 3 所示的课程机制结构,将"职业复合能力"以六大能力要素的方式进入课程,并以 5 种组合模式实施教学。其次,逐渐改变法

---

① 蒋勇:《迎接法律行业的大数据时代(新知新觉)》,载人民网,http://opinion.people.com.cn/BIG5/n1/2017/0221/c1003-29094883.html。

② [英]弗朗西斯·培根:《培根论说文集》,水天同译,商务印书馆 1983 年版,第 193 页。

学课程只由少数专家开发的传统,探寻由学校、教师与学生共同参加的新型校本课程的开发机制。充分利用区域与学校优势,充分调动教师的积极性与创新性,充分考量学生自身能力与个性特质。以“与众不同”的理念开发旨在发展学生个性特长的、多样的、可供学生选择的法学校本课程。

2. 开展横向合作,引入实务部门参与法学课程开发

开展横向合作,引入实务部门参与法学课程开发,是符合现代教育理念和“卓越法律人才培养计划”基本思路的。人大、政府、法院、检察院、法律事务所、仲裁委及公司企业法务部门都是创新法学教育教学模式可以有效利用的宝贵资源库,充分利用好国家相关法规与政策,以及实务部门对新型法律人才的需求,积极主动地开展与实务部门的深度合作,通过参与法学课程开发,使课程的“职业特色”更具有活力与创新力。

3. 开展国际交流,引进部分国际先进的法学课程

中国的法学教育,相对国际先进法治国家,在历史积攒与经验积累上均凸显不足。秉承“古为今用,洋为中用”的开放思维,开展国际交流与合作,十分必要。积极与国际知名法学院与法律机构进行交流与合作,引进部分国际先进的法学课程为我所用,为培养能与国际接轨的、具有国际视野的、满足国家对外开放需求的复合型法律人才服务。

(四)创建“多元要素”与“图形描述”之评价模式

1. 确立以多元智能理论为引领的课程评价理念

传统课程教学评价以传统智力理论为基础。这种理论认为,语言能力和数理逻辑能力是智力的核心,智力是以这两者整合方式而存在的一种能力,形成了主要集中在对语言智力与数理逻辑智力进行测量的“标准化智力测验”。美国哈佛大学教育学院心理发展学家霍德华·加德纳(Howard Gardner)对这种传统智力理论提出了最彻底的挑战。他认为,智力测验的频繁使用,使它把人进行了分类并贴上标签,用以判断人的弱项和短处而非长处。智力并不是一个容易“被测量”的东西,如果一定要去测量智力,那么应当侧重该智力所要解决的问题或在运用该智力时表现出来的创造性能力。智力总是以组合的方式进行的,每个人都是具有多种能力组合的个体,而不是只拥有单一的、用笔纸测验可以测出的解答问题能力的个体。在1983年出版的《智能的结构:多元智能理论》(*Frames of mind: the theory of multiple intelligences*)一书中,加德纳把“智能”(intelligence)定义为“智能就是解决问题或者创造产品的能力,这种能力在一种或多种文化背景下受到珍视”。① 他认为,智力的基本性质是多元的,不是一种能力而是一组能力;其基本结构也是多元的,各种能力不是以整合的形式存在的,而是以相对独立的形式存在的。他首次提出并着重论述了多元智能理论的基本结构,即构成智力的8种智能:语言智能、逻辑—数理智能、空间智能、运动智能、音乐智能、人际交往智能、内省智能、自

① [美]加德纳:《智能的结构》,沈致隆译,浙江人民出版社2013年版,第445页。

然观察智能。由此,提出了“智能本位评价”的理念,主张“情景化”评估,在多种不同的实际生活与学习情境下进行,从而真正体现评价方式的多元化和情境化。在加德纳看来,智力并非像传统智力定义的那样,是以语言与数理逻辑等能力为核心的,也并非以此作为评价智力水平高低的唯一标准,而是以能否解决实际生活中的问题和创造出社会所需要的有效的产品的能力为核心的,也以此作为评价智力水平高低的标准。①

诚然,多元智能理论强调,培养学生服务社会的创新能力、实践能力和发展能力,超越了传统教学评价的范围。因此,我们建立的新评价体系应超越过去单一的评价标准。以多元智能理论为课程教学评价理念引领,用全面的、多维的和发展的评价体系来衡量教学质量,创建“六维要素”(专业理论、职业技能、外语应用、方法能力、社会能力与职业伦理)的法学课程教学评价模式,使职业技能、非专业能力与职业价值等多智能要素进入评价体系中,让教学考核从单一的纸笔测试中解放出来,通过“六维要素”的评价驱动,全面提高法律人服务社会、善于创新与可持续发展的能力。

2. 构建“六边形评价图”模式

“多维要素”评价比较好的实施模式是“图形描述”评价结果,因为图形评价具有良好的直观性和可视性,又能较好地反映多元性。因此,运用“图形描述”来创新评价模式,具备较强的可操作性与全面性。所以,选择正六边形来描述能力的“六维要素”,并形成如图4所示的“六边形评价”。

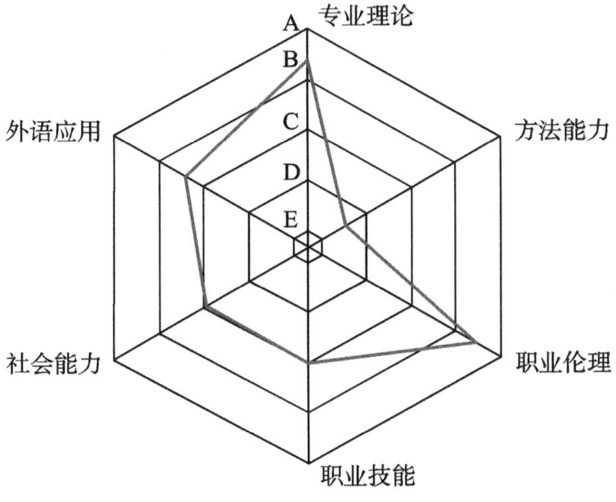

图4　六边形评价

教学评价时,将每个考核能力元素,对应六边形的6个节点,并分为5个区域,即5个

① 参见[美]加德纳:《智能的结构》,沈致隆译,浙江人民出版社2013年版,第447页。

等级,用A、B、C、D、E表示,组成5个标准的六边形。其中,A区域对应的六边形面积最大,是理想的目标图形,反映多元能力要素最优;而E区域对应的六边形面积最小,反映多元能力要素最弱。将教学过程中学生学习效果用6个要素分5个等级在图上标出,得到学生考核六边形,用这个六边形面积的等级对学生实施评价。学生成绩单不用分数表示,直接用考核六边形来表示。图4中的线构成的不规则六边形就是一个具体的学生学习成绩考核图。这样的考核图,既能全面反映学生多元能力,又能直观看出学生特点,使学生知道自己的优势与不足,看清努力方向,指导学生将其优势领域的特点迁移到弱势领域中,从而促使其弱势领域得到尽可能的发展,引领学生能力全面、可持续发展。

新科技革命与知识产权教育改革研究*

张怀印** 操友根***

我国加入国际知识产权公约以来,国内创新能力和产出水平进一步提高,我国的知识产权制度、教育和事业都取得了长足进步,国际知识产权地位也快速提升。① 根据国家知识产权局知识产权发展研究中心发布的《2019 年中国知识产权发展状况评价报告》显示,中国知识产权国际排名已从 2014 年的第 20 位快速跃升至第 8 位,平均每年提升近 3 个位次。② 综观这 40 余年来我国取得的知识产权成就,可以发现:知识产权教育培养了大批专业人才,推动了知识产权制度的建立;知识产权制度孕育了科学技术;科学技术的发展促进了知识产权教育的改革;知识产权教育革新又推动了知识产权人才的提升,进而再次推动知识产权制度的完善和科学技术的进步。③ 其中,知识产权教育作为基石,为科学技术和知识产权制度的相互促进提供了源源不断的人才保障。

当前世界已进入以人工智能、区块链、云计算、大数据、信息物理系统为代表的第四次科技革命即新科技革命时代。④ 新科技革命起源于德国的工业 4.0,自 2016 年在世界经济论坛被首次提出后,备受关注并成为众多发达国家战略议程的重要内容。我国也高度重视新科技革命带来的机遇,积极推进世界科技强国战略和创新驱动战略的实施。新科技的涌现和广泛运用,促进了新业态、新商业模式的出现和发展,使知识产权的内涵更丰富,外延得以扩展,这对知识产权工作者提出了更高的素质要求。然而,我国当前高校知识产权人才培养已陷入"高校知识产权人才规模难以满足社会需求、高校培养的知识

---

* 基金项目:上海高校智库内涵建设计划项目"新科技革命背景下知识产权交叉学科设置问题研究"。

** 副教授,博士研究生导师,博士。研究方向:知识产权、商标法。

*** 博士研究生。研究方向:知识产权与竞争。

① 参见冯晓青、周贺微:《我国知识产权高等教育四十周年:成就、问题及其解决对策》,载《法学教育研究》2019 年第 4 期。

② 参见《2019 年中国知识产权发展状况评价报告》,载中国经济网,http://www.ce.cn/xwzx/gnsz/gdxw/202009/14/t20200914_35737794.shtml。

③ 参见单晓光:《新一轮科技革命与中国的知识产权战略》,载《人民论坛·学术前沿》2019 年第 13 期。

④ See Jisun Jung, *The Fourth Industrial Revolution, Knowledge Production and Higher Education in South Korea*, Journal of Higher Education Policy and Management, Vol. 42, p. 136(2020).

产权人才难以满意社会需要以及高校培养的知识产权人才难以走向国际”的困境,①必须继续改革,以适应新科技革命对知识产权人才培养的需求。

因此,新科技革命时代如何优化知识产权人才培养模式,创新知识产权人才培养途径是我们面临的重大挑战。本文通过分析新科技革命时代知识产权教育面临的挑战,借鉴国外知识产权人才培养的先进经验,建议加速从学科设置、课程体系、教学模式和师资建设等方面对知识产权高等教育进行变革,以培养出更适合的复合型、应用型人才,构建并优化新时代知识产权制度,助力国家占领新科技革命的“制高点”。

一、新科技革命对我国知识产权教育的挑战

与前3次技术革命相比,新科技革命呈现三大特点:多学科的跨界融合;全新的经济业态、生产组织形式;高素质、多技能的劳动力需求。② 这些特性给知识创造、组织发展以及人才培养带来迅猛和颠覆性的变化,促使各国相继颁布国家科技创新战略和新型人才发展战略。为适应新科技革命发展,服务中国战略规划,需要强大的新型知识产权人才的储备和支持,因此,清楚地认识新科技革命对知识产权高等教育带来的挑战将更加有利于我国突破知识产权人才培养的“瓶颈”。

(一)新科技革命对知识产权学科设置的影响

新科技的发展孕育出重大的创新突破,尤其是在各国创新政策重点支持下,人工智能、先进材料、精准医学、基因技术、量子通信、先进制造、航空航天、新能源与绿色环保等前沿科技创新领域均取得重大成果。③ 然而,新科技领域也是当前知识产权保护的“盲区”。根据乌镇智库发布的《乌镇指数:全球人工智能发展报告(2016)》显示,全球人工智能专利申请数量,美国、中国、日本位列前三甲,专利申请数量总和占全球专利申请总量的73.85%。但是最前沿的人工智能技术很多都超越了传统理念,引发了越来越多的知识产权纠纷,如“小i机器人”与苹果持续多年的司法“纠缠”。④

因此,加强对新科技领域创新成果的保护必定需要大量受过跨学科知识和技术教育的复合型知识产权人才作为后盾。⑤ 而当前我国知识产权人才的培养主要是放在法学一级学科下的民商法学、经济法学、国际法学等学科,以及管理学一级学科下的公共管理、

---

① 参见张怀印:《论高校知识产权人才培养的困境与模式创新》,载《西南科技大学高教研究》2019年第1期。

② 参见解勇:《新科技革命背景下生产资料优先增长规律——基于中国数据的再研究》,南京财经大学2019年硕士学位论文,第1页。

③ 参见徐治立、霍宇同:《新科技革命背景下国外创新政策发展趋势探析》,载《北京航空航天大学学报(社会科学版)》2019年第4期。

④ 《2019年中国知识产权发展状况评价报告》,载搜狐网2016年10月17日,https://www.sohu.com/a/116370514_483389。

⑤ 参见张怀印:《复合型知识产权人才培养与知识产权交叉学科设置的必要性》,载《长春教育学院学报》2020年第5期。

企业管理、管理学科与工程等学科。同时,很多高校都是按照法学或管理学之下的二级学科招生培养,这种传统模式制约了复合型知识产权人才的培养。如区块链在新技术革新和产业变革中发挥重要作用,①但是如何培养出既精通知识产权又懂得区块链技术的人才是知识产权教育面临的重大挑战。因为在大学教育"学科专业化"培养的背景下,区块链属于理工科分支,知识产权法属于文科分支,这对于"寄居"在法学院或者管理学院的知识产权教育很难突破法学或者管理学科的限制,融合法学、管理学、情报科学、自然科学等多个学科的知识去培养真正的交叉学科人才。

(二)新科技革命对知识产权生源和培养体系的影响

新科技革命是新产业革命的先导,通过科技成果的产业化、市场化培育出全新的商业形态,改造了传统的产业模式。② 这不仅创造出新的岗位如数字化管理师、大数据工程技术人员、人工智能工程技术人员、工业机器人技术人员及物联网安装调试员等,③促进就业能力提升;也对原产业的从业人员如专利代理、商标代理、知识产权律师、知识产权行政司法人员提出更高的素质要求:既要有理工科背景,又要具有经济、管理、创新和知识产权方面的知识和素质,能够随着行业发展去解决未来问题。④ 如关于人工智能知识产权保护和纠纷处理就要求执业人员对计算机科学、大数据、专利法、版权法等有深刻的理解。⑤

因此,上述多元能力的培养要求对知识产权高等教育的复合型人才招收方式和培养体系提出挑战。生源直接决定了知识产权人才培养的成就大小,而培养方案则更是影响了知识产权人才培养的质量好坏。但是如前所述,现有知识产权学科大多依托于法学或者管理学一级学科之下,一级学科的培养方案要求和学科评价体系制约着知识产权培养方案的制订。如以法学硕士(知识产权)研究生的培养为例,按照教育部的法学门类,共计16门课程左右,其中不少法学核心课程属于必修或必须设置的课程,留给知识产权方面的课程屈指可数。而且国内高校在知识产权的课程体系设置上还存有争议,主要在于其中理工课程、管理课程和法学课程的比例差异,即究竟是要"法学 + 知识产权 + 经济管

---

① 参见黄武双、邱思宇:《论区块链技术在知识产权保护中的作用》,载《南昌大学学报(人文社会科学版)》2020年第2期。

② 参见易信:《新一轮科技革命和产业变革对经济增长的影响研究——基于多部门熊彼特内生增长理论的定量分析》,载《宏观经济研究》2018年第11期。

③ 《十三个新职业发布 人工智能工程技术人员、无人机驾驶员等榜上有名》,载国家市场监督管理总局网,http://www.samr.gov.cn/xw/mtjj/201904/t20190404_292586.html。

④ 参见胡翠平、秦林滋、孙焱:《加强"新工科"人才知识产权素质教育研究》,载《河南科技》2020年第27期。

⑤ 参见管育鹰:《人工智能带来的知识产权法律新问题》,载《贵州省党校学报》2018年第5期。

理型”,[①]“理工为主,知识产权为辅型”,还是“知识产权为主,理工为辅型”?[②] 故当前知识产权培养体系既无法吸引跨学科背景的优秀生源报读,也无法提供交叉学科的专业课程供学生学习,这将会严重影响复合型知识产权人才的培养。

(三)新科技革命对知识产权教学内容和师资建设的影响

新科技革命在促进创新突破和产业新兴的同时,也引发众多的知识产权新现象和问题。如新科技革命对知识产权制度的挑战,包括科技发展对知识产权保护客体范围的挑战[③]、科技迭代加速发展对发明专利授权时限的挑战、“分段式”技术知识产权保护与创新产品市场应用之间的矛盾。[④] 新科技革命对知识产权保护的挑战,包括互联网领域的著作权新型案件不断涌现,[⑤]平台经济的发展导致数字环境下的不正当竞争案件多发,[⑥]超链接、屏蔽广告、数据抓取等方面的案件频繁出现等。[⑦] 这些都为以实践应用为导向的知识产权教育提供了丰富崭新的教学素材和研讨主题。当然,也对知识产权教学内容和复合型授课师资提出重大挑战。

然而,国内知识产权教育实行封闭式、“填鸭式”教学,内容仅停留在书本和理论层面,缺乏对知识产权时代性强、交叉性多、知识更新快等特点的准确把握。[⑧] 同时,囿于学科之限制,很多高校的知识产权师资偏向法学或管理学等单一学科,教师往往缺乏交叉学科研究的经验,在授课、学生论文指导方面往往力不从心。也很少聘请专利代理机构,知识产权行政、执法和司法机关等实务工作者参与课程教学。[⑨] 因此,跨学科、复合型师资力量的不足是影响知识产权人才培养质量的重要因素:限制了学生对知识产权最新知识的掌握、知识产权实操流程的认识和国际化视野的扩展。

二、新科技时代国外知识产权教育的实践经验

国外知识产权法律制度历史悠久,知识产权保护环境友好,知识产权事业发展繁荣。

---

① 参见谢惠加:《基于产学研结合的知识产权人才培养模式研究——以华南理工大学知识产权专业学位为例》,载《科技管理研究》2012 年第 11 期。

② 参见詹映:《关于理工背景知识产权硕士研究生培养的几点思考》,载《工业和信息化教育》2018 年第 2 期。

③ 参见闫文锋、王福涛:《新科技革命对我国三种专利保护客体模式的挑战》,载《知识产权》2017 年第 12 期。

④ 参见尹锋林、肖尤丹:《以人工智能为基础的新科技革命对知识产权制度的挑战与机遇》,载《科学与社会》2018 年第 4 期。

⑤ 参见阮辉玲:《互联网环境下著作权的法律纠纷问题及对策》,载《厦门理工学院学报》2018 年第 6 期。

⑥ 参见杨旭:《论网络平台新型不正当竞争行为的法律规制》,载《法制与社会》2018 年第 3 期。

⑦ 参见郭壬癸:《互联网视频广告屏蔽行为的竞争法规制研究》,载《电子知识产权》2018 年第 8 期。

⑧ 参见易华、玉胜贤:《“互联网 +”视域下我国高校复合型知识产权人才培养》,载《湖南商学院学报》2015 年第 4 期。

⑨ 参见崔汪卫:《知识产权学科教学面临的困境与应对》,载《安庆师范大学学报(社会科学版)》2015 年第 3 期。

根据美国商会全球创新政策中心(Global Innovation Policy Center,GIPC)发布的《2019 年美国商会国际知识产权指数:启迪未来》的报告显示,①知识产权指数排名前 10 名的国家依次是美国、英国、瑞典、法国、德国、爱尔兰、荷兰、日本、瑞士、新加坡。其中,美国以 42.66分连续第 7 年位居全球首位。② 以上发达国家知识产权成就的取得都离不开对促进和保障创新发展,影响综合竞争力提升的知识产权及其教育的重视。尤其是在新科技革命推动下,各国既不断调整科技创新政策与战略,如《美国创新战略》《欧盟"地平线 2020"框架计划》《德国 2020 高科技战略》《法国"未来工业"战略》《日本科技创新综合战略 2015》等,加快前沿科技领域的研发;也不断探索新型知识产权人才培养模式,如跨大学或者跨学院的联合培养项目,跨领域的交叉课程体系、跨学科的专业师资以及多样的教学形式等。下文将详细阐述国外知识产权教育如何创新人才培养方式以适应新科技革命对复合型知识产权人才的需求。

(一)设立知识产权联合培养项目

国外大学知识产权专业开设早,经过多年发展,已形成完善的教育体系,既有本科、硕士和博士的学位进阶教育,也有短长期的专项培训项目。然而,这些学位教育或者培训项目的讲授内容侧重知识产权法。张惠彬和沈浩蓝(2018 年)通过对全美前 50 名大学法学院的知识产权课程的分析,发现大多数学校最常见的课程是介绍性和调查性的课程,包括"专利入门""商标入门""版权入门""国际知识产权法"等。③ 为更好适应新科技时代和知识经济的需要,国外大学早已积极探索设立知识产权联合培养项目。如德国慕尼黑知识产权研究中心设立与马克思普朗克创新与竞争研究所、奥格斯堡大学、慕尼黑工业大学以及乔治华盛顿大学法学院的知识产权人才联合培养 LLM. IP 硕士项目。④ 美国斯坦福大学基于自身的学科特色和资源优势先后与医学院设立知识产权医学联合培养 JD/MD 项目;与生物科学学院设立知识产权联合培养 MS/Ph. D 项目;与计算机科学学院的知识产权联合培养 MS 项目;与商学院设立知识产权联合培养 JD/MBA/Ph. D 项目。⑤ 美国宾夕法尼亚大学凯里法学院与工程学院联合设立法律与技术(知识产权方向)JD/MS、MSE/MCIT 项目。⑥ 英国伦敦大学玛丽皇后学院也与工商管理学院联合设

---

① 《2019 年美国商会国际知识产权指数:启迪未来》报告从专利、著作权、商标、商业秘密、知识产权商业化、执法、系统效率、加入和批准的国际条约 8 个方面,分 40 个指标对全球范围内 50 个经济体知识产权保护环境进行了评价。

② Global Innovation Policy Center, U. S. Chamber International IP Index 2019, https://www. theglobalip-center. com/ipindex2019/.

③ 参见张惠彬、沈浩蓝:《美国知识产权法学教育的发展状况研究》,载《法学教育研究》2018 年第 22 期。

④ Munich Intellectual Property Law Center, LL. M. IP, https://www. miplc. de/llm-ip/.

⑤ Stanford Law School, Joint Degree and Cooperative Programs, https://law. stanford. edu/education/degrees/joint-degrees-within-stanford-university/#slsnav-established-joint-degrees.

⑥ University of Pennsylvania Carey Law School, Cross-Disciplinary, https://www. law. upenn. edu/crossdisciplinary/law-technology/.

立知识产权方向的联合培养 LLB 项目①等。

设立联合项目已经成为国外高校新型知识产权人才培养的主要趋势和重要途径。一方面,其有利于各大学或各学院之间的优势互补、资源共享,打破单一学院与学科培养的局限性;另一方面,也有利于引入不同的研究视角,促进知识和技术的多元融合,更能满足知识产权交叉学科的发展要求。

(二)设置知识产权交叉课程体系

国外大学知识产权课程体系是随着现代知识产权的发展逐步经历了从零散的专利法、商标法、著作权法到趋向统一的知识产权法以及丰富的知识产权法体系的过程。② 进入新科技时代后,知识产权课程体系又进一步得以拓展,涵括了新技术相关知识产权课程和管理经济相关课程。故当前知识产权课程体系共包含 4 大类课程即知识产权基础课程、知识产权实务课程、特定技术领域知识产权课程以及知识产权管理与经济课程。如德国慕尼黑知识产权研究中心联合硕士项目在知识产权基础课程中着重对版权、专利权、商标权等进行详细讲解,并尽可能涵盖将来在知识产权领域从业所涉及的专业运用课程,例如,专利权方面课程包括专利申请、专利许可、专利事务、专利评估、可专利性研究、专利许可谈判等。同时,针对电子信息技术、生物与新医药技术、航空航天技术、新材料技术、高技术服务业、新能源及节能技术、资源与环境技术、高新技术改造传统业八大特定技术领域专门开设了 7 门课程,分为生物技术发明的保护、制药知识产权、版权和计算机程序、知识产权与创意产业、软件专利、知识产权与传统知识、大数据与法律。此外,该项目还开设了经济学概论、知识产权的理论和经济基础、创新政策、技术与创新管理导论、无形资产评估 5 门经济学和管理学课程。③

另外,国外大学在知识产权课程体系之外,还根据自身特色和研究热点安排了大量紧随科技、经济、文化发展的知识产权前沿讲座和研讨会。如英国剑桥大学除讲授知识产权法课程外,每年安排国际知识产权年度讲座、春季会议和研讨会等,例如,人工智能中的专利和商业秘密:健康案例(2020 年度知识产权讲座),平台经济中的大数据:需要重新设计规则(2016 年度知识产权讲座),计算机程序中的功能和表达:一种实用的方法(2015 年度知识产权讲座),知识产权有利于我们的健康吗?(2020 年春季会议),知识产权中的犯罪意图:知识、意图和侵犯知识产权(2019 年春季会议),中介责任与义务(2018 年春季会议),这是你的最终决定吗?——“欧盟数据保护法下的多阶段特征分析和选择性意义”,工业 3D 打印的知识产权含义、实质价值是商标法功能的关键(2020 年 11 月研

① Queen Mary University of London, course-business with law, https://www.qmul.ac.uk/undergraduate/coursefinder/courses/2021/business-with-law/.

② 参见高兰英、蒋琼:《美国大学知识产权教育的发展与启示》,载《教育现代化》2018 年第 4 期。

③ Munich Intellectual Property Law Center, LL. M. IP-Module and Course List, https://www.miplc.de/llm-ip/curriculum/course-list/.

讨会主题)。[①] 牛津大学每年举办“邀请演讲者系列”学术活动,邀请各地学者就知识产权主题作 45 分钟的演讲,如区块链和版权注册、涂鸦和版权、WTO 平包装纠纷与商标法等。[②] 这些讲座和会议紧扣时代主题,与课程合理搭配,能够为知识产权教育提供丰富的案例素材和解读视角。

(三)扩大知识产权专业师资来源

国外大学知识产权专业师资来源广泛,既有本校全聘教授,也有来自其他高校的知名学者、来自知识产权企业的资深律师以及来自知识产权司法机关的大法官担任兼职教授。这些兼职教授长期从事知识产权工作,对知识产权法和行业的前沿与现状都有深刻的了解,尤其是新技术发展对行业知识产权的影响。如美国加利福尼亚州大学伯克利分校法学院现有 28 名兼职教授。[③] 美国纽约大学法学院里,知识产权全职教师和兼职教师比例为 12∶25,涉及理论性较强的专题会邀请擅长此类法学理论的专职教授讲课,而遇到实务性较强的内容时,则会邀请实务界专家来授课。[④] 根据英国牛津大学知识产权研究中心 2017~2018 年度报告统计,其 9 名教学人员中有 3 位客座教授;其 15 名研究人员中有 1 位来自高等法院,1 位来自美国专利局,1 位来自牛津大学,12 位来自其他知名大学如纽约大学法学院、圣克拉拉大学、英国埃克塞特大学、伦敦国王学院、莱斯特大学、墨尔本大学、斯威本科技大学、英属哥伦比亚大学。[⑤] 类似地,德国慕尼黑知识产权法研究中心的 57 名授课师资中有 8 名教师来自马克思普朗克创新与竞争研究所,1 名教师来自世界知识产权组织,2 名教师来自欧洲专利局,2 名教师来自企业(Intel GmbH 和 Quarles & Brady LLP),其他教师也都来自全球知名高校。[⑥]

国外大学积极聘请全球知名学者、法官和律师担任研究员或访问学者,能够带来诸多积极的影响。首先,能够缓解本校师资力量的压力,极大地促进了知识产权教学、研究和咨询;其次,通过聚集大量优秀的知识产权人才,能够提升学校的专业名誉,进而吸引更多优秀的学生报读;最后,通过知识产权实务专家的授课,能够增强学生对实务的理解,提高学生的积极主动性,也能为学生未来工作提供良好机遇。

---

① University of Cambridge, Centre for Intellectual Property Law-Seminars and events, https://www.cipil.law.cam.ac.uk/annual-international-intellectual-property-lecture.

② University of Oxford, Oxford Intellectual Property Research Centre-Invited Speaker Series Archive, https://www.law.ox.ac.uk/centres-institutes/oxford-intellectual-property-research-centre/oiprc-invited-speaker-series/oiprc/2017.

③ University of California Berkeley Law, Faculty Profiles: visiting faculty, https://www.law.berkeley.edu/our-faculty/faculty-profiles/.

④ 参见朱力影:《知识产权人才培养的中美比较及其借鉴意义》,载《扬州大学学报(高教研究版)》2020 年第 3 期。

⑤ University of Oxford, Oxford Intellectual Property Research Centre-Annual Reports, https://www.law.ox.ac.uk/sites/files/oxlaw/oiprc_annual_report_2017-18.pdf.

⑥ Munich Intellectual Property Law Center, LL.M. IP-Faculty, https://www.miplc.de/llm-ip/faculty/.

(四)丰富知识产权课程教学形式

国外大学在知识产权课程理论和实务教学方式上形式多样,以便加深学生对新科技和知识产权内容的理解。理论教学包括通过问答、专题汇报、判例分析、模拟法庭、写作等。如美国加利福尼亚州大学伯克利分校针对不同的知识产权课程采取不同的教学形式。例如,音乐法课程研讨会、专利经营模拟练习、邀请行业专家与时事专家进行知识产权和创业的案例教学。新罕布什尔大学在在线品牌管理课程中采用课堂研究的形式。哈佛大学在版权和商标诉讼课程中增加口头辩论方式。[①] 凯斯西储大学法学院7门知识产权法必须课中有2门写作课,包括美国法律研究、写作和分析,美国学术法律写作。[②] 实务教学包括律所实务教学,主要涉及知识产权许可、诉讼领域;公司知识产权实务教学,主要涉及无形资产评估、知识产权管理、战略制定及实施领域;法院实务教学,主要涉及法院诉讼程序和工作内容、知识产权诉讼的核心问题等;知识产权中介结构实务教学,主要涉及知识产权申请、审查和授权等领域。[③] 如德国慕尼黑知识产权研究中心拥有广泛的实习赞助商网络,包括(专利)律师事务所、公司、知识产权机构等。值得一提的是,慕尼黑知识产权研究中心是泛欧海豹计划的成员,该计划每年会从这里选拔学生前往欧洲专利局或欧盟知识产权局进行为期一年的有偿实习。[④] 美国加利福尼亚州大学伯克利分校知识产权事务所实习等。

国外大学通过创新教学形式和手段进行知识产权人才培养,有利于强化学生对知识产权交叉学科知识的认识,提高学生思辨和探索能力,锻炼学生实践动手能力,也让学生积累公开演讲的经验。[⑤]

三、新科技革命下我国知识产权教育的改革思路

新科技革命下,具备交叉背景的复合型知识产权人才是实施国家知识产权战略的前提和基础,是自主创新的核心要素和主导力量。因此,国家高度重视知识产权人才队伍的建设,先后颁布《深入实施国家知识产权战略行动计划(2014—2020年)》、国务院《关于新形势下加快知识产权强国建设的若干意见》以及《知识产权人才"十三五"规划》等多项政策促进知识产权复合型人才的培育。

(一)设置独立知识产权交叉学科

新科技革命的到来,对新兴专业的设立和知识结构的优化提出要求。这都依赖知识

---

① 参见郭晓梅、栾春娟:《中美知识产权课程设置比较及启示》,载《工业和信息化教育》2018年第2期。

② Case Western Reserve University School of Law, LLM in Intellectual Property Law, https://case.edu/law/academics/llm-programs/llm-intellectual-property-law.

③ 参见邱洪华、赵明亮:《德国慕尼黑知识产权法中心硕士课程体系及其启示》,载《石家庄学院学报》2020年第5期。

④ Munich Intellectual Property Law Center, LL. M. IP-Optional Internship, https://www.miplc.de/llm-ip/curriculum/.

⑤ 参见钱江:《中美大学知识产权教学的特色与思考》,载《福建论坛(社科教育版)》2010年第8期。

产权教育主体的独立性,以便整合跨学科的资源进行人才培养。

因此,中国工程院院士金东寒建议,明确知识产权法为法学一级学科下的二级学科,在管理学、经济学一级学科下增设知识产权管理、知识产权经济二级学科,在形成相对成熟的知识产权二级学科群后,增设知识产权为一级学科。① 原上海市副市长赵雯也建议将“知识产权学”作为“成长中的新兴学科”。列入人文与社会科学类中,与经济学、法学并列的一级学科。在知识产权一级学科之下,根据需要设立各有侧重的二级学科,如知识产权法学、知识产权管理学等。② 此外,也有学者提出,要根据科技发展需要,设置新的知识产权专业,如知识产权法(区块链)方向。③ 例如,同济大学上海国际知识产权学院正在积极申请知识产权一级交叉学科,同时已在管理学学科下设立了知识产权交叉学科硕士项目,研究方向包括创新与知识产权管理、知识产权经济与金融以及知识产权转移与转化;④在管理学学科下设立了知识产权交叉学科博士项目,涉及知识产权与竞争、人工智能法律与知识产权、知识产权管理以及知识产权与生命科技 4 个方向。⑤

(二)增加知识产权交叉课程体系

新科技的发展促进了国外大学知识产权教育课程体系的完善,也为我国知识产权课程体系的优化带来机遇。当前我国高校知识产权培养方案中课程设置大致包含法学基础类课程、法学研究方法类课程、知识产权法核心类课程、实务类课程四大模块,这些课程侧重传统法学和知识产权法领域,缺乏与管理、经济、医学、新技术等领域相结合的知识产权交叉课程,不能满足新科技对于复合型人才培养的要求。因此,必须创新现有知识产权课程体系的结构和内容。如同济大学上海国际知识产权学院知识产权交叉学科硕士项目在法学基础类课程、法学研究方法类课程、实务类课程外增设了法律概况、工业产权、知识产权理论前沿等基础理论课程,以及创新战略与知识产权管理、知识产权政策分析:原理与方法、知识产权数据分析:理论与建模、知识产权金融、国际技术转移、医药知识产权专题等特色选修课程。⑥

另外,需要注意本科生知识产权课程体系的优化。因为本科生数量大,他们既是知

---

① 参见《加强知识产权学科体系建设》,载科学网 2017 年 3 月 20 日,http: / /news. sciencenet. cn / htmlnews /2017 /3 / 371104. shtm? id = 371104。

② 参见赵雯:《关于设立“知识产权”一级学科的建议》,载东方网,http: //gov. eastday. com/node2124 / node2143 /node2194 /u1ai1858889. Html。

③ 参见金春阳、邢贺通:《区块链与知识产权:大学人才培养新命题》,载《中国科学报》2020 年 1 月 7 日,第 7 版。

④ 参见《同济大学上海国际知识产权学院 2021 年硕士研究生招生简章》,载同济大学网站 2020 年 9 月 18 日,https://sicip. tongji. edu. cn/aa/98/c13003a174744/page. htm。

⑤ 参见《同济大学上海国际知识产权学院招收博士研究生信息(2021 年)》,载同济大学网站 2020 年 10 月 10 日,https://sicip. tongji. edu. cn/ae/31/c13004a175665/page. htm。

⑥ 参见《同济大学上海国际知识产权学院 2021 年硕士研究生招生简章》,载同济大学网站 2020 年 9 月 18 日,https://sicip. tongji. edu. cn/aa/98/c13003a174744/page. htm。

识产权产业的主要从业人员,也是硕士、博士高端教育的重要来源。因此有学者提出,理工科院校或综合性院校应在本科生培养方面大胆尝试。① 理工科学生具有很好的技术背景,可以通过"3 +1 +2"的模式培养成为精通新技术和知识产权的复合型人才。该模式中,本科前 3 年重视理工科的学习,然后经过本科第 4 年的知识产权专业学习,取得理工科和法学双学位,而"2"是从上述学生中择优保研或者鼓励学生考试进入知识产权学院的硕士阶段学习。② 同样,商科学生具有很好的经济管理背景,可以通过该模式培养成为具有管理、经济、技术和知识产权知识的复合型人才。

(三)加快知识产权师资队伍建设

新科技的发展需要跨领域、跨学科的知识产权专业师资的支持。师资是影响大学知识产权人才培养质量的关键因素之一。没有优秀的知识产权专业人士担任教授,也就不能为学生提供优质的知识产权课程,进而无法吸引高素质学生申报该校的知识产权专业。国外高校非常注重面向全球招募优秀的知识产权及其相关专业的教师。因此,国内大学和科研机构要加速知识产权人才队伍建设,既要扩大知识产权师资招聘来源,也要着重培养熟悉知识产权研究、法律事务、新技术等专业知识的知识产权人才。

高校更要积极鼓励并支持教师深入法院、检察院、律师事务所、专利商标事务所、企业知识产权部等单位,扎实掌握知识产权实践经验,让理论研究同实践工作相结合,以胜任知识产权实践课程的教学任务。此外,高校也可以利用"双千计划"等机制,同实务部门合作,多从事务部门聘任实践经验丰富的专家担任导师,或者实践类课程的授课老师,以弥补高校知识产权实践教学的不足。③ 如同济大学上海国际知识产权学院先后聘任联合国世界知识产权组织前任总干事弗朗西斯 · 古里(Francis Gurry)先生为荣誉教授;德国马克斯 · 普朗克创新与竞争研究所所长迪特马尔 · 哈霍夫(Dietmar Harhoff)教授、瑞图 · 希尔蒂(Reto Hilty)教授为名誉教授;原上海知识产权局原局长吕国强教授为课程教授;上海锦天城律师事务所、上海集佳律师事务所律师为课程教授,并与德国慕尼黑大学、洪堡大学、康斯坦茨大学、汉诺威大学、比利时布鲁塞尔自由大学、瑞典哥德堡大学、意大利佛罗伦萨大学、东京大学、香港大学、香港理工大学等全球一流高校和科研院所建立了师资互访合作。④

(四)创新知识产权教学内容和形式

新科技革命极大地丰富了知识产权领域的研究和实践,为知识产权高等教育提供了鲜活的素材,也给知识产权教学内容和形式带来了冲击。国外大学在理论教学和实务教

① 参见周志聪:《高校知识产权人才培养模式及其创新性研究》,载《南京理工大学学报(社会科学版)》2016 年第 6 期。

② 参见梅术文、丁旻玥:《理工背景知识产权人才培养路径探讨》,载《电子知识产权》2015 年第 9 期。

③ 参见王立民:《"双千计划"与法治人才的培养》,载《上海政法学院学报(法治论丛)》2017 年第 5 期。

④ 参见同济大学上海国际知识产权学院师资队伍:课程师资,载同济大学网站,https://sicip.tongji.edu.cn/jzjs_13110/list.htm。

学上都积极进行多样化创新以提高学生对新科技知识产权的接受和学习。而国内高校偏重理论教育,轻实践教育,①且理论教授落后于实践。因此,国内高校知识产权教学应立足于“新”,体现科技发展的最新成果和最新动向,让学生掌握知识产权领域的最新知识。知识产权教学内容应关注新产业中的知识产权保护与侵权现象,通过研讨会、案例教学、模拟法庭、判例研究等多种方式将教学内容和真实案例相关联,培养知识产权人才对行业产权问题的敏感度、洞察力以及对知识产权审理制度和程序的掌握。如剑桥大学已经形成了年度国际知识产权讲座、春季会议和每月研讨知识产权热点内容的传统。

同时,知识产权是面向实践的学科,其专业性强,资格要求高,国内大学在知识产权教学中必须注重实务教学,才能使学生具备胜任未来工作的能力和素质。高校应积极与国际知识产权机构、知识产权法院、专利代理机构以及企业建立合作关系,组织和安排学生去实习。如同济大学上海国际知识产权学院不仅可以支持学生前往世界知识产权组织仲裁与调解中心上海办公室、国家知识产权战略实施研究基地、浦东知识产权局、律师事务所实习,每年还会安排学生前往位于瑞士日内瓦的世界知识产权组织总部开展见习。

四、结语

新科技革命的到来促使世界各国加紧新兴领域的技术创新布局,也在积极探索复合型知识产权人才的培养方式。我国当前知识产权人才教育虽取得阶段性进步,但是仍然存在学科定性不清、培养方案不合理、师资力量有限、授课模式单一等问题,使知识产权人才的培养数量和素质不能满足新科技革命的需要,从而给我国知识产权教育带来重大挑战。因此,为满足新科技与知识经济时代的国家和社会需要,建议国内知识产权教育可参考国外大学知识产权教育应对新科技革命的实践,从学科设置、课程体系、师资队伍、教学内容等方面进行改革,以保障知识产权高等教育的长足发展。

---

① 参见叶美霞、曾培芳、李羊城:《德国知识产权人才培养模式研究及其对我国的启示》,载《科学管理研究》2008 年第 5 期。

法治人才培养模式

论德法兼修的卓越法治人才培养模式改革与落实

——以法科学生提起公益性诉讼实践为分析对象

程雪阳[*] 冯 嘉[**] 王振华[***]

一、国家卓越法治人才培养的目标

改革开放以来,我国的法治建设和法学教育得到了快速发展。截至2018年3月,全国开设法学本科专业的高校有627所,在校法学本科生31万余人;全国法学一级学科硕士点195个,法律硕士点242个,法学硕士生10,000人左右,法律硕士生10,000余人;法学一级学科博士点49个,法学博士生约1100人。无论是法学院校的规模,还是法学专业学生人数,我国均已居世界首位。①

对于从事高等法学教育的全国各法学院校来说,如何确保规模如此之大的法科学生可以得到科学有效的培养,一直是一个难点问题。有专家认为,法学教育和法学专业人才的培养应当致力于实现知识传授、能力培养和价值塑造三个方面。② 这样的总结是非常准确的,但在具体的法学教育实践中,如何同时实现这三个目标,值得反思。

在2011年的"卓越法律人才教育培养计划"中,教育部和中央政法委就认为,虽然近年来,我国高等法学教育快速发展,体系不断完善,培养了一大批优秀法律人才,为我国经济社会发展特别是社会主义民主法制建设作出了重要贡献,但是我国高等法学教育还不能完全适应社会主义法治国家建设的需要,具体表现为"社会主义法治理念教育还不够深入,培养模式相对单一,学生实践能力不强,应用型、复合型法律职业人才培养不足"等。③

---

* 苏州大学王健法学院副院长,教授。

** 苏州大学王健法学院副教授,苏州大学王健法学院卓越法律人才培养中心联席主任。

*** 苏州大学王健法学院副院长,讲师。

① 张文显:《中国法治40年:历程、轨迹和经验》,载《吉林大学社会科学学报》2018年第5期。

② 徐显明等:《改革开放四十年的中国法学教育》,载《中国法律评论》2018年第3期。

③ 教育部、中央政法委员会《关于实施卓越法律人才教育培养计划的若干意见》(教高〔2011〕10号,2011年12月23日)。

2018年,教育部在"卓越法律人才教育培养计划"基础上,一方面,提出了《普通高校法学本科专业教学质量国家标准》;另一方面,又与中央政法委一道提出了"卓越法治人才教育培养计划2.0"战略构想,要求各法学教育和法治人才培养单位"坚持以马克思主义法学思想和中国特色社会主义法治理论为指导,围绕建设社会主义法治国家需要,坚持立德树人、德法兼修,践行明法笃行、知行合一,主动适应法治国家、法治政府、法治社会建设新任务新要求,找准人才培养和行业需求的结合点,深化高等法学教育教学改革,强化法学实践教育,完善协同育人机制,构建法治人才培养共同体,做强一流法学专业,培育一流法治人才,为全面推进新时代法治中国建设提供有力的人才智力保障"。就法学教育人才培养模式改革的具体实施机制而言,该战略构想提出了"厚德育、强专业、重实践"三大目标,并鼓励各法学院校破除培养机制壁垒,强化与政府部门、法院、检察院、律师事务所、企业协同机制。①

这些改革目标和要求切合实际,指明了我国当前法学教育和卓越法治人才培养的改革与发展的方向。但具体如何落实,需要各法学人才培养单位结合实际进行实践和探索,并在此基础上形成切实可行的方案。本文旨在结合苏州大学王健法学院近些年进行的"鼓励学生在校期间提起公益性诉讼"法学教育实践,讨论如何通过完善法律实践课程来落实"卓越法治人才教育培养计划2.0"提出的"厚德育、强专业、重实践"三大目标。

二、从卓越法律人才到卓越法治人才培养模式的探索和改革

(一)卓越法律人才1.0的探索方案及其不足

2012年,苏州大学王健法学院入选教育部首批卓越法律人才教育培养基地之后,一直积极探索卓越法律人才的培养模式改革。在最初运行的3年(2012~2015年),该院卓越法律人才教育培养机制主要是从每一届本科生中遴选20名左右的优秀本科生,然后为每个选入学生配备理论导师,并在正常的教学培养计划之外为卓越班学生开设实务性特色课程(如"民法实例研习""刑法实例研习""劳动法实例研习"等),以此来增强学生利用所学法律知识解决现实法律问题的能力。

客观来讲,这种培养机制确实取得了许多良好的效果,但也出现了以下三个方面的问题。首先,身份固化。入选该班的学生可能会因为具备了这一身份而放松对自己的要求,没有入围的学生则会因为在没有机会参与这一项目而产生负面情绪。其次,教学资源浪费。上述人才培养模式的核心是,在正常的人才培养计划之外为入选项目的学生提供更多的专业课程,这些课程对于锻炼学生的专业能力助益很大,但由于根据正常的人才培养方案,学生在4年内就需要完成160个左右学分的课程,这意味着平均每个学期要修完6~7门课程才能顺利毕业。在这种情况下,入选"卓越班"的学生常常会因为与其他教学或课外活动时间冲突或精力不足,而消极参与卓越人才培养项目提供的课程或

① 教育部、中央政法委员会《关于坚持德法兼修实施卓越法治人才教育培养计划2.0的意见》(教高〔2018〕6号,2018年9月17日)。

活动，由此导致学院和学校所提供的教学资源（包括教师、课程和设施等）无法发挥预期作用。最后，虽然授课的校内外导师已经有意识地将“社会主义核心价值观”融入了课程讲解和讨论之中，但这种“说教式的道德教育”究竟效果如何，能否实现“立德树人、德法兼修”的目标，很难进行评判。

（二）卓越法治人才培养方案2.0的改革与优化

自2016年起，苏州大学王健法学院按照“坚持立德树人、德法兼修，践行明法笃行、知行合一”的教学目标，开始探索依托院内卓越法律人才培养中心进行卓越法律人才培养2.0版实施方案。这一方案的核心，是将法学本科人才培养目标从“培养法学理论家”调整为“培养德才兼备的法律解决方案供给者”。然后，根据这一人才培养目标和近些年教育实践的经验和教训，对本科生的人才培养方案进行了大幅调整。具体而言，首先，压缩必修课程，将部分偏重抽象理论思辨的课程作为高阶选修课供学生选修，同时与学校教务管理部门以及兄弟院校沟通，开设更多的通识选修课，强化法科学生的人文社会科学基础和国际视野；其次，鼓励任课老师将一些基础性的知识，制作成大型开放式网络课程（MOOC）供学生课前学习，从而将课堂时间从教师知识讲授中解放出来，用于更多的教学互动与讨论以及法律案例分析，提高学生“明法笃行”的意识和能力；最后，与上海小城（苏州）律师事务所、吴中区律师协会、苏州广播电视总台等单位协商，面向二年级以上的全体本科生，每年举行“小城公益之星”创意诉讼大赛，并努力通过这一活动实现“德法兼修、知行合一”之教育目标，增强学生公益心和社会责任感。

（三）卓越法治人才培养方案2.0的运行机制

每年1～2月，学生通过实践调研，确定立项题目，收集材料填写项目申报书，组队参赛。每个参赛队参与学生以3～5名为宜，比较复杂或需要进行大规模社会调研作为诉讼基础的案件可以吸收不超过8人的学生。

学生3月中旬确定选题进行项目申报。学院根据申报情况遴选10～15个诉讼案件进行立项。遴选的标准是：(1)学生提起的必须是真实的诉讼案件，而不能是虚拟的案件。同时，案件应当具有可诉性和成熟性，对于尚在进行中的法律案件或者可以通过投诉、举报解决的案件，不纳入本项活动之中。(2)学生须以自己的名义作为原告向人民法院提起诉讼，诉讼案件的类型既可以是民事诉讼，也可以是行政诉讼，但鼓励学生集中在消费者权益保护和环境保护等领域开展诉讼。(3)诉讼的主要目的应当是维护社会公共利益，即应当具有一定的社会公益性，而不能仅以维护原告自身的人身、财产权益为目的。

年度公益性诉讼选题立项并公布后，学院和校外主办单位分别为每组学生团队指定2名指导老师（一名为院内教师，另一名为律师），对案件诉讼过程中可能涉及的法律问题和实务操作问题进行指导。学生应当在立项后尽快开展相关的诉讼前期准备工作和诉讼工作。相关诉讼费用由主办单位支付。自2019年人才培养方案修订之后，参赛学生可在6月于学校的选课系统中选修学院在秋季学期开设的《法律文书与实务训练》课程。9月正式上课之后,该门课程的任课老师会进行为期4周的理论课程讲授,并集中检查和分析学生前期公益性诉讼的准备与实践情况,并有针对性地为年度参与“小城公益之星”创意诉讼大赛的案件提供指导意见。

12月,学院和校外主办单位联合召开年度“小城公益之星创意诉讼大赛答辩暨总结大会”,评定“年度公益之星”奖,并根据该答辩结果来确定该门课程的课程成绩。

三、以“公益性诉讼”为抓手进行卓越法治人才培养的优势

(一)以“公益性诉讼”为抓手进行教学实践符合卓越法治人才培养目标

从苏州大学王健法学院过去4年多的探索和实践来看,以公益性诉讼为抓手进行卓越法治人才培养,可以同时实现“厚德育、强专业、重实践”这一人才培养目标,具体而言:

1. 立德树人,通过参与真实的公益维权实践培养学生的公益心和社会责任感。习近平总书记指出:“要在加强品德修养上下功夫,教育引导学生培育和践行社会主义核心价值观,踏踏实实修好品德,成为有大爱大德大情怀的人。”[①]多数大学生潜意识中都有帮扶弱者和维护社会公益的意愿,到法学院学习的学生尤其如此。但学生的公益心和社会责任感需要通过一定的实践来激励和引导,而激发学生这种维护社会公平正义意识的重要方法,就是让其体会到帮扶弱者、维护公益的成就感与快乐感。因此,通过引导学生亲身参与具有公益性案件的维权实践,可以让其真切地体会法律人的社会责任感,践行社会主义核心价值观。

2. 知行合一,通过参与真实的法律实践提高学生运用法律解决社会问题的能力。法学课堂教学通常只能根据具体的法律来分门别类地传授,但社会生活是复杂的,解决具体的社会问题,往往需要综合运用多个部门法或法学以外的知识,才能形成合理的法律解决方案。也正因如此,习近平总书记2017年5月3日在中国政法大学考察时专门强调“要让法学专业学生多走进社会,在实践中提升法律素养”。[②] 通过支持学生提起公益诉讼,既可以让学生更多地走进社会,了解社会,也可以让他们通过实际的诉讼案件提高运用法律解决社会问题的能力,从而实现“知行合一”的教育目标。

3. 明法笃行,通过学生提起公益性案件促进社会法治进步。改革开放40余年来,我国的法治进步取得了举世瞩目的成就。但是,受数千年传统人治思维的影响,我国的法治建设工作依然任重而道远。苏州大学王健法学院之所以支持学生提起具有公益性的法律案件,一方面,让法科学生通过诉讼检验自己所学的知识;另一方面,也希望通过个案裁判来建设性地推动社会法治进步,并给社会大众树立“知法、学法、用法”的榜样,让广大人民群众遇到法律纠纷时“信法而不是信访”,愿意运用法律来解决他们所遇到的实

---

① 《习近平出席全国教育大会并发表重要讲话》,载中国政府网,http://www.gov.cn/xinwen/2018-09/10/content_5320835.htm。

② 《习近平在中国政法大学考察》,载新华网,http://www.xinhuanet.com/politics/2017-05/03/c_1120913310.htm。

际问题。

(二)以“公益性诉讼”为抓手进行教学实践能够解决法学教育的“痛点”问题

虽然近些年全国各大法学院校已经加大了法律实践或实训课程的开发力度,但是法律实践部门依然抱怨法学院培养的学生“只懂理论,不懂实践”或“眼高手低,实践能力不强”。[①] 批评和抱怨并不能真正解决问题,我们需要在法学本科教育领域制订切实可行的解决方案。以“公益性诉讼”为抓手进行教学实践可以在很大程度上实现这一目标。具体而言:

1. 提起公益性诉讼可以快速提高学生的法律实践能力

提起公益性诉讼对学生法律实践能力的培养和提升主要体现在以下两个方面:其一,社会生活纷繁复杂,除极少数事实清晰,法律关系简单的案件外,很多法律案件都需要学生综合运用民事、行政、刑事实体法和程序法,乃至消费者权益保护法、产品质量法、环境法、劳动法等专门法律才能得到妥善解决。这就需要学生综合运用在课堂上所学的概念、原则、规则来理解和适用法律,而不可能只考虑单个部门法的问题。因此,支持学生提供公益性诉讼可以锻炼学生综合运用部门法的能力。其二,法律是一门实践性极强的社会科学,支持学生提起公益性诉讼,不仅考验学生综合运用法律条文的能力,而且考验学生从证据收集和整理,到诉讼请求权的选择,再到司法管辖权的确定,以及最后参加庭审、进行法庭辩论的能力。凡是经历过从起诉到审判全过程的同学,都会感受到法律的严谨性和严肃性,也都会在此过程中不断总结和提炼自己在证据收集、法律论证、文字和语言表达以及沟通协调方面的能力,而这种能力的训练是讲授式的课堂教育和模拟法庭难以有效提供的。

2. 解决德育和社会责任意识培养不足的问题

传统法学教育比较注重学生法学知识体系的构建,但对学生公益心与社会责任感的培养关注不够。面对纷繁复杂的社会生活和法律纠纷,作为掌握了法律适用能力的法律人来说,如果不重视对公平正义、自由平等、民主法治等社会主义核心价值观的学习,只看重法律职业的经济收益或个人利益,很容易违反法律人的基本职业操守,最终变成唯利是图乃至助纣为虐的工具。但是,社会责任感和公益心不可能完全通过课堂讲解(如讲授式)建立。

为了培养学生维护社会公益的社会责任意识,苏州大学王健法学院除开设“法律职业伦理”课程外,还将该课程与“法律文书写作与训练”课程结合,要求学生在遴选和进行诉讼时,应当从维护社会弱势群体的合法权利,维护社会的公平正义角度出发申报选题,开展具有一定范围内的公益案件进行诉讼。对于一些仅仅对个人有利但不具有普遍公益性的案件,学院并不禁止也不反对,只是不会将这种诉讼纳入“公益性诉讼大赛”和

---

① 比如,可以参见徐清宇:《法学教育供给与司法职业需求的不对称及其校正——中国大学法学本科教育改革的基本出发点》,载《政法论坛》2008 年第 3 期。

课程考核体系之中。

3. 解决学生被动学习,学习热情不足的问题

首先,随着信息技术的发达,从小学到大学,学生越来越被各类娱乐新闻、综艺节目、游戏和电影、电视剧所吸引,甚至在课堂上,学生都不能集中精力进行学习。因此很多教育者为学生学习热情不高或者注意力不集中感到担忧,笔者认为,这种担忧是必要的,但解决这一问题的方式不能是一味地批评和指责被教育者,而应当让学生明白相关教学内容的现实意义,唯有如此,才能激发学生的求知欲,解决其学习热情不足的问题。自启动"小城公益诉讼"项目以来,苏州大学王健法学院的本科生从大一入学就了解到,他们可以在一年或两年之后就可以在学院和律所的帮助下来实践及检验自己所学的知识,维护自己和社会上的弱势群体合法权益,所以学习态度和热情异常高涨。而且这种学习热情会在诉讼结束之后依然持续下去,因为无论诉讼成功与否,学生都已经体会到学习法律对于自身职业发展的重要性。

其次,日常经验告诉我们,学习者在解决自身必须解决的问题时对相关知识的学习热情、投入度和精力集中度是非常高的,而且人类往往比较容易记忆和掌握与自己切身相关或自己曾亲身参与其中的知识或事情。因此,这一旨在"让学生亲自作为案件的原告或诉讼代理人参与案件解决"的教育方法,也大大增强和加深学生对课堂讲授的法律条文和法学理论的理解和记忆,实现了对课堂教育的"反哺"和强化。

最后,截至 2011 年,我国就已经制定了 1 部宪法、236 部法律、690 多件行政法规、8500 多件地方性法规,①期待通过法学教师将所有的部门法都在课堂上进行教授既没有必要,也不现实。课堂教育只能教授基本的、主干性的部门法,更多的法律知识需要学生通过自主学习、主动学习的方式进行掌握。学生提起公益诉讼的过程中,必然要复习自己在课堂上所学的法律知识,同时为了解决自身面临的问题,还必须查阅相关资料和法律规定来学习更多新的知识,因此这个过程可以有效提高学生自主学习、主动学习的能力。

四、以"公益性诉讼"为抓手进行卓越法治人才培养的成效

"法庭就是法律人的战场。"在这个"战场"上,任何一个微小的、细节上的疏漏,都可能会导致法律诉讼的被动乃至失败。在苏州大学王健法学院学生最初开展的"小城公益诉讼"中,同学们也出现过很多失误。比如,有的诉讼虽然具有一定的公益性价值,但因为诉讼前期没有进行证据固定,导致最终的诉讼结果无法实现预期目标;有的诉讼因为诉讼请求权或管辖法院选择不合理,最后得不到法院的支持或被驳回起诉;还有的诉讼因为没有认真研究诉讼期限而导致案件难以进入法院,最终不得不放弃。但是,经过 2 年多的教师训练和学生之间的"传帮带"之后,立案率和胜诉率都得到了较大提升,并办理了多起引起全国性关注的案件。

---

① 张文显:《中国法治 40 年:历程、轨迹和经验》,载《吉林大学社会科学学报》2018 年第 5 期。

比如,在2017年的"小城公益诉讼大赛"中,苏州大学王健法学院本科生吴佳祺同学发现,其在苏州准备乘坐地铁时,虽然公交卡里还有7元,但地铁刷卡系统却显示公交卡"余额不足,不能进站"。经过沟通和了解之后,其发现出现这一问题的原因是《苏州市轨道交通票务规则》第13条规定"苏州通市民卡、江苏交通一卡通本地卡余额低于轨道交通线网最高票价的折后金额(7.6元)时将不能进站。江苏交通一卡通异地卡低于轨道交通的线网最高票价时将不能进站"。吴佳琪认为,该票务规则第13条在性质上属于格式条款,加重了乘客负担,排除了乘客主要权利,减轻了苏州市轨道交通集团有限公司的义务,为该公司的利益设置过度保障,当属无效,因此诉诸苏州工业园区人民法院。在此案审理过程中,苏州市中级人民法院认为,该案属于本区域具有重大影响的案件依法进行了提审,并在2018年以调解方式结案。根据法院的调解结果,被告苏州市轨道交通集团有限公司应当于2019年12月31日前按最低票价进站的原则对《苏州市轨道交通票务规则》第13条进行修订并同步施行。① 最终,苏州市轨道交通集团有限公司根据法院的判决修订了其不合理的规定。这一案件有效维护了广大消费者的合法权益,受到社会各界广泛赞誉。②

在2018年的"小城公益诉讼大赛"中,苏州大学王健法学院本科生孙烨婷同学发现,爱奇艺网站在观看视频的右上角时有"会员跳广告"的广告宣传语,但是购买了"黄金VIP会员3个月"的会员共计58元后,观看视频时,依然有以舞台剧形式和动画形式呈现的卡姿兰、即刻App等广告。孙烨婷认为,爱奇艺网站的此行为违反了《消费者权益保护法》第16条关于"经营者向消费者提供商品或者服务,应当依照本法和其他有关法律、法规的规定履行义务"的规定,属于以违法方式履行合同,侵犯了原告的财产权,因此向苏州市姑苏区人民法院提起诉讼。此案经过一审和二审之后,苏州市中级人民法院作出终审判决认为,北京爱奇艺科技有限公司使用带有一定误导性的广告宣传语,在订立合同之前未尽到充分告知消费者的义务,违反诚信原则,导致孙烨婷作为会员用户的预期体验效果降低,造成孙烨婷一定的损失,应当承担赔偿责任。③ 这一案件不但被江苏省高级人民法院列入"2019年度全省十大典型案例",④而且还引发了多家全国性媒体对会员付

---

① 参见"吴佳琪诉苏州市轨道交通集团有限公司进站票价规定不合理案",江苏省苏州市中级人民法院民事调解书,(2018)苏05民初1号。

② 可以参见《地铁卡余额超最低票价无法进站 女大学生打官司促改票务规定》,载央广网 – 中国之声,http://china.cnr.cn/xwwgf/20181218/t20181218_524454128.shtml;《法学院女生把地铁公司告了,起因你也可能会碰到》,载腾讯新闻频道,https://new.qq.com/omn/20181221/20181221A152KJ.html;《苏州大学法学院学生"告赢"轨道交通公司"社会需要较真儿的人"》,载《中国青年报》2019年1月18日,第8版。

③ 参见"孙烨婷诉爱奇艺网站充值VIP后依然插播广告案",江苏省苏州市中级人民法院民事判决书,(2019)苏05民终8042号。

④ 江苏省高级人民法院:《江苏法院2019年度十大典型案例》,载江苏省高级人民法院网,http://www.jsfy.gov.cn/art/2020/01/08/66_99404.html。

费模式的持续性反思和讨论,取得良好的社会效果。①

同样是在2018年的“小城公益诉讼大赛”中,苏州大学王健法学院本科生刘智超同学发现,中国知网(www.cnki.net)设置了个人用户最低充值限额50元的限制,这导致其为下载7元的文献须被迫充值50元。购买一篇文献后,刘智超就账户余额退款问题与中国知网客服沟通,而客服以退款需要手续费,退款程序复杂、周期长为由,拒绝给原告办理退款。此后虽然多次交涉,但中国知网依旧未办理退款。刘智超认为,中国知网所设定的充值金额限制变相强制原告购买该网站产品,侵犯了其所享有的自由选择权和公平交易权,违背了其真实的意思表示,属于原《合同法》第54条规定的可撤销合同范围。为维护自身合法权益,向苏州市姑苏区人民法院提起了诉讼。2019年1月30日,姑苏区人民法院作出一审判决。法院认为,被告同方知网(北京)技术有限公司在其经营的中国知网(www.cnki.net)充值中心关于最低充值金额限制的规定无效。② 判决后,同方知网(北京)技术有限公司将中国知网的最低充值金额从50元改为0.5元。此案不但获得了媒体的大量关注和广泛正面报道,③而且被江苏省高级人民法院列入“2019年度全省消费者权益保护十大典型案例”,④并被最高人民法院公报遴选为典型案例,用以指导全国相关案件的审判。最高人民法院从该案中提炼的裁判要旨是“经营方单方设定的最低充值金额条款不仅侵犯了消费者的自主选择权,无故占用了消费者的资金,还会额外增加消费者申请退款时的负担,因此,该最低充值金额条款属于限制消费者合法权益的格式条款,系对消费者不公平、不合理的规定,应认定无效”。⑤ 从这一裁判要旨来看,该案不仅对中国知网的充值问题产生了影响,而且对所有的“经营方单方设定的最低充值金额条款”都产生了影响,对于保护各类消费者的合法权益产生了广泛的公益影响。

五、以“公益性诉讼”为抓手进行卓越法治人才培养的启示

首先,近些年来几乎所有的法学院校都强调法学教育的实践性,但囿于师资队伍、教学时限等方面的限制,实践环节主要通过举办各类模拟法庭,到公、检、法机关实习、见习或旁听庭审等方式来完成。然而,模拟法庭毕竟不是真实的法律诉讼,其很难训练学生

① 《买了会员还要看广告!大学生状告爱奇艺获赔30元》,载人民日报网2019年6月22日,https://mp.weixin.qq.com/s/eIC_0wMdBGo0THLwu2G2Tg;《超级会员、自动续费……付费会员模式为何屡陷争议?》,载央广网,http://news.cnr.cn/native/gd/20200108/t20200108_524929006.shtml,《是什么让付费会员模式屡陷争议?》,载工人日报网,http://finance.people.com.cn/n1/2020/0108/c1004-31539100.html。

② 参见“刘智超诉同方知网(北京)技术有限公司买卖合同纠纷案”,江苏省苏州市姑苏区人民法院民事判决书,(2018)苏0508民初7333号(2019年1月30日)。

③ 参见《翟天临不知道的“知网”,被大学生告了》,载中国青年报网2019年2月12日,https://mp.weixin.qq.com/s/z-m6v6BxC1cIvJYYa92WHw;《苏州大学生诉知网胜诉 知网最低充值已改为0.5元》,载新华网,http://www.xinhuanet.com/legal/2019-02/25/c_1124156669.htm。

④ 《江苏法院2019年度消费者权益保护十大典型案例》,载江苏省高级人民法院网,http://www.jsfy.gov.cn/art/2020/03/12/66_99748.html。

⑤ 参见《中华人民共和国最高人民法院公报》2020年第1期。

的证据收集、掌握和固定能力以及与法官、当事人的沟通和协调能力,而实习、见习或旁听庭审时间较短,并不能全方面锻炼学生的案件分析和法律适用能力。从这个角度来看,苏州大学王健法学院近几年通过让学生以原告的身份真实体会"证据收集与固定+判决先例检索与社会调研+管辖法院选择+撰写起诉书+起诉+法庭辩论+上诉(可选)"诉讼全流程的教学改革和探索,大大提升了学生的参与度和对法律案件流程的熟悉度,对于提高学生运用所学法律知识解决实际问题的能力,起到了事半功倍的功效。

其次,习近平总书记指出:"法学学科是实践性很强的学科,法学教育要处理好知识教学和实践教学的关系。要打破高校和社会之间的体制壁垒,将实际工作部门的优质实践教学资源引进高校,加强法学教育、法学研究工作者和法治实际工作者之间的交流。"①这一改革思路是非常重要的,但具体如何落实需要进一步思考。因为法律实践部门专家的本职工作也是异常忙碌的,只有找到高校和社会实践部门的契合点,实现优势互补,法律实践教学才能有序平稳、保质保量地推进。通过支持学生起诉公益性诉讼,法学院校的教师可以为学生提供基本法学理论和法律理解与适用能力的指导,法律实践部门的律师则可以为学生提供诉讼技巧方面的指导,而法官则可以通过审判过程中的沟通和判决来引导学生进行理性诉讼,因此可以有效实现"打破高校和社会之间的体制壁垒,将实际工作部门的优质实践教学资源引进高校"的目标。

再次,从苏州大学王健法学院近4年来的"小城公益诉讼案例大赛"实践来看,当前法学本科教育与人才培养方案应当以培养和训练本科生的法律适用及论证能力为核心目标,除基本的概念外,课程考核不宜过多地考查记忆性知识或者单纯地考查理念性知识,也不应当将简答题和论述题设置过高的比例,而应当通过具体案例的分析,让学生置身于具体法律案件的"事实裁剪+法律适用+法律论证"场景中,从而得出法律上的解决方案。② 唯有如此,学生在在校期间提起公益性诉讼乃至毕业后从事司法实务工作,才能具有扎实的基础。

最后,以"公益性诉讼"为抓手进行卓越法治人才培养没有地域限制,也没有非常高的准入门槛,只要学院和教师进行有效组织、引导和指导,学生愿意进行法律实践,都可以取得很好的教学效果和社会效果。比如,近几年来华东政法大学也在推动该项活动。在2019年该校本科生王洁莹同学认为,上海迪士尼乐园规定禁止携带食品入园的格式条款规定侵犯了消费者的合法权益,遂诉至上海市浦东区人民法院,经过法庭的公开审理和调解之后,被告上海迪士尼乐园对入园规则中相关条款内容进行了修改,即"除少数特殊食品仍禁止携带外,游客可携带供本人食用的食品及饮料进入该游乐场"。王洁莹

① 《习近平在中国政法大学考察》,载新华网,http://www.xinhuanet.com/politics/2017-05/03/c_1120913310.htm。

② 程雪阳:《社会功能分化视角下的法学本科教育改革与人才标准完善》,载《甘肃行政学院学报》2018年第5期。

同学也因为这一公益性诉讼,获得了中国消费者协会和人民网主办颁发的“啄木鸟奖”,以表彰其在维护消费者权益领域所作出的贡献。①

当然,需要注意的是,由于大学生的主要工作依然是以学习为主,而且其对法律的理解和掌握能力还需要多加训练,因此法学院校在开展此项活动时,应当侧重支持学生就身边具有公益价值的小型诉讼开展相关法律实践,不宜直接让学生参与到具有高度对抗性、复杂性和利益纷争的法律案件中。另外,虽然我国近几年正在推行“立案登记制”改革,但司法资源也是异常宝贵的,因此法学院校在支持学生进行公益诉讼时,应当对案件的可诉性、成熟度和公益性等方面进行把关,确保真正有价值的案件进入该活动当中,避免出现烂诉、乱诉以及其他浪费司法资源的案件出现。

六、结语

卓越法治人才的培养是一个系统工程,其要求各大法学院校结合自身情况,从教学理念到人才培养方案再到具体的教学实践都要进行系统调整与完善。苏州大学王健法学院作为国内法学研究和人才培养的重地之一,一直在积极进行相关教学改革研究和探索。经过4年多的实践,笔者发现,以“支持学生进行公益行诉讼”为中心的卓越法治人才培养模式和法律实践课程创新模式,有效提升了法学专业的教学效果,训练了学生运用法律解决社会问题的能力,培养了学生的公益心和社会责任感,促进了社会公共利益的维护,获得了社会舆论的广泛好评,符合中央政法委和教育部在卓越法治人才2.0计划中所提出“坚持立德树人、德法兼修,践行明法笃行、知行合一”的人才培养目标,可为国内法学院校提供借鉴与参考。

① 相关新闻报道可以参见《迪士尼旅游被翻包,直接起诉不忍让,华东政法大学女生今获奖!》,载新浪网2020年3月15日,http://k.sina.com.cn/article_7054193462_1a476733600100pj5m.html。

服务新发展格局　构建法律人才培养西政模式“SWUPL”

李　燕*

新时代是不断适应新环境、面临新挑战、解决新问题的时代。世界多元化、经济全球化、文化多样化、社会信息化深入发展，全球治理体系变革加速推进；同时，世界发展不稳定、不确定性因素增加，恐怖主义、极端主义、网络安全、新冠肺炎疫情、全球气候变暖等非传统安全威胁持续延伸，人类社会面临诸多挑战。① 随着国际关系越来越复杂多元，中国面临的跨国法律问题和全球法律问题越来越多。法律人才培养，一方面，需要坚持中国特色、中国国情；另一方面，又需要在面对世界法学思潮、法律制度交融、冲击的背景下树立中国自信，形成立足中国立场和面向世界的胸怀，这对新时代法律人才培养提出了新的更高要求。② 西南政法大学立足新时代，以服务国家重大战略和社会需求为导向，经多年实践，探索形成了富有西政特色的“SWUPL”法律人才培养模式。

一、新时代法律人才培养的价值取向——“为谁培养人”

“为谁培养人”，这是新时代中国法学教育的首要问题。对于这个问题的回答，本质上是厘清新时代中国法学教育的价值取向。习近平总书记指出，全面依法治国是坚持和发展中国特色社会主义的本质要求和重要保障，事关我们党执政兴国，事关人民幸福安康，事关党和国家事业发展。③ 要建设社会主义法治国家、法治政府和法治社会，需要一支高素质的法治队伍。为国家输送优秀的法治人才、培养法治工作队伍，是新时代法学高等院校的根本任务，这个根本任务回答了“为谁培养人”的问题，也决定了新时代中国法学教育的价值取向。

---

* 西南政法大学党委常委、研究生院院长，民商法学院教授。

① 参见《习近平谈治国理政》(第三卷)，外文出版社 2020 年版，第 45 页。

② 参见《新时代的中国法学教育——新理念　新版图　新方法　新教案》，载《人民法治》2018 年第 16 期。

③ 《八、全面推进依法治国——关于新时代坚持和发展中国特色社会主义的本质要求》，载《人民日报》2019 年 8 月 1 日，第 6 版。

“为人民服务、为党的治国理政服务、为中国特色社会主义制度服务、为改革开放和现代化建设服务”①是新时代中国法学教育最根本的价值取向。习近平总书记强调,全面推进依法治国是一项长期而重大的历史任务,要坚持以马克思主义法学思想和中国特色社会主义法治理论为指导,立德树人、德法兼修,培养大批高素质法治人才。② 法律人才培养必须以坚持党的领导、人民当家作主和依法治国有机统一为根本,在教育目标定位、教育内容实施、教育过程管理和教育效果评估上不能偏离这一根本政治方向。新时代法律人才培养要实施立德树人工程,以习近平法治思想为指导,按照党的十八届四中全会精神和“三个提高”“四个忠于”“五个过硬”的要求,把思想政治教育摆在首位,加强理想信念教育,把思政工作和党建工作结合起来,把帮助解决师生思想问题与教学、研究、实习、就业等实际问题结合起来,灵活开展思想政治工作和课程思政教育,把社会主义核心价值观深度融入教学的全过程,让师生做到内化于心、外化于行,切实增强“四个自信”。③

二、新时代法律人才培养的使命担当——“培养什么人”

新时代法律人才培养的价值取向决定了目标定位,而培养什么样的人,则是“为谁培养人”这个问题的延续,同时还应结合新时代特点,主动对接国家重大战略新需要和社会新需求,随着我国社会主要矛盾的转变而调整,与中国法治建设、与推进国家治理体系和治理能力现代化的需求相适应。④ 除培养立法、司法、行政执法和法律服务以及各行业领域需要的法律人才外,还应着重培养以下几类法律人才:

一是涉外法律人才。从推进“一带一路”国际合作到推动构建人类命运共同体,从推动构建新型国际关系到倡导共商共建共享的全球治理观,中国正一步步走近世界舞台的中央,由此而面临的跨国法律问题和全球挑战越来越多。⑤ 如“一带一路”因沿线国家不同文化背景、不同语言、不同法系所面临的法律风险问题,推进“一国两制”和遏制“台独”“港独”涉及相关问题,中国周边外交涉及的国际法律争议及其应对问题;全球化及反全球化过程中的法律问题等。这些问题都超越了传统法律人才培养以国内法和国际法做二元划分的模式,而需要从多国家、多法系、多规则体系的视角改革法律人才培养模式。

二是新文科复合人才。新时代法律人才培养,要以新时代国家、社会、产业需求为中心议题,为社会经济创新发展和人工智能、大数据、区块链等新兴技术产业的法治化建设

---

① 张国祚:《深刻把握“四个服务”的科学内涵》,载《光明日报》2017 年 6 月 30 日,第 11 版。

② 参见张晋藩:《治道之要:任法与任人》,载《中国高校社会科学》2017 年第 4 期。

③ 参见《立德树人德法兼修抓好法治人才培养　励志勤学刻苦磨炼促进青年成长进步》,载《人民日报》2017 年 5 月 4 日,第 2 版。

④ 参见《新时代的中国法学教育——新理念　新版图　新方法　新教案》,载《人民法治》2018 年第 16 期。

⑤ 周叶中:《新时代中国法学教育的问题与使命》,载《人民法治》2018 年第 16 期。

提供智力保障。2019 年我国启动“六卓越一拔尖”计划 2.0,全面推进新工科、新医科、新农科、新文科建设,进一步为人文社科创新发展指明了方向。在“新文科”背景下,面对新的国家需求、面对新的重点领域,培养适应新时代要求的“法学 +”复合型法律人才,是当下法学教育必须回应的问题。

三是职业化实务人才。法律体系的严谨度、标准化和程序性,赋予了法律从业者天然的专业化和职业性特质。① 随着我国社会经济的快速发展、科学技术的不断进步,国家对法治人才的专业化需求更加迫切,“百年未有之大变局”又对法律专业人才提出了更高层次的要求。党的十九届四中全会对我国当前“高水平开放型经济新体制”的定位,进一步为中国特色社会主义法律人才培养模式的改革创新指明了方向。因此,以服务国家立法、司法、执法需求为导向,培养法官、检察官、监察官、律师等传统法律实务工作者,构建职业化和专业化并重、高层次与应用型兼具的中国特色社会主义法律人才联合培养体系,是不可或缺的时代需求。

三、“SWUPL”法律人才培养模式构建——“怎样培养人”

西南政法大学以服务国家战略、社会需求为导向(Social need),面向世界(World view),以促进人类命运共同体构建为己任,联合(United)学术界、法律实务界、国内国外教育资源,培养高层次、职业化(Professional)的法律人才,推动构建新时代法律共同体(Legal community),探索构建了“SWUPL”法律人才培养模式。

(一)服务国家战略和需求

西南政法大学立足新发展阶段,服务国家重大需求和新发展格局,把全面推进依法治国、中国特色社会主义治国理政方略与创新法治人才培养紧密结合,清晰、精准定位法律人才培养目标,构建了异质化的人才培养体系。

1. 精准对接西部大开发、长江经济带等国家重大战略和“一带一路”倡议,创办高端法治人才联合培养试点班。学校紧扣长江经济带、西部大开发战略和“一带一路”倡议,联合最高人民法院第五巡回法庭、重庆市第一中级人民法院、重庆市律师协会等多家实务部门共同探索实施了“长江经济带高端法治人才试点班(民商法实务方向)”“一带一路高端法治人才试点班(刑事法实务方向)”“西部地区高端法治人才试点班(律师实务方向)”3 个高端应用型法治人才试点班,开启了新时代高端应用型法治人才培养模式的探索和实践,有力回应了国家和重庆市对高端法治人才的需求。经过 3 年试点,已有 173 名法律硕士研究生参与试点。

2. 主动适应经济社会发展新常态,培养新兴交叉领域法律人才。学校以经济社会转型中出现的信息技术革命与知识产权保护、经济发展与节能环保、金融创新与法律服务等高尖难问题为导向,大力发展法经济学、法务管理学、知识产权法学、环境保护法学、人工智能法学等交叉学科,推进法治人才培养与社会需求的紧密衔接。学校开设了人工智

① 陆璐:《“中国之治”引领法治人才培养创新》,载《中国教育报》2019 年 12 月 5 日,第 6 版。

能法实务、知识产权法实务、财税金融法实务、企业法实务、监察法实务、涉外经贸法律实务、仲裁实务等人才培养方向,单独设置培养方案,推进应用型、复合型高层次法律人才培养,重塑新时代新文科全面育人的教育观。

3. 服务新时代全面对外开放大局,大力培养涉外法律人才。学校发挥法学教育的基础性、先导性作用,推进国内法律人才培养与对外开放战略深度衔接,创办了"一带一路""双语双法"涉外法律人才实验班项目。该实验班旨在培养国际法学理论基础扎实,能够熟练掌握英语和一门以上东盟语言,并能熟练运用我国和东盟国家法律,从事国际事务谈判、处理国际法律问题的"双语双法"涉外法律人才。① 截至2019年年底,学校开设了4个"双语双法"实验班(包括泰语班、越南语班、柬埔寨语班、缅甸语班),每个实验班为30人,采取了"3+1"培养模式(国内3年,国外1年),取得了显著成效。

(二)面向人类命运共同体

推动构建人类命运共同体,是新时代中国法律人才培养需要具备的价值取向;推动构建人类命运共同体,必须建立在共同的规则和共同的价值基础之上。因此,法学教育在推动构建人类命运共同体的功能发挥上,关键是要为国家参与世界规则的制定提供应有的理论支持和人才保障。②

1. 注重培养具有国际视野的法律人才。西南政法大学一直致力培养具有中国情怀和国际视野,适应全球化竞争、能够参与国际对话与合作的复合型法律精英人才。一是培养学生国际视野和基础能力。在课程设置上开设"国际法前沿专题""'一带一路'与国际法治""区域与国别法律专题""全球治理与国际关系""联合国人权保护机制专题"等课程,培养学生法治全球化意识和参与国际事务的能力。二是实施"国际法拔尖人才项目"。培养具有国际视野和国际竞争力的高素质人才,自2019年,学校启动"国际法拔尖人才培育计划",每年选派资助30名学生赴澳大利亚、美国及日本等国的一流大学交流学习。三是通过培养合作的国际化推动整体法科学生教育的国际化水平提升。学校积极拓展国内—海外合作办学、交换生项目和法律硕士联合培养项目:与美国凯斯西储大学合作举办法学硕士层次的中外合作办学项目,培养服务国际贸易投资争端解决的法治人才,已合作培养2届34名法律硕士研究生;与英国考文垂大学合作举办法学本科层次的中外合作办学项目,培养金融法治人才,共选派58名学生赴英国攻读法学本科学位;与美国德雷克大学、澳大利亚悉尼科技大学等高校合作建立涉外法律人才培养基地等。

2. 注重培养知华友华的来华留学法律人才。推动构建人类命运共同体,不仅需要培养大批具有国际视野的本土法律人才,更需要培养大批知华友华、通晓中国法律的外籍人士。学校将培养世界舞台上国际争端的解决者和推动人类和平发展事业的领导者作

① 郭玲:《涉外法治人才如何养成》,载《小康》2021年第16期。

② 徐显明:《新文科建设与卓越法治人才培养》,载《中国高等教育》2021年第1期。

为来华法律人才培养目标。一是加强国际法专业全英文精品课程群建设。以来华留学生品牌课程为依托,大力加强全英文课程的建设,目前已完成国际贸易法课程群、国际投资与金融法课程群、新领域国际治理法课程群和国际争端解决法课程群四大课程群建设,建成“国际贸易法律制度”“国际投资与金融法律制度”“新领域国际治理法律制度”“国际争端解决法律制度”“中国传统法律文化”“中国法律制度概述”等一批全英文课程,同时启动上述全英文课程线上建设。二是实施高层次东盟国家来华研究生培养项目。学校自2018年开展实施了“西南政法大学东盟国家留学生硕、博士学位项目”,截至目前,共招收了32位“一带一路”沿线国家高级别公务员到校攻读硕士、博士学位。其中,含柬埔寨司法部的副部级干部1名和来自相关国家最高检察院、司法部、律协等厅局级公务人员。通过举办高层次东盟国家研究生培养项目,培养亲华友华的海外高端法治人才。

(三)构建人才培养共同体

学校秉持构建中国特色社会主义法治人才培养共同体的理念,联合最高人民法院第五巡回法庭、重庆市律师协会、重庆市高级人民法院等法律实务部门,创新法治人才培养机制,构建了以西南政法大学为核心、法律职业部门深度参与人才培养全过程的开放共享、多向发力的法治人才培养共同体,赋予法律职业部门平等的育人话语权,由过去的法治人才培养的“单主体”变为“多主体”。

1. 共同制订培养方案。学校法律专业学位研究生教育指导委员会15名成员中有3名校外行业专家;学校在确定法律人才培养方向、制订培养方案时,深入相关法律实务部门、律师事务所、企业法务部门等行业机构进行广泛调研,听取行业意见,并邀请行业专家参与制订培养方案,协助审查培养目标、课程设置、教学内容等是否符合行业需求。

2. 共同参与人才培养。学校施行法律人才培养“双导师制”,即一名学生由一名校内专职导师与一名校外实务导师联合指导,校内导师侧重理论指导,校外导师侧重实务与实践指导;行业专家广泛参与课堂教学,特色方向课与法律职业技能训练课大多由行业专家与校内教师一起讲授;与实务部门、行业律所共建实习基地,共同拟定实习内容、实习计划、考核标准。“高端法治人才联合培养基地”已成为学校法律人才培养的一张名片。学校积极利用校友资源,从已有的171个实习基地中,遴选有相当合作基础的法律实务部门,谋求建立具有可持续性、良性互动、有示范性的合作关系和机制,将保障“高端法治人才联合培养基地”运行的行稳致远作为取得人才培养质量提升的前提,同时以期形成有特色、有亮点的典型经验,打造可推广、可复制的“榜样基地”。经过多轮遴选和建设,学校已建成10个“高端法治人才联合培养基地”。

3. 共同促进学生就业。法律实务部门、律师事务所、企业法务部门等行业机构的专家在参与法律人才培养的过程中,一方面,作为行业教师有意识地向学生传授各自领域的知识与技能,培养学生的职业能力,提升学生的就业能力;另一方面,又代表部门、企业为单位物色人才,促进学生就业。此外,学校还与行业开展培养目标更明确的订单培养项目。

4. 共同评价培养质量。行业专家通过参与课堂教学、指导专业实习、指导学位论文写作等,对人才培养质量进行评价,并向学校反馈人才培养问题。此外,学校、学院通过召开行业座谈会、调研用人单位、分析就业情况等方式开展自我评估,及时发现问题,改进教学内容与方式。

(四)培养职业化法律人才

法学是实践之学。综观国内外法学教育发展历程,社会经济的发展不仅推动了社会资源配置的优化,也带来了法律活动的专门化。① 无论是从法科学生毕业流向,还是新时代社会需求来看,90%以上的法科毕业生将从事法律应用与实践工作。学校对法律硕士、法学本科人才培养均定位为应用型法律人才,以"突出应用、强化实践、职业衔接、特色引领"为理念,通过建立多元目标驱动的管理模式、与职业岗位相衔接的培养机制、打造校企深度合作的实践平台,实现职业化人才培养目标。

1. 以耦合校内培养与法律职业职前教育为主线,构建"知行融创"培养模式。根据新时代法治人才培养的新任务以及人才培养职业化定位,紧跟国家统一法律职业资格考试后法治人才培养与选拔的职业化转向,构建"知行合一、学用融创"的高层次法治人才培养模式:将过去"先理论后实践"的阶段性培养优化为"理论+实践"互动性的同步培养,将过去"日间行课假期实践"调整为目前的"日间实践闲时行课",将部分培养过程置于法律职业部门职业环境之中,由实务部门负责对实务训练课程组织"实操性"的训练和考核,以职前教育的前置及其与校内培养的融合,促使高层次法治人才培养与法律职业相衔接。具体来讲,学校通过创办高端应用型法治人才试点班,进行管理模式创新,突破现有培养过程和行课时间,学生白天在法律职业部门实习,晚上与周末返校上课。

2. 以职业需求为导向,构建"职业细分"的差异化培养体系。以中国特色社会主义法治体系为依据,以我国新时代法律实务部门的需求为导向,以法官、检察官、律师3种类型的职业细分为指引,构建异质化的法治人才培养体系。设立长江经济带高端法治人才试点班(民商法实务方向)、"一带一路"高端法治人才试点班(刑事法实务方向)、西部地区高端法治人才试点班(律师实务方向),制订差异化培养方案和特色化课程体系。课程模块由专业基础课程、特色选修课程、特色交叉课程、实践技能训练课程组成,在课程设置、教学改革、资源配置、研究指导等方面建立了灵活高效的合作共享机制。

3. 以职业素养为尺度,构建"双主体"共同评价的高层次法治人才培养质量标准体系。以法律职业部门对职业素养要求为尺度,以"量化任务+质化要求"的实务能力培养评价体系为重点,以学校与法律职业部门"双主体"共同评价为核心,构建高层次人才培养的标准体系;在确保培养质量硬约束的同时,平衡培养个性化与质量标准化的双重价

① 杨庆庆:《高校法律职业人才培养模式探究——以政法类高校法学教育为切入点》,载《山东科技大学学报(社会科学版)》2017年第3期。

值追求，给予联合培养单位以充分的自主培养空间，保护联合培养单位因材施教、因教育才的积极性。

（五）推动形成法律共同体

新时代法律人才培养的价值取向，决定了法律共同体的底色。这个底色是培育和建设社会主义法治工作队伍的基本要求，是全面推进依法治国的根本保障。① 法律共同体最大的共同是价值共同、信念共同，这也是西南政法大学在法律人才培养过程中一以贯之的。

1. 以强化价值引领为根本，实施"浸润行动"。强化价值引领是新文科建设的内在要求，新文科肩负"精神补钙"和匡正人心的重要职责，特别是高层次法治人才的培养，不仅承担全面依法治国的重任，更承担用明德引领社会风尚的历史使命。一方面，学校根据不同层次学生的学习和教学特点，围绕目标正确性、内容整合性和体系适应性，建立科学合理的思政课程内容体系，在"中国特色社会主义理论与实践研究""中国马克思主义与当代"等课程基础上，加强以习近平法治思想和新时代中国特色社会主义思想为核心内容的思政课课程群建设；另一方面，学校深入挖掘法学专业课程思政元素，拓展法学专业课程的广度、深度和温度，提升法学专业课程思想深度，引导教育学生关注社会实践、关注现实问题，培养学生以德为先、德法并重的职业素养。②

2. 以职业伦理教育为抓手，推进"琢玉工程"。学校按照习近平总书记在中国政法大学考察时提出的"德法兼修、明法笃行"的法治人才培养要求，推进实施"琢玉工程"。学校在强化价值引领和思政教育的同时，更是在实习实践中突出职业伦理教育，构建"职业融入"情境实训模式，将学生置入法官助理、检察官助理、律师助理等职场培养环境之中，开展为期一年的"实操训练"，构建融入法律职业真实岗位的职业伦理教育实训模式：由校外实务指导教师给予"一对一"的指导，根据实习目标为学生分配周期性实习任务，提高学生对法律程序的掌控能力和对法律职业的适应能力，以职业化的评价标准，引导学生自我发展，以言传身教促使学生强化社会主义核心价值观，将培养环境从校内拓展至校外法律职业部门，把法律职业伦理教育贯穿各类法律人才培养的全过程。

学校秉持立德树人初心和使命，以习近平法治思想为指导，准确把握新时代的特点和法治人才培养的方向，坚持中国特色、世界眼光，坚持正确价值取向，承前启后、继往开来，探索形成了具有西南政法大学特色的"SWUPL"法律人才培养模式，有力回应了新时代中国法治建设和法律人才培养供给侧结构性改革，是西南政法大学人才培养服务国家战略大局的又一重大创举。"SWUPL"法律人才培养模式既继承了学校法学教育的传统

---

① 参见中共中央办公厅、国务院办公厅印发《关于完善国家统一法律职业资格制度的意见》，载中央政府门户网，http://www.gov.cn/xinwen/2015-12/20/content_5025966.htm。

② 参见教育部关于印发《高等学校课程思政建设指导纲要》的通知，载中央政府门户网，http://www.gov.cn/zhengce/zhengceku/2020-06/06/content_5517606.htm。

特色与优势,又开创了新时代法律人才培养新模式,需要指出的是,“SWUPL”法律人才培养模,“S”“W”“U”“P”“L”5个培养着力点之间并不是割裂的,它们互相作用、互为补充,共同促进形成新时代法律人的能力内涵和素养内容。西南政法大学将面向“十四五”、面向2035年法治中国建设远景目标,继续深化“SWUPL”法律人才培养模式改革,继续挖掘“S”“W”“U”“P”“L”各自内涵和外延,不断为法律人才培养事业提供动力与源泉,为其他法学院校人才培养提供模式和路径借鉴,继续为中国和世界法治文明建设作出贡献。

“导师制+学团制+项目制”融通式地方立法人才培养模式研究*

胡弘弘** 姜明坤***

一、引言

2014年《中共中央关于全面推进依法治国若干重大问题的决定》中提出“创新法治人才培养机制”“培养造就熟悉和坚持中国特色社会主义法治体系的法治人才及后备力量”，并将立法工作者纳入了法律职业共同体的范畴。2015年《立法法》修改后，地方立法主体扩容，激活了地方结合自身立法需求在相应立法权限范围内开展立法活动的积极性，但也凸显了立法队伍不足、立法能力欠缺的问题。① 同时，近年来全面依法治国建设深入人心，民众对于法治的认同亦逐步提高，对于立法活动的参与度亦在与日增强。

在此背景下，无论就专业化地方立法人才培养而言，还是从通识性立法知识普及来讲，紧抓地方立法主体扩容契机，精准把握地方立法人才培养规律是必须展开的重要议题。实际上，面对立法理论深化发展的需要、立法实务工作提质的急切呼唤，当前学界对于立法人才培养已经倾注了力量，在立法人才培养的必要性、立法人才培养的目标导向等方面取得了一定的成果，②且相关探讨几与《立法法》修改同步，体现出较强的务实性。

---

* 基金项目：本文系2020年中央高校教育教学改革专项项目“新时代德法兼修的法治人才培养”的阶段性成果。

** 中南财经政法大学法学院教授、博士研究生导师，湖北地方立法研究中心副主任，主要从事宪法学、立法学研究。

*** 东南大学法学院博士研究生，湖北地方立法研究中心研究人员，主要从事地方立法学、宪法学与行政法学研究。

① 参见徐凤英：《设区的市地方立法能力建设探究》，载《政法论丛》2017年第4期。

② 参见胡弘弘、白永峰：《地方人大立法人才培养机制研究》，载《中州学刊》2015年第8期；李喜：《地方立法转型发展中的人才队伍建设问题》，载《山西大同大学学报（社会科学版）》2017年第1期；李克杰：《论立法人才的范围、职业素养与培养模式》，载《齐鲁师范学院学报》2017年第4期；李店标：《地方立法质量提高的维度分析——以黑龙江省为例》，载《黑龙江社会科学》2017年第5期；刘风景：《需求导向的立法人才培育机制》，载《河北法学》2018年第4期；孙韡：《基于地方立法人才培养的宪法学课程设计》，载《贵州警官职业学院学报》2019年第1期；李伟：《法学本科院校立法人才培养若干问题研究》，载《大学教育》2019年第5期。

同时,地方立法实务工作者亦积极总结立法人才培养经验,从加强立法工作者的能力培训切入总结了诸如以会代训、以干代训、挂职锻炼、市内外考察学习、脱产培训、集中实务培训班等培训方式。[①] 在高等教育体系内,一些院系、科研机构亦已开始依托所在高校陆续展开立法人才培养探索。但是,从整体上看针对立法人才培养展开专门性探讨的成果为数不多。且从地方立法质量视域切入,以地方立法能力提升为目的的地方立法人才培养研究,在当前地方立法理论与实务工作人才缺口较大的背景下,尚未形成既具有理念引导性又具有实践可操作性的,能够充分回应新时代复合型高素质地方立法人才的培养模式。基于此,将人才培养的基本规律尤其是法治人才培养的基本规律与地方立法人才培养的特定需求相结合,合理构建体系化的地方立法人才培养模式仍是一项有待研讨的作业。

二、"三制融通式"地方立法人才培养模式的结构与解构

革新卓越法治人才培养模式、推动"新法学""新法科"建设,已经成为学界关注的一个焦点。按照徐显明教授的总结,"新法学"主要体现5个"新":[②]生源要新、目标要更新、教学内容要更新、师资队伍要更新、人才培养的模式要新。于此五个方面出发,立基法治人才培养的一般规律,结合地方立法人才培养的实践探索体会,可将依托学校—学院—研究中心等平台培养地方立法人才的经验凝练如下:导师制为基础,融入学团制和项目制,以法案制作能力为指向的递进参与式"通(非法学)专(法学—立法学)结合"地方立法人才培养模式。

(一)"三制融通式"地方立法人才培养模式的结构

地方立法理论与实务人才"导师制+学团制+项目制"培养模式定位于研习者整个培养过程中,推荐专门教师为研习者学习和健康成长提供导向性和指导性服务,以研习者自身的发展目标为导向,以项目实践为引领,指导研习者在不同阶段、不同课程学习期间,将所学知识衔接起来,形成系统化的专业认知,提高学习兴趣,增强实践能力。

在人才培养模式的系统构造上,"三制融通式"地方立法人才培养模式共由3个相对独立的系统组成。其一,运行系统主要包括培养目标和指导思想的确立、选聘导师、建立相对固定的学团等环节。理想的运行系统,以地方立法人才培养协同平台为阵地,以实际科研项目为依托,在导师指导下由具备不同学科背景但对于地方立法理论与实务保有强烈兴趣的不同研习者共同组成学团,由研究生与本科生、导师与研习者、实务工作人员与理论研究人员一起学习、共同进步。在此过程中,充分尊重导师、研习者两个主体的独立性,注重激发两个主体的积极性,鼓励研习者自主联系讲师以上职称的导师,每个导师

---

① 参见惠州学院地方立法研究院、惠州市人大常委会法治工作委员会主编:《设区的市地方立法实用教程》,中山大学出版社2019年版,第267~268页。

② 《北理工举办"新文科建设与卓越法治人才培养"高端论坛》,载北京理工大学法学院官网2019年7月2日,http://www.bit.edu.cn/xww/zhxw/172697.htm。

根据需要选择学生,组建一支由不同年级学生构成的学团;同时,提倡互助精神,适时地指引新的研习者与经验相对充足的在读博士研究、地方立法实务参与者交流。交流的过程中,导师应当传递给研习者"'问'与'学'具有一致性,以'问'可以观'学'"的观念,①以便提升交流的实效性。其二,保证系统由思想保证、组织保证和政策保证组成。一方面,依托高校内部的各二级教学单位的辅导员和班主任做好学生的宣传工作,鼓励学生积极参与立法活动,踊跃加入地方立法人才培养协同平台的各类型学团;同时严格把关,制订地方立法人才培养协同平台专家库入选的流程与标准,构建优良的专家导师库。此外,依托学校、学院的力量,对于地方立法主题相关的学团建设给予政策支持,如给予各学团建设资助经费;又如,倡导通过学团模式结合地方立法理论与实务领域的前沿议题组织申报学生科研创新项目等。其三,评价系统,包括过程评价、效果评价。评价需要综合考量考研、攻博后继续从事地方立法理论研究的研习者的情况,研习者系统学习期间参与地方立法模拟设计、地方立法理论与实务相关项目的表现等因素,定期展开对于地方立法人才培养的系统反思,并经过导师与研习者的共同讨论提出优化方案。

需要格外强调的是"三制融通式"地方立法人才培养模式的运行系统。理想运行系统预设下的不同环节,对研习者能力培养各有侧重且相辅相成。具体而言,运行系统中的导师制、学团制、项目制的关联性表现如下:第一,导师制为核心,居于地方立法人才培养运行体系的原点;第二,学团制为轴线,发挥研习者的自主性,吸纳来自不同学科背景的研习者参与地方立法理论与实务知识的吸收、运用与优化;第三,项目制为桥梁,具体表现为沟通导师制和学团制的桥梁;理论与实务的桥梁;知识与实践的桥梁;法学与非法学的桥梁。在"三制融通式"地方立法人才培养模式的运行中,法学与非法学知识借助项目实现了互补,在问题导向下共同作用于问题的处理。

(二)"三制融通式"地方立法人才培养模式的解构

"三制融通式"地方立法人才培养模式,其实质是阐述此种模式设计背后的缘由。其中,需要着重抓住 3 对矛盾关系:一是供给侧与需求侧的关系;二是理论与实务的关系;三是历史与当下的关系。

第一,供给侧与需求侧的关系指引。当下,法学教育中存在的"就业难"问题和法律实务中面临的"人才荒"问题,反映出高校人才培养与社会实际需求不相吻合。在地方立法相关议题的探讨中,立法人才队伍的短缺与立法人才培养的滞后亦是一个常被提及的话题。构建合理的地方立法人才培养模式,必须对人才供给侧加以改革,协调供给侧与需求侧的关系。"高校作为人才供给侧,其人才培养供给侧结构主要由高校人才培养系统内部的教师结构、课程结构、专业结构、学科结构构成。"②就地方立法人才需求侧而言,短期的需求是迫切需要高校输出一批高质量的应用型地方立法人才;而就长远而言,

① 盛险峰:《以"问"观"学"论》,载《中国大学教学》2019 年第 11 期。

② 童顺平:《试论高校人才培养供给侧结构性改革》,载《黑龙江高教研究》2019 年第 11 期。

地方立法人才应定位为兼具理论与实务能力的复合型高素质人才。短期与长远的地方立法人才需求回应,对于地方立法人才培养的供给侧实践提出了在人才培养过程中应当在理论、实务两个方面作出侧重性选择的要求。在教师结构上,给予立法问题的复杂化不能依靠单一的导师制;在课程结构上,传统法学教育偏重理论知识传授,需要找寻面向地方立法实务知识的“第二课堂”;在专业结构上,以二级学科作为硕士研究生、博士研究生招生与培养的制度设计很难在短期内获得突破,需要思索在生源同构的现状下如何将地方立法作为一个特定的研究方向吸引不同学科的学生成为地方立法理论与实务知识的研习者。

第二,理论与实务的知识结构互补。一是注重其他学科知识与法学专业知识的同构。法律调整对象所涉及的领域会涉及自然科学领域,同时涵盖人文科学领域。立法人才的培养,必须把握此点,尽可能引导或推动共同学习一定的政治学、经济学、行政管理学、社会学等社会科学知识和相应的自然科学知识。二是注重法学理论与立法理论的知识互补。“掌握系统的法学理论是所有法治人才都必需的,是所有法治人才共同的要求。”①系统化的法学理论知识学习,尤其是在部分法学划分背景下需要对于法学各二级学科的知识加以了解和吸收,以之作为立法知识调用的基础资源库。三是注重立法共通性知识与地方的需求结合。四是注重理论知识与实务经验的共生。一项基于地方立法研究成果的梳理显示,“热点主题集中以立法模式、立法后评估、执行性立法、创制性立法、法治化治理为核心线索辐射展开,公众参与、立法理念、公民权利等逐渐成为当前地方立法研究领域的前沿阵地”。② 对于地方性法规备案审查、地方性法规清理、地方立法调研、地方立法立项标准等经由实务人员反馈的问题,研究成果则显得较匮乏。实务与理论的反差,提醒着在地方立法人才培养模式构建中,要能够协调理论与实务的关系,所培养的人才应该能够综合调用所学理论知识回应实务问题。

第三,历史与当下的人才培养衔接。“现行法学院教育中突显司法中心主义,集中反映在法学教育中以培养司法人才为目标,制定培养方案,组织教学资源、选取培养方式方法和确立考核评价机制。”③地方立法人才的培养必须正视此种人才培养资源配置的历史传统。认识到此点,有助于更加理性地调试立法人才与司法人才培养的协调以及立法人才培养模式设计的现实可运行性。就此而言,“三制融通式”地方立法人才培养模式并不排斥对于司法、执法、守法知识的学习吸收;相反认为,应当将三者与立法置于一起,构成地方立法人才知识交汇的边界。此处的边界意在指明,非法学学科的知识经由项目制

---

① 邓世豹:《论建立法案制作为中心的立法人才培养机制》,载黄建武主编:《立法评论》,法律出版社2016年版,第277~289页。

② 汪全胜、杨文惠:《我国地方立法研究领域的演进与发展——基于1998~2018年的文献计量分析》,载《北京邮电大学学报(社会科学版)》2019年第5期。

③ 邓世豹:《超越司法中心主义——面向全面实施依法治国的法治人才培养》,载《法学评论》2016年第4期。

的桥梁与学团制融合时,应当能够对以法律思维解决问题有所助益。

三、地方立法人才培养"二元导师制为核心"的运转

改良导师制,即以指导教师为主导,引领学生对专业基础知识和基本技能进行全面学习。在人才培养过程中,导师具备了一定的研究能力、知识储备,可以在研习方法、问题聚焦等方面给研习者以指引,导师制具备项目制与学团制无法比拟的效益优势。但在传统上,对于"导师制"的认知与运用隐藏单向度的逻辑,默认导师是研习者的领路人,忽视了研习者的学习主体性。近年来,越来越多的研究者指出,研习者在导师制下可以提出建议,具备初级意义上的互动性;而研究生为主的研习者则更接近于导师的合作伙伴。在充分认识到此点的基础上,可对正式的"导师制"加以改造。具体而言,即在项目制的配合下,结合地方立法转型的需要,于地方立法人才培养中将已经制度化的"导师制"转换为实际的"二元导生制",使之成为具备平等民主、双向互动特质,导师在人才培养过程中扮演监督者、合作者等多重身份。以"二元导生制"作为地方立法人才培养模式设计的核心,一方面,可以有效引导项目制与学团制发挥功效;另一方面,在学团无法建立或项目不能得以良好运转的情形下,导师制作为一种较正式的制度仍然可以运转。

(一)改造"导师制"为"双导师制"

当前的法学博士研究生、硕士研究生的培养侧重以二级学科划分领域,法学各二级学科导师组内的导师大多专攻学科领域内某一特定方向的问题。二级学科之下,研究生所修习的课程多为共同性的课程,是否具有地方立法理论研究与实务工作所需要的针对性尚存疑问。在此方面,改进正式的"导师制"为"双导师制",可予以一定程度的补足。双导师制中的"双"确切地讲是指理论与实践、校内与校外的"双向"或"两部分"或"两类",并不是仅限定为"两名"。以中南财经政法大学法学院在读法学类硕士、博士研究生的培养为例,在采取单一导师制作为主要指导方式的情形下为尽可能降低"一对一"的指导方式下单一导师的知识结构、学术领域、时间精力等限制因素对地方立法理论与实务人才的培养产生非正向影响,湖北省地方立法研究和人才培养基地(中南财经政法大学)尝试探索结合项目制变革为实际的"专业导师—项目导师配合制"。项目导师一般由湖北省地方立法研究和人才培养基地(中南财经政法大学)专家库成员中教授、副教授、高级工程师、律师、法官等人员担任。学科背景上除法学专业领域外,亦可能来自语言学、物流管理、城市管理、环境保护等相关领域尤其是交叉学科领域,同时亦有地方人大及其常委会、政府法制部门等实务部门人员参与。此种对"导师制"的改造,在师资结构层面体现着对立法面对的问题之复杂性的认识。在具体落实导师责任方面,校外的导师可以立足对地方立法调研、立项、起草、论证、审议、备案审查、批准、清理、评估等活动中的疑难问题加以汇总,经过与校内导师商议后,在细化地方立法理论与实务中的具体问题的基础上开设相应的专题讲座,提升学生的理论与实务勾连能力。此为面向地方立法研习者,当然主要是指地方立法的法学类硕士研究生的"导师制"改进。从另一个方面来看,专业学位硕士研究生导师队伍建设过程中"双导师制"存在的落实不到位、校内外导师职责不清晰、校内外导师的交流联系不密切等问题,①一应问题于地方立法人才培养中亦可能出现。对此,建议以入选地方立法人才培养协同的平台高校教师为主,强化校内导师积极协调的主体责任意识。简言之,"双导师制"下专业导师侧重加强法学尤其是地方立法、人大制度、行政法学等相关理论知识的指导;项目导师则在至少为期半年的时间段内通过密集的项目推进活动沟通,增强对学生的跨学科知识熏陶与立法实务参与能力的锻炼。当然,前文已经提及国内传统上习惯以部门法学的划分来展开课堂建设、师资建设、教材建设。"真实世界并不存在纯粹的'部门法学问题'",②立法面对的复杂性决定部门法学条块化的知识传授在遭遇具体领域的立法问题时显得力不重新。如此一来,进一步推动正式"导师制"的改造,需要引入"领域法学"思维模式指引地方立法人才的培养,③通过"领域法学"与"部门法学"的同构互补,增强地方立法人才培养的知识储备综合性。

(二)改造单向度的"导师制"为"导生互促制"

在地方立法人才培养探索的过程中,必须注意到,在"动态学团制"的配合下,研习者已经不再是单向度的被动接受者。研习者在经过既有的学科知识训练后,潜在的发现问题、凝练问题的能力已经得到了提升。对此,传统的"导师制"应该作出变动,将研习者视为一个合作者。认识到此点后,可将"导师制"作向"导生互促制"的转变尝试。具体而言,参考已有的教育经验,可从两个方面入手:一是导师注意在地方立法教学研究工作中,引导研习者关注地方立法的理论面向,积极为研习者尤其是在校学生提供接触实务、了解实践的机会,使研习者能够在解决真问题的过程中,激励研习者认知地方立法理论对立法制度完善、立法质量提升、法治建设推进的意义。二是尊重研习者就地方立法实务中挖掘出的新问题。当然,"科学的问题导向意识,是一个发现问题、分析研究问题和解决问题的完整链条",④对于问题是否为真需要导师加以甄别。在此基础上,共同明确问题的焦点所在,通过对地方立法实践的观察,将零散现象背后的规律加以理论概括,共同为地方立法理论与实务的丰富和完善提供新的研究成果。需要说明的是,研习者在"导生互促制"的实践运作中,应当积极求教,并勇于尝试利用自己既有知识储备,以便于与导师沟通过程中能够高效率地形成明晰的思路。

四、"动态学团制为轴线"地方立法人才培养的实践展开

动态学团制的实践展开,需要一定的人才培养协同平台作为支撑。就地方立法人才

---

① 施亚玲、向兴华等:《全日制硕士专业学位研究生导师队伍建设现状调查分析》,载《学位与研究生教育》2011年第12期。

② 侯利阳:《垄断行为类型化中的跨界行为——以联合抵制为视角》,载《中外法学》2016年第4期。

③ 关于领域法学的定位与意涵,参见刘剑文:《论领域法学:一种立足新兴交叉领域的法学研究范式》,载《政法论丛》2016年第5期;侯卓:《"领域法学"范式:理论拓补与路径探明》,载《政法论丛》2017年第1期;梁文永:《一场静悄悄的革命:从部门法学到领域法学》,载《政法论丛》2017年第1期;等等。

④ 高建生:《确立科学的问题导向意识》,载《中国社会科学报》2017年2月14日,第8版。

协同培养平台而言,目前主要存有3种情形:一是高校自主设立地方立法研究中心;二是高校与地方人大常委会或地方人民政府联合设立地方立法研究与人才培养基地;三是借助省法学会(地方)立法研究会加强地方立法理论与实务人才的交流。在相应平台的支撑下,一些高校在原法学理论、宪法学与行政法学等法学二级学科下,结合地方特色,鼓励并培育硕士研究生、博士研究生以地方立法作为研究方向,通过在"动态学团制"的交流、总结中不断提升地方立法知识储备,取得了阶段性成果。

(一)"学团制为轴线"的地方立法人才培养图景

学团制,以学生互助互学、导师引导督促为主要活动特征。导师制引导下的学团制实践包括两种形式:一是以导师为中心建立的学团制。这一形式在需求导向指引下近年来已在实践中经部分高校的导师自主探索,逐步改造为"导生学团制"。二是以学生为主力的自由开放互助的学团制。学团制以举办学术沙龙等互助式研习活动为主要表现形式,在具体落实过程中,结合所开展的互助性学习活动侧重塑造4种意识:

一是经典意识。"经典阅读在法学教育中并不是一个简单的有抑或无、提倡还是不提倡的问题",技术型法律人才短缺的现实不能成为脱离经典阅读的理由。[①] 坚守经典意识可以直接学习和了解本领域内最前沿、最有价值的学术成果,有助于进行思维、逻辑和学理上的训练。

二是问题意识。通过导师指点、学生互动开展有目的、有问题、有需要的阅读活动,引导学生掌握阅读的主动权而不被书本内容牵着走,在阅读中进一步发现问题、分析问题、解决问题。

三是融合意识。近年来,法学(地方立法学)和其他学科理论融合趋势明显,产生了大量新兴交叉学科,如法政治学、法律心理学、计量法学、法律地理学等。面对学科发展新形势,人才培养协同平台的专家库成员可以鼓励并引导研习者课外阅读时注重广泛取材,结合未来的职业规划、参加的科研项目、参与的立法项目涉猎公共管理、哲学、社会学、政治学、经济学等相关领域的专业著作,培养多学科视角,尝试用其他学科的思想资源与研究工具解决本学科问题,突出系统思维与创新意识。

四是整体意识。整体意识,一是体现在学团制下的研习者作为一个整体,在合作中的互助互补;二是通过学术沙龙、法案制作、法规点评、立法诊所等开展落实学团制。一方面增强学生间的团队合作意识;另一方面在阅读、习作、讨论中增强立法理论素养与实际操作能力。

(二)地方立法人才培养中的"学团制"

传统的学团制,多以学院内部甚至于导师组内部展开,其拓展学团成员的范围止步于课堂。由此,于跨学科的视野融贯方面有所欠缺。在地方立法人才培养中,需要对"学团制"作"校内—课堂"的突围改造,以尊重地方立法研习者意愿为前提重新构筑学团制

---

① 丁轶:《经典阅读的限度及可能》,载《中国社会科学报》2017年7月12日,第5版。

的基石。具体而言,结合地方立法规模的分布规律,①可以院校办学所在地为中心,从空间层面作出三个方面的改变:

一是跨区域吸纳成员。传统的学团组建,受制于空间、资金、管理等方面的限制,选择以校内的课堂作为拓展研习者的一个主要载体。但是,随着网络信息技术的发展,空间的限制力度已经大幅削减;至于资金的限制,出于研习地方立法的兴趣自发加入学团,相应活动并无较大资金调用。且在一定程度上,导师制引导下的项目合作制的展开、各校设立的研究生创新教育计划皆可为相应研习者提供资金资助。如此一来,需要思考的是,如何最大化、优化学团跨区域吸收成员的能力。以中南财经政法大学研究生创新教育计划"立法主体扩容背景下湖北物流业立法推进研究"的主持人及其指导教师跨区域吸纳成员的做法为例,一是项目参与成员在调研活动中各自吸纳新的高校内在读学生成员;二是项目组指导者在协调调研事宜时,积极宣传相应学团,吸纳新的从事立法实务工作的人员加入相应学团,其中,立法经验较丰富者则吸纳入地方立法人才培养协同平台的专家库。

二是跨院校吸纳成员。首先,同一学校内部的跨院组建学团。以中南财经政法大学为例,摆脱原本教学管理体制束缚,通过湖北省地方立法研究和人才培养基地(中南财经政法大学)平台,以法学院师资力量为基础,广泛于校内、校外遴选专家进入基地立法专家库,实施动态管理。在后续的立法实务项目推进中,以财经政法管理等各专业深度融通的项目组沟通方式加强科研合作、人才培养。就数年来的效果而言,此种经由校内平台的跨院系学团组建已经取得了初步成效。其次,跨越学校的吸纳研习者组建学团。跨越学校吸纳研习者组建学团,主要依托两种方式:一是网络方式,如通过地方立法人才培养协同平台的公众号推介从事地方立法理论研究的青年硕士、博士成果等;二是线下交流,如既有学团成员结合自身在地方立法理论研习或实务工作中遇到的跨专业疑难问题,在地域空间上采用就近原则,自主邀请具有相关经验的人员加入学团并共同交流。

三是跨专业吸纳成员。立法活动注定不仅是法学知识的一个运用。但在现有二级学科的研究生培养制度设计下,多数培养单位不可能再单独设计地方立法学的特色选修课程和专门必修课程。故而在我国法学学科体系已经相对成熟,经由部门法学的学科界限划分培养出专精于某一学科的人才情境中,地方立法方向的研习者培养,指导教师与研习者皆应学会依托法学理论、宪法学与行政法学两个二级学科。在相应的二级学科研究生的培养方案中,与立法学相关的课程实际上较少,而且除公共课程外,基本不涉及跨一级学科的知识培养。有志于研习地方立法的研究生,须在相应二级学科中所开设的宪法学原理、中国行政法专题、地方制度、法理学前沿等课程的基础上,另外寻找修习跨学

① 通过数据汇总,王怡发现人口规模、工业化程度等处于不同水平的城市立法数量不同。参见王怡:《〈立法法〉修改前中国城市立法的规模分析与评价》,载黄建武主编:《立法评论》,法律出版社2016年版,第62~90页。从立法人才培养上看,其研究结果可为人才培养中的实践教学基地选择提供参考。

科课程以及地方立法特色课程的机会。面对此种状况,学团制的推进不再局限于法学一级学科的课堂或者学科组内部,而是结合研习者的兴趣,推荐加入相应的项目小组或者学习小组。同时,有引导性地利用在线网络教学平台,给参与学团制的学院提供相应的跨一级学科领域的入门课程指引。在各自修习网络课程后,学团制下的研习者利用原本各自学科的积淀,完成分享交流,实现“学思互促”。

五、“项目合作制为桥梁”在地方立法人才培养中的具化

项目制,即通过“项目”落实学校—各院系—基地积极营造环境下的研习者参与。项目合作制的落实路径分为参与式和自主式两类。参与式科研项目方法,是指吸收学生参与教师的科研课题,在教师的主持下,先从科研助手逐渐到进行科研活动。自主式专项课题研究,是指学生自己主持的科研课题,但是教师可以对其进行指导。在“项目参与”的实践“反哺”中,学生可将所能吸收到的知识有机地整合到一起,将分散的学习精力和能力整合到一个大的项目中,一来通过专业学习积累让学生专注于一件事;二来帮助学生从整体认知专业确定自己在专业视角下的发展路径;三来帮助学生更早认识毕业设计的项目体现,从而通过长期积累的方式提高毕业设计的质量和学生整体解决问题的能力。从实践效果看,导生制为核心、依托动态学团展开项目合作的模式,有效达成了引导学生提早明确学习方向和目标,并在项目迭代过程中指导学生有意识地不断融入新学知识,沿着“专业认知→项目启蒙→项目构思→项目设计→项目实现→项目反思→项目完善”的路径,帮助学生将不同学习阶段、多门不同课程的知识点有效衔接起来,形成体系化的人才培养效果。

(一)地方立法人才培养中的“项目合作制”

理解地方立法人才培养中“项目合作制”中的“项目”,既要与管理学、工科人才培养过程中的项目相联系,又需要与之相辨别。具体而言,地方立法人才培养中“项目合作制”中的项目,可以是理论课题,也可以立法项目;立法项目可以为模拟性的,也可以利用地方立法人才培养协同平台的专家库成员所承接的地方立法调研、起草、论证、评估、修改、清理等项目。对于学团融入地方立法研习共同体的研习者,在初期可以在相应导师的引导下加强观摩、强化地方立法知识的累积。以湖北省地方立法研究和人才培养基地(中南财经政法大学)的人才培养探索为例,相关的观摩活动主要为参与地方立法项目的论证、评估会议,如《武汉市控制吸烟条例》《武汉市多元化解纠纷促进条例》《湖北省乡村振兴促进条例》《黄冈市城市公共交通条例》《湖北省学校安全条例》《鄂州市餐饮服务业油烟污染防治条例》等,会后在基地专家库成员和与会专家的指导下撰写论证、评估报告。此外,作为学生代表参与地方人民代表大会常务委员会会议旁听;协助地方人民代表大会常务委员会会议简报工作亦属于地方立法人才培养中“项目合作制”的初阶探索。

(二)地方立法人才培养中“项目合作制”的进阶

就参与式科研课题研究而言,以湖北地方立法研究和人才培养基地(中南财经政法大学)为例,入选专家库的各位教师亦大多积极依托自身的科研项目为学生的科研训练提供机会。此外,在接收系统的地方立法知识研习阶段,通过参与各学团中的导师与团员的项目制训练,已经积累了理论与实务课题经验的学生充分发挥自主性,主动寻求参与校外科研人员主持科研项目的机会,积极提升地方立法理论研究与实务操作能力。具体而言,地方立法人才培养中"项目合作制"进阶中的活动可以归纳为以下两类:第一,地方立法实务方面,主要活动为参与基地专家库成员主持及参与的委托第三方立法起草、调研项目,承担立法资料准备、工作方案设计、立法争点梳理、调研素材处理、草案说明撰写、具体条文拟写等工作。第二,地方立法理论研究方面,基地专家库成员积极申报与地方立法相关的理论研究课题,吸纳一定数量的博士研究生、硕士研究生实质性参与相关研究工作。

(三)地方立法人才培养中"项目合作制"的高阶

就自主式专项课题研究而言,从国家层面来看有教育部实施了针对本科生的"大学生创新创业训练计划";从法学院等二级教学单位而言,在学校领导的大力支持下充分利用自身学术平台、科研基地等设立了"研究生创新教育计划"。在项目推进中,学生于参与活动中与专家库成员交流较密切,反馈出来的不足可以得到及时指点。通过参与专家库成员的课题的系统训练,基本掌握申报与完成院校级科研项目的能力。以近5年中南财经政法大学研究生创新教育计划的立项为例,多名研究助理获得项目立项并顺利结项。写学术论文方面,学生基于自主主持的小计科研项目、参与的基地专家库成员主持的科研项目以及参与地方立法论证、起草活动的收获,结合自身能力选定拟写题目,拟出提纲后,先行在基地学术沙龙上进行学生间的交流论证并加以完善。在此基础上,寻求基地专家库成员指导并完成初稿写作。在研习汇报交流中,发现初稿的不足,在导师的指导下展开修改工作并积极投稿。在经过系统的培养后,同时具有高校在读学生身份的研习者以硕士学位论文或博士学位论文的完成作为标志。就此方面而言,高校内的研习者尤其是基地专家库成员指导的硕士研究生、博士研究生,可汇总系统接受地方立法理论与实务素养培养过程中的认知体会,作一定的理论探讨,以地方立法作为毕业论文设计的选题论域。随着毕业论文的写作,更进一步地独立就相关问题展开调研、论证并提出应对的理念或方案,完成对相关立法理论命题的证成或证否。地方立法选题相关的毕业论文设计之完成,标志从地方立法研习者向地方立法人才的一次阶段性跃升。

六、余论

对于"三制融通式"地方立法人才培养模式的构建,已作详细展开。"三制融通式"地方立法人才培养模式,能够在融贯理论体系、实践体系、课程体系、教材体系、反馈体系的基础上于地方立法人才培养的实践中有效引导地方立法研习者由"接收知识"向"能力提升"的转型。但是,存在一个问题并未交代——何为地方立法人才?回应此一问题,须引入功能性考量。在中共中央办公厅、国务院印发的《关于完善国家统一法律职业资格制度的意见》中,明确"国家鼓励从事法律法规起草的立法工作者""参加国家统一法律职业资格考试"。但不能据此将立法人才等同于立法工作者。应该意识到,立法工作尤其是地方立法工作不仅具有专业性的一面，也需要有广泛吸纳民意的一面。其中，专业的地方立法工作者是地方立法人才培养的关键所在，其指的是“立法活动中法案制作者、制度设计者”。[①] 但是，广泛存在的参与立法过程表达民意的个人，有立法权的各级人大的代表、委员等亦是不可忽视的应当接收立法知识的群体。在能力指向上，培养的焦点皆聚焦地方立法草案制作、制度设计。故而“三制融通式”地方立法人才培养模式在具体实践运用中，应当将培养的中心落在地方立法草案制作、制度设计之上。找准地方立法人才培养的重心，仅是一项初步作业。更须加以思考的是，在以诉讼型人才培养为主流的法治人才培养体系中，如何定位具有公共政策考量才能的立法决策型人才培养的独特之处，增强立法人才尤其是地方立法人才培养的实效。[②] 另一个需要思考的问题是，在立法工作日趋专业化的背景下，是否有必要建立健全专职立法人员制度，一方面，推动高素质地方立法人才队伍的建立；另一方面，在就业市场吸引力下驱动高校法学人才培养的分流改革。[③] 此外，在地方立法人才培养中，地方立法理论与实务关系的处理，虽已作了交代，但具体如何使之紧密结合，尚是有待进一步探讨的问题。

① 邓世豹：《论建立法案制作为中心的立法人才培养机制》，载黄建武主编：《立法评论》，法律出版社2016年版，第277～289页。

② 胡弘弘、白永峰：《地方人大立法人才培养机制研究》，载《中州学刊》2015年第8期。

③ 建立健全专职立法人员制度的举措，汤善鹏作了详尽的阐述，参见黄文艺主编：《立法学》，高等教育出版社2008年版，第217～218页。

高科技时代法学教育的模式与实践

——北京航空航天大学“法律与科技融合教育”经验分享

龙卫球* 初殿清**

一、问题的提出:高科技时代对法学教育变革需求

(一)第四次工业革命与第四次教育革命

自第一次工业革命以来,科技便一直与人类社会发展息息相关。“高科技”是一个具有历史性的动态概念,体现着具体历史时点上“前沿科技”“新兴科技”的内涵。当下我们所说的“高科技”,是指第四次工业革命中具有标志性意义的前沿科技。计算机和互联网是第三次科技革命的核心,第四次工业革命始于这个世纪之交,在数字革命基础上发展起来,涉及人工智能、物联网、3D打印、纳米技术、生物技术、量子计算等诸多领域。① 每次工业革命的到来都会对社会发展和行业变革产生重大影响,需要各个领域对新兴趋势深化理解,并以此为基础展开战略性思考。在第四次工业革命背景之下,与“人的发展”密切相关的教育成为各国关注的核心领域,尤其因为本轮工业革命中我们面对的“高科技”诸多方面与人类自身意义相关。

人类在漫长的历史中历经了3次教育革命,并即将迎来第四次教育革命。前3次教育革命并非与工业革命一一对应,工业革命对教育的影响集中体现于第三次教育革命。第一次教育革命发生于人类历史早期,在家庭单位、族群、部落中“向他人学习”构成了第一次教育革命,这种学习构成了人类的起源。第二次教育革命与人类文明社会的形成有关,新兴文明的复杂性呼唤一种更系统的教育形式,于是人类迎来了“制度化教育”,迎来了学校和大学。第三次教育革命以“大众化教育”为特征,教育资源不再为某些特殊阶层所独有,而推动这一变革的关键力量就是技术发展,从早期的印刷技术到近现代的计算

* 北京航空航天大学法学院院长,教育部长江学者特聘教授,博士研究生导师。

** 北京航空航天大学法学院副院长,副教授。

① 参见[德]克劳斯·施瓦布:《第四次工业革命:转型的力量》,李菁译,中信出版集团2016年版,第4页。

机、互联网技术,都是与第三次教育革命的内涵密切相关的技术方式。[①] 正是在这一意义上,网络教学实际上仍然是第三次教育革命的体现,其与印刷技术的区别主要体现为科技化程度不同,但并未改变教育的基本模式。[②]

第四次工业革命却不会如同前3次工业革命那样嵌入第三次教育革命的体系之中,而是会带来真正意义上的新一轮教育革命,即"第四次教育革命"。论及第四次教育革命的特征,人们较容易想到的是学科交叉,这也是国内相关文献研讨的主要方面,包括跨学科课程、交叉学科学位等。不可否认,在第四次工业革命时代,培养内容上体现交叉性是必需的。这是由教育与知识发展之间的关系决定的,教学内容的改变体现的是知识的发展变化、知识谱系的更新,[③]然而这却并非教育模式本身的变革。因此,用以界定第四次教育革命的核心特征,也许无法仅仅在跨学科人才培养的概念中探寻。

笔者认为,高科技时代给教育带来的影响包括两方面:一方面是教学内容上的跨学科导向,另一方面是教育模式变革。前者仍可以涵盖于第三次教育革命之中,而后者则集中体现第四次教育革命的内涵,其特征至少包括两方面:一是"个性化教育",即高科技使个性化教育成为可能,这一领域的探讨主要涉及教学方式、教学环境的信息化变革;二是"人的教育",第四次工业革命带来的挑战多数与人类自身意义有关,高校教育需要从培养目标到培养模式再到课程体系全面作出回应,平衡"明体"与"达用"两者关系。这意味着有质效的通识教育在课程体系中不可或缺,"通识+专业"模式探索看似与高科技关联不大,但实际是高科技时代教育模式的必议之题。

(二)法学教育对高科技时代的"适应"与"回应"

笔者认为,高科技时代面前的法学教育,需要在"适应"与"回应"两个层面上展开思考并作出安排。"适应",是指法学教育要顺应时代大势,拥抱和融入前沿科技发展,在教育内容交叉化和教育方式信息化两个维度上深入探索。"回应",则涉及高科技大潮之下人的主体性、独立性、主导性问题,叩问人类教育的本源与目的,法学教育在结构上应以

---

① 参见[英]安东尼·塞尔登、奥拉迪梅吉·阿比多耶:《第四次教育革命:人工智能如何改变教育》,吕晓志译,机械工业出版社2019年版,第2~14页。

② 有观点认为,印刷机的发明曾经在教育和思想交流领域开辟了新视野,而互联网就是今日的印刷机,它有相同的变革能力,改变社会的范围和广度。参见[美]米歇尔·皮斯托:《法学院与技术——我们现在何处并将驶向何方》,周亚玲译,载王翰主编:《法学教育研究》第15卷,法律出版社2016年版,第260页。

③ 许多学者谈到了高科技时代之下,法学教育的知识谱系拓展和更新问题。例如,参见马长山:《面向智慧社会的法学转型》,载《中国大学教学》2018年第9期;冯果:《大数据时代的法学教育及其变革》,载王翰主编:《法学教育研究》第21卷,法律出版社2018年版,第4页;刘同君:《新时代卓越法治人才培养的三个基本问题》,载《法学》2019年第10期。

"人的教育"为核心引领,建构相应的培养模式、培养方案与具体课程。① 与此同时,法学作为人文社科学科的重要组成部分,对于大学整体意义上以"人的教育"为中心的教育模式变革亦应提供智力支持。这是当下"新文科"建设的重要内涵之一,即"在作用上,应从探讨人文社科所涉对象的规律性转向对社会价值观的重塑和形成国家软实力,为理工科甚至为国家和社会提供指导思想"。②

近年来,国内法学教育界对高科技时代法学教育的研究已经取得了丰硕成果,相关讨论在3个层面展开:一是观察并分析了高科技迅猛发展势态向法律职业、法学研究以及法学教育提出的时代之问,许多文献论述了新兴科技给社会发展带来的挑战;二是提出智慧社会、信息社会中的法学教育应当如何变革;三是结合法学教育模式改革的具体实践,分析改革效果。综观既有研究,我们可以发现其呈现两方面特点:(1)上述3个研究层面中,第一层面论述最多,第二层面的论述也比较多,第三层面的研究分析则相对较少,三个层面的研究呈锥形结构,理念研究与实践考察分别处于锥形结构的大小两极。在"需求"与"供给"之间,教育界充分探索了"需求",但对"供给"尚且缺乏足够研究,"需求"与"供给"两者分别对应培养目标与具体培养途径,后者对前者的支撑度与达成度是教育改革分析和评价的关键内容,上述锥形结构反映出高科技时代法学教育相关研究尚处于初步阶段,亟待更多的实证研究以丰富相关理论话语,提出并考究更具体的培养路径。(2)第二层面关于如何变革的讨论,更多论述集中于"适应",而"回应"的研究偏少("适应"与"回应"两者内涵见上一段论述)。与此相关的另一现象是,我们听到了大量关于如何通过其他学科(尤其是理工科)的知识内容、思维方式和研究方法来变革法学教育的声音,但较少听到如何以法学的理念、思维与研究来影响其他专业教育模式与内容的声音。

二、北京航空航天大学应对高科技时代的法学教育模式选择

(一)北京航空航天大学探索法律与科技融合教育的框架逻辑

北京航空航天大学(以下简称北航)的"法律与科技融合教育"以党的新时代教育政策以及习近平总书记教育重要论述为指导思想,以教育部《关于加快建设高水平本科教育 全面提高人才培养能力的意见》,教育部、中央政法委《关于坚持德法兼修实施卓越法治人才教育培养计划2.0的意见》以及"新文科"建设要求为指引,根据北航"打造一

---

① 有学者曾就法学教育过于强调职业主义和专业技术而缺失人文精神问题,深刻指出法学专业应加强人文精神培养和通识教育。例如,参见周叶中:《论法学专业人才人文精神的培养》,载《中国法学教育研究》2015年第3期;冯果:《论新时代法学教育的公共精神向度》,载《中国大学教育》2018年第10期。在强调培养应用型人才而满足社会发展需求的法学教育改革势态下,上述观点是"回应"维度的重要具体体现。笔者认为,在探索培养复合型人才的高科技时代法学教育变革和模式选择过程中,基于"回应"维度的"人的教育"更应在培养模式中置于突出地位,这已不仅仅是工具理性面前人的物化的问题,而是关系人类会不会被丢弃在科技发展的灰烬之上。

② 徐显明:《高等教育新时代与卓越法治人才培养》,载《中国大学教育》2019年第10期。

流精品新文科学科群”发展战略，构建“法律与科技融合教育”的框架逻辑，具体沿循“适应”与“回应”两条线索展开。

一方面，“回应”高科技时代智慧化、数字化给人类自身意义相关价值判断带来的挑战，突出通识教育在本科教育体系结构中的独立性和重要地位。

“育人”是大学的根本使命，好的教育应当从“人”的意义上加以理解。从以知识为中心的教育，到以能力为中心的教育，再到以人的发展为中心的教育，体现着大学教育在反思中摸索前行的过程。习近平总书记强调：“人才培养一定是育人和育才相统一的过程，而育人是本。”①在最根本的意义上，大学并非旨在培养知识的容器，而是致力培养对人生意义和使命有着深刻理解与坚守的未来一代。当人类来到以数字化、智能化为关键词的工业 4.0 时代，大学上述使命所面临的挑战尤为凸显。法学教育内容与科技发展之间的对话光影并存，与科技发展带来法学教育创新机遇相并行的另一现实是，随着经济全球化、信息化和后工业社会的到来，人类面临的德性挑战、精神危机、意义危机日趋严峻，②与此相关的一个重要问题是，法学教育是否关注科技发展带来的人自身发生的变化。对于社会发展给教育带来的增色与失色之间的张力关系，耶鲁大学法学院前院长克龙曼教授曾言，在我们的科技文明及其巨大的控制力的中心，是科学所创造的然而却无力填补的一个精神空洞，技术所助长的无知是人类对于自身意义的无知，而这实际上却是我们需要认识的最重要的东西。③ 面对科技发展带来的时代巨变，高等教育格外需要强调回到大学教育的使命本源，通过教育使学生深入思考人与人、人与社会、人与世界、人与科技的关系，进而对“人的意义”“人的条件”保持清醒。④ 这往往难以仅通过专业教育实现，而是需要更多借力于通识教育。北航的本科教育经过多年探索，已经形成“通识＋专业”的稳定结构。

另一方面，“适应”高科技时代国家与社会发展对跨学科、跨领域人才的培养需求，在教学体系各个层面（通识教学、专业教学、实践教学）增强交叉元素。

人类社会信息底层结构的改变将引起社会各个层面的转型，这其中也包括法律、法律职业以及法学教育。信息底层结构在很大程度上决定了哪些人有责任以及有能力就

① 习近平：《在北京大学师生座谈会上的讲话》，载《人民日报》2018 年 5 月 3 日，第 1 版。

② 《优秀的绵羊》一书深刻分析了美国大学教育缺失的方面：高等教育并没有回答青年一代向成年过渡时其所面临的人生意义和使命等重大问题，学生对大局的认识过于薄弱，并且认为大学的教育既不能帮助他们靠近理想，也不能引导他们如何追求理想，感觉自己已经被抛弃了。参见［美］威廉·德雷谢维奇：《优秀的绵羊》，林杰译，九州出版社 2016 年版，第 8、58、65 页。

③ ［美］安东尼·克龙曼：《教育的终结：大学何以放弃了对人生意义的追求》，诸惠芳译，北京大学出版社 2013 年版，第 172、176 页。

④ 数字化时代的教育不仅要关注科技，了解科技能够做什么，还要关注科技不能做什么。［美］约瑟夫·E. 奥恩：《教育的未来：人工智能时代的教育变革》，李海燕、王秦辉译，机械工业出版社 2019 年版，第 62 页。

法律提供意见。[①] 在这场史无前例的高科技变革之中,法学院无法选择保持原地不动,而是需要在社会宏伟转型中探索改变教学理念、课程体系和课程内容。在当下的高科技时代,“与科技融合的法律教育”已经从特色发展逐渐成为主流发展。北航的相关改革包括拓宽专业口径以及相关资源的结构性调整。前者如大类招生与通识教育改革;后者则涉及解构并重新整合教育资源,从而增进交叉培养效果,包括战略智库(多学科融合平台)与教学资源共享、院系之间资源共享、高校与实务部门资源共享等。

(二)北航探索法律与科技融合教育的特有条件

作为工科强校的法学院,北航法学院早在10余年前,便已对“法律与科技融合教育”的基本框架进行了思考和描述:第一,通过在理工科院校发展法学等人文社科专业,使高校转型为“完整的”大学;第二,实现“与科技融合的法律教育”;第三,法学专业发展对理工科教育也起到推动作用;第四,培养法治人才,服务社会。[②] 这一办学目标隐含前述“适应”与“回应”的内涵,在高科技时代到来之时,格外得到彰显。北航探索法律与科技融合教育的特有条件包括三个方面:

第一,理念。北航全面实施“空天信融合、理工文交叉、产学研结合”战略,把法学学科作为精品文科的重点建设领域,构建“顶尖工科、一流理科、精品文科、优势医工”的学科发展生态,建设学科协同发展的世界一流大学。这使北航法学院自始便生长于一个关注和强化协同创新的教育环境之中。北航法学院始终以探索和践行现代新型法学教育为目标,谋求“全球视野、长效发展”,结合我国全面建设法治国家的背景,充分融合北航现代科技教育战略优势,主动服务国家新型工业化道路的重大战略需求,打造体现时代特征的新型卓越法学教育模式。

第二,资源。北航自建校以来一直是国家重点建设的高校,2001年进入“985工程”,2013年入选首批“2011计划”国家协同创新中心,2017年入选国家“双一流”建设高校名单。学校学科繁荣,特色鲜明,现有工、理、管、文、法、经、哲、教育、医和艺术10个学科门类,在航空、航天、动力、信息、材料、仪器、制造、管理等学科领域具有明显的比较优势,工程学、材料科学、物理学、计算机科学、化学、社会科学总论6个学科领域的ESI排名进入全球前1%。北航以国家重大战略需求为先导,强化基础性、前瞻性和战略高技术研究,引导和支持创新要素向关键“瓶颈”技术汇聚、与产学研用深度融合。以上方面为法律与科技融合发展提供了有力的资源基础。

---

① 人类已经经历了信息底层结构的4个阶段:口头时代、书写时代、印刷时代、通信信息技术时代;第五个阶段是纳米技术、机器人技术、基因技术、信息技术融为一体的智能时代,我们现今已经开始进入这一阶段。参见[英]理查德 · 萨斯坎德:《法律人的明天会怎样?——法律职业的未来》,何广越译,北京大学出版社2015年版,第182~183页。

② 龙卫球:《理工类院校兴办法学院的定位与目标》,载徐卫东、赵海峰主编:《理工类院校法学专业人才培养模式探析》,哈尔滨工业大学出版社2009年版;另参见赵海峰、张宇:《“李工科院校法学专业人才培养模式研讨会”综述》,载《当代法学》2008年第5期。

第三，传统。北航作为工科强校的若干办学传统也为发展法律与科技融合教育提供了坚实基础：一是重视产学研结合的传统，学校专业发展与产业发展联系紧密，包括法学在内的各个学科，在科研上都注重结合产业需求的战略智库建设，在教学上都强调面向解决产业前沿复杂问题的重要性以及实践教学的重要性；二是重视理工基础课的传统，高等数学和大学生计算机基础一直是包括法学专业在内的所有本科生必修的基础课，培养学生的数理思维，能够为后续开展交叉学科课程学习和项目研究奠定基础；三是重视创新创业的传统，通过相关制度鼓励学生从学科竞赛、创新项目、校外创业等多角度作出创新创业成果，在此氛围下，法学专业也有若干毕业生在交叉领域收获了创新创业成就（详见本文第四部分）。

三、北航法律与科技融合教育的体系展开

（一）通识教育中的文理基础

无论是人文社会科学还是自然科学，其根本目的都在于，理解我们自己以及我们生活于其中的社会和世界。通识教育与专业教育相融合的人才培养模式是北航“长城行动计划”的重要组成部分，该计划以“传承、开放、超越”为宗旨，推进教育教学改革，围绕“培养什么样的人、怎样培养人”进行深入思考，致力构建“通识＋专业”的培养模式，形成自然科学、社会科学和人文素养三位一体、有机融合的培养体系；[①]同时，探索以书院为载体的教育工作模式改革，着力提升学生的人文素养和道德人格，培养学生的自我管理能力、独立思辨精神和创新思维能力。[②]

2012年“长城行动计划”的“通识＋专业”培养模式是在文科试验实践的基础上确立起来的，北航法学院是较早进入北航通识教育改革“深水区”的专业学院，是“长城行动计划”尚未提出之前的早期探路者之一。从2010年起，北航法学院、人文学院等文科学院在学校组织下，协同师资建立的人文与社会科学高等研究院在知行文科试验班开展通识教育探索，并随着文科大类招生逐步扩展到全部文科学生，自2017年起进一步扩及全校所有学生，建成北航学院，下辖六大书院（士谔、冯如、士嘉、守锷、致真、知行），负责全校大一学生的通识教育培养，逐渐形成了通识教育的北航模式。在时间维度上，北航采用通识与专业“分阶段有侧重”的体系结构，大一阶段完全进行通识教育，大一结束后才进行具体专业选择，保障了通识教育的有效开展。在空间维度上，通识教育下潜到学校教育最底层，鼓励一种超越具体学科的整体的知识观，内容上包含人文社会科学和自然科学诸多领域，但与自然科学、人文社科下具体学科的专业教育不同，通识教育中的社会科学和自然科学部分，通常只涉及基本的历史和蕴涵，以及与人类生存困境和伦理困境

① 北京航空航天大学通识教育课程建设委员会编：《北京航空航天大学通识教育白皮书》，北京大学出版社2015年版，第5页。

② 张克：《北航发布人才行动计划“白皮书”》，载中国网，http://finance.china.com.cn/roll/20120912/1013216.shtml。

息息相关的领域。根据学校“十四五”规划布局,法学也被期待向全校范围提供更多培养法治思维的通识课程。

以上改革的理念基础在于,大学教育离不开对人类文明文化的了解与研习,从而让学生明白其自身是某种价值传统的产物,并将参与到该传统之中,进而能够应对现代复杂社会带来的超学科挑战。现代通识教育的兴起与日益严重的学科专业分工息息相关,通识教育首先要拯救专业分工带来的知识碎片化问题,从而保证学生将来成为各种专家的同时,仍不失健全的人格和自由的品性,并且有能力应对复杂社会在专业领域之外提出的挑战;与此同时,在日益多元复杂和全球化的时代,通识教育承担凝聚社会共识时代使命,不仅是人才培养问题,也是国家战略问题,通识教育不但要塑造个体人格,还要为社会提供基本的价值共识,以免在多元分化的社会中,个体的自由抉择瓦解了基本的社会价值,进而动摇人类文明的基石。①

在这一改革大背景下,北航法学本科人才培养采用“通识+专业”模式,对高科技时代卓越法治人才培养展开相关探索与实践。具体来讲,北航法学本科“通识+专业”培养的基本框架是大一阶段以知行书院为平台进行文科大类培养,不区分具体专业,也不开设专业课程,所有学生都需要研修学校确定的基础课程和核心通识课程。前者包括数学与自然科学类课程和工程基础类课程等,后者包括科技文明、人文素养、社会科学、经典研读4个板块的相关课程。大一结束后,学生选择具体专业,如果选择法学专业,从大二开始按照法学院培养方案的课程体系及毕业准出要求完成学业。法学专业实施完全学分制培养,基本学制4年,最长不超过6年,学生至少获得149.5学分。该毕业准出的最低学分是结构性学分,须符合指导性最低学分框架要求。其中,包括基础课程13学分、通识课程55.5学分、专业课程81学分。通识基础学分与专业学分占比分别为46%和54%。

(二)专业教育中的交叉机制

1.交叉机制的阶段布局。北航法学专业的交叉机制根据本科培养、硕士培养、博士培养的不同特点,进行了分阶段布局。本科培养阶段通识课程占比较大,且基础法学知识的学习也在本科阶段占据重要地位,所以交叉性培养主要体现于两方面:一是通识课程中科技与法律的融合内容,如“法律与科技”“全球工业信息化法治思维”“航空航天概论”等课程,旨在让学生拓宽视野和思路,了解领域前沿发展和国家战略需求;二是高年级“空天信”特色模块选修课程,如“航空法”“外层空间法”“知识产权法与专利检索”“网络信息法”“科技证据”“建设工程法”等。

硕士培养阶段的个性化空间相对提升,通过协同校外资源开展项目式人才培养。例如,北航法学院与国家计算机网络应急技术处理协调中心(National Internet Emergency

① 参见北航高研院通识教育研究课题组:《转型中国的大学通识教育——比较、评估与展望》,浙江大学出版社2013年版,第3~4页。

Center,CNCERT)联合培养硕士研究生,双方共同制订培养方案,设置覆盖计算机网络与通信、公共与经济管理、法学等多学科交叉的专业课程,北航法学院与 CNCERT 各为学生配备一名导师。学生除在北航完成理论课程学习外,还将深入参与 CNCERT 相关课题研究或赴 CNCERT 实习。学生毕业后参加 CNCERT 招聘,有机会获得优先录用。又如,空间法律与政策硕士项目由联合国附属空间科学与技术教育亚太区域中心(中国)、亚太空间合作组织和北航联合推进,以"空间技术应用与法律"为主题,聘请了来自美国、加拿大、德国、法国、瑞典、中国内地及中国香港特别行政区相关领域学者、专家、国际组织官员等担任授课教师。世界知名的四大外空法专业研究机构①均派出专家参与课程设计和授课工作。

博士培养阶段探索跨学院双导师联合深度培养模式。2015 年开始,北航法学院与计算机学院等其他学院联合培养博士生,学生不但需要研习法学课程,还需要完成计算机学院等其他学院相关课程学习;与此同时,学生深度参与"工业和信息化法治战略与管理重点实验室""网络空间国际治理研究基地"等智库基地中多学院联合开展的课题研究活动,比如,区块链的法律应用、计算法律学、智能合约、人工智能与智能制造政策法律、无人机与自动驾驶发展政策法律等相关研究,发表跨领域研究文章。

2. 交叉机制的资源"孵化"。教学资源能否满足人才培养交叉机制需求,一直以来是该领域的核心问题,是培养目标从"应然"稳步落脚于"实然"的关键。关于如何发展学科交叉教学资源,从组织形态角度观之,大体包括依赖模式与自主模式两种形态。依赖模式以跨学科项目形成交叉资源,继续保持多学科、跨学科松散联系的一面,不刻意追求独立学科的地位;自主模式积极寻求属于自身的概念、理论与研究范式,努力成为一个独立学科并组建独立的院系。两种模式各有短长。依赖模式更能体现学科交叉的意义,即以复杂问题为中心,灵活借用各个学科的知识与方法,突破学科知识边界束缚,各学科以自身发展为基础为该复杂问题的解决提供不同的经验与资源,在教育模式上具有更大灵活性与创造性;缺点在于缺乏稳定的资源保障,并且存在运行不善时成为既有学科杂乱综合产物的风险。自主模式突出其学科化的一面,逐步确立研究领域的边界,并以其独立实体组织的存在获取更充足和稳定的资源;缺点在于可能重复成熟学科的弊端,过于强调自身作为一个独立领域的专业性,逐渐失去交叉学科多样性与灵活性的特征。②

在北航,上述两种交叉机制同时存在,法学专业都有不同程度的参与。就法学专业人才培养而言,相关交叉机制主要以战略智库为资源"孵化"平台依托。目前,北航建有网络空间国际治理研究基地、工信部工业和信息化法治战略与管理重点实验室、国家空管法规标准研究中心、北京科技创新研究中心研究基地等 8 个省部级战略智库型研究基

① 加拿大麦吉尔大学航空法与外层空间法研究所、美国国家遥感与航空航天法研究中心、德国科隆大学航空法与外层空间法研究所,以及荷兰莱顿大学国际航空法与外层空间法研究所。

② 参见万秀兰、尹向毅:《美国高校交叉学科发展模式及其启示》,载《比较教育研究》2014 年第 12 期。

地,将智库建设与人才培养有机结合起来,让高校智库发挥“知识中心”作用,①成为抓取和汇聚资源的平台,在建设知识集散枢纽的过程中实现对学生的知识引领,培养具有战略视野和持续学习能力的复合型法治人才。笔者认为,以智库为交叉资源“孵化”平台是一种介于依赖模式和自主模式之间的第三条道路。一方面,不同于一般的跨学科项目,智库具有一定的实体性以及相应的组织结构,运行较稳定有序,目标定位也较清晰,有效管理之下提供前沿教育资源的稳定性较强;另一方面,不同于独立的学科和学院,智库专家来自各个专业甚至校外行业,各领域自身活力并不因为参加智库建设而降低,智库本身不会形成新的专业,而是仍能保有交叉学科灵活性、创造性的基本特征。目前,智库资源通过项目、讲座、论坛、课程②等多元载体具化到法学人才培养领域,师生深度融入课程学习与课题研讨,鼓励学生特别是研究生通过参与频谱立法、航空产业立法、空管立法、网络安全立法等大型科研项目,提升学生科技领域的法律研究与实践能力,鼓励博士研究生和博士后从事现代高科技与法律相结合的跨学科研究。

(三)实践教学中的融合协同

通过近年来的不断探索,法学院本科实践教学各课程环节逐渐形成了“五位一体”全链条实践能力培养体系。③ 作为该基本框架的支撑与保障,北航法学院在实践教学制度建设、校外实践基地建设与拓展、校内实践师资培育与动员、校内实践基地及实验室建设、实践教学改革研究等方面协同资源,全力推进。

以2012年获批教育部卓越法律人才培养教育基地以及教育部国家大学生实践教学基地为平台依托,北航法学院全力打造“高校资源社会化、司法资源教育化”的协同培养环境,先后与京内外近30家实务部门建立共建关系,覆盖领域丰富多元,大体分为3类:一是以法律工作为核心领域的单位;二是公益单位;三是行业领域特色单位。初步形成了全方位、多渠道的实践教育体系,为实践教学提供了一个“重基层、重公益、重特色”的多元立体平台依托。

近年来,为了强化北航法学专业的特色化复合型人才培养,我们关注提升实践教学的特色化基地建设,除早已建立合作关系的中航工业集团法务部、中航勘察设计研究院有限公司法务部等行业单位外,北航法学院还与北京知识产权法院、北京互联网法院、大

① 已有研究者指出,高校法学院有机会在信息时代承担起“知识中心”功能,具体方法是借鉴自然科学学科的实验室建设,有效地将科研、教学和实务融为一体,每一个具体的科研项目都既为社会问题提供解决方案,也创造新的知识,同时培养学生。Vern R. Walker, A. J. Durwin, Philip H. Hwang, Keith Langlais, and Mycroft Boyd, *Law Schools as Knowledge Centers in the Digital Age*, 88 Chi.-Kent L. Rev. 879, p.916(2013).

② 比如,法律与科技国际论坛、北航互联网法治论坛、北航网络法论坛、北航建设工程法律与金融论坛等特色论坛。

③ 二年级暑期集中见习(专业见习、案例实务等)——三年级应用能力实训(模拟法庭、控辩高阶、案例研习等)——三年级公益素质实践(公益实践、学生权益与实务、法律诊所等)——三年级法学创新实践(法学创新工作坊等)——四年级保研生实务能力拓展培养(专业实习)。

型互联网公司法务部、国家网信办、国家计算机网络应急技术处理协调中心、中国互联网协会、工信部国家无线电监测中心等单位建立合作关系，探索解决实践复杂问题的联合项目团队模式培养机制。

(四)其他特殊设计：学校的支持体系

北航办学过程中在许多其他方面进行了淡化专业边界、鼓励跨界融合的探索，这里也一并简要列举：(1)专业混合住宿。在书院制改革中采用学生宿舍混住制度，不按照具体专业进行宿舍分配，多专业学生共同生活在同一宿舍、同一楼层，有助于增进不同专业之间的交流，增加了跨专业学生联合组队申报学术竞赛和创新课题的可能性。(2)跨专业团队式毕业论文。本科毕业论文允许采取团队方式完成，团队可由不同专业的学生跨学院组成，以此鼓励学生综合运用多学科知识探索解决跨领域的复杂问题。(3)灵活的转专业制度。学校设置了灵活的转专业制度，每个学期结束后学生均有转专业选择机会，学校不统一设定转专业条件，而是将权力交给各专业，各个专业确定其接收标准，但无权干涉本专业学生改选其他专业。(4)强调跨专业学习经历，本科生与硕士研究生的毕业准出学分中，均对跨专业学分作出明确要求。

四、北航法律与科技融合教育的效果与完善：从人才培养角度观察

(一)北航法律与科技融合教育的效果

与其他历史悠久的资深法学院校相比，北航法学院是一个年轻的学院，自2002年正式建院至今尚不满20年。此外，与其他大规模开展法学教育的高校相比，北航法学院是一个小规模办学的学院，包括本科、硕士、博士在内的每年毕业生总数约170人。① 尽管如此，北航法学院的人才培养效果已经逐步显现，在复合型、创新型人才培养领域尤为突出。

1. 国家战略行业领域的复合型、创新创业型人才

相关数据显示，北航法学院近年来毕业生就业去向结构中，就业于航空航天、IT、网络、能源、工程、电信等国家战略行业领域的，约占就业总人数的45%，体现出培养新时代复合型法律人才的特色和优势。具体去向如中国航空工业集团公司、中国商用飞机有限责任公司、中国航空技术国际控股有限公司、中国国际航空股份有限公司、中国邮政集团信息技术局、中航勘察设计研究院有限公司、中国航天科工集团第三研究院、中国航天五院、华为、中建八局等。其中，有些毕业生已经在所在单位担任重要职务，例如，字节跳动法律研究中心主任丁道勤、中国航空工业集团公司审计与法律部规章合同管理处处长曾燎芳、西安航空发动机(集团)有限公司副总法律顾问华广周、字节跳动公司法务总监郜江丽、北京快手科技有限公司法务总监孟洁、中国互联网协会主任助理李美燕等。

此外，北航法学院毕业生中还成长起一批创新创业型人才，其中，有些年轻人已成为行业领域知名创业精英。例如，国家“万人计划”、中国互联网金融十大创新人物“91金融”创始人、董事长许泽玮，完成我国高校目前最大单笔科技成果转化(5.2亿元)的补天

① 此数不包含非全日制硕士生。

新材料技术有限公司总经理刘鹿,入选“福布斯中国2018年30位30岁以下精英榜”的北京零创众成投资公司创始人部鑫来,无人机植保服务乡村振兴的艾森博科技有限公司董事长刘臣,估值过亿的“鲜沐农场”App创始人杨晗等。这些成功创业的校友,多数有在北航多个专业进行学习的经历,交叉学科探索能力较突出。北航长期以来倡导创新创业和学科交叉的校园文化传统,在当下高科技时代的法学人才培养中体现优势并取得了突出成效。

2. 国家与地方公务员队伍的复合型、创新创业型人才

也有为数众多的北航法学院毕业生选择奔赴国家和地方各级党政机关、司法机关为国家治理与国家建设贡献力量,这一部分毕业生的具体就业去向包括全国人大办公厅、中组部、最高人民法院、公安部、中纪委、中国人民银行以及其他各级党政机关、司法机关。其工作岗位和工作业绩同样在相当程度上体现了复合型、创新创业型人才培养成效,如中国人民银行反洗钱监测分析中心、最高人民法院信息中心、国家计算机网络与信息安全管理中心、国家密码管理局商用密码检测中心、北京知识产权法院等。

这一领域的北航法学院毕业生中,涌现出众多积极建功新时代的党政系统骨干和深耕司法行业的杰出代表。最高人民法院第五巡回法庭纪检书记何能高,中央纪委国家监委驻商务部纪检监察组第一纪检监察室副主任刘艳(曾工作于商务部市场秩序司,中组部商务部选派四川省广安市广安区龙安乡群策村挂职第一书记,被授予“中央和国家机关脱贫攻坚优秀个人”“四川省三八红旗手”“四川省五一劳动奖章”),中央国家机关岗位技术能手、首届村官联盟主席罗杰,荣获全国检察机关经济犯罪检察人才、北京市检察机关先进个人等荣誉称号的北京市人民检察院检察官刘丽娜等。

3. 高校科教领域的复合型、创新型人才

近年来,北航法学院毕业生开始为我国高校科教工作注入新鲜的复合型师资力量,40余位毕业生在各大高校任教。其中不乏中国政法大学、西南政法大学、华东政法大学、北京师范大学等传统法学强校,还包括北京航空航天大学、南京航空航天大学、北京邮电大学、北京科技大学、浙江大学、西安交通大学、中国民航大学等推进文理交叉科研教学的高校,以及上海财经大学、浙江财经大学、河南财经政法大学、苏州大学、郑州大学、内蒙古大学、河南大学、河北大学等其他高校。此外,北航法学院部分毕业生目前仍在北京大学、清华大学、中国人民大学、中国政法大学等国内法科强校以及牛津大学、加州大学伯克利分校、芝加哥大学、康奈尔大学、乔治城大学、悉尼大学、伦敦大学学院等国际知名高校深造,可期将来为我国高校科教增添更多活力。

(二)北航法律与科技融合教育的未来完善

未来,北航的法律与科技融合教育还将在以下方面作进一步探索与完善。

第一,结合“新文科”建设的指导精神,法学教育不仅需要强化自身的文理交叉发展,而且需要为其他学科的人才培养提供教育资源,实现对社会价值观重塑和形成国家软实力的重要作用。据此,北航法学院将致力提升法学学科对全校人才培养的贡献度。根据

北航教务处数据，北航的人文艺术和社科课程只有115门，仅占总课程的35%；人文素养类课程大部分仅在文科学院或书院内部开课，用于服务全校理工科学院人才培养的仅8门，仅占人文素养类课程的15%。进入"十四五"时期，随着"双一流"高校建设的深入开展，以及"新文科"背景下北航"精品文科"战略定位的提出，北航通识课程建设的规模和质量要求上升到了一个新阶段。根据学校对北航文科群的使命定位与部署，北航法学院将在培养法治思维的通识课程供给侧持续发力，支撑学校培养方案改革，不断提升学生满意度和学校综合育人质量。

第二，强化智库"反哺"教学的课程化建设，探索开设实验室课程。目前，北航法学院智库基地的人才培养功能主要通过项目、论坛、讲座等方式实现，课程方式相对较少，主要以智库研究成果融入既有通识课程和专业课程中讲授的方式实现。项目、论坛、讲座等方式的优点在于迅速将前沿研究成果转化为教学资源，但与课程方式相比的不足之处在于缺乏体系化、基础性的知识讲授。北航法学院将致力把多年来各智库基地的研究成果总结提升为内容体系化、基础性的课程，并撰写相关教材，结合学校建设大基地实验室课程的改革趋势，探索北航法学院智库基地的实验室课程。

第三，以高科技增效教学效果，更好地实现第四次教育革命的核心议题"个性化教育"。在北航建设智慧校园的大趋势之下，北航法学院的教学管理工作已经基本实现了全链条信息化管理，但线上课程、虚拟仿真课程以及课程智能管理方面的开发却存在较大短板。而线上课程、虚拟仿真课程的开展以及未来将人工智能引入课程管理过程都是新一轮教育革命核心议题"个性化教育"的关键方面，有观点认为，人工智能教育的"圣杯"是一个能根据每位学生的才能和需求打造学习计划的全面教育体系。① 北航法学院将致力补齐上述短板，以高科技增效教学效果，在线上课程、虚拟仿真课程以及课程智能管理领域加强教学改革。

---

① ［英］安东尼·塞尔登、奥拉迪梅吉·阿比多耶：《第四次教育革命：人工智能如何改变教育》，吕晓志译，机械工业出版社2019年版，第126页。

法工融合、科技赋能理工院校法治人才培养创新研究

杜承铭* 朱雅妮**

近年来,互联网、大数据、人工智能、区块链、物联网等科学技术飞速发展,为全球法治领域带来了巨大的挑战和机遇。按照党的十八届四中全会和十九届五中全会提出的全面依法治国和国家治理体系与治理能力现代化对法治人才培养的新要求,法学教育必须实现从"法律人才"到"法治人才"的转变,法治人才培养工作必须与经济社会动态和科学技术发展新趋势紧密衔接,更好地服务国家发展大局并肩负起构建人类命运共同体的时代使命。然而,当前理工科院校以法律适用为中心的教育培养模式,"千校一面"的专业教育思路,只注重办学层次提升的发展理念,与全面依法治国和新科技革命对法治人才的需求不相适应。

一、理工院校法学教育存在的不足

(一)司法中心主义的传统法学教育

多年来,我国包括理工院校在内的高等学校的法学教育始终奉行司法中心主义。司法中心主义导向下的法律人才培养有如下几个特征:一是培养的主要对象是以法官、检察官、律师为主体的司法人才。这种法学教育的重心在于法律适用而非法律制定。二是培养的典型方式是以案例为中心组织教学,案例的选择多以法院、检察院作出的司法案件为主,鲜见其他行业法律实践的实例。三是以司法技能培养作为专业训练的主要内容,注重司法实务过程中的法律思维和方法,却忽视了制度设计流程、企业法务等其他职业训练。① 司法中心主义贯穿法学教育目标确立、人才培养方案制定、教学资源组织与管理、教育考核和评价等全过程。

以司法中心主义为主的法学教育在历史上发挥了重要作用,尤其在法学教育恢复时

---

* 广东工业大学政法学院教授、博士研究生导师。

** 广东工业大学政法学院副教授、硕士研究生导师。

① 邓世豹:《超越司法中心主义——面向全面实施依法治国的法治人才培养》,载《法学评论》2016年第4期。

期(1978～1992年)更明显。“文化大革命”结束后需要重建法律机构、法律体系，急需大批应用型法律人才，司法中心主义带动下的法学教育能迅速培养法律专业人员，为各级人民法院、人民检察院、公安机关和司法行政部门提供有效的人才供给。随着法治化进程的逐步推进，司法人才紧缺局面有所缓解，但其他政府机关、各类企事业单位和社会组织对高层次、多样化法律从业者有所要求。人才需求的广泛性、多元性进一步显现了司法中心主义法学教育的单一与局限。更重要的是，“在人类社会文明发展史上，法律教育的本质理念及核心价值就是维护社会的公共正义，法律教育除了培养适合国家、社会乃至民众生活需求的各类专业人才、契合实际并服务于社会之外，还担当着培养人性、铸造法律信仰、传承法律文明的历史重任”。[①] 以司法中心主义为特征的传统法学教育不再能完全适应新时期法治人才培养任务的需要。

(二)新兴科技对法治人才培养的挑战

新兴科学技术的发展对法治人才培养提出了严峻挑战。该挑战来自两方面：第一，智能互联网时代法律秩序本身面临的变化与重塑；第二，数字时代对法学教育提出的新要求。

1. 智能互联网时代的法律变革

“数字技术掀起了一场革命，已经向政府和它的传统权威发起了挑战，这种挑战完全是技术进步的偶然结果。”[②]在这场数字技术革命中，数据已经成为基础性生产资料，算法由提炼这个世界转变为塑造这个世界。[③] 新型经济关系和社会关系迅速涌现，替代甚至颠覆传统生产生活关系，给法律理念和法律秩序带来了极大冲击。具体表现为：第一，现有法律规范难以有效涵盖和调整新的法益。法律的滞后性在新科技时代表现得更明显，法律的稳定性优势难以维持。[④] 第二，既存规则逻辑出现适用性困难。法律承载社会价值，并反映人们行为规律和日常经验。按照哈耶克对法律的理解，法律更多的是现有习惯的提炼并规则化，而非人们无端的创设。法律的规则逻辑应当对规制过程及其后果具有合理的解释力和适用性，继而获得社会认同并产生公信力。然而，现存法律的生成基础完全基于传统的物质化世界，并非虚拟世界和网络空间，继而出现规则适用的不适性和规则解释的无力感。第三，传统的司法纠纷机制遭遇明显障碍。传统的级别管辖和地域管辖出现失灵，网络和数据对司法制度形成冲击。[⑤] 当代法律困难的最主要原因在于，物理时空的秩序和制度遭遇了来自互联网、大数据、算法等技术化因素的影响。在传统物理时空“固态社会”中形成的生产生活方式、社会治理体系和法律规则创设不再能够

---

① 魏琼：《法律教育的起源：兼议对当下中国法律教育改革的启示》，载《中国法学》2014年第2期。

② [美]德伯拉·L.斯帕：《技术简史——从海盗船到黑色直升机》，倪正东译，中信出版社2016年版，“序言”第Ⅻ页。

③ [美]卢克·多梅尔：《算法时代：新世界的新引擎》，胡小锐等译，中信出版社2016年版，第214页。

④ 张文显：《智能社会与科技立法》，载《北京日报》2020年8月24日，第10版。

⑤ 马长山：《智能互联网时代的法律变革》，载《法学研究》2018年第4期。

适应超现代意义上的物理与虚拟同构的“液态社会”,从而面临挑战和重塑。①

2. 人工智能时代法学教育面临的新挑战

经过几十年的发展,中国的法学研究和教育形成了自己的道路,并贡献了大量的中国理论和中国制度,但进入新时代后,法学教育也面临许多新挑战,其中包括:

第一,以人民为中心的根本发展理念和以创新为引领的新发展理念,对法学教育提出了更高要求。党的十九大报告指出,人民在民主、法治、公平、正义、安全、环境方面的要求日益增长,其中每一项都与法学有关。② 在数字时代,公平、正义的价值内涵有了新发展。互联网平台拓展了人们的言论自由、财产、企业等多方面权利,但同时也在某种程度上限缩了隐私、人格、平等等方面的权利,这就产生了数据正义观、代码正义观,甚至算法正义观,它们都是公平、正义价值在时代中的新体现。传统的法学价值观教育中,囿于科学技术局限下的思维滞后,很难将法学价值与现代科技结合起来,更不用说用法学价值沁润科技发展,或者本着促进技术进步的理念去改造法学价值及其教授内容。

第二,现代信息技术的新期待对法学教育提出了新要求。如前所述,人类已从单纯的物理时空转向了物理和虚拟同构的“双重时空”,人类文明也经历了农业文明、工业文明向信息文明转型。以网络为中心的信息社会法律秩序,信息共享和信息保护是其价值重心,其间,社会关系开始重构,法律关系形式转换,法律运行方式寻求变革。③ 大数据、云计算、人工智能等信息化的科技手段要求法治要与新技术融合在一起。这意味着法学教育所使用的理论工具,要跳脱传统文科手段、运用现代信息技术,让学生们懂算法、学会编程,能应对新技术带来的挑战。④

(三)理工院校法学专业培养模式比较单一

我国多数理工院校对法学专业的培养目标与路径定位并不明确。20 世纪 90 年代,我国高校法学教育处于急速发展中,在这一潮流背景下许多理工院校纷纷设置法学专业,仿效传统的政法院校或综合性重点大学的建设思路制订培养方案,所采用的教育教学模式几乎完全沿袭传统却忽视依托自身优势进行特色化、差异化的发展。

其实,法学专业人才培养缺乏特色并不仅仅存在于理工院校中,许多高校都有培养目标抽象、雷同,过于单一,难以实现分类、有效、特色化培养,导致了法律人才表面上供过于求,高端法律人才短缺的“两难”局面。造成法科毕业生竞争优势不足的一个重要原因在于,高校法学教育未能结合自身的学科优势、行业特色、层次属性,有针对性地确定法治人才培养目标和培养方法。

---

① 马长山:《数字社会的治理逻辑及其法治化展开》,载《法律科学(西北政法大学学报)》2020 年第 5 期。

② 徐显明:《新文科建设与卓越法治人才培养》,载《中国高等教育》2021 年第 1 期。

③ 张文显:《构建智能社会的法律秩序》,载《东方法学》2020 年第 5 期。

④ 张文显:《构建智能社会的法律秩序》,载《东方法学》2020 年第 5 期。

二、理工院校法治人才培养理念:法工融合、科技赋能

自近代开始,知识生产体系以分化为基础,形成自然科学、社会科学和人文科学三大类,各学科间形成了相对固定的研究领域,大学机构设置以遵循学科分类为前提。① 然而,智能科技时代,认识对象的复杂性导致了基于单一视角的社会科学分析已经难以全面解释社会现象及解决现实问题,传统法学研究范式和视角同样在新技术下暴露出不足。法学教育应担负守正创新的使命,法治人才培养要体现出面向未来、面向科技发展的新定位,法学教育要树立新理念、探索新模式和采用新方法。

对理工院校法治人才培养来说,首先应当创新理念。"法工融合、科技赋能"因应新科技社会需求以及所带来的法律挑战问题而提出,是面向新兴科学技术的法学学科与理工科交叉、融合、互鉴的法治人才培养理念。它强调理工院校应摆脱传统法学教育的固化与雷同,突出基于学科交叉与融合的法治人才培养的时代特色。"法工融合"高度契合新文科建设路径,是新文科建设思想在理工院校法学教育和人才培养中的重构、创新与具化。"科技赋能"侧重理工院校法治人才培养的方法重心和基本面向。

(一)"法工融合"的交叉视角

2019 年 4 月 29 日,教育部等 13 个部门联合启动"六卓越一拔尖"计划 2.0,全面推进新文科建设。新文科建设的精髓在于文理贯通、学科重组和学科交融。② 事实上,鉴于法学教育中应用型、复合型法律职业人才培养不足的情况,教育部 2018 年在《关于坚持德法兼修实施卓越法治人才教育培养计划 2.0 的意见》中"鼓励高校组建跨专业、跨学科、跨学院教学团队,积极探索新兴教学模式"。教育部的上述文件和精神为新时期法治人才培养指明学科交叉、专业融通的大方向。

交叉学科逐渐备受重视的原因在于,这一概念同"知识的突飞猛进、紧迫社会问题的解决方案、技术革新的前夜以及更为完整的教育经历"相互联系。③ 变化、紧迫、革新性问题的解决方案蕴藏在交叉的方法和视角中。人类的创新活动其实主要是依赖 3 种知识:默性知识、交叉知识和实践知识。④ 以人工智能、区块链、大数据和物联网等为代表的新一轮科技革命和产业革命快速发展形势下,以交叉学科为特征的新文科正是对传统文科在核心理念和发展模式上进行的质的总结和概括。⑤

法工融合的交叉概念,是指文科和理工科之间的交叉,意味着法学教育和法学研究应由纯文科转向文理交叉学科,一方面要使法学专业学生具有理科思维,具有把握科技发展方向的能力;另一方面要涵养理工科学生的法治情怀和其他人文精神与价值观。科

---

① 王震宇等:《跨越边界的思考:新文科视角下的社会科学实验室探索》,载《中国高教研究》2020 年第 12 期。

② 谢文俊:《学科交融:法学教育变革的必由之路》,载《广西政法管理干部学院学报》2021 年第 1 期。

③ [美]艾伦·雷普克:《如何进行跨学科研究》,傅存良译,北京大学出版社 2016 年版,第 181 页。

④ 樊丽明、杨灿明、马骁等:《新文科建设的内容与发展路径》,载《中国高教研究》2019 年第 10 期。

⑤ 李海浪:《新文科发展之路:传承、融通与嬗变》,载《高等教育》2021 年第 5 期。

学技术必然成为新文科建设中文理互鉴与交叉的题中之义,既是推动法治人才培养创新的动力,也是创新法学教育的着眼点。

(二)"科技赋能"的方法论转换

有学者认为,法学的跨学科不只是把法律看成一个自给自足、完整、有其内在逻辑和内在联系的规范体系,而是把法律理解为社会体系的部分或环节,尝试用社会科学的研究方法来描述、分析、解释和评估法律规范,抑或是提出法律改革的建议。① 这是一种将法学研究和教育同其他社会学科结合的方法,但未完全跳脱大文科的范畴。法工融合旨在超越纯文科的概念,寻求理工思维模式和方法的引入,强调研究和教育中的科技因素。新文科的"新"重在新科技革命与文科的融合发展。②

进入21世纪以来,许多现代技术颠覆了既存的生活方式与思维方式,对法律秩序、法律关系、法律调整的方式产生了革命性影响。未来法治体系建设必然更注重科技的应用,这些变化都要求法学教学体系必须与科技相结合,③大数据分析、电子证据、人工智能法律服务等技术性需求即为明证。将法学与科技的互融互通作为培养理工院校法治人才的重点和关键,"科技赋能"至少包含了以下要求:

第一,在教学方法论上,从运用传统的人文社科工具转向运用现代科技、信息技术、人工智能,特别是要运用好算法,将文科的定性方法与定量方法相统一,彰显新文科的科学性,推动形成数字人文。④ 传统文科的专业划分、学科分界及其传统的定性、定量研究方法难以跟上数字化、智能化的新时代文科发展步伐,难以应对新形势下人才培养的发展需要,也不能满足新时代社会建设的人才需求。⑤

第二,在教学方式上,充分利用互联网和数字技术,从传统的教学模式转向大数据、高科技并用的模式。从某种程度上而言,人工智能的发展和应用推动了法学教育的智慧化。法学教育与人工智能的融合,体现在新媒体、大数据等技术提供的海量信息中,学生可以自主收集、检索各种与法律相关的研究素材;老师可以将法律教学资源电子化、数据化,建立数字案例资源库,可以运用新技术突破时空和地域限制,实行线上线下乃至更多元的教授。

三、理工科院校法治人才培养目标:精法律、知工业、懂科技

从法学教育的培养目标来看,改革传统法学教育模式,培养适应时代要求的卓越法治人才成为许多高校改革探索的重要课题。从培养侧重理论型的法学人才,到培养理论

① 谢文俊:《学科交融:法学教育变革的必由之路》,载《广西政法管理干部学院学报》2021年第1期。

② 樊丽明、杨灿明、马骁等:《新文科建设的内容与发展路径》,载《中国高教研究》2019年第10期。

③ 杨宗科:《论"新法学"的建设理路》,载《法学》2020年第7期。

④ 徐显明:《新文科建设与卓越法治人才培养》,载《中国高等教育》2021年第1期。

⑤ 严程:《数字时代的新文科通识教育》,载中国社会科学网,http://m.cssn.cn/zx/zx_bwyc/202007/t20200706_5151719.htm。

与应用型兼顾的法律人才,再到现在提倡培养的法治人才,[1]无不体现着培养的目标的逐次递进与提升。习近平总书记指出,法治人才培养上不去,法治领域不能人才辈出,全面依法治国就不可能做好。法学教育是建设高素质法治工作队伍的基础工作,法治人才培养是全面推进依法治国的重要环节。[2]

将精法律、知工业、懂科技作为理工院校法治人才的培养目标,就是要立足理工院校的学科优势,培养科技与法学复合型人才。精法律、知工业、懂科技的人才培养目标有三重含义:

首先,精法律意味着理工院校的法学教育必须重视法学知识基础和法律素养。法治人才应当掌握系统完整的法学专业知识结构,为参与全面依法治国打下坚实的法学理论基础和深厚的法学功底。

其次,知工业表明了理工院校应科学找准自身定位。以学科设置为标准,我国高校分为综合型大学和专业性大学,理工学校属于后者。专业性大学往往直接对应某种行业,甚至是某种职业。因此,学科建设和人才培养必然以满足特定的行业需求为核心和重点。[3] 从某种程度上说,理工院校的法学教育必须与其优势学科相结合,才能够谋求生存、扬长避短、免遭淘汰。从另一层面看,伴随科技的发展,新兴产业不断涌现,专业分工愈加细化,与专业相关的法律问题层出不穷。具备法学和相关专业双重背景的人才将在这些特定领域发挥不可替代的作用,理工院校法治人才培养的机遇无限、前景光明。

最后,懂科技突出了理工院校法治人才的重点培养方向。智能科技深刻影响人类社会,带来了智慧医疗、智慧城市、智慧交通等多种智能社会的景象,立法和司法活动也在技术中赋予了智能的特色。例如,智能辅助司法进行图像识别、证据认定;智能化大数据分析提供的电子查询等司法服务;电子交警进行的智能执行;等等。在法律制定方面,将法律规制转化成与之对应的法律技术化规则,即"法律代码化"也成为新的探索。在诸如征信规则、量刑规则等被代码化而写进程序的过程中,算法等技术发挥重要作用。[4] 当科技改变世界、引起法律变革之时,应以科技本身寻求解决新问题的出路,法治人才培养必须突破传统学科的范围和范式,以懂科技、掌握科技方法作为人才培养的重要目标。

四、理工科院校法治人才培养机制:法律与科技交叉、协同与融合

精法律、知工业、懂科技法治人才培养目标下重构培养模式、教学运行管理机制成为重点。不少高校开始了依托优势学科展开交叉研究并创新课程设置的实践。例如,东南大学充分发挥自身以理工为主、多学科协调发展的学科优势,探索出工程法律人才应用

① 徐显明等:《改革开放四十年的中国法学教育》,载《中国法律评论》2018 年第 3 期。

② 《做强法治中国人才支撑(全面依法治国新成就)》,载人民日报网,http://legal. people. com. cn/gb/n1/2020/1117/c42510 - 31933119. html。

③ 杜承铭等:《创新法治人才培养机制》,经济科学出版社 2020 年版,第 227 页。

④ 马长山:《智能互联网时代的法律变革》,载《法学研究》2018 年第 4 期。

型的培养模式,率先开展工程法的跨学科研究。①

为了主动适应全面依法治国、新科技革命、新型工业化与信息化新形势对法治人才培养的新要求与新挑战,找准人才培养和行业需求的结合点,利用学校以工为主、与产业深度融合、极具创造活力的办学特色,广东工业大学重构了法治人才培养机制,在探索法律与科技交叉、协同、融合法治人才培养模式的过程中形成初步经验。

第一,打造法学与理工学科的交叉多元的支撑性平台。广东工业大学政法学院打造了省—市—校立体化法治人才培养基地与平台。其中,包括广东省社会科学研究基地“网络与数据法治研究中心”、广州市人文社会科学重点研究基地“广州数据法治研究中心”,以及校级“广东工业大学工业法研究中心”。这些平台是法学与理工科交叉探索过程中的重要抓手,其研究的理论成果和实践总结反过来又能为促进法律与科技深度融合提供经验示范。

第二,形成多层培养管理机制框架。主要以宏观理论导向——通过部门法的核心课程来实现,中观领域选择——通过科技领域工业行业法教育来体现,以及微观实践取向——通过贯穿整个教育教学中的行业法实践环节来贯彻,在每一个环节导入分流机制,确保最终培养出来的法治人才既符合社会需求,又满足个人意愿。

第三,构建法律与科技融合的三大课程群,即以交叉、协同与融合的方式塑造法学核心课程群:计算机科学、人工智能与大数据等信息技术课程群,知识产权与专利检索等知识产权课程群,工业法概论与工业犯罪学等工业法课程群。通过专题讲座、学术报告、模拟训练、项目跟踪、实务运作等形式展开。使学生既掌握法学知识技能,又了解新科技发展,成为具有交叉学科的思维能力与实践能力、对科技革命带来的法治问题具有切实回应能力的跨学科复合型、创新型法治人才。

事实上,高等院校法治人才培养机制的重要方面是法学教学课程体系的设计。根据教育部2018年发布的法学本科专业教学质量国家标准,法学类专业课程总体上包括理论教学课程和实践教学课程。法学专业核心课程属于理论教学课程,采用“10+X”分类设置模式。“10”是指法学专业学生必须完成的10门专业必修课,②“X”是指各院校根据办学特色开设的其他专业必修课。专业选修课程应当与专业必修课程形成逻辑上的拓展与延续关系。

“10+X”的分类设置模式给以行业为导向的课程设置提供了空间和灵活性,是理工院校法学教育能够以工业为导向,实现法律与科技交叉、协同与融合的重要前提。行业法律课程体系是根据依法治国的政策要求,培养行业法治人才的重要手段,是在充分考

---

① 黄喆:《工程法律人才培养若干问题之探讨——基于东南大学工程法教育之实践》,载《法学教育研究》2017年第1期。

② 包括法理学、宪法学、中国法律史、刑法、民法、刑事诉讼法、民事诉讼法、行政法与行政诉讼法、国际法和法律职业伦理。

虑社会实际需要的情况下，根据各行业不同特点和不同需求，相应地对法学教育各环节进行修改和重新设置的过程，以使法学教育的目标能够契合社会各行业的发展需要，逐步建构其符合全面依法治国的行业法治人才培养模式，造就和培养建设社会主义法治国家所需的各类法律人才。

综上所述，法工融合、科技赋能的理念对传统法学教育和单一化、不鲜明的理工科院校法学教育的培养目标进行改革，代之以新科技和新兴工业化的需求为导向的法治人才培养模式。以交叉、协同与融合的新理念，注重法律与工科融合、法律与科技互鉴，建构多元卓越法治人才的培养目标。在重构法学教育敏于社会需求的同时，着力培养学生在大数据、云计算、人工智能、区块链等新科技方面的法律处理技能与复合型素质。有效回应全面依法治国对法治人才培养的最新需求，也契合了新文科、新工科人才培养的新趋势。

西藏自治区高校法治人才培养探析*

侯 明** 李 玉***

教育是国之大计、党之大计。习近平总书记在全国教育大会上发表重要讲话,站在国家繁荣、民族振兴的战略高度,深刻总结党的十八大以来我国教育事业的发展、成就,作出重大部署,为做好新时代教育工作提供了根本遵循。他强调,培养什么人,是教育的首要问题。① 广大教育工作者要激励学生坚定理想信念,把自己的人生追求同国家发展进步、人民伟大实践紧密结合起来,努力成为德智体美劳全面发展的社会主义建设者和接班人。在给西藏民族大学建校60周年的贺信中,习近平总书记提出:“站在新的历史起点上,希望你们全面贯彻落实新时代中国特色社会主义思想和党的十九大精神,紧紧围绕培养什么样的人、怎么培养人、为谁培养人这一根本问题,培育和弘扬社会主义核心价值观,提高教育教学水平,贯彻党的民族政策和宗教政策,加强民族团结进步教育,传承中华优秀传统文化,自觉维护民族团结,全面推进学校各项工作,努力培养德智体美劳全面发展的社会主义建设者和接班人,为推动西藏经济社会发展,为实现‘两个一百年’奋斗目标、实现中华民族伟大复兴的中国梦作出新的更大贡献。”西藏自治区高校有7所,开设法学专业教育的有3所即西藏大学、西藏民族大学和西藏警官高等专科学校。其中,西藏民族大学法治人才培养从类型到层次均具有一定代表性。在思想政治品德培养方面,始终把立德树人放在首位。人无德不立,育人的根本在于立德。加强品德修养,培养奋斗精神,既要教育引导学生培育和践行社会主义核心价值观,踏踏实实修好品德,成为有大爱、大德、大情怀的人,也要教育引导学生树立高远志向,历练敢于担当、不懈奋斗精神,具有勇于奋斗的精神状态、乐观向上的人生态度,做到刚健有为、自强不息。下面将分若干问题展开探讨。

一、西藏自治区高校法治人才培养的发展阶段

第一阶段是依靠区外高校培养期。从1978~1993年,西藏法学专业人才培养主要

* 本文系西藏自治区教育体制改革项目“法学专业创新人才培养模式改革试点”的阶段性成果。

** 西藏民族大学法学院教授,主要研究方向:诉讼法学与司法体制改革。

*** 西藏民族大学研究生院2017级法律硕士研究生。

① 《培养什么人,是教育的首要问题》,载《光明日报》2018年9月13日,第3版。

通过内地高校,内地高校每年经过高考从西藏招收一定数量学生进行定向培养。此外,西藏自治区人民警察学校①也会培养为数有限的法治人才补充到警察队伍之中。

第二阶段是依托西藏民族学院自我培养期。从1993~2003年,在继续接受区外高校面向区内(定向培养为主)培养法治人才的同时,伴随西藏民族学院政法系开办法学专科专业,开创了西藏区内高校自己培养法治专业人才的先河。首届法学专科班43名学生于1996年6月顺利毕业。1997年开始法学本科教育,提升了办学水平和人才培养质量。每年招收40名左右的法学本科生。

第三阶段是借助区内高校扩招培养期。从2003~2011年,连续扩大法学本科招生规模。2003年开始,招收法学本科生数量不断增加,曾经出现一年招收7个行政班350名左右学生的规模。同期,除西藏民族大学招收法学本科生外,西藏大学也开办法学专业并逐年扩大招生规模。从一定程度上来说,满足了加强西藏基层建设所需要的法治人才培养。据不完全统计,该阶段西藏民族大学法学专业毕业生就有1600名以上。西藏基层人民法院、检察院业务人员得到迅速补充,基层司法行政机关也得以组建和加强。

第四阶段是开展研究生培养期。2011年至今,积极探索法治人才培养模式改革试点工作,人才培养层次和水平迈上新台阶,研究生培养逐步健全和完善。2011年西藏自治区人民政府下发文件,决定在西藏民族大学法学专业开展法律人才培养模式改革试点工作。该专业作为学校品牌专业、自治区特色专业且已建成较稳定的专业教学团队,为创新人才培养模式改革奠定了一定基础。

经过充分酝酿和论证,改革试点工作从四个方面推开:(1)积极开展法学函授本科教育。为拓宽法治人才培养的渠道和方式,通过成人高考,招收非全日制的法学函授本科生。从开始只有25人、9人、19人的规模,逐步发展到2015年1个年级就有468人的招生规模。目前,3个年级的法学函授生规模基本控制在500人左右。(2)积极开展法学辅修(双学位)教育。为满足校内其他专业学生选修法学专业的愿望,总结多年来开展法学辅修教学的经验,面向全校开展法学辅修(双学位)教育。既将法学专业课程资源扩展到全校,又能通过优中选优的办法,使参加法学辅修的综合成绩排名前40%的学生具有取得第二学位(法学学士)的资格并进入双学位班学习。对于全面完成上述学业任务的,经审核符合授予双学位条件的,学校每年授予20~40名非法学专业的本科毕业生以法学学士学位。(3)积极开展卓越法治人才培养。作为高考录取中的第二批本科类高校,除招收该类本科生外,自2015年起,每年从区内高考成绩达到第一批本科线的考生中招收30~40人实施卓越法治人才培养计划,确保专业人才培养的质量。(4)积极开展法学

① 西藏自治区人民警察学校,现在校名为西藏警官高等专科学校,于2003年4月16日经教育部批准,改建而成。学校内设有法律系、侦查系、治安管理系等机构,开设了警察管理、国内安全保卫、信息安全与网络监察8个专科专业。从1980年的中专教育到现在的大专教育,全面贯彻党的教育方针,科学构建学科专业,培养了大批符合西藏自治区公安工作特点的实用型人才。

和法律硕士研究生培养。借助学校民族学学科优势,2011年开展民族法制方向的硕士研究生培养。2014年申报获批法律硕士研究生培养授权点,次年开始招生。2018年4月又取得了法学一级学科硕士研究培养授权。目前,西藏民族大学属于西藏自治区内唯一具有法律专业硕士学位研究生和法学一级学科硕士研究生培养的授权单位。

总之,经国家民委和西藏自治区人民政府的共建,教育部通过直属高校的对口支援,在西藏民族大学师生的共同努力下,学校面向西藏积极开展法治人才培养模式的改革探索,初步形成了法学专业特色明显,兼具不同类型和不同层次的人才培养机制。全日制与非全日制法学本科、普通主修法学与辅修法学双学位等不同类型的本科教育并存;教学过程注重应用型法治人才培养;建立健全法学硕士与法律硕士研究生教育和卓越法治人才培养的不同类型模式、不同教育机制。

二、西藏自治区高校法治人才培养的层次提升

经过前面几个阶段的连续发展,西藏高校法治人才培养以地处陕西省咸阳市的西藏民族大学为代表,不断提升法学本科专业教育教学水平,努力提升内涵式发展。同时,法学硕士和法律硕士研究生培养从类型到规模都逐步扩大,办学层次得到提升。首先,坚持立德树人的育人思想。作为一所民族院校,始终坚持全面贯彻党和国家民族高等教育的政策方针,培养"靠得住、下得去、留得住、用得上"的法治专业人才,不断加强"五个认同"教育,牢固树立正确的祖国观、民族观、宗教观、历史观、文化观,努力构建思想政治教育工作体系。其次,突出科研方面的西藏特色。高校作为人才培养、文化传承创新①的主要阵地,离不开科学研究的支撑,更需要凝练形成自己的特色。② 着力开展藏族传统法律文化和依法治藏现实问题的研究,在《民族区域自治法》实施与西藏自治区地方立法、西藏自治区社会稳定发展与藏族婚姻习惯法、西藏生态环境保护与非物质文化遗产保护法律、多元化纠纷解决机制与司法改革在西藏实施等领域,取得了特色鲜明、优势显著的科研成果。再次,紧紧围绕实施"依法治藏"方略和"一带一路"倡议中的南亚大通道建设

---

① 中共中央、国务院印发了《关于加强和改进新形势下高校思想政治工作的意见》,强调高校肩负人才培养、科学研究、社会服务、文化传承创新、国际交流合作的重要使命。众所周知,在国际学界公认大学主要有人才培养、科学研究、社会服务三大职能,2011年胡锦涛同志在清华大学建校100周年庆祝大会上发表重要讲话,将文化传承与创新作为高等教育的一个新职能提出来,确认了学界一直在呼吁作为大学第四职能的文化传承创新。以习近平同志为核心的党中央进一步把国际交流与合作作为大学的"第五项职能",是大学建设理念的创新和发展,有利于扎根中国办大学,加快建设世界一流大学和一流学科,提高高等教育发展水平,增强国家核心竞争力。

② "一个大学必有其自己的文化,一个有较长历史的大学,必有其传统和精神。"参见陈来:《"独立之精神 自由之思想"与大学精神》,载新浪网博客2012年12月9日,http://blog.sina.com.cn/。"大学正是在对求学者的教育和训练中完成知识与文化的传承,知识与文化又在师生间的'教学相长'中得到提升。大学所具有的独立精神和自由思想,确保大学的教师和学生能够潜心地研究高深学问、不断地追求和认识客观真理,并在这个基础上传承和创新文化,这正是大学的生机和活力所在。"参见张杰:《求真、创新育人、引领》,载《光明日报》2011年9月19日,第6版。

问题，充分发挥在区域问题研究上的优势，积极跟进西藏社会稳定发展主题，努力服务于“一圈两翼三点两线”①的西藏城镇化建设。最后，侧重建设4个法学二级学科方向。在10个法学二级学科中，根据西藏区情和西藏民族大学法学学科建设的积淀和优势，侧重建设宪政法学、民商法学、诉讼法学和经济法学4个学科方向。在宪政法学领域又突出民族区域自治法律制度和依法治藏问题研究；在民商法学领域侧重藏族习惯法与国家婚姻家庭法律制度适应性问题研究；在诉讼法学领域以藏区多元化纠纷解决机制构建与司法改革实施问题研究为主；在经济法学领域把西藏非物质文化遗产保护法律制度和知识产权法律制度研究作为重点。

利用对口支援高校的条件和陕西省支援学校全面发展的机遇，与中国人民大学、厦门大学、华东师范大学等高校，密切交流，相互合作。一方面，学生交流和联合培养本科生持续展开并逐步扩大规模。2020年，法学院有10名学生在厦门大学进行联合培养学习，有6名学生分别在中国人民大学、华东师范大学进行为期1年的交流学习。另一方面，为确保西藏自治区法治人才培养水平和质量，不断加强科学研究平台建设和成果出版。2010年在厦门大学出版社的大力支持下，搭建起《西藏民族大学法学文库》出版平台，陆续出版《中国民族区域自治法制化：回顾与前瞻》《知识产权冲突法论》《商标显著性研究》《老年人监护制度研究》《刑法中的特殊财产类型研究》《刑事追诉专题论》等系列学术研究成果。2014年申报成立国家民委人文社会科学重点研究基地——西藏社会和谐稳定与法治建设重点研究基地。借助该平台经常性举办学术交流活动。

总之，借助对口支援的优势和条件，坚持立德树人，突出服务地方发展，不断凝练学科特色，筑牢专业建设和人才培养的基础，确保法学本科和研究生培养的目标和质量。

三、西藏自治区高校法治人才培养的显著特点

(一)注重能力培养　加强实践教学

《国家中长期教育改革和发展规划纲要(2010～2020年)》中关于发展战略强调，人才培养要坚持以能力为重。优化知识结构，丰富社会实践，强化能力培养要优化知识结构，丰富社会实践，着力提高学生学习能力、实践能力、创新能力。《21世纪中国法学教育改革与发展战略研究报告》指出，普通高等法学教育的培养目标有：学术型人才培养和应用型人才培养。教育部、中央政法委员会《关于实施卓越法律人才教育培养计划的若干意见》(教高2011年第10号)指出，我国高等学校法学教育还不能完全适应社会主义

---

① 西藏地广人稀，120万平方公里的土地上只有310多万人口，自然条件独特。在空间布局上，西藏的新型城镇化需要符合其地理特征，同时也要结合西藏经济社会发展的历史现实条件及未来发展要求，坚持点、轴、面相结合的开发方式，把点式发展与点轴发展结合起来，大力提升拉萨—泽当城镇圈，培育壮大以日喀则市桑珠孜区、林芝八一镇为中心的东西两翼，统筹推进藏东卡若区城关镇、藏北色尼区那曲镇和藏西噶尔县狮泉河镇，巩固发展边境沿线城镇，加强交通沿线重要小城镇建设，促进其他各类城镇协调发展，构建“一圈两翼三点两线”的城镇化空间格局。参见史云峰：《走有中国特色西藏特点新型城镇化道路》，载《新西藏》2016年第8期。

法治国家建设的需要,社会主义法治理念教育还不够深入,培养模式相对单一,学生实践能力不强,应用型、复合型法律职业人才培养不足。提高法律人才培养质量成为我国高等法学教育改革发展最核心、最紧迫的任务。这是对当时法学教育改革的任务分析。2018 年教育部和中央政法委《关于坚持德法兼修实施卓越法治人才教育培养计划 2.0 的意见》(教高〔2018〕6 号)进一步明确法治人才教育培养的思路和目标:①坚持马克思主义法学思想和中国特色社会主义法治理论,围绕建设社会主义法治国家需要,坚持立德树人、德法兼修,主动适应法治国家建设新任务、新要求,深化法学教育教学改革,强化法学实践教育,完善协同育人机制,构建法治人才培养共同体,建设一流法学专业,培育一流法治人才,为全面推进新时代法治中国建设提供法治人才保障。经过 5 年努力,建成凸显时代特征、体现中国特色的法治人才培养体系。建成一批一流法学专业点,教材课程、师资队伍、教学方法、实践教学等关键改革取得显著成效;形成良好的协同育人机制,中国特色法治人才培养共同体基本形成,法学教育教学质量得以显著提升,培养出一大批信仰宪法、捍卫公平正义、实践法治建设、推动法治进程、传承法治文明的法治人才。

西藏民族大学作为一所地方高校,从办学之初就紧盯西藏社会深刻变化的人才需求,培养了一大批社会主义民主改革和发展经济的应用型人才。在新时代新思想、新理念、新任务的背景下,实现中华民族伟大复兴的中国梦,实现西藏社会的长治久安,人才培养目标定位服务于地方经济社会发展值得继续坚持,法学专业更应突出应用型人才的培养。应用型法治人才培养不仅体现于法学本科教育过程,而且也反映在法学研究生教育之中,尤其是法律硕士研究生的培养更应如此。

(二)扩大校地合作　突出理论应用

师资队伍建设是人才培养的基本条件。对于法学专业教学团队建设不仅注重数量增加,更注重教师法律事务实战能力的培养,提倡"双师型"教师培养,以满足法律实践教学的需要。在教师引进方面,既考虑高学历青年教师的补充,又从法律实务部门尤其是熟悉西藏自治区区情的政法机关吸收具有丰富实务经验的业务骨干加入教师队伍,确保对学生能力的培养。同时,积极开展横向课题合作项目,全方位训练和提升教师法律实战能力。(1)在地方立法方面,先后组织教师团队积极开展《西藏自治区道路交通安全条例》评估、《西藏自治区实施〈中华人民共和国水法〉办法》评估等科学研究项目。受聘地方人大法制工作委员会委员,积极参与《咸阳市禁止农作物秸秆焚烧条例》《咸阳市湿地公园保护管理条例》等地方立法论证与修改工作,既发挥了服务地方的作用又提高了教师的实战能力。(2)在地方行政执法层面,同西藏自治区司法厅合作,开展法治视野下

① 教育部、中央政法委《关于坚持德法兼修实施卓越法治人才教育培养计划 2.0 的意见》(教高 2018 年第 6 号)指出,卓越法治人才教育培养的改革任务和重点举措:厚德育,铸就法治人才之魂;强专业,筑牢法学教育之本;重实践,强化法学教育之要;深协同,破除培养机制壁垒;强德能,加强法学师资队伍建设;拓渠道,发展"互联网 + 法学教育";促开放,构建涉外法治人才培养新格局;立标准,建强法学教育质量文化。

的西藏司法行政管理模式改革探索,开展西藏昌都市政法干警维稳处突能力提升研究等横向课题,这在一定程度上也提高了教师的实务能力。(3)在地方司法业务研究上,分别与陕西省永寿县人民法院开展贫困地区婚姻彩礼纠纷处理调查研究,与咸阳市人民检察院开展公益诉讼研究等横向课题;积极落实“双千计划”,先后选派4名专任教师到西藏自治区法律实务部门挂职锻炼。(4)在社会守法层面上,同西藏自治区工商业联合会合作,开展了西藏非公经济发展法律问题调查研究。通过对拉萨、日喀则、林芝3个市的有关民营企业发展情况展开实地调研,从而对其法律保障问题,提出了合理化建议和智库性意见。

综上所述,西藏自治区高校法治人才培养从本专科到研究生培养、从全日制到非全日制、从普通生到卓越人才培养、从区内高校到对口支援高校的联合培养,各方面都取得了令人瞩目的成绩。当前,以习近平新时代中国特色社会主义思想为引领,紧紧围绕立德树人,注重能力培养,突出应用型、技能型、复合型、创新型法治人才培养。不断扩大校地之间的合作,不断加强实习实践教学环节,提升教师队伍实战能力,提高人才培养质量,增强服务地方经济社会发展的水平。当然,在开展校地合作和实践教学过程中,仍然存在师生参与度不够、合作的深度和契合度不够的实际问题。对此,笔者认为,关键要从进一步加强师资队伍建设入手。通过各种引进、调入增加师资队伍的数量,并不断提升教师自身的实践实训能力和水平,不断扩大校地之间合作项目数量和合作领域,使更多的教师和学生有机会参与合作项目调查研究,有机会提升自己。除积极创造各种有利于师生应用能力、实践实训能力提升的条件和机会外,还应当制订相应激励措施和管理机制,定期开展具有可操作性的考核,鼓励师生参与校地之间的合作,从而使法治人才培养质量切实得到稳步有效的提升。

域外经验与启示

英国高校法律职业伦理教育的发展

齐凯悦*

英国的法律教育分为3个不同的阶段,第一阶段的理论学习由高校法学院承担,故而高校法学教育往往不涉及法律职业的具体内容。自20世纪末期以来,受美国等域外法律职业伦理教育发展的影响,英国不断探讨在高校法学教育中引入法律职业伦理课程的必要性和具体方式,推进高校法学教育对法律伦理的关注。

一、英国的法律职业与法律伦理

英国是法律职业的起源地,英国的法律职业人员主要从律师中产生,故而律师的伦理规范和困境体现了英国法律职业伦理的发展状况。英国《律师监管局行为准则》规定了律师职业伦理的基本原则,并且随着社会发展不断修改律师职业伦理规范。

(一)英国的法律职业

法律职业一般是指以通晓法律或以法律运用为主要内容的职业,法律职业者则是精通法律知识并能够实际应用的人。在英国,法律职业有广义和狭义之分,广义的法律职业包括律师、检察官、法官、公证员和法学教师,狭义则仅指律师。鉴于法官和检察官一般经相关程序从执业一定年限的律师中选拔产生,故而律师是其他法律职业人员的基础,律师的培养模式反映了英国法律职业的教育方式。

英国真正的法律职业起源于13世纪末期的英国,世俗人员逐渐进入法律界,从而形成了法律职业阶层。14世纪初,英国形成了由法律实务人员组成的法律行会,林肯律师公会等四大公会现今仍发挥重要作用。英国的律师分为出庭律师和事务律师两种,具有不同的职业分工和从业资格。事务律师的工作范围较广泛,包括制作法律文书、进行调解、起草合同等法律实务,出庭律师则主要代表当事人出庭辩护,两者的职业分工是其必须遵守的行为规范。英国的法官从出庭律师中选出,通常地方法院法官须有7年以上的担任出庭律师的经历,高等法院法官则须具有15年以上的出庭律师经历。由此,律师职业成为法官的前置要求,这也使法律职业能成为一个共同体。

法律职业者应当具有一定的职业道德,这主要基于如下原因。首先,律师在社会中

* 山东师范大学法学院讲师,法学博士,心理学博士后科研流动站研究人员。

发挥重要作用,对公共决策有重要影响,甘地、曼德拉等律师出身的人一直被视为社会变革的重要领导者。其次,律师需要具备职业道德操守来确保其在司法系统中的作用能够充分发挥,帮助当事人获得法律协助和维护司法正义。根据庞德对专业精神的定义,高道德标准和先人后己是部分享有声望的职业所应付出的代价。由此,担任律师意味着需要承担促进司法正义、保障每个人都有充分的接近正义机会的道德和法律责任。再次,鉴于律师的很多工作没有直接受到公众的审查和监督,因此需要律师具有内在的较高道德标准。最后,道德满意度也与律师的工作满意度和个人利益相关,除薪资和工作地位外,道德满意度也是律师评价自我工作的维度之一。① 尽管英国关于法律职业伦理的探讨相对美国而言较少,但法律伦理相关规范实则随着英国法律职业的发展而发展。

(二)英国的法律职业伦理

英国法律职业伦理规范随着法律职业的产生而逐渐发展和完善。13 世纪末期,随着法律职业的产生,相关职业伦理规范也逐渐成形。1275 年的《威斯敏斯特第一号法令》对行政司法长官、法庭书记员等的不法行为作出了专业规范,1280 年的《伦敦条例》就律师的准入、行为等作出规定,旨在规范律师的不当行为,控制律师的数量,1292 年的《条例》则对 1289 年的司法丑闻作出积极反应,主要关注律师的数量和是否称职。这一时期律师的职业伦理要求主要是关于对当事人的忠实义务、对法庭的诚实和对正义的追求等。②

英国将法律职业伦理规范作为帮助法律职业人员应对工作中的伦理困境的解决途径。英国的法律职业伦理主要体现为如下原则:为客户利益服务,为正义行事,根据公认的道德原则诚实、正直行事等。进入 21 世纪以来,英国政府逐渐加强法律服务市场的开放程度,强化法律职业人员的竞争,将法律职业人员对客户负责作为首要的法律职业道德要求。③ 英国 2007 年发布《法律服务法》(Legal Service Act 2007),对事务律师、出庭律师、法律行政人员等法律服务人员的行为作出了规范。同时,全球化的发展也对法律职业人员的法律职业伦理和道德规范提出了新要求。鉴于不同国家关于法律职业伦理和道德的规范不同,如忠实义务、信息披露等方面的规定各国存在差异,在跨国代理案件中,律师应当遵守法院地国、律师本国还是法律适用国的职业伦理则存在争议。④

《2011 年律师监管局行为规则》(SRA Code of Conduct 2011)规定了律师应当遵守的道德规范,这些强制性原则也构成了律师职业的基础,主要包括如下方面:(1)维护法治和适当的司法管理;(2)正直;(3)独立性不得受到损害;(4)为客户的最大利益行事;(5)为客户提供适当的服务标准;(6)以维护自己和法律服务的公信力的方式行事;

① June Chapman, *Why Teach Legal Ethics to Undergraduates*, Legal Ethics, Vol. 5, pp. 69 - 70(2002).

② 郭义贵:《论英国早期的律师制度》,载《法学评论》2008 年第 1 期。

③ 李洪雷:《迈向合作规制:英国法律服务规制体制改革及其启示》,载《华东政法大学学报》2014 年第 2 期。

④ 潘俊武、张艳菲:《全球化下英国法学教育的发展趋势》,载《法学教育研究》2016 年第 2 期。

(7)遵守法律和监管义务,以公开、及时和合作的方式与监管机构和监管者相处;(8)根据适当治理和健全的财务和风险管理原则,有效地开展业务或在业务中发挥作用;(9)以鼓励机会平等和尊重多样性的方式开展业务或在业务中发挥作用;(10)保护客户的资金和财产。如果两个或更多的原则发生冲突,则在具体实践中根据能够服务于公共利益的原则优先使用,尤其是在司法管理中的公共利益。遵守这些原则的同时,法律职业人员还须承担法律规定的其他义务。

2019 年《律师监管局行为规则》作出了修改。最新的标准和规则自 2019 年 11 月 25 日起生效,新规则确立的 7 项强制性原则取代了原有的 10 项规则,成为规范法律职业的伦理规范:(1)在一定程度上坚持法治的宪法原则和遵守适当的司法管理;(2)以一定方式维护法律职业和法律服务的公信力;(3)独立;(4)忠实;(5)正直;(6)采用鼓励平等、多样性和包容性的方式;(7)为客户最大利益服务。与 2011 年规定相比,最新规则引入了忠实义务条款,提供适当服务标准、向监管机构和监管者开放、适当管理及保护客户资金和财产等则在规则的其他部分予以规定。同时,该规则主要分为两部分:一部分是对律师、已注册的欧洲律师和已注册的国外律师的规定;另一部分是关于律师事务所的规则。

(三)英国法律职业伦理引发关注

尽管英国就律师的法律职业伦理作出了较明确的规范,但在实践中关于律师的职业伦理问题仍然引发诸多关注。例如,2019 年,哈维·温斯坦(Harvey Weinstein)性侵案件的举报人之一塞尔达·帕金斯(Zelda Perkins)和英国律师协会劳动法委员会主席马克斯·温斯洛普(Max Winthrop)就该案涉及的律师职业道德作出了讨论。前者主张,律师在起草涉及性骚扰等的保密条款时需要确保其道德的正确性。在劳动关系中,劳动者和雇主之间的地位本就悬殊,求偿者在未充分知晓长期影响的情况下签署保密协议可能会导致他们承受巨大压力。马克斯·温斯洛普强调,在某些情况下,保密协议的达成可以符合当事人双方的利益,但是律师必须向客户和求偿者明确协议的界限,尤其是这些协议不能够阻止索赔人对犯罪行为的举报。即律师在考虑其对客户的责任的同时,还须考虑其对公共利益的责任。①

同时,英国关于法律职业伦理的具体规范也存在探讨。例如,2019 年的《律师监管局行为规则》规定了"正直"(integrity)原则,但该原则实则是在近年来由于英国高等法院判例的前后矛盾而引发关注的,甚至英国高等法院的一个判例将不正直等同于欺诈(dishonesty)。② 推翻这一点的则是 2019 年上诉法院的判决,其将正直描述为一种"表达

① "Weinstein Whistleblower Calls on Lawyers to Consider Ethical Boundaries", https://www.lawsociety.org.uk/news/press-releases/weinstein-whistleblower-calls-on-lawyers-to-consider-ethical-boundaries/, accessed Jan. 29, 2020.

② Malins v. Solicitors Regulation Authority [2017] EWHC 835 (Admin).

社会对专业人士期望、专业内部对其从业人员期望的更高标准的简略词”。① 关于该概念的含义,在英国司法实践中存在诸多争议,如有法官将正直原则界定为“二级欺诈”,有法官则明确表示反对,认为诚实是社会要求每个人都必须遵守的基本准则,然而,专业标准要求那些承担更高责任的人需要遵循正直原则。② 英国高等法院在判例中驳回了一位律师的上诉,该律师辩称,律师纪律法庭裁定其不构成欺诈,那么也应当驳回其违反正直原则的指控。然而根据规则,诚实和正直是两个不同的概念,正直的概念比诚实的内容更广泛,因此,即使该律师未构成欺诈,其仍有可能违反正直原则。③ 由此,尽管英国规定了法律职业伦理的相关规则,但在司法实践中尚存一定争议,违反相关原则的执业行为频发,引发人们对法律职业伦理及其教育的重视。

二、英国高校法律职业伦理教育的起源

英国的法律教育分为3个阶段,高校承担了第一阶段的理论教育工作。与美国等其他国家和地区不同的是,尽管英国的法律职业起源较早,但法律伦理教育并未得到足够发展,长期以来处于缺失阶段,高校更是未曾涉足法律职业伦理教育。至20世纪末期,英国国内就高校是否应当加强法律职业伦理教育作出了初步探讨。

(一)英国高校与法律职业伦理教育

英国早期的法律教育由律师学院进行,通过学徒制的方法传授法律知识。随着高校法学教育的发展和法律学校的出现,英国高校的法学教育兴起,律师学院逐渐成为专门的职业培训场所。在英国,法律职业人员所接受的法律教育分为3个阶段,即理论阶段、专业培训阶段和专业实习阶段。高校法学教育属于第一阶段。高校法学教育在本科阶段开展,获得法学学士学位后可以攻读律师职业课程以从事律师实务工作。法学本科阶段的学制一般为3年,由高校承担,该阶段的课程重视基础理论的教授。法律职业教育则由律师学校和律师协会认证的“法学院”承担,注重法律实务技能的培养和职业道德考核。在英国,高校法学院毕业的学生最终从事法律职业的不足50%。④

英国高校不仅将法学教育的目标定位为培养未来的法律从业人员,也将其视为通识教育的一类,故而在法学教育中注重培养学生理论联系实际的能力和从事相关公共事务的技能,培养学生的综合能力。当然,英国当前的高校法学教育并未垄断英国法律教育的第一阶段,未取得法学学位的人也可在符合其他条件后进入律师行业,故而法律职业与高校法学教育之间存在较大区别,在20世纪末期还出现了律师界指责高校法学教育不够实际和“法学院生产过剩”的抱怨。⑤

---

① Wingate & Anor v. The Solicitors Regulation [2018] EWCA Civ 366.

② Peter Williams v. SRA [2017] EWHC 1478.

③ Zivancevic v. Solicitors Regulation Authority [2019] EWHC 1950 (Admin).

④ 郭艳利:《美、英、德、日法律职业教育的比较及启示》,载《中国法学教育研究》2013年第3期。

⑤ 聂鑫:《英国法律教育改革管窥》,载《华东政法大学学报》2011年第1期。

在法学教育与法律职业教育明显分立的英国,法律职业伦理的教育则成为需要关注的问题。实际上,在英国高校法学院中,法律职业伦理经历了从无到有的过程,并在近年来不断发展变化。这既反映了英国高校法学教育对法律职业伦理的重视,也体现了在全球化和现代科技背景下解决法律职业人员在执业过程中面临的道德困境的需求。

(二)教育缺失阶段

20 时期末期之前,英国法律职业对法律伦理的关注甚少。与美国形成鲜明对比的是,英国学者容易忽略律师的道德问题,仅关注法律职业者从业规则的描述性探讨。1995 年之前,尚未有纯粹的法律职业伦理书籍在英国出版。1995 年,克拉伦登出版社出版了两本针对普通法系法律职业的论文集,一是罗斯·克兰斯敦(Ross Cranston)主编的《法律伦理和职业责任》,其中仅有 2 篇文章由英国人写作,二是史蒂芬·帕克(Stephen Parker)和查尔斯·桑普福德(Charles Sampford)的《法律伦理和法律实践:当前议题》,该书的作者主要是澳大利亚的法官、律师或学者,仅有一篇文章在探讨澳大利亚、英国和美国的法律伦理。法律职业伦理在英国的发展,明显落后于美国、澳大利亚等英美法系国家,之所以出现该状况,可能基于以下原因:其一,英国法在发展过程中缺乏令其重新全面评估整个行业的事件,如美国的"水门事件",后者为美国法律职业伦理的发展起到了重要的推动作用。其二,英国法传统上认为法律职业伦理属于道德领域,并将其视为可以令人满意的环节,因此加强法律职业伦理规范的必要性不大。其三,无论是法律职业领域还是学界,对法律伦理并未产生足够关注,法律职业人员仅在外部干预造成威胁时关注法律职业伦理,试图改善监管规则以保持自我监管。法律实证主义主张道德和法律的分离,这也导致法学界在一定程度上对道德的轻视。① 因此,在司法不当行为和人们对法律职业投入较多关注之前,英国的法律职业伦理并未取得较多发展。

相应的,21 世纪之前,法律职业伦理并非法律教育和培训的核心内容。20 世纪 60 年代至 21 世纪初期,英国有 4 份报告直接或间接地涉及法律教育和培训。其中,前 3 份报告都没有讨论法律职业伦理课程问题。1971 年的《奥姆罗德报告》(Ormrod Report)将法学教育的"难题"定义为利用大学和学院提供的法学教育来应对法律职业的专业需求。② 该报告将大学教育纳入英国律师培养过程中,提高了大学教育的地位,使法律职业人员既具有理论基础,又具有实务经验。该报告将高等教育和律师职业培训相整合,使其形成了系统的整体。

1979 年本森委员会的报告比《奥姆罗德报告》的范围更广泛,从公共利益角度出发对法律职业的结构、组织、法规和准入条件等作出了探讨。该报告有一章专门探讨了法

① Donald Nicolson, Julian Webb, *Taking Lawyers' Ethics Seriously*, International Journal of the Legal Profession, Vol. 6, pp. 10 - 11 (1999).

② The Hon Mr Justice Ormrod (Chairman) Report of the Committee on Legal Education, Cmnd. 4595 (London, 1971).

律教育的未来,认为理论和实践的显著分离并不可取。该报告肯定了具有高道德标准的学生,但并未得出与之相关的法律教育或培训的任何结论。该报告认为,道德是社会化的一个要素,并且认为可能至少要到职业阶段才予以处理,并认为法律课程应限于社会福利法和公司法。① 这两份报告都强调了职业伦理的重要性,但鲜少提及通过教育和培训来增强法律人的道德操守。

1988 年《马尔报告》(Marre Report)探讨了律师课程的变化,未在法律教育和培训课程中增加"法律技能"方面的教育,但提供了其认为可以真正纳入法律教育的技能列表等。该列表中包含"专业和道德标准的充分掌握",第一次在英国明确指出法律课程中应当包含职业道德材料。但是,该列表将学术技能和职业技能分开,职业技能列表里有诸多单独列出的技能,其中很多都包含实质性的道德要素,从而规定了法律人应当完成的任务。②

高校法律职业伦理教育在 20 世纪末期之前更是处于缺失状态。20 世纪 70 年代,有学者针对沃里克大学法学院的学生做过调查,发现学生认为法学课程的重点是学习实质性的法律教义和规则以及像普通人一样思考,对职业伦理的关注程度不够。同时,课程更偏重学生将要面临的就业市场的现实状况,对公共利益取向的影响较少。这个问题彼时非常普遍,以至改变法学院的经典招生方式看似成为唯一的解决方案。③

英国法律职业未出现较大的道德困境,故而加强法律职业伦理规范与教育的需求相对较少。同时,鉴于英国法律界传统的学术和职业领域的分界,法学界很少介入职业领域,故而英国学术界关于法律职业伦理的研究鲜少,亦未在法学院讲授。这也导致英国律师协会职业伦理领域负责人在 1999 年参加美国律师协会主办的全国法律职业伦理和法律责任会议后,反思和督促英国的法律职业伦理的发展。④

(三)争论与缘起

在 20 世纪以来英国关于法律教育与培训的报告中,仅在大法官咨询教育和行为委员会提出的第四份报告中为在法律教育与培训中引入道德规范作出了有力论据,但该报告并未对如何执行该提议作出讨论,甚至没有明确地支持在法律教育的初始阶段引入职业伦理教育。

大法官法律教育和行为咨询委员会(Lord Chancellor's Advisory Committee on Legal Education and Conduct, ACLEC)根据英国 1990 年《法院和法律服务法》(Courts and Legal

---

① The Royal Commission on Legal Services (Final Report), Cmnd. 7648 (London, 1979).

② The Committee on the Future of the Legal Profession, A Time for Change (London, 1988).

③ James Hedegard, *The Impact of Legal Education: An In-Depth Examination of Career - relevant Interests, Attitudes, and Personality Traits Among First-Year Law Students*, Journal of the American Bar Association, Vol. 4, pp. 791 - 868 (1979).

④ Alison Crawley, *When Will the UK Celebrate Its 25th National Conference on Legal Ethics and Professional Responsibility*, Legal Ethics, Vol. 2, p. 124 (1999).

Services Act,1990)建立。该机构1996年发布的报告敦促法学本科学位应当提供基本知识、通用技能、共同职业价值观及专业行为标准和守则等方面的深入学习。该报告将法律教育的功能界定为发展学生在5个关键领域的能力:知识完整和心智独立、核心知识、背景知识、法律价值观和专业技能。在这5个领域,有3个领域可能涉及一些道德问题。例如,法律价值观包含的内容包括"致力于法治、正义、公平和高道德标准,提高专业技能,无所畏惧地为客户代理案件,促进公平机会的实现,并确保为无法支付诉讼费用的人提供充分的法律服务"。①

需要指出的是,1996年报告中ACLEC关于法律教育和培训目标的描述是符合现状还是偏离了已有发展仍有待探究。"职业道德"这一术语在5个建议目标中并未提及,但在"法律价值""专业技能"等领域可能有所涉及。ACLEC否定了学术和职业法学教育之间的严重隔离,建议两者之间进行更大程度的整合,但其提出的具体安排和课程建议专门针对职业阶段。因此,是否其认为应该在职业阶段引入职业道德教育这个问题存疑。② 1996年报告对职业伦理的态度始终处于模棱两可的状态。ACLEC认为,外部法规不能代替律师在教育和培训早期开始自我内化的专业价值观和标准,这意味着在教育与培训的初始阶段应当在一定程度上接触法律职业伦理。同时,ACLEC在对法律价值的反思中表达了对职业伦理的关注,认为应当认真发掘法律中的民主价值观,而不只是通过对不太受欢迎(通常利润较低)的法律实践领域来捍卫这些价值观。通过法律教育和培训,应该确保未来的律师充分理解法律和法律实务工作与维护基本的民主价值观之间的必要联系。

由于法律的价值被认为无处不在,所以法律职业伦理不应只是在职业阶段才考虑的教育内容。凯姆·伊科诺米季斯(Kim Economides)在1993~1995年担任ACLEC的教育秘书期间,主编了《法律教育行为的道德挑战》(*Ethical Challenges to Legal Education and Conduct*)一书,该书主要介绍了将伦理学纳入现代法学院课程的案例,并指出应合理推进伦理课程的"渐进式特殊化",即从最初的通用系统伦理学发展到职业阶段的职业伦理学。

1996年报告同样强调了法律教育的3个重要领域,即大学、出庭律师协会和事务律师协会,并呼吁打破障碍,促进学术和实务领域的协作。在针对初试阶段提出建议时,ACLEC认为,大学应当自行决定授课的内容和是否将某门课程列为必修课程,其仅需符合ACLEC提出的广泛目标即可,即"对……法律价值和道德标准的适当了解"。ACLEC认为,初始阶段对实现高道德标准的贡献可能在于提升法律人对"法律的道德品质"的关注。大学法学教育能够使学生具备成为有道德的法律从业者的能力,使学生深入了解法

① ACLEC, First Report on Legal Education and Training (London, 1996).

② Andrew Boon, *Ethics in Legal Education and Training: Four Reports, Three Jurisdictions and a Prospectus*, Legal Ethics, Vol. 5, pp. 38–39(2002).

治、法律面前人人平等等基本原则,让学生认识到法律解决方法所具有的价值和其作为影响人们生活的重要方式的过程中蕴含的道德与人道主义价值。

实际上,1996 年报告受到了其他国家和地区法律教育发展的影响,尤其是美国。自 20 世纪 70 年代以来,美国律师协会开始要求在高校教授道德规范,如法律职业的职责和义务,包括历史、目标、律师的责任和职业责任守则等。美国律师协会特别工作组 1992 年发布的报告可能对英国 1996 年报告产生了较大影响,前者指出,律师技能与价值观的培训应该是从初始阶段到执业阶段的连续性教育的一部分。该报告将法律教育的道德目标界定为四个方面:胜任代理工作,推动公平、正义和道德责任,维持和改善职业责任以及个人职业发展责任。① 可以说,1996 年报告既继承了英国以往报告的态度,又融合了新的思维,尤其是对美国的借鉴。但需要指出的是,英国的法学教育系统与美国不同,后者的法学专业仅在研究生阶段设置。因此,尽管 1996 年报告的设计者曾强调,职业伦理和行为的教育不能仅仅只在职业阶段,但并未在报告中有所体现。② 因此,该报告体现了英国传统的法学教育思想与新思想的碰撞和融合。ACLEC 强调,通过跨学科研究和增设学科来促进大学法学教育的道德内容,将该思想与法学学位相联系,以协调僵化的法律教育和培训阶段,促进各阶段能够形成具有共同目标的、连续性的思想。

鉴于对法学院提出新的要求存在困难,故而在初始阶段引入职业伦理教育的提议必须受到严格审查。随着法律实践性质的不断变化,更强的专业性、不安全性和不稳定性的发展以及诸如律师会馆、法律协会等社会组织影响力的下降等,人们越来越关注法律职业伦理的引入。然而,法律职业伦理教育的目标、形成、时期及内容尚待探索,法律界对该课程含义的理解尚不明确。③

律师公会主张将详尽的法规指南转化为更具体系性的行为准则,并主张将职业伦理引入法律教育与培训之中,尽管大学作出了积极回应,但不太可能接受更详细的建议。初始阶段职业伦理的作用仍然存在争议,即本科学习法学理论与原则还是现实主义和多学科选择两方面的对立。在这种情况下,并非以学生的利益主导,而是以该学科的感知需求作为主导,而这种感知需求又反映在学者的研究兴趣中。因此,职业伦理不具有连续性,职业伦理教育仅适用于职业阶段,大学阶段关于法律的学习实则是关于道德的学习。鉴于此,ACLEC 并未去挑战或突破该思维,而是通过关注法律价值来强化职业伦理教育。

同时,在法学教育关于道德的讨论中还未谈及法学教育对法学院学生的责任,如教

---

① Robert MacCrate, *Preparing Lawyers to Participate Effectively in the Legal*, Journal of Legal Education, Vol. 44, p. 89(1994).

② Bob Hepple, *The Renewal of the Liberal law Degree*, Cambridge Law Journal, Vol. 55, p. 470(1996).

③ Andrew Boon, *Ethics in Legal Education and Training: Four Reports, Three Jurisdictions and a Prospectus*, Legal Ethics, Vol. 5, pp. 41 – 42(2002).

育未来职业人员面对客户的需求和实务的压力时所应具有的道德规范规定的义务。如果他们因高薪或高社会地位的承诺从事法律工作,他们应当及早发现法律援助实务的存在;如果他们期待满怀职业精神地在大型律所工作,那么他们需要明白如何在工作中应对部分落差。1996 年报告认同法律伦理教育的责任是针对那些进入实务领域的法学毕业生,认为法学学术研究是自由的社会科学研究。然而,法律教育同样存在一项责任,即向从事法律实务工作的学生说明法律职业中的道德复杂性。① 在法学院,人们的主要关注点是法律而非法律职业。但这忽略的一个问题是,无论最终从事法律实务的学生比例如何,学生对法律的持续学习和研究只能通过后期实践来探索。

另外,尽管 1996 年报告提及了法律职业伦理,但该报告并未区分特定法律下的道德、公民道德和律师道德。这在很大程度上取决于当时的学术界或法律职业领域并未将法律职业伦理作为讨论的内容。这种淡漠与同时期美国关于法律职业伦理的热烈讨论形成了鲜明对比,但这种差异实则事出有因。“道德恐慌”(moral panic)是促使某一行业重新审视其监管机构的主要因素之一,19 世纪晚期,“水门事件”导致美国法律界对法律职业的职业操守规则进行了重新评估并于 1983 年美国律师协会通过了《职业行为师范规则》。然而,英国的法律职业自 20 世纪 30 年代以来并未出现该类问题,即使出现类似问题也未引起足够关注。②

三、21 世纪以来英国高校法律职业伦理教育的发展

进入 21 世纪以来,英国关于在高校法学院教授法律职业伦理的主张增多,法律职业伦理课程的设置、授课方式、是否应当成为必修课程等为法律职业人员和学者所探讨。高校法学本科教育开始强调对法律伦理的培养,英国高校对法律职业伦理教育的重视程度不断增加。尽管英国尚未将法律职业伦理列入高校法学本科教育的必修课程,但部分高校已有探索,并且增强法律职业伦理被列为英国法学教育的目标之一,故而英国本科教育中的法律职业伦理在不断加强。

(一)法律伦理教育探讨的初步发展

美国律师协会将法律职业伦理规定为高校法学院的必修课程,这对英国法学教育产生了极大影响。英格兰和威尔士相继发布报告承认伦理对法律职业和社会的重要性,但主旨在于强调职业阶段和学术阶段都应履行其基本职能。ACLEC 的第一份报告仅提供了可选择性建议。律师协会的提案认为,伦理学构成“从摇篮到坟墓”的法律教育的一部分,该问题逐渐凸显,并且可能导致职业与学术阶段之间的冲突点。为减少冲突,需要考虑如何实施法律职业伦理教育,如不同的法律职业伦理教育理念的适用性、课程内容、授

---

① Andrew Boon, *Ethics in Legal Education and Training: Four Reports, Three Jurisdictions and a Prospectus*, Legal Ethics, Vol. 5, pp. 66 – 67(2002).

② Leslie Sheinman, *Looking for Legal Ethics*, International Journal of the Legal Profession, Vol. 4, p. 140 (1997).

课方式与机制、授课地点等。最重要的是,需要明确法律职业伦理教育的目的。为了使该课程最有效率,法律职业伦理教育必须教授律师的理想、社会作用及其遵守道德规则的重要性,同时,还应更加有意识地去培养法律实践中所要求的道德。

实践伦理或应用伦理普遍被认为是促进有道德的律师产生的主要途径。如果人们普遍认为伦理因素是法律人必备要素,那么该教育应在初期阶段引入,这主要基于以下原因。其一,如果想要影响或约束人们的行为,那么这种教育应当尽早开展,职业阶段的教育为时已晚,此时人们已经形成了习惯或某些行为倾向,再进行法律职业伦理教育的作用不大。其二,初始阶段是唯一能够具有灵活性和足够时间来开展法律伦理教育的时间段。其三,法学本科阶段也是学生思考职业伦理问题较适宜的阶段,此时学生尚未面临知识运用和应对客户及紧张工作的压力,能够更客观地考虑职业责任和个人道德之间的紧张关系。① 其四,如果将法律伦理作为实质性的学术组成部分,在初始阶段采用"从外而内"的方法较适宜。如果学生在初始阶段已经了解关于法律职业伦理的全部内容,那么他们在职业活动中就能够对相关行为保持怀疑态度,从而保障他们在实务中坚守职业道德。如果不密切关注法律伦理教育的目标,那么在法学教育中引入职业伦理课程将无法达到预期效果。ACLEC 认识到了法律教育及培训的连续性的重要性,即在高校法学与教育中可以容纳"公民道德",某些课程也可能包括一些批判性的职业道德,但职业阶段和法学学位之间存在一定区别和联系,灵活的法学教育和培训制度应当引入到英国高校法学院之中。②

教学方式的选择也成为这一阶段英国学界讨论的问题。法律职业伦理可以通过直接、间接及法律诊所等方式教授。直接即通过专门的法律职业伦理课程教授,普及方式即通过实体法等其他科目的教授对其中的法律职业伦理问题作出探讨,法律诊所则基于学生通过实践或模拟实践的方式解决职业道德困境。第一种方式显然是最有效的方式,能够将课程实践和资源都直接投入法律职业伦理的教与学中,并向学生强调该科目的重要性。同时,直接教授的方式可以鼓励学生识别多样职业道德问题,并就具体规则的适用通过法教义学等作出探讨,形成规则应用的学习方式。然而,该方式存在的问题是规则具有局限性,不可能详细地说明其应用的条件,并且当时的法律伦理专业师资并不充足。第二种方式是在实体法教学过程中引入职业伦理的教授,该方式可以防止专业知识之间的分离,为讨论道德问题提供背景。但该方式可能会使学生认为法律职业伦理不够重要,并且该方式容易受到教师授课热情程度、讲授难易程度等变量的影响,而且加重了部门法专业教师的负担,可能会造成灌溉式教学的困境。第三种方式为学生提供了通过实践或模拟法律服务等途径学习法律职业伦理的机会,对促进学生的道德推理能力的提

① June Chapman, *Why Teach Legal Ethics to Undergraduates*, Legal Ethics, Vol. 5, p. 71(2002).

② Andrew Boon, *Ethics in Legal Education and Training: Four Reports, Three Jurisdictions and a Prospectus*, Legal Ethics, Vol. 5, pp. 66 – 67(2002).

升具有较好效果,但是法律诊所教育并不能够必然在职业道德层面提升律师的素质,因为能力更强的律师不一定是遵守职业道德律师。同时,如果法律诊所教育的经验不丰富,那么对职业伦理教育的增进作用不一定明显。① 此外,人文主义方法也为部分学者所提倡,即通过文学作品、影视作品等流行文化中的内容来引导学生将其作为法律职业伦理案例进行分析,识别并解决其中涉及的法律实践的道德困境问题。例如,有学者以奥斯卡·王尔德审判该历史事件为切入点探讨对学生的法律职业伦理教育,认为该方式能够更好地鼓励学生关注法律实践中的伦理问题。② 这种方法可能为学生提供灵活的学习和分析职业伦理的途径,但此类作品的娱乐性使其存在与法律现实不一致的问题,这在一定程度上也可能会干扰学生对法律职业伦理现状的学习和分析。

2009 年,英国律师协会发布的名为《面向未来律师的道德培训》的报告考察了道德培训在法律教育不同阶段的作用和状况,建议在高校法学教育阶段以主流课程方式加强法律伦理教育。该报告指出,在英国,大多数高校法学院并未将职业道德标准或行为纳入法学教育之中,法律职业伦理教育几乎完全依赖职业教育阶段,只有部分法学院通过教授法哲学中的道德推理或其他非正式方式教授法律伦理。支持引入职业伦理的人试图说服所有利益相关者,道德在当代法律教育中可以讨论并且更应受到关注。职业伦理和职业行为的教学不能仅在职业课程或在职培训中教授,学生必须知晓其职业责任不仅源于客户,还在于对整个社会的责任,如维护和改善基本价值观、为弱势群体提供法律服务等。在学术阶段对法律职业伦理作更多探讨的建议也得到了司法部门的认可,但学术界则倾向忽略该问题。该报告指出,为了与国际发展状况相一致,可以将法律职业伦理融入本科法律课程和转化课程中,道德、职业责任和法律价值观应当成为法学领域的基础性主题。该报告建议,法律伦理成为法学院主流课程的一部分,并建议通过联合公告的方式重新审视大学和职业机构之间的关系,从而使法律价值观的培养成为本科法学教育的强制性内容。③有观点认为,该报告有利于增强英国对法律职业伦理的重视,这在经济困难时期具有重要作用,否则会导致法律职业的公信力降低。④

之后,英国法律职业人员和法学学者仍就是否将法律职业伦理作为高校法学教育的强制性内容进行了争论。尽管英国的法律伦理教学有了迅速发展,但在大多数法学院只属于选修课程,通常还需要法律职业人员在职业阶段进行培训。安迪·布恩(Andy Boon)教授在 2011 年发布了报告《初始阶段的法律伦理:示范课程》,探讨了高校教授法律伦理的课程设计、相关影响因素等。该示范课程具有 3 个目标,即鼓励学生反思法律

---

① June Chapman, *Why Teach Legal Ethics to Undergraduates*, Legal Ethics, Vol. 5, p. 71(2002).

② Sarah Mercer, Clare Sandford-Couch, *Legal Ethics in the Trial of Oscar Wilde*, Legal Ethics, Vol. 16, p. 119(2013).

③ Kim Economides, Justine Rogers, *Preparatory Ethics Training for Future Solicitors* (2009), pp. 19 – 24.

④ Janine Griffiths-Baker, *Correspondent's Report from England and Wales*, Legal Ethics, Vol. 12, p. 79.

伦理的本质,帮助学生遵守伦理规范,以及使学生能够在未来执业过程中形成合理的职业道德。相关伦理规范内容包括:道德与法律、系统伦理和司法行政、法律服务监管、职业理论、法律职业、职业监管和职业伦理等。该报告指出,尽管可以通过普及性方式教授法律伦理,但设置单独的法律伦理课程模块是可取的,最有效的方式仍是将其作为必修课程的一部分。然而,无论是从学分设置还是利益相关各方的态度来看,推进法律伦理成为高校法学教育的必修课程都存在一定障碍。① 有学者质疑,法律职业伦理区别于一般职业伦理的独特性以及该独特性内容是否已经超出了英国原有法学本科授课内容,以此探讨将法律职业伦理引入法学本科教育必修课的意义,这也反映了英国对高校本科教育的目的和作用仍然存在分歧。②

(二)高校法律职业伦理教育的深化认知和实践探索

2013 年,英国发布了针对 20 世纪 70 年代以来法律教育与培训的最新报告《2013 年法律教育与培训评论》(Legal Education and Training Review 2013),该报告旨在确保英国的法律教育和培训制度能够符合 2007 年法律服务法提出的管理目标,即进一步接近正义,保护和促进公共利益,提升和遵守法律职业规则等。③

2014 年,伯明翰大学教育学院发布的报告指出,大多数律师能够在其执业过程中采取专业、尽职的行为,但是道德困境仍然存在,如有 5% 有经验的律师存在滥用客户账户但不报告的行为。法律职业伦理教育在本科法律课程中很少受到关注,到职业阶段则主要专注相关行为规则的适用,这在一定程度上影响了法律职业伦理的维护,相关教育应当加强。④

《学科基准声明》的法律本科部分(Subject Benchmark Statement:Law)是英国法学教育质量保障体系的重要环节,其确立了法学学位和学历教育的质量标准和学术标准,2000 年、2007 年和 2015 年 3 个版本的声明内容具有递进性和补充性,目前 3 份声明均有效。2015 年,在前两份法律本科《学科基准声明》基础上,英国再次修订了该声明。该声明规定了法学专业学生的社会预期和学习标准。2015 年声明的修订,在很大程度上取决于回应当前英国法学教育面临的挑战,即信息网络技术和网络资源共享对传统法学教育的教学和评估等方式带来的冲击。在此次修改中,声明增加了关于职业道德和伦理规范的解释和说明,并对该概念的含义作出界定。2015 年声明指出,职业伦理能够使高校学生认识到人类创造的法律成果,受我们制订或遵循的道德或伦理规范的约束。涉及正义

---

① Lisa Webley, *Legal Ethics in the Academic Curriculum: Correspondent's Report from the United Kingdom*, Legal Ethics, Vol. 14, pp. 132 – 134(2011).

② Lisa Webley, *Legal Ethics and the Legal Education Training Review: Correspondent's Report from the United Kingdom*, Legal Ethics, Vol. 15, pp. 403 – 404(2012).

③ 刘期安、曾文麟:《英国法律教育与培训评论报告及启示》,载《黑龙江高教研究》2015 年第 7 期。

④ The Jubilee Centre for Character and Virtues, *Virtuous Character for the Practice of Law*(2014), pp. 23 – 24.

和公共利益等相关理论的问题是高校法学教育的重要内容。该声明规定,高校法学院或法学系可自行决定关于法律职业伦理授课的内容,但是关于法律职业伦理和道德存在的问题、困境和伦理决策的特征等是希望学生能够有所探讨与研究的内容。①

就实践来看,目前英国高校法学院对法律伦理的教授作出了一定探讨,但很少有高校在本科教育中设置法律职业伦理课程。例如,威斯敏斯特大学的法律职业中心的研究内容之一即法律伦理。该中心主要关注法学院学生的伦理意识的发展,在将法律职业伦理纳入本科法学教育各项主张的基础上,探讨维持和提升公平正义意识的有效途径。在重视合规体系和行为准则作用的同时,该中心提倡基于道德的各种方法,如道义论、结果论和道德伦理学等。这些方法能够使学生在执业过程中较好地应对来自各方面的道德压力。该中心正在努力将职业伦理引入该校的本科课程,该中心的成员则在对本科一年级的学生进行研究,调研他们在面临道德困境时的共同反应如何影响他们的道德决策。②肯特大学设有法律职业伦理课程(LW617),课程名称为"法律伦理:探索律师和律师职业伦理",该课程有15学分,一般在本科生三年级时授课。该课程旨在使学生有机会探讨道德推理如何影响法律职业的学习和实践,学生将会对法律实践中的道德问题作出探讨和思考。在教学内容上,该课程涉及对法律实践中的道德问题的理论探讨,也适用案例分析等方法作出实践探讨,从而将理论和实践结合起来。由此可见,该课程主要设置两个模块:一是探讨法律伦理存在的原因,探讨法律伦理概念背后的道德推理和争论,探讨律师是否需要承担法律责任和道德责任;二是通过案例分析和道德问题研究,回应实践中律师面临的道德困境。③

四、英国高校法律职业伦理教育的发展特点

自20世纪末期开始,英国不断探讨在高校法学教育中引入法律职业伦理课程,这既符合全球化背景下法律职业伦理教育的发展趋向,又具有鲜明的英国特色。我国已将法律职业伦理纳入本科必修课程,如何在实践中推动该课程的效果的发挥,英国的发展经验一定程度上可提供参考。英国高校法律职业伦理教育的发展特点如下所示:

尽管英国并未将法律职业伦理规定为高校法学教育的必修课程,但英国关于将法律职业伦理引入高校本科教育的探讨和发展状况能够反映出英国高校法律职业伦理教育发展的特点,即在深受美国等域外国家影响的同时,英国法律伦理教育保持了一贯的独立性,重视对法律伦理理论的研究和学生价值观的培养。

---

① 张朝霞、[英]卡洛琳·斯特雷文斯:《2015年英国法律本科〈学科基准声明〉述评》,载《法学教育研究》2017年第3期。

② "Legal Ethics", https://www.westminster.ac.uk/research/groups-and-centres/centre-on-the-legal-profession/projects/legal-ethics, accessed Feb. 5, 2020.

③ "Legal Ethics: Exploring the Ethics of Lawyers and Lawyering-LW617", https://www.kent.ac.uk/courses/modules/module/LW617, accessed Feb. 5, 2019.

1. 英国高校法律职业伦理教育的发展深受美国影响

从英国高校法律职业伦理教育的发展和相关探讨来看,英国的法律职业伦理教育深受美国加强法律职业伦理教育的影响,但对美国的经验借鉴建立在本国法律职业和高校教育发展的实践总结基础上。英国在对美国经验的借鉴过程中,充分考虑了两者的相似性与差异。尽管两者都属于英美法系,但两者的法学教育系统存在显著区别。例如,20世纪末期和21世纪初,诸多学者在美国和英国就高校法学教育对学生价值观的影响作出了实证调查,美国相关调研显示,法学教育对学生价值观和理想主义会产生一定程度的不利影响,英国的调研未得出该相关性。需要指出的是,美国的法律课程仅向本科毕业生开放,由此,其学生年龄比英国大,虽然没有明显证据证明年龄会使学生的价值观更容易发生变化,但这可能是两者差异的典型体现之一。同时,美国法律专业的学生被认为是所有打算进入律师职业的人,这与英国法学教育中学生的就业方向有一定差异。

尽管两者存在很大差异,但也具有很多相似之处,例如,两个国家的高校法学教育都经历了学生人数增多、竞争压力增大、机构分层等变化,面临师生比贬低和缺乏公共投资等共同问题,这也使美国经验和研究对英国具有一定借鉴意义。① 在英国关于是否将法律伦理作为高校必修课程的探讨中,英国法律职业人员和学者普遍以美国等域外法律职业伦理困境和法律职业伦理教育的发展为参考,提出英国高校法律职业伦理教育发展方向的建议。

2. 英国法律职业伦理教育发展具有保守性和独立性

尽管近现代的法律职业起源于英国,大学的法学教育也较早在英国开展,但英国高校法学教育中一直未将法律职业伦理作为必修课程进行教授。这体现了英国法律教育发展的独立性和对法律教育分工传统的遵守。英国的法律教育分为分工明确的3个阶段,高校承担了学术教育第一阶段,职业教育则主要在专业培训和实习阶段。鉴于不同机构承担了不同阶段的法律教育工作,且高校与法律职业教育机构之间还存在不相适应的争论,故而英国不同阶段的法律教育都具有较强的独立性。尽管受美国等国家法律职业伦理教育发展的影响,英国不断探讨在高校本科教育中引入法律职业伦理课程的相关问题,但始终未形成共识或强制性规定。时至今日,英国高校的法学教育仍然未将法律职业伦理作为必修课程,高校法学教育与专业培训和实习阶段的职业教育仍具有分工和内容上的显著区别。这既体现了英国不同阶段法律教育的独立性,也反映了英国对法律教育传统模式的传承。

英国高校关于法律职业伦理教育的长期探讨和较慢发展,既与英国高校法学教育的保守性和独立性有关,也受英国法律职业发展的影响。英国法律职业发展过程中未出现类似“水门事件”的严重法律职业伦理问题,这使加强法律职业伦理的必要性不如美国等国家突出。同时,英国规范律师行业的相关规则已经进行了一定修改,但在司法实践中

① June Chapman, *Why Teach Legal Ethics to Undergraduates*, Legal Ethics, Vol. 5, p. 71(2002).

关于具体法律职业伦理原则的判断存在诸多不相一致的判例,英国的法律职业伦理相关规范和理论仍待加强。

3. 英国高校法律职业伦理教育重视理论探讨和价值观培养

尽管英国尚未将法律职业伦理作为高校法学教育的必修课程,但从20世纪末期以来,英国不断探讨高校法学教育中法律职业伦理课程的引入,并对高校法学教育作出了反思。结合英国本地调研和美国调查报告,对法学院教育在一定程度上影响学生的理想主义和公平正义等价值观的培养的问题英国有一定关注,这也是英国探讨引入法律职业伦理课程的重要原因。英国在关于引入法律职业伦理课程的讨论过程中,重视对法律伦理相关理论的探讨,强调应在职业教育阶段之前通过法律伦理和道德理论的培养,增强学生对法律伦理的理解,从而促进学生在职业学习和未来从业过程中强化对法律职业伦理相关规范的理解和把握。

在关于法律伦理课程授课方式和内容的探讨中,无论是律师协会的相关报告还是英国学者的建议,均将法律伦理相关理论作为高校法律伦理课程的重要内容,重点强调对相关理论的深化研究,而非仅对具体规则的掌握。在关于法律伦理授课内容的探讨中,英国更重视对道德观念和相关理论的教授,而非对法律规则的法教义学分析,这也反映了英国对法律职业伦理课程的期待,即并非让学生知晓职业阶段的相关规范,而是为即将进入职业学习阶段的学生塑造合理的法律道德和价值观念。

五、结语

在全球化和新技术革命背景下,法律职业伦理备受关注,逐渐在各国法学教育中占据重要地位。法律职业伦理教育有利于培养具有社会责任和公平正义追求的法律人,是法学教育的重要一环。英国深受美国等国家法律职业伦理教育发展的影响,自20世纪末期以来对高校法律职业伦理教育作出了诸多探讨,但尚未将其列入本科必修课程,这样与英国法律职业和法学教育的独特性有关。综观英国高校法律职业伦理教育的发展历程,加强法律伦理教育是英国法学教育的必然发展方向。我国目前正在加强法律职业伦理教育,如何在推动课程建设和培养目标实现的过程中,健全法律职业伦理相关理论,形成符合我国法律职业发展状况的伦理规范和研究成果,是我国法律职业伦理教育应当关注的问题。

扩张商法课程范式:提升企业诉诸司法能力的课堂启程*

丽贝卡·尼曼** 著 薛前强*** 骆广兴**** 译

一、绪论

近几十年来,公众就美国诉诸司法途径的缺失以及司法系统如何更好地帮助弱势群体等问题展开了充分讨论。已有数百篇文章、讨论和会议都围绕这些主题展开。同时,社区大学、私立大学和众多法学院一直致力教育未来的商业精英和法律领袖。在对这些精英群体的教育体系中,商法是一门关键和核心课程。笔者执业经历丰富,作为一名前法律服务律师、法学院教师、法律诊所主管和当前社区学院教授,清楚地认识到,缩短边缘群体诉诸司法途径的进路实际上可以与社区学校层面的商法教育齐头并进,并同时对未获得必要法律服务的群体和未来商业领袖产生持久、深远的影响。

本文第二部分概述了法学界对诉诸司法进路的定义,以及剖析在哪些地方/领域会缺乏这种进路。笔者为此建议,将其在当前法律维度的定义扩大化,以便纳入更多方法以解决当前的司法问题。文章第三部分聚焦美国教育机构如何解决获得司法救助的差距。第四部分详细介绍了社区学校层面的体验式学习并讨论了商法教学。第五部分研究商科专业学生如何通过商业法课程的实践学习以有效帮助缩小诉诸司法途径的差距。本文还提出建议:主张将其他多元主题纳入商法课程讲授、学习之中,从而进一步增强商科学生理解"合同"世界的能力以及在必要时有效聘请律师的能力。

二、迈入司法公正进路的途径

在阐述个人如何能够有效利用美国司法体系的讨论中,有关诉诸司法公正进路的途

---

* 基金项目:本文得到中央民族大学校级青年教师科研能力提升计划项目"少数民族企业应对社会突发紧急公共事件法律机制研究"(项目编号:2021QNPY60)和国家社会科学基金一般项目"公司资本制度改革实效评估与再改革研究"(16BFX113)的经费支持。

** 圣地亚哥梅萨学院商学助理教授。本文原载《威得恩大学法律评论》2021 年第 1 期。

*** 法学博士,中央民族大学法学院讲师。

**** 中央民族大学法学院硕士研究生。

径问题已成为焦点话题。律师、法官和法律教育工作者始终认为这是当今美国法律体系所面临的最紧迫的问题之一。[①] 然而,诉诸司法公正进路的含义已经远远超越其初创时的概念范畴——现在,不仅可以通过无偿和自力救济的创造性方式迈入司法公正进路,还可以通过教育和社区赋权的方式加深其影响力。因此,在深入研究诉诸司法公正进路的含义如何在整个社会体系中发挥更大的作用之前,首先有必要了解当事人从何时何地可以获得司法帮助,进入司法公正进路,这成为针对司法体系整体讨论的重要组成部分及先决问题。

(一)关于迈入司法公正进路的传统定义和理论

"进入司法公正进路"(access to justice,译者在这里将其翻译为"进入司法公正进路",实际上在不同情境下可与"诉诸司法""司法公正""司法参与权"等替换使用)一词已经包含了合法和非法的社区成员在试图启动刑事和民事司法程序时,为满足那些得不到充分法律服务保障人员的现实需求而创造的无数努力和策略。[②] 传统上,美国少数族裔、无力聘请律师者、[③]残疾人[④]被认为是法律需求得不到充分满足的弱势群体。此外,仍有许多美国中产阶级没有得到专业化法律服务以满足其法律需求。[⑤] 故制定和实施缩短迈入司法公正进路的倡议实际上是为了促成社会所有人可获得法律服务便利化的局面,以便任何人都能获得公正的法律结果。[⑥]

一些基于对弱势群体法律需求的实证研究数据表明,在这些群体中,有70% ~90%的法律需求没有得到有效解决。[⑦] 在这些未得到满足的法律需求中,常见情况包括住房问题、家庭问题和消费者问题。[⑧] 法律服务办公室只向那些少部分符合条件的客户提供

---

① Michael Saini & Peter Salem, *A Survey of Beliefs and Priorities About Access to Justice of Family Law: The Search for a Multidisciplinary Perspective*, 17 Cardozo J. Conflict Resol, pp. 661, 662 (2016).

② Honorable Dina E. Fein, *Access to Justice: A Call for Progress*, 39 W. New Engl. L. Rev, pp. 211, 212 (2017).

③ 没有律师的个人一般是由没有钱或没有能力聘请律师代理其民事法律事务的群体组成。

④ Honorable Dina E. Fein, *Access to Justice: A Call for Progress*, 39 W. New Engl. L. Rev, p. 212 (2017).

⑤ Honorable Dina E. Fein, *Access to Justice: A Call for Progress*, 39 W. New Engl. L. Rev, p. 213 (2017).

⑥ Honorable Dina E. Fein, *Access to Justice: A Call for Progress*, 39 W. New Engl. L. Rev, p. 214 (2017).

⑦ Rebecca Nieman, *Down But Not Out! How Law School Clinics Can Help Bridge the Small Claims Court Access to Justice Gap*, 35 Buff. Publ. Int. L. J., pp. 119, 123 (2016 - 2017); see Legal Servs. Corp., Documenting the Justice Gap in America: The Current Unmet Civil Legal Needs of Low-Income Americans 1, 9 - 13 (Sept. 2009), https://www.americanbar.org/content/dam/aba/administrative/marketresearch/justicegainamerica2009.pdf.

⑧ Rebecca Nieman, *Down But Not Out! How Law School Clinics Can Help Bridge the Small Claims Court Access to Justice Gap*, 35 Buff. Publ. Int. L. J., pp. 119, 123 (2016 - 2017).

法律援助。[1] 据记载,在弱势群体中,只有其中的1/2会向联邦资助的法律援助项目寻求法律援助,而在这些个人中,能够获得有效法律援助的竟不到1/5。[2]

从历史上看,诉诸司法运动的根源始于20世纪70年代,[3]当时美国律师协会的重点工作是为法律援助提供者提供资金。[4] 从那时起,它在关于美国司法制度的主流讨论中获得了合法的发言权,尽管近几十年来该术语有了更广泛的含义。[5] 有些人认为,诉诸司法是为所有人提供法律权利,以及在民事或刑事过错中获得法律救济的能力;抑或是一个公平的论坛,在这个论坛上,无论收入、种族、性别或残疾情况,都可以公平、公正、公开地听取每一位诉讼参与人的意见。[6] 另外,诉诸司法途径的问题与向经济上无力聘请律师的弱势群体提供律师服务密切相关。[7] 对上述问题的讨论也会因作者立场的不同而有所不同。[8] 实务界往往关注边缘化群体诉诸司法的问题,而学术界则倾向从如何增强学生参与度和将社区法律问题与学生学习情况相结合的能力的角度来看待这些问题。[9]

"'平等诉诸司法'一词……是一种现代的表述方式……它描述的是零碎的法律援助,以处理无力负担律师费用的个人客户的法律问题。"[10]此处说的是增强穷人和受压迫者的能力,不是为了让他们与邻居挑起法律纠纷,而是给他们提供工具和武器,对抗高高

---

① Rebecca Nieman, *Down But Not Out! How Law School Clinics Can Help Bridge the Small Claims Court Access to Justice Gap*, 35 Buff. Publ. Int. L. J. ,pp. 119, 123 (2016 – 2017); See Alan W. Houseman, *The Future of Legal Aid: A National Perspective*, 10 UDC/DCSL L. Rev,pp. 35, 43 – 46 (2007).

② Rebecca Nieman, *Down But Not Out! How Law School Clinics Can Help Bridge the Small Claims Court Access to Justice Gap*, 35 Buff. Publ. Int. L. J. ,p. 123 (2016 – 2017); See Legal Servs. Corp. , Documenting the Justice Gap in America: The Current Unmet Civil Legal Needs of Low-Income Americans 1, 2 – 3 (Sept. 2009), https://www. americanbar. org/content/dam/aba/administrative/marketresearch/justicegaina merica2009. pdf.

③ Michael Saini & Peter Salem, *A Survey of Beliefs and Priorities About Access to Justice of Family Law: The Search for a Multidisciplinary Perspective*, 17 Cardozo J. Conflict Resol,pp. 661, 662 (2016). LorneSossin & Kent Roach, *Access to Justice and Beyond*, 60 U. Toronto L. J. ,p. 373(2010).

④ Marc Galanter, *Access to Justice in a World of Expanding Social Capability*, 37 Fordham Urb. L. J. , pp. 115, 119 (2010).

⑤ Marc Galanter, *Access to Justice in a World of Expanding Social Capability*, 37 Fordham Urb. L. J. , pp. 119, 120 (2010).

⑥ J. J. Prescott. , *Improving Access to Justice in State Courts with Platform Technology*, 70 Vand. L. Rev, pp. 1993, 1994 (2017).

⑦ J. J. Prescott. , *Improving Access to Justice in State Courts with Platform Technology*, 70 Vand. L. Rev, pp. 1993, 1994 (2017).

⑧ Rebecca Nieman, *Down But Not Out! How Law School Clinics Can Help Bridge the Small Claims Court Access to Justice Gap*, 35 Buff. Publ. Int. L. J. ,pp. 119, 123 (2016 – 2017).

⑨ Rebecca Nieman, *Down But Not Out! How Law School Clinics Can Help Bridge the Small Claims Court Access to Justice Gap*, 35 Buff. Publ. Int. L. J. ,pp. 119, 123 (2016 – 2017).

⑩ Gary Smith, *Poverty Warriors: A Historical Perspective on the Mission of Legal Services*, 45 Clearinghouse Rev. J. Poverty & Pol'y,pp. 34, 36 (2011).

在上的强者:如公司、政府机构、房东和零售巨头。[①] 有些人认为,在那些得不到充分法律服务的社会成员和经济困难的弱势群体中,诉诸司法的最大障碍是其在法律事务中缺乏法律代理人。[②] 由于没有充足的免费法律服务,个人最终不得不在法律事务中自己代理,而且即使那些需要帮助的人有工作或中等收入,也负担不起私人律师的费用。[③] 当然,个人不聘请律师还有其他原因:如有些人并不认为律师可以解决他们的司法问题。[④] 换言之,个人并不认为他们的问题是“法律问题”。[⑤]

(二)拓宽司法途径范式,将商业法律问题纳入其中

近年来,在解决诉诸司法途径的问题上出现了一种向非法律方法的转变,如法庭外服务(courtside services)、家长教育(educating parents)、非诉讼纠纷解决服务(alternative dispute resolution services)和其他自助信息服务(additional self-help information)。[⑥] 传统上,试图解决司法途径问题的手段侧重对未得到满足的法律需求的解决。[⑦] 然而,关于“诉诸司法”一词仍然存在许多歧义,这就使为满足这些需求创造理想的解决方案变得更加困难。[⑧] 此外,人们对于最终由谁负责伸张正义、是否意味着每个当事人都能得到律师援助、整体上公平的法律程序以及非律师是否应该在这一整体对话和解决方案的发展中发挥作用等问题存在不同看法。[⑨] 因此,解决方案的重点应该是为自我代理的当事人提供更多切实的信息、资源和审慎的法律建议,推进更多的争议解决服务,并促进法院支持

---

① Lawrence M. Friedman, *Access to Justice: Some Historical Comments*, 37 Fordham Urb. L. J., pp. 1, 8 (2009).

② Michael Saini & Peter Salem, *A Survey of Beliefs and Priorities About Access to Justice of Family Law: The Search for a Multidisciplinary Perspective*, 17 Cardozo J. Conflict Resol., p. 664 (2016).

③ Michael Saini & Peter Salem, *A Survey of Beliefs and Priorities About Access to Justice of Family Law: The Search for a Multidisciplinary Perspective*, 17 Cardozo J. Conflict Resol., p. 664 (2016). [From John M. Greacen, *Self-Represented Litigants, The Courts, and the Legal Profession: Myths and Realities*, 52 Fam. Ct. Rev., pp. 662, 664 (2014)].

④ Rebecca L. Sandefur, *Access to What?*, Daedalus, the J. of the Am. Acad. of Arts and Sci., May 2019, at 49, 51.

⑤ Rebecca L. Sandefur, *Access to What?*, Daedalus, the J. of the Am. Acad. of Arts and Sci., May 2019, at 49, 51.

⑥ Michael Saini & Peter Salem, *A Survey of Beliefs and Priorities About Access to Justice of Family Law: The Search for a Multidisciplinary Perspective*, 17 Cardozo J. Conflict Resol, p. 664 (2016). 自助,在过去的20年里,已经成为法律体系中的一个常用术语,是指那些请不起律师的人,他们利用免费指南、服务、法院系统和地方或全州的法律援助伙伴关系创建的互联网援助,支持他们在没有律师的情况下诉诸法院。

⑦ Marc Galanter, *Access to Justice in a World of Expanding Social Capability*, 37 Fordham Urb. L. J., p. 122 (2010).

⑧ Michael Saini & Peter Salem, *A Survey of Beliefs and Priorities About Access to Justice of Family Law: The Search for a Multidisciplinary Perspective*, 17 Cardozo J. Conflict Resol., p. 664 (2016).

⑨ Michael Saini & Peter Salem, *A Survey of Beliefs and Priorities About Access to Justice of Family Law: The Search for a Multidisciplinary Perspective*, 17 Cardozo J. Conflict Resol., p. 664 (2016).

的法律诊所协助法律文书工作。①

尽管诉诸司法途径的解决办法可能多种多样,但似乎仍然主要集中在法律界和围绕婚姻家庭法、住房问题和家庭暴力等问题上。② 这些法律领域固然重要,但它假定法律服务不足的对象只是在民法问题上未能得到充分帮助。③ 那么,那些法律服务不足的群体的商事法律问题该如何解决?如商业交易和商业法律资源。在探讨公平正义时,更不能忽视小微企业未能得到满足的商业法律需求。

近年来,法学院的商业交易诊所数量有所增加。④ 这些诊所向低收入企业家、非营利组织和小型企业提供免费法律援助,处理的问题包括起草保密协议、制订公司章程、发展非营利组织、申请专利或版权、制订雇用手册等。⑤ 笔者认为,在展开进一步讨论之前,需要重新定义诉诸司法途径的含义,以确保其概念也包括未获得充足法律服务群体的商业法律问题。可以说,这有助于重塑当前的观点,即那些无力支付律师费用的群体只是因为看似消极的法律需求(如被驱逐、失去孩子的监护权、失去工作)才需要律师。通过认识到在服务不足的人群中,有时个人还需要为"积极的"法律需求(如创建企业、启动非营利组织、开发新产品等)而寻求律师,这将使公众对法律需求的固有认知得以更新。

(三)重新定义出现诉诸司法问题的时点与弥补差距的时点

如上所述,诉诸司法的途径问题主要是在一般法律制度的背景下讨论的,包括律师在前期介入司法系统以及通过系统本身进行干预,从而获得公平正义的司法过程,甚至是在事后获得判决。⑥ 其中不变的是,所有这些讨论仍然集中于法律制度本身,以及如何弥补目前存在的差距,并试图通过各种制度或项目来填补这些差距。⑦

但笔者认为,需要扩大司法公正进路的概念范围,即在获得司法救助方面的差距何时出现,特别是对微型和小型企业来说尤为重要。如若如此,那么就能够在诉讼过程的

---

① Michael Saini & Peter Salem, *A Survey of Beliefs and Priorities About Access to Justice of Family Law: The Search for a Multidisciplinary Perspective*, 17 Cardozo J. Conflict Resol., p. 665 (2016).

② Michael Saini & Peter Salem, *A Survey of Beliefs and Priorities About Access to Justice of Family Law: The Search for a Multidisciplinary Perspective*, 17 Cardozo J. Conflict Resol., p. 662 (2016).

③ Michael Saini & Peter Salem, *A Survey of Beliefs and Priorities About Access to Justice of Family Law: The Search for a Multidisciplinary Perspective*, 17 Cardozo J. Conflict Resol., p. 662 (2016).

④ Susan R. Jones & Jacqueline Lainez, *Enriching the Law School Curriculum: The Rise of Transactional Legal Clinics in U. S. Law Schools*, 43 Wash. U. J. L. & Pol'y 85, pp. 92 – 93 (2014).

⑤ Michael Saini & Peter Salem, *A Survey of Beliefs and Priorities About Access to Justice of Family Law: The Search for a Multidisciplinary Perspective*, 17 Cardozo J. Conflict Resol., p. 662 (2016).

⑥ Michael Saini & Peter Salem, *A Survey of Beliefs and Priorities About Access to Justice of Family Law: The Search for a Multidisciplinary Perspective*, 17 Cardozo J. Conflict Resol., p. 664 (2016).

⑦ Michael Saini & Peter Salem, *A Survey of Beliefs and Priorities About Access to Justice of Family Law: The Search for a Multidisciplinary Perspective*, 17 Cardozo J. Conflict Resol., p. 664 (2016).

早期阶段解决这一差距,①以便消除由于没有手段或资源聘请律师或利用司法系统而可能带来的潜在伤害。

三、教育机构在迈入司法公正进路方面的作用

如本文第一部分所述,诉诸司法往往主要集中于诉诸法律程序本身。换言之,就是探求律师、法官、律所、非营利组织、法学院乃至整个法律界,如何通过系统性变革来满足法律需求。然而,关于司法救助的讨论需要扩大到法律制度本身的范围之外。

笔者认为,对于法律问题的司法救助可以在非传统的环境中解决,以使那些得不到充分法律服务的群体获得有效救济。故,由此来看,高等教育系统是解决诉诸"司法"的问题不可或缺的步骤。因而在本部分,笔者将探讨法学院作为通向法律世界的跳板,分析其在解决这一需求方面不可或缺的原因,同时也阐释司法系统之外的机构——如社区学校针对解决诉诸司法的问题(特别是对微型和小型企业来说)在高等教育系统中处于何种独特的位置。

(一)法学院

近几十年来,法学院一直被认为是为那些希望从事法律工作的人提供必要的法律教育,而且还为法律界以外的人提供法律教育的机构。法学院可以使未来的律师能够学习如何从事法律工作,同时还为弱势群体提供专业法律服务。通过法学院开设法律诊所来实现上述目标已成为法学院经验的基本组成部分。

法学院开设的法律诊所普遍处理就业、住房、小企业和退伍军人问题。这些法律诊所可以说是在学术环境中运行的小型律师事务所。教师被指派去监督那些寻求诊所提供的法律服务的潜在客户,同时监督法学专业的学生把诊所作为一个学期的学分课程。在这个"课程"中,学生与潜在的客户互动,并通过诊所主管(教师成员)的监督处理他们的案件。高校的法律诊所就像一个非营利性的律师事务所,几乎所有的法学院法律诊所都专注于帮助弱势群体。②

可以说,创建这些法学院法律诊所的动力不仅是为了法学学生的实践教育,而且是为社区提供急需的免费法律服务。③ 这种服务是必要的,因为服务不足的群体往往因其

---

① 这一段中的"诉讼过程"不仅意味着法律制度。相反,在本文中,笔者对"程序"的定义可以看作一条线上的连续体,个人可能在生活的不同阶段需要访问司法系统,而在这些阶段甚至可能不知道需要该系统。

② See Anna E. Carpenter, Alyx Mark, Jeffrey Selbin, & Colleen F. Shanahan, *Measuring Law School Clinics*, 392 Tul. L. Rev. ,pp. 547, 549 (2017).

③ See Anna E. Carpenter, Alyx Mark, Jeffrey Selbin, & Colleen F. Shanahan, *Measuring Law School Clinics*, 392 Tul. L. Rev. ,p. 550 (2017). Margaret Drew & Andrew P. Morriss, *Clinical Legal Education &Access to Justice: Conflicts, Interests, &Evolution*, in Beyond Elire Law: Access to Civil Justice for Americans of Average Means (Samuel Estreicher & Joy Radice eds. , 2014), https://scholarship. law. umassd. edu/fac_pubs/96.

较差的财政状况根本没有办法利用司法系统或者进入司法公正进路。① 为填补在诉诸司法方面的空白,法学院法律诊所能够满足需要,在社区最需要的法律领域提供免费法律服务。② 从本质上讲,这对法律系学生和社区来说是一个"双赢"局面。法律专业的学生通过与真正的客户打交道获得了高质量的教育和实践技能,而服务不足的群体则获得了他们无法获得的免费法律服务。③

作为托马斯-杰斐逊法学院(Thomas-Jefferson School of Law)前法律诊所助理教授和非营利组织及商业法法律诊所主任,笔者每天都与社区成员一起工作。由于社区成员收入较低,他们通常没有任何其他选择而只能向法律诊所寻求法律帮助服务,如需要律师帮助创建他们的企业或起草法律文件,但律师经济上的高额代理费用对他们来说遥不可及。④ 这些客户一次又一次地来到诊所,对没有能力接触律师而感到沮丧。究其原因,不仅因为他们负担不起律师费,同时其还承认事先根本不了解法律,甚至不知道潜在法律问题的全部范围。

笔者通过与学生通力合作,不仅为这些边缘群体提供其所需的法律服务,还为他们提供一些关于法律体系的知识教育以及预测基于他们对未来发展的期望,其业务可能会遇到什么现实法律障碍。在担任诊所主任的6年时间里,笔者清楚地认识到,客户的需求有时需要律师的协助,而在其他时候则仅需要帮助他们了解法律制度,以及法律制度如何影响和作用于他们当前和未来的商业运作。

目前,法学院在缩短迈入司法公正进路的距离方面发挥关键作用,并被视为解决方案的一个部分。⑤ 虽然法学院确实是在填补这一差距方面发挥作用比较明显的教育机构,但有创造性思维的人可能会意识到,在本科学校一级,社区学校同样也能为弥补诉诸司法的差距作出相应贡献。

---

① Margaret Drew & Andrew P. Morriss, *Clinical Legal Education &Access to Justice: Conflicts, Interests, & Evolution*, in Beyond Elire Law: Access to Civil Justice for Americans of Average Means (Samuel Estreicher & Joy Radice eds., 2014), https://scholarship.law.umassd.edu/fac_pubs/96.

② Margaret Drew & Andrew P. Morriss, *Clinical Legal Education &Access to Justice: Conflicts, Interests, & Evolution*, in Beyond Elire Law: Access to Civil Justice for Americans of Average Means (Samuel Estreicher & Joy Radice eds., 2014), https://scholarship.law.umassd.edu/fac_pubs/96.

③ Margaret Drew & Andrew P. Morriss, *Clinical Legal Education &Access to Justice: Conflicts, Interests, & Evolution*, in Beyond Elire Law: Access to Civil Justice for Americans of Average Means (Samuel Estreicher & Joy Radice eds., 2014), https://scholarship.law.umassd.edu/fac_pubs/96.

④ 这些信息是笔者对2012年8月至2018年7月作为"非营利+商法诊所"主任的工作,以及对该诊所的日常运营情况的直接描述。

⑤ See Jane H. Aiken & Stephen Wizner, *Teaching and Doing: The Role of Law School Clinics in Enhancing Access to Justice*, 73 Fordham L. Rev., p. 997 (2004).

（二）社区学校

社区学校，也被称为两年制学校或专科学校，它产生时间可以追溯到1862年的《莫里尔法案》（the Land Grant Act，《土地赠与法案》），该法案扩大了公众接受高等教育的机会。① 正因为如此，许多以前被拒绝接受高等教育的人现在能够接受高等教育。② 近30年后，第二部《莫里尔法》（1890年）获得通过，该法规定，除非各州为少数族裔提供单独的机构，否则联邦可扣留基于种族的土地赠与学院的资金。③ 直到1901年，美国第一所初级学校才真正成立。④

社区学校被认为是普通人可负担得起的学校，大约40%的本科生都在社区学校就读。⑤ 社区学校的学生通常是寻求专业证书或副学士学位的人，一般需要两年时间就能完成，并且可以作为寻求在四年制学校或大学获得学士学位的"跳板"。⑥ 因此，社区学校不仅可以被看作获得教育的一种低成本方式，而且也是一种有效摆脱贫困的方式。⑦ 与教育水平较高的家庭相比，教育水平较低的家庭更有可能留在或进入社区学校。⑧

社区学校在支持校园内的社会正义和公平方面发挥了强有力的作用。⑨ 圣地亚哥梅

---

① Richard L. Drury, *Community Collegesin America: A Historical Perspective*, Inquiry: The J. of the VA. Community Colleges, (Spring 2003), at 1, https://files.eric.ed.gov/fulltext/EJ876835.pdf.

② Richard L. Drury, *Community Collegesin America: A Historical Perspective*, Inquiry: The J. of the VA. Community Colleges, (Spring 2003), at 1, https://files.eric.ed.gov/fulltext/EJ876835.pdf.

③ Richard L. Drury, *Community Collegesin America: A Historical Perspective*, Inquiry: The J. of the VA. Community Colleges, (Spring 2003), at 1, https://files.eric.ed.gov/fulltext/EJ876835.pdf.

④ Richard L. Drury, *Community Collegesin America: A Historical Perspective*, Inquiry: The J. of the VA. Community Colleges, (Spring 2003), at 1, https://files.eric.ed.gov/fulltext/EJ876835.pdf.

⑤ Mary Deweese, *Failed: The Myths and Realities of Community Colleges and How to Fulfil the American Dream Through Community College Reform*, 23 Geo. J. on Poverty L. & Pol'y, pp. 293, 295 (2016).

⑥ U. S. Dep't. of State, *What is a U. S. Community College Student?*, EDUC. USA, https://educationusa.state.gov/your-5-steps-us-study/research-your-options/communitycollege/what-us-community-college-student (last visited Jun. 27, 2020).

⑦ Mary Deweese, *Failed: The Myths and Realities of Community Colleges and How to Fulfil the American Dream Through Community College Reform*, 23 Geo. J. on Poverty L. & Pol'y, p. 297 (2016).

⑧ Carmen DeNavas-Walt and Bernadette D. Proctor, *Income and Poverty in the United States: 2013*, The U. S. Census Bureau, 4 (Sept. 2014), https://www.census.gov/library/publications/2014/demographics/p60-249.pdf.

⑨ *Basic Skills Committee*, *Practices that Promote Equity in Basic Skills in California Community Colleges*, Acad. Senate for the Communiry Colleges（本文提供了教务委员会的一些建议，以帮助缩小社会和种族差距）. Emily DeRuy, *A Social-Justice Agenda for Community College*, The Atlantic（文章包括加利福尼亚州社区大学系统消除种族和社会经济差距的计划）. Ajay Nair and Corlisse Thomas, *A Social Justice Approach to Building Community in Higher Education Today*, Insight into Diversity（文章提供了高等教育领导者可以创造有利于社区和领导力建设的各种方法）. David J. Smith, Ferguson, *Social Justice, and the role of Community Colleges*, Huffpost（文章提供了社区学院应如何应对社会公正问题的方法）.

萨学校(San Diego Mesa College)就是这样一个例子,它专注提供公平的教育,支持学生群体的多样性,为那些有不同观点的人创造空间来讨论他们的差异和相似之处,并促使学生以批判的方式思考与环境、女权主义、宗教、政治和其他当前问题有关的课程。① 笔者的核心观点认为——社区学校在社会正义教育中扮演基石的角色,即这些学校可以帮助解决缩短进入司法公正进路的距离,尤其是通过开设法律课程来达到此种目标。

四、商法教学法和体验式学习法

在本部分,笔者将探讨体验式学习方式在商法课程中的应用增加,以及这种学习方式的增加将如何有助于缩小诉诸司法的差距。为便于讨论,笔者将经常使用的"商法课程"术语来示范性地等同于社区学校和大学水平的相关课程,这些课程主要作为整体商业专业法律教学研究要求的一部分来教授。为简化论证,存在细微差别的各种商法课程实际可归为一类,②因为一般来说,这些课程的学习侧重学生对司法系统的总体分析。③

(一)商法教学法如何演变为更具体验性的教学法

在过去的20年中,本科环境下的商法课程教学法有了很大的发展。传统的讲课方式已经为更具吸引力的体验式学习法让路。正如彼得·桑德斯(Peter Saunders)所定义的那样,体验式学习是"当一个负有个人责任的参与者在认知上、情感上和行为上对知识、技能和/或态度进行处理时,其学习情境的特点是高度的主动参与"。④ 这种类型的学习也被称为主动学习,它有助于发展技能,同时对所涵盖的主题有更深刻的理解。⑤ 这种学习方法有助于学生将所学的理论应用到实际生活中。⑥

事实上,认证组织和其他监督组织已经开始支持将更多的体验式学习纳入商法课程的概念体系。2013年,美国高等商学院协会(The Association to Advance Collegiate Schools of Business,AACSB)关于学习的认证标准中包含了这样的规范:通过参与体验式

---

① 这些例子源自笔者在圣迭戈梅萨学院担任商学助理教授时的第一手经验。

② 粗略地回顾一下,社区学院或大学提供的更普通的商法课程有这样的名称:"商法和法律环境"、"商法要点"、"商法与伦理"或"商法概论"。

③ 笔者所教授的"商法与法律环境"课程的学生学习结果是:(1)识别和解释在合同、消费者保护、犯罪、知识产权、就业、侵权、竞争和金融等领域出现的关键法律问题;(2)在各种商业结构选择中辨别以及每种商业形式适合的原因和情况;(3)解释解决商业困境的不同道德方法,并能分析目前和最近经营中的道德和不道德的企业;(4)分析各种纠纷解决方法,包括调解、仲裁和诉讼,以及完成每种方法所需的过程,包括适当的法院;(5)展示对国际法的认识,包括国际合同中应包含的必要条款,以及决定全球业务扩张的方法。

④ Robert C. Bird, *Integrating Simulation Games into Business Law Teaching*, 19 J. Legal Stud. Educ., pp. 203, 219 – 20 (2001) [From Peter M. Saunders, *Experiential Learning, Cases and Simulations in Business Education*, 60 Bus. Comm. Q., pp. 97, 99 (1997)].

⑤ T. Leigh Anenson & Larry A DiMatteo, *Teaching Law and Theory Through Context: Contract Clauses in Legal Studies Education*, 24 J. Leg. Stud. Educ., pp. 19, 20 (2007).

⑥ T. Leigh Anenson & Larry A DiMatteo, *Teaching Law and Theory Through Context: Contract Clauses in Legal Studies Education*, 24 J. Leg. Stud. Educ., p. 22 (2007).

和主动式学习，可以提高学生的技能，并将课堂上所学到的知识应用到实际生活中。[①] 有时，这种类型的学习已被归类为基于问题的学习、以学生为中心的学习或合作式学习。[②] 另一种类型的体验式学习涉及学生和教师与社区团体合作，参加服务学习项目。在这里，学生参与结构化的活动，旨在解决社区需求，同时也增强学生的学习能力和综合素质发展。[③] 学生不仅能够学习到公民责任的知识，[④]还能将所学的概念和理论运用到实际生活中去，具有重要的应用价值。

(二)商法教学法中的体验式学习实例

教师们设计了大量的练习来进一步提高学生在课堂上的参与度。这些练习能帮助学生将法律概念应用到商业世界，同时扩展他们的批判性思维技能。在商法课程中，学院将合同起草与审查、法律研究与写作以及商事谈判练习融入课程讲授之中。[⑤]

1. 起草合同条款及其他法律文书分析

在商法课程中注入体验式学习的一种通常做法是要求学生起草和分析合同条款，如学生对某一合同条款的分析、思考和修改。又如，在一个课时内对学生进行有关限制性条款的指导或讲解，[⑥]然后向学生提供一份合同中的限制性条款样本，并要求学生简单地阅读该条款。[⑦] 这时再要求学生确定该条款是否可以执行，并鼓励学生讨论可能影响这一结果的各种情形。[⑧] 此时，教师将提供与该限制性条款相关的其他事实和周边情况，并

① Tanya M. Marcum & Sandra J. Perry, *Flips and Flops: A New Approach to a Traditional Law Course*, 32 J. Leg. Stud. Educ., p. 255 (2015).

② T. Leigh Anenson & Larry A DiMatteo, *Teaching Law and Theory Through Context: Contract Clauses in Legal Studies Education*, 24 J. Leg. Stud. Educ., pp. 21, 22 (2007).

③ Debra D. Burke, *Service Learning: Opportunities for Legal Studies in Business*, 24 J. Leg. Stud. Educ., p. 129 (2007); see Robert G. Bringle & Julie A. Hatcher, *Implementing Service Learning in Higher Education*, 67 J. Higher Educ., p. 221 (1996).

④ Debra D. Burke, *Service Learning: Opportunities for Legal Studies in Business*, 24 J. Leg. Stud. Educ., p. 129 (2007); see Robert G. Bringle & Julie A. Hatcher, *Implementing Service Learning in Higher Education*, 67 J. Higher Educ., p. 222 (1996).

⑤ T. Leigh Anenson & Larry A DiMatteo, *Teaching Law and Theory Through Context: Contract Clauses in Legal Studies Education*, 24 J. Leg. Stud. Educ., p. 20 (2007). See Marlene E. Barken, *Integrating Contract and Property Fundamentals with Negotiation Skills: A Teaching Methodology*, 9 J. Leg. Stud. Educ., p. 73 (1990); See Mary Ellen Benedict & Judith Stilz Ogden, *What's on Your Mind? A Negotiation Role Play*, 18 J. Leg. Stud. Educ., p. 307 (2000); See Ida M. Jones, *Bridging the Gap: Using Contract Simulations as an Experiential Teaching Method*, 6 J. Leg. Stud. Educ., p. 71 (1987).

⑥ T. Leigh Anenson & Larry A DiMatteo, *Teaching Law and Theory Through Context: Contract Clauses in Legal Studies Education*, 24 J. Leg. Stud. Educ., p. 34 (2007).

⑦ T. Leigh Anenson & Larry A DiMatteo, *Teaching Law and Theory Through Context: Contract Clauses in Legal Studies Education*, 24 J. Leg. Stud. Educ., pp. 34, 35 (2007).

⑧ T. Leigh Anenson & Larry A DiMatteo, *Teaching Law and Theory Through Context: Contract Clauses in Legal Studies Education*, 24 J. Leg. Stud. Educ., p. 35 (2007).

要求学生重新评估他们是否认为该条款是可执行的。① 最后,要求学生重新撰写该条款,以确保其可执行性。②

上述练习可能包括进一步的分析,甚至包括一些高等法院对该条款的解释性规定。③例子可用于各种类型的合同条款分析,包括违约赔偿金条款、准据法条款或赔偿条款。④这种练习的实质是让学生深入了解教材,以证明这些理论概念如何适用于现实世界的问题。⑤ 书面分析不一定只关注合同的起草,有些教授用更有创意的形式创造了书面法律分析。迈克尔・科瓦尔(Michael Koval)创造了一种体验式练习:一个虚构的餐厅在24小时内面临多个法律问题,学生必须作出相应的反应,决定哪些法律问题需要首先解决,并根据他们认为最迫切的需要建立一个"排名"清单。⑥ 通过这一练习,学生可以体会到商业环境中可能出现的法律需求的即时性和突发性,从而冷静地评估形势,作出相应的反应。⑦

2. 服务学习机会

服务学习机会将理论的现实世界应用与社区结合起来,以处理或解决社区需求。⑧尽管商法教学法可能难以纳入这种体验式学习活动,但一些教员已经想出了创造性的方法来这样做。

在西卡罗来纳大学,近年来开展了一些与法律领域有关的服务学习活动。其中一项活动是商业部门与非营利性社区调解办公室合作,开设调解课程,让学生成为合格的调

① T. Leigh Anenson & Larry A DiMatteo, *Teaching Law and Theory Through Context: Contract Clauses in Legal Studies Education*, 24 J. Leg. Stud. Educ., p. 35 (2007).

② T. Leigh Anenson & Larry A DiMatteo, *Teaching Law and Theory Through Context: Contract Clauses in Legal Studies Education*, 24 J. Leg. Stud. Educ., p. 39 (2007).

③ T. Leigh Anenson & Larry A DiMatteo, *Teaching Law and Theory Through Context: Contract Clauses in Legal Studies Education*, 24 J. Leg. Stud. Educ., pp. 38, 39 (2007).

④ T. Leigh Anenson & Larry A DiMatteo, *Teaching Law and Theory Through Context: Contract Clauses in Legal Studies Education*, 24 J. Leg. Stud. Educ., pp. 40, 47 (2007).

⑤ T. Leigh Anenson & Larry A DiMatteo, *Teaching Law and Theory Through Context: Contract Clauses in Legal Studies Education*, 24 J. Leg. Stud. Educ., p. 51 (2007).

⑥ Michael R., *Koval*, *Step Away from the Syllabus: Engaging Students on the First Day of Legal Environment*, 30 J. Legal Stud. Educ., pp. 179, 183 - 184, 186 (2013). (在课程的第一天,通过一个虚拟企业在13小时的时间内存在许多法律问题的练习来讨论学生参与的重要性。)

⑦ Michael R., *Koval*, *Step Away from the Syllabus: Engaging Students on the First Day of Legal Environment*, 30 J. Legal Stud. Educ., pp. 183, 184 (2013).

⑧ Debra D. Burke, *Service Learning: Opportunities for Legal Studies in Business*, 24 J. Leg. Stud. Educ., p. 129 (2007); see Robert G. Bringle & Julie A. Hatcher, *Implementing Service Learning in Higher Education*, 67 J. Higher Educ., p. 221 (1996).

解员。① 然后,学生们可以自愿抽出时间来调解当地法院认为适合通过调解解决的案件。② 第二项举措是让大学生与反抗家庭暴力项目进行合作。③ 学生们参加了几次审理家庭暴力案件的法庭听证会,然后填写了一份评估诉讼程序的标准化表格。④ 这些机会使学生能够与那些为社区提供急需法律服务的组织进行现实世界的合作,同时也将学生对商业和法律问题的学习融入其中。学生不再仅仅是理论学习,而是可以通过服务学习机会实时应用所学知识。

3. 口头报告和分析

除书面工作和与外部组织的合作项目外,教师还采用体验式学习的方式来支持学生的口头表达能力。桑德拉·本森(Sandra Benson)教授要求学生以新闻发布会的形式,向全班同学口头介绍一个与企业相关的法律案例。⑤ 在这里,学生陈述者选择一方代表,作为律师向全班同学陈述自己的案件,而全班同学则作为新闻界人士就案件提出相关问题。⑥ 作为法院代表,学生被要求处理当前美国联邦最高法院认为与商业世界相关的案件。⑦ 在代理客户的过程中,学生将自己视为企业的代表,则能更好地向媒体解释该法院判决或案件。⑧

另一个例子是在课堂上讨论与商业新闻相关的法律话题。一位教师找到了当前涉及法律主题的新闻文章,在学生走进教室时将这些文章分发,并在白板上张贴与文章相关的不同问题。⑨ 然后,学生们在等待上课时阅读文章并分成小组进一步讨论答案,随后

---

① Debra D. Burke, *Service Learning: Opportunities for Legal Studies in Business*, 24 J. Leg. Stud. Educ., p. 153 (2007).

② Debra D. Burke, *Service Learning: Opportunities for Legal Studies in Business*, 24 J. Leg. Stud. Educ., p. 153 (2007).

③ Debra D. Burke, *Service Learning: Opportunities for Legal Studies in Business*, 24 J. Leg. Stud. Educ., p. 153 (2007).

④ Debra D. Burke, *Service Learning: Opportunities for Legal Studies in Business*, 24 J. Leg. Stud. Educ., p. 154 (2007).

⑤ MTSU Business Professor Named Finalist in Competition, The MU Rfreesboro Post (Aug. 9, 2013), https://www. murfreesboroposcom/news/business/mtsu-business-professornamed-finalist-in-competition/article _ feafff59 - bbb2 - 5044 - babc - 7726d4faabel 82. html.

⑥ MTSU Business Professor Named Finalist in Competition, The MU Rfreesboro Post (Aug. 9, 2013), https://www. murfreesboroposcom/news/business/mtsu-business-professornamed-finalist-in-competition/article _ feafff59 - bbb2 - 5044 - babc - 7726d4faabel 82. html.

⑦ Tanya M. Marcum & Sandra J. Perry, *Flips and Flops: A New Approach to a Traditional Law Course*, 32 J. Leg. Stud. Educ., p. 268 (2015).

⑧ Tanya M. Marcum & Sandra J. Perry, *Flips and Flops: A New Approach to a Traditional Law Course*, 32 J. Leg. Stud. Educ., pp. 268 - 269 (2015).

⑨ Tanya M. Marcum & Sandra J. Perry, *Flips and Flops: A New Approach to a Traditional Law Course*, 32 J. Leg. Stud. Educ., pp. 269 - 270 (2015). See Elizabeth F. Barkley et al., Collaborative Learning Techniques: A Handbook for College Faculty, pp. 104 - 107 (2d ed. 2005)(讨论许多不同的技术来增强学生的协作学习).

再次召开大课堂讨论,将当天与主题(管辖权、合同)有关的问题填写到白板上。①

通过将法律分析、现实世界的商业问题分析和口头陈述融合在一起,学生们学到了更实用的方法来处理和解决商业需求,并在这些需求出现时对其有更深刻的认知。

五、体验式商法课程何以缩短中小企业迈入司法公正进路之距离

本部分将社区学校、商法课程中的体验式学习和司法救助结合起来,讨论如何在体验式商法课程中实际解决诉诸司法的问题,以及如何通过一些课程改革来进一步提高诉诸司法的能力。可以理解的是,对课程进行大规模或突然的改变会让人不知所措,并且很难有足够的时间或物力来资助做这件事。幸运的是,正如上文所证明的那样,在商法课程的课程设置中,已经发生了改变,这大大增强了学习效果。

为了提出改革建议,笔者不是要对课程或教学法进行重大改革。相反,它是为了证明目前的体验式商法课程如何实际帮助解决法律体系中的诉诸司法问题,特别是对小型企业来说。最后,笔者探讨如何进行额外的小规模但有目标的教学和课程改革,这不仅可以进一步增强学生的学习效果,而且还可以继续缩短微型和小型企业迈入司法公正进路之距离。

(一)目前在商法课程中如何解决诉诸法律的问题

如第三部分所述,全国各地的商法教师都在他们的课程中实施创造性的、相关的、有效的体验式学习机制,以为学生提供更加真实的体验。这些体验式的尝试正在推动学生认识到企业中何时可能出现法律问题,以及如何解决这一问题。

在起草合同的过程中,学生会认识到真实合同中的合同条款是什么样的,以及如何分析某个条款是对企业有利或有害的。通过分析和起草,学生还学会了以有利于企业的方式来撰写合同条款。学生将被教导在签署合同时应识别和评估哪些属于“危险信号”。这些合同起草原则是基础性的,可以帮助商科专业的学生在出现合同问题时更有信心地处理和认识合同问题,同时还可以帮助学生们独立地解决这些问题。

在商法课程中的体验式学习在诉诸司法的讨论中是很重要的,因为现在,那些未来的企业家们可能会觉得自己更有能力,在合同起草和谈判领域不那么“迷茫”。正如我前面提到的,诉诸司法不仅是雇用一名律师并通过司法体系运作,还包括人们如何看待司法体系,以及无论有没有律师的情况下,一个“局外人”在司法体系的范围内工作时的感受。体验式学习是让商科学生批判性地考虑法律问题,并在课堂上练习解决这些问题,当法律问题出现时,这些未来的商业领袖更有能力处理这些问题。

(二)变革商法课程以进一步解决诉诸司法问题

尽管教师目前在课堂方面做了很多工作,使未来的商业领袖有能力认识到法律问题

① Tanya M. Marcum & Sandra J. Perry, *Flips and Flops*: *A New Approach to a Traditional Law Course*, 32 J. Leg. Stud. Educ., p. 270 (2015). See Elizabeth F. Barkley et al., *Collaborative Learning Techniques*: *A Handbook for College Faculty*, pp. 104 – 107 (2d ed. 2005).

和提供了可能解决法律问题的基本要素，但在教学方式和课程设置上仍有进步空间。故应该为商科学生的工具箱中增加更多工具，这将解决那些未来企业的司法救助问题。换言之，通过额外的课程改革，法学教授可以继续发挥关键作用，为未来的商业专业人员提供诉诸法律和增强商事能力的机会。

重要的是，商法教师要记住，他们讲授的对象还是商科学生，而不仅是法律学生。作为加利福尼亚州一所法学院的前教员，笔者曾在该校任教 6 年。如今是一名社区大学商法教授，笔者看到了学生在学习方式和处理信息方式上的差异。更不用说，作为教授应教给学生什么，而他们作为一个商人实际需要知道什么。

马克·兰佩对这一问题进行了广泛的研究，他主张将商法课程作为一种授权未来的业务经理的机制，而不是为未来的律师讲授课程。① 他力主有必要开发与法律相关的课程，与培养未来的律师相比，这些课程更适合那些正在规划商业生涯的商科学生。② 他明确表示，目前向商科学生教授法律的方式过于法律化。③ 为了使学生成为未来的企业管理者或所有者，应将重点放在管理方法上，教师认识到商科学生将作出商业决策，因此应以进一步支持和提高他们成为商业决策者的能力的方式让他们学习法律。④

几十年来，人们一直在争论向商科专业学生教授商法课程的新范式：从法律问题的预防入手，强调对法律问题的针对性管理。⑤ 笔者认为，兰佩所呼吁的这种新范式也将有助于解决小企业遇到的司法救助问题。

不可否认的是，我们绝大多数商科专业、学习商法课程的学生最终不会进入法学院，也不会成为律师。除一些法学教师目前将重要的体验式教学纳入课程讲授外，马克·兰佩也继续在大学生的教学方式中推广新的商业法课程模式。此外，笔者还主张额外的关键课程改革，以支持和补充当下已经在教授的内容，同时使这些学生和未来的商业领袖能够为他们的公司作出法律决策。

1. 在商法课程中加入“如何聘请以及何时聘请律师”的附加主题

笔者主张增加一个课程专题，作为整个商法课程的一部分，以解决以下问题：

- 如何识别何时需要律师？

---

① See Marc Lampe, *A New Paradigmfor the Teaching of Business Law and Legal Environment Classes*, 23 J. Leg. Stud. Educ. ,p. 1 (2006).

② See Marc Lampe, *A New Paradigmfor the Teaching of Business Law and Legal Environment Classes*, 23 J. Leg. Stud. Educ. ,p. 1 (2006).

③ See Marc Lampe, *A New Paradigm for the Teaching of Business Law and Legal Environment Classes*, 23 J. Leg. Stud. Educ. ,p. 4 (2006).

④ See Marc Lampe, *A New Paradigm for the Teaching of Business Law and Legal Environment Classes*, 23 J. Leg. Stud. Educ. ,pp. 4 -5 (2006). John Collins, *Learning to Make Business Decisions in the Shadow of the Law*, 17 J. Leg. Stud. Educ. ,pp. 117, 118 (1999).

⑤ John Collins, *Learning to Make Business Decisions in the Shadow of the Law*, 17 J. Leg. Stud. Educ. , pp. 117, 118 (1999).

- 如何辨别和寻找一个合格的律师?
- 企业在决定聘请律师之前,应该问律师哪些问题?

这些问题很重要,直接的原因就在于很多企业根本无法负担高昂的律师代理费用。因此,知道什么时候会出现法律问题,以及该问题是否需要律师协助,对企业来说是十分有必要的。对企业来说,迈入司法公正的进路所表征的,不仅是企业有能力请得起律师,可以说,它还意味着企业知道什么时候可以自己解决法律问题,什么时候需要找一位能够负担得起且经验丰富的律师去解决问题。

个人和企业诉诸司法的机会有很多种形式,简单的观点是诉诸司法的机会只涉及个人是否能够雇用或负担得起律师,但这种狭隘的认知范围应予扩大。诉诸司法的机会不仅包括认识到是否需要律师,还包括如何找到一名称职的律师,并在作出雇用决定后感到其有能力帮助企业解决法律问题。

2013 年完成的一项社区需求研究发现,在美国一个中等规模城市随机抽样的成年人中,有约 2/3(66%)的人报告说,在过去 18 个月中至少经历了 12 种不同类别的民事司法状况中的一种。① 更有趣的是,这些人似乎认为自己能处理这些情况。② 只有在 22% 的情况下,这些人才会向外界寻求帮助,被求助者包括律师、社会工作者、警察、市政部门、宗教领袖或当地官员等。③ 当这些人被问及为什么不寻求帮助时,只有 17% 的人是出于费用的原因。④ 换言之,只有 17% 的人认为寻求第三方帮助的费用太高。⑤ 值得注意的是,个人不寻求帮助的另一个原因是——其不认为自己的情况是合法的,可以自己处理。⑥

为进一步深挖原因,法律护盾(Legal Shield)公司在 2013 年进行的一项法律需求调查,特别关注小型企业(雇用人数在 1 ~ 250 名员工的企业)的法律需求。⑦ 调查发现,过

---

① Rebecca L. Sandefur, Accessing Justice in the Contemporary United States: Findings from the Community Needs and Services Study 3 (2014).

② Rebecca L. Sandefur, Accessing Justice in the Contemporary United States: Findings from the Community Needs and Services Study 3 (2014).

③ Rebecca L. Sandefur, Accessing Justice in the Contemporary United States: Findings from the Community Needs and Services Study 3 (2014).

④ Rebecca L. Sandefur, Accessing Justice in the Contemporary United States: Findings from the Community Needs and Services Study 3 (2014).

⑤ Rebecca L. Sandefur, Accessing Justice in the Contemporary United States: Findings from the Community Needs and Services Study 3 (2014).

⑥ Rebecca L. Sandefur, Accessing Justice in the Contemporary United States: Findings from the Community Needs and Services Study 3 (2014).

⑦ Decision Analyst, The Legal Needs of Small Businesses (May 2 - 14, 2013), https://www. business. com/images/content/58a/daObd2fN7b l207f721220/0 - 0 - /.

去2年内,近六成的小企业有法律需求,但它们没有聘请律师。① 通常而言,小企业面临的最常见的法律问题是:追偿债务、订立合同、知识产权保护、保险纠纷、员工和客户诉讼、产品责任和税务问题。② 当这些小企业被问及为什么不寻求法律服务时,有60%的企业基于可以自行处理法律问题的假设而作出不聘请律师的决定,尽管这其中只有1%的受访企业表示自己是律师或"有法律背景"。③

故根据上述研究,似乎表明诉诸司法进路并不总是与金钱有关。在通常情况下,个人或企业并没有意识到存在法律问题需要解决,或者自信地觉得他们可以自己处理这些问题。故企业决策者如果能从商业法律课程中学到合理的推理,那这就尤为适宜了。通过参加体验式教学,企业可以了解在他们的业务中如何以及何时可能需要律师,能够更好地在出现纠纷时进行处理或者采取积极行动,确保纠纷从一开始就不会出现。如本部分开头所述,课堂上要讨论的一些高层次问题是:

- 如何识别何时需要律师?
- 如何辨别和寻找一个合格的律师?
- 企业在决定聘请律师之前,应该问律师哪些问题?

此外,还应讨论企业如何面试律师,以确定他们是否符合公司的法律需求,而这需要考虑的问题和项目有:

- 请律师解释所有可能的情况,以便企业可以考虑所有选择。
- 询问律师对企业所面临的法律问题类型有什么经验。
- 请律师提供他们在类似案件中取得的有利结果的例子。
- 询问律师,这个法律问题可能需要花费多少时间。
- 询问律师的费用,以及他们是否可以使用统一的、批量的费率来协助解决这个问题(如公司成立初期1500美元的统一费用)。
- 不要被吓到!
- 要求律师提供推荐信。
- 考虑律师的个性与企业文化的关系。

请记住,关于"如何以及何时聘请律师"的主题最好在课程的最后一天进行。这样可以让学生在分析和考虑何时可能真正需要律师的同时,考虑之前所有的主题。④

---

① Decision Analyst, The Legal Needs of Small Businesses (May 2 - 14, 2013), https://www.business.com/images/content/58a/daObd2fN7b l207f721220/0 - 0 - /.

② Decision Analyst, The Legal Needs of Small Businesses (May 2 - 14, 2013), https://www.business.com/images/content/58a/daObd2fN7b l207f721220/0 - 0 - /.

③ Decision Analyst, The Legal Needs of Small Businesses (May 2 - 14, 2013), https://www.business.com/images/content/58a/daObd2fN7b l207f721220/0 - 0 - /.

④ 有关实用性或在商法课程中使用的更多信息,请参见以下教科书:Rebecca Nieman, *Business Law for Business Majors* (1st ed., 2019)。

2. 增加讨论商业合同中最常见条款的时间

正如上述研究中所指出的,小型企业最常遇到的法律问题之一是如何阅读和起草合同。笔者结合在私人法律实践中协助小企业的经验以及作为加利福尼亚大学法学院非营利及商业法律诊所的前主任的双重经历,看到了这样一个事实——小企业面临的最常见的合同类型是保密协议和责任豁免条款。这是两个基本的但影响却很巨大的合同。此外,通过更多的观察,笔者意识到,在这些合同或其他合同中通常会嵌入以下企业所不熟悉的条款:仲裁条款、赔偿条款、知识产权条款以及责任免除条款。颇为明显的是,在多年的商法教学中,绝大多数学生从未见过这些类型的合同或条款,当然也不知道它们的含义及其对企业的影响。

(1)仲裁条款。仲裁条款仍然是法律讨论的热点,因为在公司如何以及何时可以要求员工签订强制性仲裁条款的问题上,国家和法律正在发生变化。① 随着晚近"我也是"(Me Too)和"时间到"(Times Up)社会运动的开展,公司和政府正在重新考虑在特定合同中使用仲裁条款。② 因此,商科学生必须了解仲裁条款如何能够帮助他们,尤其是在不断变化的政治环境中,作为同一合同的一部分,这些条款可能突然会变得非法。

(2)赔偿条款。赔偿条款是另一个大多数商科学生不理解的合同条款。通常是通过汽车保险的实际例子来对其加以解释,从而使其变得更容易被学生接受。然而,对于在课堂上讲授该条款实际的起草方面以及如何使用它来帮助或损害企业的利益则十分重要。

(3)知识产权条款。随着商业世界的不断发展,许多企业都专注在线销售和营销活动。当前,公司的整体价值大部分都与它们的知识产权有关。因此,企业需要了解自己到底有哪些知识产权,然后无论是在与供应商、客户、供应品还是制造商签订各种合同协议时,如何保护好自己的知识产权。将这些知识产权条款作为合同讨论的一部分,对于现在和未来的企业来说都是非常必要的。

(4)免责声明条款。免责声明条款可能是学生在未来职业生涯中遇到的比较常见的条款之一,因为几乎在生活中的每一个方面(乘坐游船、彩弹射击、租自行车或者让孩子在嘉年华会上乘坐旋转木马)都要签署免责合同或条款。企业需要了解这些类型的条款可以为他们提供多少保护以及怎样使用适当的合同语言以确保公司得到保护。

因此,在课程中讨论合同的基本要素十分重要,学生越是接触和参与订立对未来业务有直接影响的特定条款,他们就越有能力为公司作出更明智的决策。

---

① Cal. Lab. Code § 432.6 (Deering 2020).

② See Kerri Anne Renzulli, Workers at Google, Facebook, eBay and Airbnb Can Now Sue Over Sexual Harassment Here's What That Means for Employees, Cnbc Make It (Nov. 19, 2018, 12:32 PM), https://www.cnbc.com/2018/11/19/google-facebook-airbnbemployees-can-now-sue-over-sexual-harassment.html.

(三)商法课程改革将如何影响学生

笔者相信,上述课程改革将对商科学生产生积极影响,这不仅能增强他们的决策能力,也减少了本文前面所提到的诉诸司法途径之担忧。学生在创造、拓展业务的过程中,会变得更有前瞻性和主动性。

首先,学生在这个过程的早期阶段就将被赋予权力。在笔者律师执业生涯中,很多企业主都告诉我,他们必须"在工作中学习","从我的错误中学习"如何订立有效的合同,以确保他们的业务受到保护。现在,通过在课堂上引入更多的体验式教学,特别是在起草合同时,商科专业学生将在一个低风险环境中更早地接触解决、审查和起草各种合同条款。通过这样做,这些学生在未来创建或经营企业时,会更熟悉和意识到常见的商业陷阱,以保护企业。

其次,通过在课堂上更多地学习起草合同以及考虑何时聘请律师,学生将学会在商业中采取"进攻"而不是"防守"的姿态。当然,并不是所有的东西都能在教室里得到学习和教授,事实上,有时"逆境学校"对个人也有好处。

然而,通过结合体验式教学,特别是在解决聘请律师和深入起草合同的问题上,未来的企业领导者将不会在出现法律问题时总是感到脚跟发软。相反,未来的商业领袖可以在他们的合同决策以及雇用律师时更具有前瞻性和战略性。

六、结论

在法学领域,一个长期关切问题是——如何适当和有效地增强那些需要法律服务的人的能力,使他们在利用司法系统时不至于负担过重,乃至不知所措。在教授商科专业学生时,这些问题同样也会出现在商法课堂之上。这些学生同样会对其感到不知所措。因此,笔者主张进行并实施课程改革,让商科学生能够有能力去面对、解决与企业有关的法律事务。

改变虽小,但影响巨大。如增加更多起草常见合同条款的实践经验,以及加入"如何聘请律师"这一主题的完整课程,可以强化商科学生对适用商业世界的司法系统的整体理解。此外,它使未来的商业领袖能够减少对司法系统的恐惧,以及深入理解在需要时进入该司法系统和聘请律师的过程。商科学生很快就会被传授实用和必要的工具,如企业管理、商业战略、会计守则、市场营销甚至是创业者的创业策略。然而,大多数商科学生并没有意识到——他们在某些时候会需要解决法律问题。通过在商法课程中提供更多的这种体验经验,学生能更好地解决这些问题,从而缩短企业迈入司法公正进路的距离。

信息动态

教育部高等学校法学类专业教指委、中国法学会法学教育研究会2020年年会暨“国家治理现代化与法学教育”论坛在北京召开

为全面贯彻落实党的十九届四中、五中全会精神、中央全面依法治国工作会议精神和习近平法治思想，努力开创中国特色社会主义新时代法学教育改革发展新局面，教育部高等学校法学类专业教学指导委员会和中国法学会法学教育研究会于2020年12月13日在北京友谊宾馆召开2020年年会暨“国家治理现代化与法学教育”论坛。本次会议由教育部高等学校法学类专业教学指导委员会、中国法学会法学教育研究会主办，中国人民大学法学院具体承办，北京市曾宪义法学教育与法律文化基金会协办。

中国法学会、教育部、最高人民法院、最高人民检察院、司法部等领导以及来自全国400多所高校的校长、院长和专家学者于线上和线下同时参加此次盛会。

本次年会以“国家治理现代化与法学教育”为会议主题，下设多个分议题，包括但不限于：(1)习近平法治人才培养和法学教育思想研究。(2)国家治理体系和治理能力现代化与法学教育。(3)新冠肺炎疫情对中外法学教育的挑战和影响。(4)新技术革命、新文科建设与法学教育。(5)高素质涉外法律服务人才队伍建设。(6)法学研究生教育改革与评价体系。(7)法律职业伦理养成与课程建设。

年会共收到相关论文38篇。在各分论坛研讨中，与会嘉宾积极踊跃发言，充分探讨了在习近平法治思想指导下的国家治理现代化以及新时代法学教育的相关议题。

开幕式由中国人民大学杜焕芳教授主持，中国人民大学副校长兼法学院党委书记院长王轶教授致欢迎辞。教育部高等教育司副司长徐青森教授、教育部高等学校法学类专业教学指导委员会主任委员徐显明教授、中国法学会法学教育研究会会长张文显教授分别致辞。

主会场主题演讲环节，由中国法学会法学教育研究会常务副会长、中国人民大学韩大元教授主持。司法部法律职业资格管理局局长、全国法硕教育指导委员会秘书长贾丽群，中国法学会副会长、中国人民大学一级教授王利明教授，西北政法大学副校长、研究会副会长王健教授，复旦大学法学院诉讼法研究中心主任章武生教授，中山大学法学院黄瑶教授，厦门大学法学院院长宋方青教授分别围绕“法律职业与法学教育”“民法典实施对法学研究和法学教育的影响”“习近平法治人才培养与法学教育思想研究”“新型庭审对法学教育带来的机遇和挑战”“新冠疫情对中外法学教育的影响”“法律与传播：综

合型法律人才培养"等议题作主题演讲。

附分论坛综述

第一分论坛由中国法学会副会长、中央党校(国家行政学院)副教育长、研究会副会长卓泽渊主持。中南财经政法大学副校长、教指委副主任委员刘仁山指出了涉外法治人才培养的几个问题;同济大学法学院院长蒋惠岭就法律职业人员"统一职前培训制度"与法学教育的衔接发表了讲话;上海财经大学校长助理郑少华发表主题为统筹国内法与涉外法教育的讲话;上海海事大学法学院院长王国华发表了高素质国际航运法律服务人才培养的探索与思考;天津大学法学院院长孙佑海就关于进一步建设好"法学教育创新联盟"提出若干建议;山东大学法学院院长周长军探讨了新文科建设与法学教育的时代课题;中国政法大学法律硕士学院院长许身健就法律职业伦理课程建设与教学方法发表了见解。复旦大学法学院教授、研究会副会长孙笑侠和南京审计大学校长刘旺洪对同仁的发言进行了评议。

第二分论坛的主题为涉外法治人才培养,由甘肃政法大学校长李玉基和辽宁大学副校长杨松主持,李玉基作分会场开幕发言并介绍嘉宾。司法部国际合作局副局长张晓鸣介绍了司法部特别是国际合作局在涉外法律人才方面的需求;上海财经大学法学院院长宋晓燕也指出当下对涉外法律人才的社会需求并提出应对措施;新疆大学法学院院长熊伟就"一带一路"背景下的新疆法学教育进行了阐述;黑龙江大学法学院院长哈书菊则介绍了黑龙江大学发挥地域优势培养对俄法律人才的情况;河北大学副校长孟庆瑜阐述了地方高校涉外法律人才培养的目标定位和实践机制;对外经贸大学法学院副院长龚红柳就涉外经贸法治人才培养的"贸大模式"进行了介绍;北京航空航天大学法学院副院长初殿清分享了"法律与科技融合教育"的经验;山东理工大学法学院院长王玲发表了"法学教育涉外法治人才培养的地方探索"的讲话。在评议阶段,北京大学法学院院长潘剑锋、湖南师范大学法学院院长肖北庚进行了评议,在互动环节,辽宁大学法学院副院长高宁、同济大学法学院院长蒋惠岭、中南民族大学法学院院长潘红祥、广西师范大学法学院的代表分别发言。

第三分论坛由中央党校(国家行政学院)一级教授、研究会副会长胡建淼主持,与会人员就法学人才培养问题展开了深入广泛的讨论。浙江工商大学特聘教授、研究会副会长徐祥民,郑州大学法学院院长苗连营,中国社会科学院法学研究所研究室主任张生,南开大学法学院院长付士成,辽宁大学法学院院长闫海,浙江大学法学院常务副院长胡铭,湖南大学法学院院长屈茂辉,南京师范大学法学院副院长方乐从非法本法律硕士就业难、本科生毕业论文质量低、本科课程设置不科学等问题切入,细致、深入分析了法学人才培养现状,有针对性地提出了整合教学资源、增设论文写作课、优化教学模式等对策,在场听众反应热烈。随后,中国人民公安大学副校长、研究会副会长汪勇,广州大学法学院院长张泽涛对论坛上的发言进行了简短的评述和总结。

第四分论坛由中国社会科学院大学(中国社会科学院研究生院)党委副书记、中国社会科学院大学副校长、教指委副主任委员王新清教授主持，北京理工大学法学院院长李寿平，西藏民族大学法学院院长侯明，浙江财经大学法学院院长童志锋，云南财经大学法学院院长佴澎，河南大学法学院院长蔡军，江苏师范大学法学院院长菅从进，北京化工大学文法学院副院长薛长礼同与会嘉宾分享了自己的见解，海南大学副校长王崇敏，中南大学法学院院长许中缘对论坛上的发言进行了简短的评述和总结。

大会闭幕式由吉林大学教授、教指委副主任委员、研究会副会长房绍坤主持，西南政法大学校长、教指委副主任委员、研究会副会长付子堂对整次年会的内容进行了总结。中国人民大学和厦门大学完成了年会承办方的交接仪式，决定2021年年会将会在厦门举行，届时由厦门大学法学院负责承办。论坛完成各项议程，取得丰硕成果，圆满落下帷幕。

中国诊所式法律教育20周年庆典暨"教育、服务与法治"国际论坛在北京召开

2020年12月13~14日,中国诊所式法律教育20周年庆典暨"教育、服务与法治"国际论坛在北京举行,论坛由中国法学会法学教育研究会诊所法律教育专业委员会(The Committee of Chinese Clinical Legal Education, CCCLE)主办,由中国人民大学法学院承办,北京市曾宪义法学教育与法律文化基金会协办,采取线上与线下同时进行的方式举行,来自国内外的近百所开展了诊所法律教育的法律院校的诊所教师参加了本次论坛。

开幕式

本次论坛的开幕式由CCCLE副主任、中国政法大学许身健教授主持。

首先是参与会议的嘉宾进行致辞。

中国法学教育研究会常务副会长、中国人民大学韩大元教授在致辞中,回顾了诊所式法律教育在中国20年来的发展历程,对诊所法律教育的价值及其在中国法律教育改革中的重要作用给予了充分肯定。他指出,诊所法律教育贯穿人文、人本的教育理念,培养的是具备社会责任感和优良职业道德修养的优秀法律人才。他对诊所法律教育未来的发展提出了更高的希望和要求,指出应充分发挥诊所法律教育在新时代法律人才培养方面的积极作用,在新时代要有新理念、新举措、新作为。

原美利坚大学校长、法学院院长艾略特·S. 米尔斯坦(Elliott S. Milstein)教授首先对中国诊所式法律教育20年来取得的成就表示祝贺,并指出诊所教育是一场改革运动,旨在改变法律教育的内容和方法,培养学生复杂的思维方式和行为方式。法学院需要教会学生在实践中了解法律的复杂性,培养学生承担执业责任,这意味着诊所教师队伍需要不断壮大。希望通过诊所教育为一个更加公正的世界作出贡献。

日本诊所法律教育协会理事长、早稻田大学须刚隆夫教授在致辞中表达了对中国诊所法律教育20年发展的祝贺与敬佩,并介绍了日本诊所法律教育的基本情况。他强调,诊所法律教育必须有助于提高社会公正,诊所教育必须满足社会的需求,培养最能为社会服务的人。

美国耶鲁大学法学院迈克尔·维希尼(Michael Wishnie)教授在致辞中表示,作为最早期和开创中国诊所法律教育院校的诊所教师的合作者之一,他非常自豪能够看见中国诊所教育项目20年来是如何发展和繁荣的,并希望能够继续共同探索中美在诊所项目之间进行更多国际合作的机会。

接下来,CCCLE 主任、中国人民大学龙翼飞教授作了工作报告。

龙翼飞主任首先回顾了诊所法律教育从最早的 7 所院校引入,在中国逐步发展,到现在已有 200 多所法律院校开展诊所教育的历程,总结了中国诊所法律教育的基本成就,并对国内外对中国诊所法律教育发展提供了帮助和指导的专家和学者们表达了诚挚谢意。随后,龙翼飞主任汇报了 CCCLE 在 2020 年完成的基本工作和取得的成绩以及新一年的工作计划。面对新冠肺炎疫情给诊所法律教育提出的挑战,CCCLE 积极开展线上与线下相融合,探索新的诊所教育模式和教学方法,组织各校诊所教师通过线上交流研讨等方式交流经验;利用各种技术手段,加强了各诊所院校之间的资源共享,分享针对疫情各校开展诊所教育的新经验,不断推广和完善《法律诊所课程质量标准》。各诊所院校群策群力,在 2020 年依然取得了优秀的成绩,多所院校的诊所课程入选国家和省级一流本科课程。

颁奖仪式

开幕式之后,CCCLE 副主任、北京大学杨晓雷教授主持了中国诊所式法律教育 20 周年庆典评奖活动的颁奖仪式。

首先,CCCLE 副主任、西北政法大学汪世荣教授代表 CCCLE 就评奖活动的奖项设置和评奖方法向大会进行了说明。其次,CCCLE 的常委老师们分别宣布了此次评奖活动 9 个奖项的评选结果并向在场的获奖机构和个人颁发了荣誉证书。最后,获奖教师代表武汉大学李傲教授和哈尔滨学院杜忠连教授代表获奖者发表了获奖感言。

教育、服务与法治国际论坛

大会的第三阶段“教育、服务与法治”国际论坛由 CCCLE 秘书长、中国人民大学潘文军教授主持,共有 6 位发言人进行了主题发言。

CCCLE 副主任、北京大学杨晓雷教授以《中国诊所法律教育:问题与主义下的价值重构与道路选择》为题,从背景介绍、问题体系、中国话语、价值重构以及道路建设的原则五个方面对诊所法律教育的发展进行了分析,提出了中国诊所法律教育的应然道路。

海南大学王子晏教授以《与法律职业伦理深度融合的诊所法律教育》为题作了报告。她强调了加强法律职业伦理教育对于法律职业人才培养的重要意义,指出在诊所法律教育中融合法律职业伦理养成的重要性,并分享了海南大学法律诊所在这个方面的探索和实践。

中国社会科学院大学苗鸣宇副教授以《数字化时代诊所法律教育在中国的新发展》为题作了发言,他认为诊所法律教育在中国的发展一方面要秉持“做中学”的理念,另一方面还要积极应对数字化时代的巨大变革,不能墨守成规;他从教学方式、教学方法和法治环境三个方面介绍了中国诊所教育人为应对数字化变革所做的主要努力及取得的成果。

3 位主题发言人发言结束后,中国人民大学竺效教授、中国传媒大学周凯教授就上述发言进行了精彩的点评,并分享了心得。竺效教授说,中国诊所法律教育再发展有 3 对关键点:一是教学定位 vs. 教学资源:坚守与标准,内外兼修。二是职业伦理 vs. 教学模式:德性与技能,最佳融合。三是数字时代 vs. 本土特质:内容与形式、过程与效果、教学与研究,长新长久。

中国人民大学兼职教授、哈佛大学残障权利研究项目主任崔凤鸣以《让所有参与学生受益的融合残障权利诊所课程教学》为题,对中国人民大学与哈佛大学合作开设的残障人士权利保护立法研究诊所合作的情况进行了简要介绍,从国际公约的视角和残障权利保护的社会视角出发,对残障权利保护的原理和理念进行了阐释,让残障权利保护诊所的学生在诊所教学实践中从一个新的视角审视残障相关立法,展开新的思维并从中受益。

澳大利亚莫纳什大学阿德里安・埃文斯(Adrian Evans)教授以《在气候法律诊所中实现正义教育》为题,分享了他在墨尔本莫纳什大学组建的气候正义诊所的工作经验,指出诊所式的法律教育可以直接帮助应对气候崩溃,从而减少贫困,提高人民的正义感。

中央民族大学李荣教授就《以服务民族自治地方为导向的法律诊所课程设计》这一主题进行了发言,结合她在民族院校中针对少数民族学生开展诊所教育的经验,对中国民族自治地方的学生以诊所教育的方式进行实践训练的方法、成效和未来发展进行了探讨。

中国政法大学刘瑛教授、北京师范大学孟军教授在点评环节发表了精彩点评,并结合自身的诊所教育经验分享了心得。

最后,CCCLE 副秘书长刘志华对此次线上、线下结合举行论坛的基本情况进行了汇报,对全国所有对本次以特殊形式举办的会议提供了支持的各委员单位和诊所老师们表示了感谢,并介绍了第二天线上会议的基本内容和具体要求。

2020 年 12 月 14 日的 3 场线上主题活动

2020 年 12 月 14 日上午,教师开放式论坛和诊所式法律教育学生论坛在线上同时举办。

CCCLE 常委、武汉大学项焱教授主持了教师开放式论坛。

美国哥伦比亚大学法学院的卡罗尔・B. 利伯曼(Carol B. Liebman)和巴纳拉・A. 沙茨(Barbara A. Schatz)两位教授以视频对话的方式,深情回忆了最初与中国的合作高校一道开展诊所法律教育的美好记忆,然后对中国诊所法律教育 20 年来所取得的成绩表示祝贺,希望中国的诊所法律教育越办越好。

福建工程学院法学院的梁开斌教授介绍了本校法律诊所,天津大学法学院吕斯轩博士,中国政法大学法学院袁钢教授,烟台大学法学院黄伟明教授,江苏警官学院刘莉副教授,西北政法大学李军教授先后作主题发言。

参加诊所式法律教育学生论坛的师生围绕“法律诊所与法律职业伦理养成”和“法律诊所与法律实务核心技能培养”等两个主题展开了讨论。

2020 年 12 月 14 日下午,年会上例行的诊所教师培训交流会也通过腾讯会议的方式在线上进行,由 CCCLE 常委、中国社会科学院大学苗鸣宇副教授主持。

在培训交流会的第一阶段,中南财经政法大学法律诊所的郭倍倍老师以《如何实现法律诊所教学中双师团队的深度融合》为题,向与会的诊所法律教育同仁详细介绍了中南财经政法大学证据法诊所的"教学合伙人"制度,教学考核中的"课堂复盘"制度,以及"主题式新型实习项目"的设计、开展情况。

西南科技大学法律诊所的程皓老师在第二阶段的发言中,以《如何构建可持续发展的诊所课程体系》为题,结合本校、本法律诊所的实际,对于诊所课程的设置、诊所实案的指导,以及当前诊所要实现可持续发展所面临的重大难题与初步对策等,都作了充分、细致的讲解和说明。

与会的新老法律诊所同仁们表示,听了两位主题发言人的介绍之后,对于诊所课程设置、师资队伍建设,特别是校外实务人士的师资引入、教学共同体建设等方面都感到耳目一新,深受启发,开阔了视野,拓展了思路。

闭幕式

培训交流会结束后,CCCLE 副主任、中国政法大学许身健教授致了热情洋溢的闭幕词,对于本次 20 周年庆典和各主题论坛活动的丰硕成果表示祝贺,对各位同仁的热情与会表示衷心感谢。

最后,与会诊所教师们还以线上会议特有的方式合影留念,并期待来年再相聚。

《曾宪义与中国法学教育》新书发布会暨曾宪义先生逝世10周年纪念座谈会顺利召开

2021年1月15日下午,由中国法学会法学教育研究会、中国人民大学法学院、北京市曾宪义法学教育与法律文化基金会联合主办的“《曾宪义与中国法学教育》新书发布会暨曾宪义先生逝世十周年纪念座谈会”在中国人民大学明德法学楼725会议室召开,来自中国法学会、中国人民大学、华东政法大学、西北政法大学、湖南省政协、江苏省社会科学院、中央政法委《长安》杂志社、国家法官学院、宁波大学、北京化工大学、中国人民大学出版社、北京李晓斌律师事务所等机构的领导、专家、学者出席了本次座谈会。本次座谈会采取线上、线下两种方式同时进行,与会者百余人。

会议议程共分为两个阶段:

会议第一阶段领导讲话和新书发布环节由中国人民大学法学院党委常务副书记兼副院长、中国法学会法学教育研究会秘书长杜焕芳教授主持。

杜焕芳教授在开始主持时指出,今天是一个特别的日子,10年前的今天,中国人民大学法学院首任院长、中国法学教育研究会首任会长、教育部高校法学类教学指导委员会首任主任委员曾宪义先生永远地离开了我们。10年过去,弹指一挥间,中国的法学教育在不断发展,中国法学教育的国际化程度不断提升,中国人民大学的法学学科建设也取得了长足进步。今天,我们以这种方式在这里举办这场活动,其目的主要是缅怀我们的老院长、老会长、老主任委员曾宪义先生。这次活动得到了法学界,法律界,曾先生的家人、好友、弟子们的关心关注和支持,在此代表主办单位向各位表示感谢。

中国人民大学副校长兼法学院党委书记、院长王轶教授在讲话中回忆了学生时代与曾宪义先生接触的点滴以及对于曾宪义先生的深刻印象,指出曾宪义先生作为一位杰出的法学教育家、杰出的法律史学家、法学教育的战略家,是中国法学教育发展与改革,特别是推动中国法学教育“走出去”时永远都无法绕开的一个人。对于曾宪义先生最好的缅怀就是对他当年所坚持的事业进一步发扬光大。老院长当年提出的中国法学教育和法学研究在国际社会上必须自立自强,在国际同行中间获得应有的尊重,经过这么多年的发展,中国当下的中国法学界不仅取得了平等对话的能力,而且在诸多领域已经取得了引领讨论和设定议题的能力。中国人民大学法学院在曾宪义院长开拓的中国法学教育“走出去”的道路上进一步拓展、深化,在首届世界百所法学院院长论坛、中美法学院院长论坛、中欧法学院院长会议(论坛)、亚洲法学院院长论坛的基础上,相继拓展了中澳法学院院长论坛、中非法学院院长论坛以及中国与拉美法学家对话，举办了第二届、第三届世界百所著名法学院院(校)长论坛，这是纪念和缅怀曾宪义先生最好的方式，希望各位将来一定会在老院长精神的鼓舞下继续把中国法学教育和法学研究的事业做好，把中国人民大学法学学科的建设做好。

中国法学会党组成员、学术委员会主任、中国法学会法学教育研究会会长张文显教授指出，改革开放以来，曾宪义在推动中国法学教育，主导中国法学教育改革，推进中国法学走向世界方面作出了巨大贡献，他总结了中国法学教育改革与曾宪义先生息息相关的五个方面：第一，面对当时法学教育的问题，曾宪义先生提出科学地规划法学学科专业，克服了法学教育碎片化的弊端。第二，法学教育的规范化。曾宪义先生提出了法学教育的核心理念，设立法学教育的核心课程，保证了法学教育的基本规格，推进了法学教育国家标准完善等。第三，设立法律硕士，培养法律职业人才。法学教育、专业教育和职业教育的完美结合，进一步推动了法律硕士培养的规范化。第四，卓越法律人才培养。该理念由曾宪义先生最先提出，并同教育部联合审阅了卓越法律人才培养方案。第五，成立法学教育研究会。法学教育研究会致力中国法学教育改革与发展的研究，取得了许多非常重大的成果，同时也将全国法学界组织联合起来，其中，曾宪义先生主持的“21世纪中国法学教育改革与发展战略研究”重大课题取得了显著的成绩，获得了教育部和司法部等各个方面的高度评价。张文显指出，曾宪义先生对于法学教育改革的贡献是无与伦比的，并对中国人民大学法学院的法学教育进行了高度评价。

接下来是《曾宪义与中国法学教育》新书发布环节。杜焕芳教授首先说明了中国法学会法学教育研究会和北京市曾宪义法学教育与法律文化基金会组织整理编辑该书的初衷和由来，介绍了该纪念文集由4篇纪念性文章和曾宪义先生的“法学教育篇”“法学学术篇”3部分构成，谨以该书表达我们对曾宪义先生的永久怀念和铭记。随后中国人民大学出版社副社长王磊编审对于《曾宪义与中国法学教育》一书的编校、出版以及曾老师生前在中国人民大学出版社出版系列教材的过程中所做的工作进行了介绍，指出本书集中体现了曾宪义先生的教育哲学理念与教育思想，曾宪义先生不仅对中国法学教育影响深远，而且对中国法学出版事业的影响也是巨大的，中国人民大学出版社法学分社的创办和发展与曾宪义先生的帮助也是息息相关的，“21世纪法学系列教材”“法律科学文库”“中国审判案例要览”就是沿着曾先生提出的发展思路而出版的3套大型系列丛书，它们推动了中国法学学术研究和司法实践的繁荣。

会议第二阶段由北京市曾宪义法学教育与法律文化基金会理事长龙翼飞主持。首先是座谈发言，中国人民大学法学院副教授姜栋代表曾宪义先生的夫人赵淑慧老师宣读缅怀致辞，致辞中对于各位参加纪念座谈会表示由衷的感谢，并对于不能亲自参加座谈会表示抱歉和遗憾，衷心祝愿大家在新的一年平安健康、快乐幸福。

中国人民大学原常务副校长、法学院原院长王利明教授从创办法学院杂志、硕士班、创办法学院图书馆等几个方面，回忆了曾宪义先生带领大家从“一穷二白”的艰苦条件下一起努力奋斗,带领法学院走向世界的过往经历。并指出曾老师大公无私,忠诚党的教育事业,一心为了学院的事业,热爱学生,一切都是为了学生,并关心、提携年轻人,帮助他们成长,希望今天中国人民大学法学院的成绩能够告慰曾宪义先生在天之灵。

中国人民大学法学院原党委书记、中国法学会法学教育研究会原秘书长叶秋华教授指出今天的座谈会是一场"没有忘却的纪念",我们依旧在坚持着曾宪义先生一生所坚持的事业,《曾宪义与中国法学教育》的出版是对曾宪义先生深深的致敬和怀念,相信曾宪义先生也会深感欣慰,他回忆了自中国人民大学复校以来,曾宪义先生默默无闻地带领大家突破禁区,开拓进取,通过一系列改革,推动中国人民大学法学院的建设,他的勇气和贡献,值得每个法律人敬佩。

中国人民大学法学院原院长、中国法学会法学教育研究会常务副会长韩大元教授指出,10年过去了,法学界、法律界的朋友们始终纪念着曾宪义先生,大家分享法学教育成果的时候,经常会谈起曾宪义先生,法学教育的成果都离不开曾宪义先生的贡献,很多战略性的谋划和思想都来自曾宪义先生,他以自己的责任、智慧开创了新格局,让法学教育走向社会,没有曾宪义先生,就没有国际上中国法学的形象。无论是作为学者还是领导人,曾宪义先生都是非常敬业的人,他的奉献意识和责任感激励着一批批的年轻人。

中国人民大学法学院原法律系党总支书记、副主任朱景文教授回忆了与曾宪义先生一起工作时的经历,指出曾宪义先生是一位做大事的人,能够抓住机遇、具体执行,非常具有人格魅力和实践能力。

中国人民大学原法律系党总支书记徐孟洲教授通过回忆自己留学时与曾宪义老师的接触,指出曾宪义先生是一位爱国者、敬业的学者,也是一位政治上很坚定的人,在事业上不仅是一个好老师,在家庭生活中更是一个好丈夫,他的一生都献给了法学院。

全国外国法制史研究会会长、华东政法大学原校长何勤华教授指出,曾宪义先生是我们尊重的长辈,为中国法律史学科作出了重大的贡献,在推动法律史教育、推动中国传统法律文化研究方面作出了重大贡献,曾宪义先生主编的《中国传统法律文化研究》(十卷本)不仅填补了法律史发展的空白,而且将法律文化的研究提升到相当高度,曾宪义先生是中国法律教育的领导者,开拓者、奠基人,值得我们缅怀和敬仰。

西北政法大学副校长、中国法学会法学教育研究会副会长王健教授回忆了自己当年与曾宪义先生一起从事教育活动、研究写作的经历,并结合自己的接触和个人的感受,从几个方面指出对曾宪义老师的印象:第一,他坚持法学本位、传承法律文化的积极传承者;第二,曾宪义先生推动了中国特色社会主义法学学科建设;第三,曾宪义先生是组织法学教育重要领导者;第四,曾宪义先生坚持理论联系实际,贯彻党的教育方针,为推动法学教育与实并重,作出了示范和表率;第五,曾宪义先生是一位杰出教育家,他奖掖后学,连续开展法律教育、法律文化奖项的评选奖励。

湖南省政协副主席胡旭晟教授指出,曾宪义先生是新中国成立以来,最卓越的法学教育家。无论从学术上还是生活上,曾宪义先生认真负责,具有出色的人格魅力,对于学生的指导细致入微,值得尊敬。

江苏省社会科学院党委书记、院长夏锦文教授作为曾宪义老师1996级的博士研究生,一直深受曾宪义先生的关爱,他指出,曾宪义先生对中国法学教育具有不可磨灭的全局性贡献,是一位具有大格局的人。是当代法学教育格局的主要奠基人,是当代中国法学教育改革的主要推动者,是当代法学教育国际化的引领者。

中国人民大学教授赵晓耕教授作为与曾宪义先生相处最久的一位学生,结合自身经历谈了对曾宪义先生的印象。他指出,曾宪义先生是有大格局的人,中国人民大学法学院为共和国的法学教育开启了新的历史篇章,中国人民大学法学院在改革开放以后对世界产生越来越重要的影响,这和曾宪义先生的努力以及充满智慧的工作是分不开的。我们都认同曾宪义先生是法律史学界优秀的代表,曾宪义先生在中国法学教育一生奋斗的历史证明,法律史学科的重要地位值得我们关注和珍惜。

中国人民大学马小红教授结合自己考博士之时以及做学问过程中与曾宪义先生交往的点滴经历,指出自己今天取得的成就与曾宪义先生是分不开的。在中国法律文化研究方面,曾宪义先生对科研有他自己独特的方法,提出问题,再慢慢斟酌,不急于求成。我们学习曾宪义先生,就是把自己的事情做好,推进法律文化的研究发展,沿着这个方向扎扎实实做好工作。

国家法官学院王立教授回忆了自己从本科到博士毕业与曾宪义先生的交往,指出曾宪义先生既是一位老师,也是一位父亲。曾宪义先生对于法学教育的贡献,大家都是有目共睹的,大家只有认认真真做事,老老实实做人才能不辜负老师的期望。

北京李晓斌律师事务所创始人李晓斌律师通过回忆自己博士学位论文答辩时以及毕业之后与曾宪义先生交往的几件小事,深切感受到曾宪义先生的为人以及人格魅力,希望中国人民大学法学院继续开拓进取,保持领先地位。

接下来是自由发言的环节。与会专家学者纷纷追述了曾宪义先生的高尚德操与品行,通过回忆与曾宪义先生相处的经历,抒发了对曾宪义先生的深切怀念。丁相顺教授表达了对曾宪义先生的缅怀和感激之情,指出曾宪义先生胸怀千万里,对人心思细如发;王云霞教授回忆在香港特别行政区讲课时受到曾宪义先生的照顾和关爱,指出曾宪义先生在法律文化研究方面具有很大的格局,我们要把这种学术品质流传下去,把这种关爱传递给我们的学生;朱大旗教授追忆了曾宪义先生的奋斗历程以及与曾宪义先生的交往经历,指出先生的精神始终鞭策着自己、指引着自己努力前行;郭禾教授指出曾宪义先生不仅具有大格局,关键是落实,能够做成事与其心细、待人态度直接相关;史彤彪教授指出曾宪义先生对人的关心体现在行动上,永远值得我们学习。

会议在严肃诚敬的气氛中落下帷幕。

第三届“二十一世纪世界百所著名大学法学院院长论坛”在北京召开

为加强全球范围内法学教育领域的交流与合作,2020 年 10 月 2 日,中国人民大学法学院建院 70 周年之际,第三届“二十一世纪世界百所著名大学法学院院长论坛”在中国人民大学举行。来自北京大学、清华大学、中国政法大学、吉林大学、复旦大学、华东政法大学、武汉大学、西南政法大学、西北政法大学、中南财经政法大学、中国社会科学院大学以及中共中央党校(国家行政学院)、中国社会科学院法学研究所等 200 余所中国法学院校的代表和来自牛津大学、哈佛大学、耶鲁大学、慕尼黑大学、悉尼大学、新加坡国立大学等 50 余所外国法学院校的代表与会,开幕式由中国人民大学法学院党委副书记阎芳主持。中共中央政治局委员、全国人大常委会副委员长、中国法学会会长王晨在论坛上发表视频致辞。

会议以线上与线下相结合的方式进行,与会嘉宾围绕文明转型时期法学教育面临的机遇与挑战展开研讨,为在法学教育和法治建设领域推动构建人类命运共同体献计献策,以期进一步发挥法学教育在全人类应对未来挑战中的作用。

中国人民大学校长刘伟教授表示,在全球应对新冠肺炎疫情的背景下,本届论坛以“云端”形式召开,具有特殊的意义和深远的影响。2000 年,站在新世纪的起点,中国人民大学法学院举办了第一届“二十一世纪世界百所著名大学法学院院长论坛”,在随后的 20 年中,中国人民大学法学院秉承初心,不断向世界一流法学院迈进。中国法学教育和世界法治文明处于一个非常重要的发展时期,中国法学教育需要通过国际交流与合作,与世界分享中国的法治理念、法律文化和中国法治建设的得失成就。

最高人民法院党组成员、副院长姜伟宣读最高人民法院贺信。在贺信中,最高人民法院高度评价了中国人民大学法学院成立 70 年来对社会主义建设和改革开放事业,特别是新时代中国法治事业建设作出的积极贡献。在世界迎来更大范围、更深层次的科技革命和产业变革的背景下,本届论坛的召开对于加强全球法治领域交流合作、推动构建人类命运共同体具有重要意义。

最高人民检察院党组副书记、常务副检察长童建明宣读最高人民检察院贺信。在贺信中,最高人民检察院高度评价了中国人民大学法学院作为新中国法学教育的“工作母机”和“法学家、法律家的摇篮”为法治事业作出的重要贡献,衷心感谢中国人民大学法学院对检察事业的高度关注,对检察工作发展的大力支持。本次论坛必将进一步促进全球法学教育交流互鉴,对拓展我国法学教育的国际视野,提高法治人才培养层次,推动健全完善中国特色社会主义法治体系具有重要意义。

在向老教师致敬环节,北京市政协主席、党组书记吉林宣读出席本次活动的老教师代表名单。到场的老教师代表有:94岁高龄的刘素萍教授,新中国婚姻家庭法学研究的主要奠基人和开拓者之一;92岁高龄的张希坡教授,中国共产党革命根据地法律史研究的主要奠基人和开拓者;90岁高龄的郭宇昭教授,新中国法学理论研究的主要奠基人和开拓者之一;88岁高龄的谷春德教授,新中国法学理论研究的主要奠基人和开拓者之一;86岁高龄的吕世伦教授,新中国法律史研究的主要奠基人和开拓者之一;"70后"的朱景文教授,中国人民大学法学院原学术委员会主席,法理学学科资深教授;"70后"的韩玉胜教授,中国人民大学法律系原系副主任,刑法学科资深教授;"70后"的李练红老师,中国人民大学法学院原党委副书记。在热烈的掌声中,在校生代表向老教师献花致意,朱景文教授代表在场的老教师向所有同学送上祝福和期望。

在嘉宾致辞环节,教育部高等学校法学类专业教学指导委员会主任委员徐显明表示,法学教育有立德树人、学术研究、咨政服务、文化传承、国际交流5个使命,在这5个方面,中国人民大学法学院都是国内法学院的领军者。本次论坛的主题,是未来法学教育面临的机遇与挑战。他认为,当前法学教育面临4个挑战:一是文明转型;二是世界格局面临复杂深刻变化;三是国家法治建设新目标;四是教育部正在推行的新文科计划。他坚信,未来,中国人民大学法学院会对这4个挑战作出令人满意的回答。

教育部高等教育司副司长徐青森教授强调,当前,世界正经历百年未有之大变局,我国日益走近世界舞台中央,在应对大变局、参与全球治理、走向世界的过程中,党和国家发展事业对高水平法治人才、高层次法学国际学术交流的需要,比以往任何时候都更迫切。中国人民大学法学院主办此次论坛,聚焦法学教育发展中的热点问题,组织世界顶级法学专家交流经验、建言献策,为我国法学教育的改革发展发挥了积极的推动作用,为世界了解中国法学成果和法治建设经验,推动中外法学研究、法学教育交流对话搭建了宽广平台,为我们探讨人类未来发展、法学教育未来走向的重大时代课题提供了契机。

北京大学法学院院长潘剑锋教授代表兄弟院校致辞。他提到,2020年暴发的新冠肺炎疫情使高校必须改变传统教学方式,在本届论坛上,不同国家的法学院校可以共同探讨疫情期间的教学经验、分享教学成果、展示战胜疫情的决心、坚定培养法律人才的信念。

哈佛大学法学院原副院长威廉·阿尔福德(William Alford)教授、牛津大学法学院院长明蒂·陈·威斯哈特(Mindy Chen-Wishart)教授、耶鲁大学法学院院长希瑟·K.格肯(Heather K. Gerken)教授和慕尼黑大学法学院院长克里斯蒂安·沃尔特(Christian Walter)教授作为海外合作院校代表致辞。

在教师代表发言环节,中国人民大学原常务副校长、一级教授王利明提到,70年来,中国人民大学法学学科紧紧围绕共和国对于法治建设和法学教育的需要,具有实事求是的学术品格,具有奋进在时代前列的求索精神,具有胸怀全球的世界眼光,始终是一个和谐团结的大家庭,这种精神的传承铸就了中国人民大学法学学科的荣耀。

中国人民大学法学院1989届校友、北京知识产权法院副院长宋鱼水,1990届校友、全国人大常委会香港特别行政区基本法委员会委员、香港立法会议员梁美芬,1994届校友、华盛顿大学法学院亚洲法研究中心主任臧东升作为校友代表发言。

梁美芬回顾了自己在中国人民大学法学院的学习生活,除学习法律知识外,更重要的是熟悉了我们国家的国情,了解了国家在改革开放的过程中,作为法律人可以作出什么贡献。通过自身的学习经历,她感受到人才培养必须紧贴国家发展的脉搏,培养具有国际视野、国家情怀、面向未来的新一代法律人才。

臧东升表示,自己在中国人民大学求学的经历是一段难得的美好时光,为今后的事业发展奠定了坚实基础。他相信,中国人民大学法学院在未来会为中国和世界培养更多的法律人才,为文明转型作出更大贡献。

中国人民大学副校长、法学院党委书记、院长王轶教授表示,在中国人民大学法学院建院70周年之际,我们感恩那些在风雨70年中与我们并肩前行的全球的朋友们和伙伴们,缅怀那些离开我们、已经成为共和国法治星空最璀璨星辰的先贤,致敬所有为共和国的法治建设付出心力的中国人民大学法律人。他同时勉励726名法学院2020级新生,以今天为起点,勤勉地工作,勇敢地奋斗,执着地坚守,无愧于中国人民大学法律人这个响亮的名字。

开幕式最后,中国人民大学法学院2020级新生通过视频,在明德法学楼前和教室进行庄严的新生宣誓。

法学教育有责任培养更多高素质的法治人才

中国人民大学法学院党委常务副书记、副院长杜焕芳教授主持本届论坛的主旨演讲环节。中国法学会学术委员会主任、中国法学会法学教育研究会会长张文显教授发表主旨演讲。他指出,当前,数字文明的出现和智能社会的到来在给人类带来无限福祉的同时,也带来许多不确定的因素。他呼吁世界各国的法学家以法律人独特的智慧和勇气直面挑战,为构建和平发展、民主自由、公平正义的人类文明价值体系、构建人类命运共同体而奋斗。

第一单元主题发言由中国法学会宪法学研究会会长韩大元教授主持。中国政法大学校长马怀德教授指出,要建立推动我国从"法治教育大国"向"法治教育强国"转变,法治人才必不可少。应加快一流学科专业体系建设,架构一流的法学课程体系,打造专兼结合、业务素质一流的师资队伍,更新法学教材体系,构建一流法学教材。在新时代,应保持法学教育面向现实问题的导向。法学教育有责任培养更多高素质的法治人才,为文明转型贡献更多的力量。

澳大利亚悉尼大学法学院院长西蒙·布林尼特(Simon Bronitt)教授表示,悉尼大学法学院在比较法研究和与中国交流方面秉持相互尊重、相互理解的态度,取得丰硕成果;

积极参与澳大利亚研究理事会组织的跨学科“自动化决策”研究,以法学视角回应信息时代、智能时代提出的新挑战。

中国社会科学院法学研究所所长,中国社会科学院大学法学院院长陈甦教授指出,法学院是将人文关怀与社会理性融为一炉的锻造场所。中国现行法律要适应转型期叠加文明的不同需要,必须要建构符合中国特色、指导法治实践的法学教育体系,培养学生自主学习创新、终身学习的意愿与能力。

新加坡国立大学法学院院长西蒙·切斯特曼(Simon Chesterman)教授围绕新冠肺炎疫情暴发对法学教育的机遇和挑战发言。他强调,在新冠肺炎疫情的背景下,学校教育采取了线上方式开展,暗含机遇,但当今时代,法学教育更是批判性思维、社交技能和团队合作技能等综合素质的培养,这是线上教育无法做到的。因此,我们应注意在线上教育过程中学生同辈交流缺失的问题。

吉林大学副校长蔡立东教授以“中国法学院教育的挑战和应对之策”为主题进行交流。他指出,新时代法学教育面临信息获取与传播方式变革、教育市场细分、终身学习时代、就业路径拓宽带来的“四大挑战”。法学教育必须打赢与移动终端争夺学生时间、与智能搜索引擎争夺课堂、与其他学科争夺学生头脑的“三大战役”。因此,我们必须推行智慧教学,不断改进提升教育理念和教学水平。

挪威卑尔根大学法学院院长卡尔·哈拉尔德瑟维格(Karl Harald Søvig)教授发言表示,在新冠肺炎疫情的背景下,卑尔根大学法学院也采取了线上教学的方式。当前,网络、电子教育催生了新的经济业态和法律问题,法律必须要适应现实生活,法学教育也要培养学生搭建与时俱进的思维框架。法律不仅是解释,也是因应时代的建构;法学教育不仅是知识的传递,也是法律方法、批判思维的培养。

第二单元主题发言由中国人民大学劳动法和社会保障法研究所所长林嘉教授主持。西南政法大学校长付子堂教授提出,未来高等教育法学发展应注意注重提高法学教育的前瞻性、引领性,强调培养人类命运共同体意识以及聚焦打破学科专业壁垒,做好信息文明时代的法学教育和法治人才培养,要有利于维护人类共同价值,增进法学学科与其他学科的交叉,促进法学院校和实务单位的协同创新,培养创新型、应用型高端法治人才。

美国波士顿学院法学院院长文森特·鲁乔(Vincent Rougeau)教授围绕本次大会主题指出,当前世界面临的难题,需要用富有创见的方式去应对和解决。我们要准确识别共同关切,探索不同法域间相互学习借鉴的方式,充分思考本国法律制度与世界经济运行交流衔接、不同价值准则观念更好融合促进的方法。

华东政法大学校长叶青教授提出,中国法学院培养国际化法治人才应秉持四大理念:一是要秉持培养政治过硬、本领高强的卓越的法治人才的初心;二是秉持培养具备一流国际化实务能力人才的方向,提高学生国际实务能力;三是秉持国际化引领的师资建设方向;四是要秉持做强国际交流合作的能力和理念,立足“一带一路”倡议和国家发展,主动服务国家对外开放。

韩国首尔国立大学法学院院长韩基中(Ki Jeong Han)教授表示,首尔国立大学法学院与中国人民大学法学院在学术研讨、学生交换等方面建立了密切联系,一直保持积极的互动。首尔国立大学法学院在应对新冠肺炎疫情中,充分运用了线上教学模式,受到广大学生的欢迎。法学院应当着力将自身打造成交流互鉴的平台,改变单纯"传输—接受"知识空间的定位。

中国社会科学院大学党委副书记、副校长王新清教授指出,当今世界面临百年未有之大变局,国际政治、经济、科技等关系的复杂变化和深刻调整,中国法学界必须根据这些新问题,积极探索新的做法,回应信息时代的法律难题。下一步应当加强法学教育中的自然科学知识传授,提高法科学生的自然科学素养。

一桥大学法学院院长酒井太郎(Taro Sakai)教授指出,疫情使我们对网络教育有了更加全面的认识,它能够将身处异地的人联系起来,却缺乏学术研讨的即时性;疫情也让青年学生能够通过新知的获取过程不断应用新技术。希望我们继续在青年一代身上发现法学教育的问题,发掘法学教育的未来和潜力,实现法学教育的长远前景。

第三单元主题发言由中国人民大学国际法研究所所长余劲松教授主持。中共中央党校(国家行政学院)政治和法律教研部主任周佑勇教授表示,在工业文明向信息文明转型时期,法学教育要进行观念转变、思维转换,人才培养需创新性思维,学科建设需综合性思维,办学模式更需开放性思维。

伦敦大学玛丽皇后学院商法研究中心主任伊恩·沃尔登(Ian Walden)教授着重介绍了其任职的商法研究中心创建的创新型法律诊所"qLegal",它帮助学生结合学术知识和实践技能,锻炼提升法律实践中所需的软技能,是21世纪法学教育的创新之举。

西北政法大学校长杨宗科教授讲到,改革法学教育应坚持4个原则,在"为谁培养人"上突出中国立场、全球视野;在"培养什么人"上坚持法治信仰、为民情怀;在"怎样培养人"上坚持德法兼修、科教融合;在"谁来培养上"坚持实践为重共同育人。

悉尼科技大学法学院院长莱斯利·希钦斯(Lesley Hitchens)教授表示,在技术变革下,悉尼科技大学法学院成功开办了有关法律与新技术的课程,使学生了解法律实践的未来。目前,技术对律师的作用进入了新阶段,教育工作者也应探索律师工作新方式以指导学生更早适应法律实践。

武汉大学法学院院长冯果教授表示,随着人工智能时代的到来,法律行业也不可避免地受到了影响。在此背景下,未来的法学教育应是一种高度重视和塑造内在价值的人格教育;在法学教育理念中,应确立智能转型,着力培养适合智能时代的法律人;在教学手段上,必须充分运用现代技术,智慧教学,实现法律和技术融合,实现法学教育改革创新。

名古屋大学法学院院长增田智子(Tomoko Masuda)教授表示,新冠肺炎疫情改变了我们的生活,名古屋大学从2020年4月起便在线上进行会议、课程,信息交流比以往更频繁,这必将加速数据驱动型社会的实现。

第四单元主题发言由中国人民大学法学院学术委员会主席陈卫东教授主持。中南财经政法大学副校长刘仁山教授表示,《民法典》的问世是全面依法治国进程中最具里程碑意义的事件,一改国际私法立法模式,更显出国际私法学界、民法界及实务界对国际私法要走独立法典立法道路的赞同。

巴西 FGV (Fundação Getulio Vargas) 大学法学院院长塞尔吉奥 · 格拉(Sergio Guerra)教授表示,将技术用于法学教育已成为全球关注的问题。目前,世界诸多传统法学院都在寻求法学教学和研究的新形式、新方法,以适应技术变革所引致的新需求。而新冠肺炎疫情的传播也证明,技术变革比想象中更直接地影响法学教育,法学院应抓住机遇,为应对未来法律职业需求而培训新型法律专业人员。

清华大学法学院院长申卫星教授表示,智能技术的应用颠覆传统,也掀起了法学教育范式的转换。在享受信息技术带来的便利同时,我们也需冷静思考新一代信息技术快速发展引发的法律问题、伦理问题和社会问题。

以色列特拉维夫大学法学院院长莎伦 · 汉内斯(Sharon Hannes)教授在发言中介绍了其所在法学院的教学及学生培养模式。特拉维夫大学法学院是一所规模虽小但高度全球化的法学院,正因如此,特拉维夫大学法学院的教学因新冠肺炎疫情受到了严重打击。但危机也带来了新机,其表示,目前该校有诸多客座教授利用信息网络开展线上教学,国际在线会议也在蓬勃发展。

复旦大学法学院院长王志强教授谈到,法学教育首先要顺应法学教育的普遍规律,即加强基本功的训练,中国历史上没有经历过很严格的法律形式主义的时代,而未来中国法律教育则需要不断夯实基础部分;同时,法学教育也要立足中国本土实践,开放视野。

湖北省法学会法学教育研究会 2020年年会在武汉召开

2020年11月13日上午,湖北省法学会法学教育研究会第六届年会圆满召开。本次年会采用线上会议模式,由湖北省法学会法学教育研究会主办,中南财经政法大学法学院承办,来自湖北省各高等院校、政法部门及知名律所的众多代表参加会议。本次年会分为理事会和法学教育论坛两阶段进行。

第一阶段的理事会,由湖北省法学会法学教育研究会党支部书记、副会长齐文远教授主持。齐文远书记对各位理事过去一年的辛勤付出表达了衷心感谢,并对研究会为湖北省法学高等教育发展及司法实务工作提供的支持表达了充分肯定。在陈亚男主任代表湖北省法学会会长组宣读了湖北省法学会《关于湖北省法学会法学教育研究会理事会部分人员增补的批复》后,全体参会理事选举并全票推选杨文雄、文杰、胡神松、杨巍为研究会理事、常务理事,杨巍为副秘书长,李俊为秘书长,陈光斌、杨文雄、文杰、胡神松为副会长。齐文远书记代表理事会对各位当选人员表示了热烈祝贺,并宣布本次理事会顺利结束。

在年会第二阶段的法学教育论坛部分,首先由湖北省法学会副会长,中南财经政法大学党委常委、副校长姚莉教授进行致辞,她以湖北省高校间法学教育合作和特色办学研讨为切入点,充分肯定了湖北省法学教育资源整合所取得的显著成效,指出湖北省法学会作为推进湖北省法治建设的重要力量,应勠力同心、砥砺前行,共同促进湖北法学教育事业。随后,由湖北省法学教育研究会会长、中南财经政法大学校长助理、法学院院长徐涤宇教授作研究会年度工作报告。徐涤宇会长围绕研究会工作、法学人才培养模式、法学职业伦理课程、双向交流机制和国家化法律人才培养五大方面,进行了提纲挈领的工作总结。他表示,疫情期间线上教学的推广为新教学模式的发展提供契机,希望本次论坛能以法学教育相关问题为导向,在研讨交流中探索法学教育发展的新路径。

论坛第一部分的主题为"湖北省高等院校法学教育的理论与方法"。本部分由湖北省法学会法学教育研究会秘书长、中南财经政法大学法学院副院长李俊副教授主持。武汉大学法学院副院长何荣功教授从本科教学的框架与思路、理论与实务相结合、国际化人才培养以及基础与特色工作相结合4个角度展开介绍,强调了基础课程教育的重要性和复合型人才培养的必要性。华中科技大学法学院副院长熊琦教授基于知识产权法庭中法律技术人才欠缺这一现状,指出理工科大学开展法学教育交叉培养模式的可行性,并就“如何高效建立理工科人才的法学知识体系”问题为导向，提出相应解决方案。华中师范大学法学院文杰教授对一流本科专业建设背景下法学人才培养机制进行探讨与阐释。华中农业大学文法学院副院长王德强副教授围绕开设具备新农科结合特色的创新课程和面向基层的人才培养，提出了培养方案改进、交叉学科方向把握等问题。中南民族大学法学院陈光斌教授从教学活动组织、课外活动组织和就业问题展望等方面，深入探究新文科背景下法学教育的理念与路径。中南财经政法大学法学院院长助理郭倍倍副教授则基于对实践教学的思考，阐释了理论与实践深度互联的教学目标，肯定了课程建设的重要性。

与谈环节，武汉市中级人民法院执行局江宁局长从认知层面和价值观层面展开讨论，强调司法工作中的人文路径。湖北海华永泰律师事务所合伙人姬建生律师对实践与理论、教学与实务的结合等方面进行了深入交流。

论坛第二部分的主题为“法学高等教育与司法实务的衔接”。本部分由江汉大学法学院马远俊教授主持。湖北省检察官学院院长谭铁军作了题为《新时代检察教育培训的新发展》的主题发言，他基于政治引领党建融合、目标指引导向政治、主体观念平台意识与结构思维流程管理4个维度，深入分析了如何将政治建设融入法律业务培训这一问题。长江大学法学院唐飞副教授以长江大学法学教育为例，介绍了法律教学过程中的地域特色与承担的四大职能。中南财经政法大学法学院李培锋副教授的发言主题为《法学教育中的“课程思政”建设路径探讨》，结合法学学科的内容特点与法律职业伦理，提出课程案例思政教学的思路。复旦大学硕士研究生李晓伟以《“三融合”理念下文科实验室的功能定位及其现状》为题，论证人才培养的实现途径。中南财经政法大学法学院尹生教授以疫情期间网络教学经历为根据，阐释了在线教学的“道”与“术”，指出课堂教学应以价值观导向引导能力导向、充分展现学生主体地位，主张通过开展跨专业研讨以转换交流思维方式，辅以教学平台、方法与手段提升教学质量。与谈环节，湖北民族学院司马俊莲教授指出主题发言的新颖性，并对法学高等教育的未来提出若干建议与设想。湖北天工律师事务所李寅律师从自身参与的教学活动出发，认为法学作为社会性学科，应注重理论与实践相结合，肯定了法学实践教学的必要性。

论坛第三部分的主题为“法学研究生教育”。本部分由湖北省法学教育研究会副秘书长、武汉大学法学院杨巍副教授主持。华中师范大学法学院石先钰教授针对法律职业伦理研究生课程思政中存在的不足，提出了以学习道德榜样、启发道德认同等为核心构建体系。随后，西北政法大学法学院硕士研究生吴腾以西北政法大学为例，从本科、硕士、博士3个层面探讨了该校监察法学的法学教育状况。武汉理工大学硕士研究生曹瑞在发言中对翻转式课堂教学、线上线下简单串联教学等多种教学模式提出建议，并从课程完成度、绩效考核标准等方面提出建议。中南财经政法大学法硕中心硕士研究生熊应然以“人工智能+法律”的法学教育现状为例，分析高校法学教育人才培养模式及知识体系所面临的挑战，并从跨学科体系构建的角度提出若干建议。湖北省武珞律师事务所姜继祥律师围绕清单化的教学模式、“互联网＋课后复盘”模式等教学实践项目进行交流。与谈环节,中南财经政法大学刑事司法学院副院长童德华教授就如何将思想政治教育与研究生法学教育的融合提出了若干建议。湖北省高级人民法院法官万冬冬从司法实务角度,指出法学研究生教育改革和法学实践期间过短所引发的问题。中南财经政法大学法学院韩桂君教授则认为,在法学教育中,学生应将法律职业伦理内化于心外化于行,真正融入日常生活。

在颁奖典礼暨闭幕式环节,由湖北省法学会法学教育研究会副秘书长、中南财经政法大学法学院李栋教授担任主持人。李栋教授首先宣读了湖北省法学会法学教育研究会2020年年会优秀论文获奖名单,并对获奖作者表示祝贺。随后,李栋教授对本次年会进行总结发言,梳理了年会与会代表的诸多创新理念和教育方法,表示法学教育者和法律工作者将以研究会为平台,共同推动湖北省法学教育事业的发展。

会议结束后,湖北省法学会法学教育研究会与会代表纷纷对第六届年会的圆满落幕表示祝贺。

山东省法学会法学教育研究会理事会换届大会暨 2020 年学术年会在威海召开

2020 年 11 月 21 ~ 22 日，烟台大学法学院院长宋振武教授、房绍坤教授、刘经靖教授、王圣礼副教授赴山东大学威海校区参加“山东省法学会法学教育研究会理事会换届大会暨 2020 年学术年会”。此次会议由山东省法学会法学教育研究会主办，山东大学(威海)承办，山东省内近 40 所高校法学院系的专家与学者与会，山东大学威海校区副校长夏利东到会致辞。本次年会的主题为“新文科建设与卓越法治人才培养”。

会议总结了山东省法学会法学教育研究会第三次代表大会以来的研究会工作，选举产生了新一届理事会，并选举产生了法学教育研究会模拟法庭专业委员会及法学教育研究会民办法律职业教育专业委员会。房绍坤教授当选为山东省法学会法学教育研究会会长，宋振武教授当选为常务副会长，王圣礼副教授当选为秘书长。

接下来，召开了山东省法学会法学教育 2020 年学术年会，与会专家就新文科背景下法学专业的建设和新卓越法治人才的培养进行了主题发言和研讨，部分院校分享了新法科理念下教学改革研究经验和做法，此次学术年会是山东省法学界为推动新文科背景下新法学教育教学改革与研究的一次大讨论和大学习。

湖南省法学会法学教育研究会 2020年年会在岳阳召开

2020年10月31日,湖南省法学会法学教育研究会2020年年会在湖南理工学院图书馆11楼会议室召开。50余名专家学者聚焦一流湖南法学教育建设,为推进法学研究与教育互动、一流法学教育培养目标的确定、课程体系的建设与教学方法的科学有效化献计献策。本次会议由湖南理工学院与湖南省法学会法学教育研究会主办,湖南理工学院政治与法学学院承办,湖南理威律师事务所协办。

湖南大学法学院教授、湖南省法学教育研究会会长刘定华,中南大学法学院教授、湖南省法理学研究会会长胡平仁,中联重科副总裁、湖南省刑法学研究会会长孙昌军,湘潭大学法学院副院长、湖南省诉讼法学研究会秘书长穆远征,长沙理工大学法学系教授、湖南省工程法学研究会会长王新生,湖南工商大学法学与公共管理学院院长刘期湘,湖南工业大学法学院院长陈雄,长沙学院法学院院长张辉,湖南广播电视大学法学院院长刘建宏,湖南理工学院政治与法学学院党委书记陈建军,副院长彭江辉等来自湖南省17所高校的50余位专家、领导出席,副校长徐小立出席并致辞。

大会围绕"卓越法治人才教育培养"主题分4个单元进行了深入研讨。刘定华表示,法学教育研究会年会的召开表明广大法学教育者坚决贯彻党中央和教育部关于高等教育改革发展战略的决心与信心。他指出,建设社会主义法治强国目标的提出为法学教育建设提出了更高要求,也提供了发展的良好环境。为此,湖南法学教育建设要深入学习贯彻习近平总书记关于教育工作的重要论述,将学习成果转化为奋进的内在动力,迎头赶上,开展创一流湖南法学教育的研究与实践。

徐小立对会议的召开表示热烈祝贺,对会议来宾表示热烈欢迎。徐小立指出,围绕创一流湖南法学教育主题,会议中学术新动态的交流、新成果的分享、新思路的确立、新方法的探讨,必将为新时代湖南法学教育的创新发展提供更加强有力的智力支持。以此次会议为契机,湖南理工学院将同省内各高校开展更加紧密的交流与合作,与省内法学领域的专家开展更深层次的合作,以深化法学教学与研究的融合互动,全力推进法学专业建设进程,为湖南省法治人才的培养和法治事业的进步贡献更多力量。

胡平仁、孙昌军、穆远征、王新生分别从各自研究会的研究与教学的融合互动进行发言;陈建军、刘期湘、陈雄、张辉分别介绍了各自学校法学教育的特色优势和人才培养目标;彭中礼、蔡高强、丁德昌、孟磊分别以《技术、价值与文明:新时代法学教育的使命与坚守》《论中国高等学校人权教育的发展导向》《区域一流法学专业建设的本科生法律务实能力培养》《地方本科院校法律硕士实践能力培养困境与探索研究》为主题发言；文旭、宋玲、成波、冯钟鸣分别以《高校法学教育中的实务技能课程——以湖南师范大学的实践教学改革为切入点》《以习近平关于立德树人的重要论述为指导铸就新时代法治人才》《法学研究生课程教学中实施经典阅读的探索与实践》《刑事庭审实质化背景下的高校模拟法庭教学研究》为主题发言。

据悉，本次年会共有10篇论文获奖，其中，一等奖2名，二等奖3名，三等奖5名。新一任湖南省法学教育研究会会长由湖南大学法学院副院长喻玲担任。

江苏省法学会法学教育研究会
2020年年会暨学术研讨会在常州召开

2020年11月28~29日,江苏省法学会法学教育研究会主办,常州大学史良法学院承办的江苏省法学会法学教育研究会2020年年会暨学术研讨会在常州召开。常州大学副校长徐守坤、江苏省法学会法学教育研究会会长夏锦文、江苏省法学会法理学与宪法学研究会会长杨春福等80余位来自江苏省法学教育界的专家学者出席会议。

徐守坤在致辞中指出,近年来,常州大学史良法学院呈现良好的发展态势,在师资队伍建设、专业学科建设、国家级课题立项、社会服务、人才培养等方面取得了较好成绩。本次学术研讨会在常州大学举行必将进一步推动学校法学学科建设与发展。

夏锦文以《大变局下的新规划:现代化江苏的新图景及行动路径》为题,作党的十九届五中全会精神学习辅导报告。他阐释了党的十九届五中全会对推动法学学科建设、培养高素质法学教育人才、深化法学教育改革的伟大指导意义,系统论证了新时代法学教育体系和高素质人才培养体系的基本内涵与框架。

开幕式后,江苏警官学院韩德明教授、江苏大学刘同君教授、南京审计大学刘爱龙教授、南京财经大学钱玉文教授、扬州大学李秀华教授、南京工业大学刘小冰教授、南京大学刘勇副教授、常州大学骆福林副教授分别围绕《新文科理念下的法学本科教育》《新文科背景下法学实践教学基地的选择标准与运行机制》《法学一流专业建设与内涵式发展路径》《后疫情时代法治人才培养模式探索与优化》《法律人的养成》《民法典时代的民法学教育》《师生协同备课讲课教学模式的理论与实践》等主题进行主旨发言。分论坛上,专家学者们围绕《新时代法学课程思政的实践研究》《新法科建设的内容、模式和实践研究》《法学在线课程建设与创新研究》等主题展开深入讨论。

四川省法学会法学教育研究会会员代表大会暨2020年年会在成都召开

2020年11月21日,四川省法学会法学教育研究会会员代表大会暨2020年年会在西南民族大学隆重举行。会议由四川省法学会法学教育研究会主办,西南民族大学法学院承办。来自四川省内各大高校、法律实务部门的专家学者共100余人参加会议。会议开幕式由西南民族大学法学院副院长、教授田钒平主持。

在开幕式上,西南民族大学校党委常委、纪委书记王伟代表学校致欢迎辞。她指出,高等院校法学院系是培养法治人才的主要阵地,围绕"'双一流'建设背景下的法学教育"进行研讨,集思广益,必将进一步深化对法治人才培养模式、机制和方法的认识,为培养德法兼修的高素质法治人才奠定坚实的基础,同时对促进四川省法学教育事业也将起到积极作用。

西南民族大学法学院党委书记郝洪刚代表会议承办单位致辞。他指出,法学教育是法治建设的基础性的工作,在实践中总结和提升法学教育水平,是实现新时代依法治国伟业的应然要求;本次会议围绕"'双一流'背景下的法学教育"主题研讨交流,提升法学教育教研水平、推动依法治国具有积极意义。

开幕式后,四川省法学会法学教育研究会召开换届大会。常务副会长兼秘书长周洪波代表法学教育研究会作工作报告。会议选举产生了新一届理事、常务理事,会长、副会长,秘书长、副秘书长。中共四川省法学会法学教育研究会党支部选举产生新一届支部委员会。

随后的主题报告环节,由西南民族大学法学院副院长、副教授贺玲主持,3位专家学者分别作主题报告。西南民族大学法学院教授、博士研究生导师王允武作了《西部非"双一流"院校法科教育的境遇与改变》的主题演讲,中南民族大学法学院院长、博士研究生导师潘红祥作了《民族团结进步教育融入西部少数民族法治人才培养的实现路径》的主题演讲,成都市律师协会会长王宗旗作了《加强实务联系　做好四川法学教育》的主题演讲。

本次年会学术研讨,分为法学教育改革研究和法治人才培养机制研究两大专题。在法学教学改革研究专题中,成都大学法学院副院长唐文娟教授作了《基于卓越法治人才培养目标的模拟法庭教学改革实践》的报告,西南民族大学法学院副教授侯斌作了《以一流课程为导向的法学教学观念及方法转型》的报告,证据科学技术实验室主任杨永钊作了《浅论法学实践教学的工作流方法》的报告,成都大学法学院讲师金翼翔作了《法学教育中的模拟法庭》的报告,西南财经大学马克思主义学院博士研究生李闻娇作了《习近平劳动教育观的理论内涵及时代价值》的报告。

在法治人才培养机制研究专题中,西南交通大学公共管理与政法学院院长助理邓君韬作了《新时代高等院校复合型立法人才培养供给研究》的报告,西南民族大学法学院副院长贺玲作了《"双一流"建设语境下民族高校卓越法治人才教育培养问题研究》的报告,北京师范大学珠海分校法政学院讲师魏志栋作了《双一流建设背景下法治人才培养的三重困境及对策》的报告,西南民族大学法学院硕士研究生苏丹作了《大数据时代下的法学教育》的报告。

大会最后,周洪波代表研究会作总结发言,对与会代表的支持和会务组的辛苦付出表示衷心的感谢,并展望了研究会的未来工作,期待新一届理事会再接再厉,砥砺前行,再创辉煌。

广西法学教育研究会2020年学术年会暨广西法学类专业教学指导委员会全体会议在南宁召开

2020年11月27~28日,广西法学教育研究会2020年学术年会、广西法学类专业教学指导委员会2020年全体会议、广西法学类专业教学指导委员会2020年高级师资研讨培训班、2020年第四届"八桂法声"法学专业大学生辩论赛和2020年第一届"八桂法声"法学专业大学生演讲比赛在南宁举行。本次会议由广西法学教育研究会、广西法学类专业教学指导委员会主办,南宁师范大学承办,南宁师范大学法学与社会学院协办。南宁师范大学副校长李仰智教授、广西壮族自治区法学会副会长韦军、广西民族大学校长谢尚果教授、广西法学会研究部蓝晨主任等领导参加了开幕式。广西大学、广西师范大学、广西民族大学、桂林电子科技大学、南宁师范大学、广西财经学院、广西警察学院、玉林师范学院、梧州学院、广西师范大学漓江学院的200多名专家学者、法学教师、法学专业学生参加。

会议开幕式结束后,第四届"八桂法声"法学专业大学生辩论赛和第一届"八桂法声"法学专业大学生演讲比赛拉开序幕。经过激烈角逐,南宁师范大学代表队在第四届"八桂法声"法学专业大学生辩论赛中荣获优秀奖。南宁师范大学2019级法学本科生付华艳、2019级法律硕士生孙嘉欣在第一届"八桂法声"法学专业大学生演讲比赛中分别荣获二等、三等奖。比赛结束后,广西大学法学院梁建新教授、广西师范大学法学院副院长陶斌智副教授分别对5场辩论赛作了点评。

2020年11月28日上午,首先召开广西法学类专业教学指导委员会全体会议。本次会议由广西法学类专业教学指导委员会主任委员、广西警察学院院长张军教授主持,张军教授在会议中总结了广西法学类专业教学指导委员会2020年的工作并对2021年工作作出规划,参会人员对《广西法学类专业教学指导委员会章程》作出审议,并就教育部和教育厅的相关文件进行了学习和讨论。其后,召开了以"新文科建设与地方法治人才培养"为主题的广西法学教育研究会2020年学术年会。会议中,广西大学法学院梁建新教授、广西师范大学法学院副院长段海风教授、桂林电子科技大学法学院赵玉意副教授、广西财经学院法学院张敏副教授、广西警察学院韦佼杏博士、南宁师范大学法学与社会学院陈文琼教授分别就本校法学专业建设进行了发言。

本次年会是广西壮族自治区法学教育界的一次盛事,会议主题鲜明,讨论气氛热烈、研究态度务实,是广西法学教育研究同行互相切磋、相互学习、增进友谊、促成合作的机会,对进一步推进我国法学教育、坚持中国特色社会主义法治建设具有重要的意义。同时,这次学术年会的成功举办,搭建了南宁师范大学法学学科高水平学术交流平台,开拓了南宁师范大学和兄弟院校相互合作与融合的契机,对南宁师范大学法学与社会学院的学科建设发展起到了积极的促进作用。

粤港澳大湾区法学教育与人才培养联盟2020年年会在广州召开

2020年12月27日上午,粤港澳大湾区法学教育与人才培养联盟(以下简称联盟)2020年年会在广州市天河区阳光酒店举行。来自全国人大常委会港澳基本法委员会、广东省教育厅、广东省法学会、中山大学、暨南大学、华南理工大学、华南师范大学、广东外语外贸大学、广东财经大学、广州大学、深圳大学、澳门城市大学等单位的参会代表参加了会议。本次会议由粤港澳大湾区法学教育与人才培养联盟主办,深圳大学港澳基本法研究中心、广东省法学会港澳基本法研究会承办。

专题发言环节由深圳大学港澳基本法研究中心主任邹平学教授主持。深圳市前海"一带一路"法律服务联合会副秘书长、执业于华商林李黎(前海)联营律师事务所的黄善端律师以视频形式就《跨境法律服务团队所需的知识结构——从法律工作者角度看法学教育和培训》作专题发言。

联盟2020年工作成果交流环节,由澳门城市大学协理副校长叶桂平教授主持。中山大学法学院副院长陈毅坚副教授、华南理工大学港澳台办公室副主任杨浩松、暨南大学法学院副院长高轩教授、华南师范大学法学院副教授沈虹、广东外语外贸大学法学院讲师兼外事秘书杨幸幸、广东财经大学法学院副院长孟国碧教授、广州大学法学院副院长李明教授、深圳大学法学院副院长叶海波教授8位发言人分别分享了2020年本单位在法学教育及人才培养方面的工作成果和经验总结。

联盟2021年工作设想交流环节,由中山大学港澳台事务办公室副主任古文力主持。澳门城市大学法学院课程主任李洪江、华南理工大学法学院副院长夏正林教授、暨南大学港澳台侨事务办公室副主任何睿弘、华南师范大学法学院副教授沈虹、广东外语外贸大学国际合作与交流处项目科科长王晞、广东财经大学法学院粤港澳大湾区法治研究中心执行主任柯静嘉副教授、广州大学港澳台办公室副主任夏桃华、深圳大学港澳基本法研究中心主任邹平学教授8位发言人分别对联盟2021年工作提出了建议和想法。

广东省教育厅交流合作处副主任周国平发言表示,今天在这里感受到了"三好":一是会议形式好,疫情期间能够通过线上、线下方式进行;二是成果非常好,2020年虽然有疫情原因,但大家的成果非常好;三是工作设想好,不光是2021年,包括今后几年联盟总体的路怎么走,具体怎么操作,设想得非常好。我们教育行政部门的角色就是服务,多听取大家的想法,吸纳大家的建议,帮助联盟做得更好。对于联盟怎么做得更好,周国平提出了3点希望:一是希望在法治建设方面进一步形成强大合力,把联盟建设成为一个法治建设的平台;二是要扩大法学教师的参与率,把联盟建设成为一个法学教师交往的平台;三是要进一步推动法学专业的学生交往,把联盟打造成学生交往交流的平台。

邹平学教授最后作会议总结表示:周国平处长代表广东省教育行政主管部门对联盟工作提出了很好的意见,全国人大常委会港澳基本法委员会研究室陈建文副主任对联盟工作给予了鼓励和指点,联盟各单位2020年在克服疫情等种种困难的情况下做了大量工作,大家对2021年的工作设想非常好,相信在广东省教育厅、全国人大常委员港澳基本法委员会等上级部门的指导下,联盟一定会发展得越来越好。本次活动圆满结束。

浙江省法学会法学教育研究会 2020 年年会在杭州召开

由浙江工商大学法学院承办的浙江省法学会法学教育研究会 2020 年年会在浙江工商大学下沙校区召开。本届年会的主题是“一流法学本科专业建设”。来自省内的 10 余家国家级和省级一流法学本科专业建设点院校及兄弟院校的 30 余名代表参加会议。会议由浙江工商大学法学院副院长、浙江省法学会法学教育研究会秘书长苏新建教授主持。

浙江工商大学特聘教授、中国法学会法学教育研究会副会长、浙江省法学会法学教育研究会会长徐祥民教授在开幕式上总结了研究会过去一年的工作，强调了本次年会召开的背景和意义，指出浙江省法学会法学教育研究会应当全面学习贯彻习近平法治思想，高度重视法治人才培养对于法治浙江建设的重要意义，坚持本科为本，推进“四个回归”，立足新时代，规划新发展，坚持锐意进取，不断改革创新，为法治浙江、法治中国建设贡献力量。

年会分为两个单元举行，第一个单元为主题报告环节，徐祥民会长作题为《法治保障体系与法治人才培养》的主题报告。该报告指出，党的十八届四中全会提出建设中国特色社会主义法治体系的主张，形成关于建设“中国法治体系”的系统理论，其中的重要闪光点是为“中国法治体系”构筑了“法治保障体系”，并为这个保障体系设计了重要保障措施——法治人才培养。高校应当牢固坚守法治人才培养重要阵地，探索先进模式、提高育人质量，培养同党和国家事业发展要求相适应的法治人才。

第二个单元为“一流法学本科专业建设”，下设“专业特色建设”“互联网 + 法学教育”“实践 + 法学教育”3 个研讨环节，12 名与会代表围绕上述议题作了主题发言，其中 5 所国家级或省级一流法学本科专业建设点的与会代表在发言中对本校专业建设作了经验交流。研讨会内容丰富、讨论热烈，对浙江省一流法学本科专业下一步的建设和发展具有重要指导价值。

闭幕式上，秘书长苏新建教授对本届年会进行了总结，指出我们应该深入学习贯彻党的十九届五中全会精神，贯彻落实习近平法治思想，努力做好办学育人工作，培养大批德法兼修高素质法治人才，为建设“重要窗口”作出法学教育界应有贡献。

广东省法学会法学教育研究会、广东省本科高校法学类专业教学指导委员会暨广东省高校法学院院长联席会议2020年学术年会在广州召开

2020年12月20日,由广东省法学会法学教育研究会和广东省本科高校法学类专业教学指导委员会主办,广东警官学院承办的“广东省法学会法学教育研究会、广东省本科高校法学类专业教学指导委员会暨广东省高校法学院院长联席会议2020年学术年会”在广东警官学院举行,来自中山大学、暨南大学、华南师范大学、广东外语外贸大学、广东财经大学、广东检察官(培训)学院等广东省内30余家高等院校和政法机关的专家学者80余人参会。

研讨会分为开幕式、主题研讨和闭幕式3个阶段。开幕式由广东警官学院副院级领导夏蔚教授主持。广东警官学院党委书记张文彪,广东省法学会专职副会长兼秘书长姜滨,广东省教育厅高教处处长姜琳,广东省法学会法学教育研究会会长、广东省本科高校法学类专业教学指导委员会主任委员、广东外语外贸大学校长石佑启先后发表了讲话。广东省本科高校法学类专业教学指导委员会副主任委员、中山大学法学院黄瑶传达了教育部高校法学类专业教学指导委员会、中国法学会法学教育研究会2020年年会的会议精神。

张文彪在致辞中介绍了广东警官学院的建设发展与成绩,希望各位领导、各位专家帮助广东警官学院法学会的专业学科建设开拓视野,打开局面,提高水平,也希望广东省教育厅、广东省法学会的领导与兄弟院校的领导一如既往地关心和支持广东警官学院的发展。

姜滨肯定了广东省法学会法学教育研究会过去一年富有成效的工作,希望研究会能够以空前的热情,全面深入学习贯彻习近平法治思想,推动法学教育研究沿着党指引的方向不断前行,为广东省法学教育事业和法治人才培养工作走在全国前列贡献力量。他提出,研究会要深入研究如何把习近平法治思想内化为法学教育基础教学的核心内容,紧紧围绕全面依法治国和全面建设现代化国家的需要,开展学科建设方面的理论研究,不断提升研究水平。

姜琳通报了广东省高校一流本科专业和新工科建设取得的显著成绩,希望法学教育

可以作为广东省新文科建设的突破口，在人才培养的机制、模式、视野等方面不断地创新，培养适应新时代需求的法治人才，加快培养实战型的涉外法律人才，为建设德才兼备的高素质法治工作队伍贡献应有的力量。

石佑启号召广东省法学教育研究要立足广东，体现广东特色，担当起时代使命和历史责任，并提出4点要求：一是要以习近平法治思想为指导，把习近平法治思想贯彻到法学教育和法学研究的全过程和各个方面；二是以新文科建设为契机，法学学科和专业要科学布局，转型升级，坚持质量为本、守正创新、分类推进、模式多元；三是以“双一流”建设为着力点，大力加强国家级和省级一流专业与一流学科建设；四是要以人才培养质量为根本，要培养德才兼备、德法兼修的高素质法治人才，大力加强涉外法治人才培养，加强应用型、复合型法治人才培养。

主题研讨由4个单元组成，分别是“一流法学专业建设的模式与路径”“卓越法治人才培养的机制创新”“卓越法治人才培养中的新技术应用”“粤港澳大湾区法治人才培养的合作机制”。

第一单元研讨主题是“一流法学专业建设的模式与路径”，由中山大学法学院院长张亮教授主持。暨南大学法学院副院长郭宗杰教授、广东警官学院法律系副主任何国强教授、广东财经大学经济法学系主任谢伟副教授分别以《一流法学专业建设的暨南实践》《公安院校法学学科建设的再出发》《经济法的课程思政探析》为主题发言。华南师范大学法学院副院长孔繁华教授和广东财经大学法学院副院长谢雄伟教授作为与谈人发言。该单元从不同的学院特色、学科背景出发，深入探讨专业建设如何与学校特色融合、如何依托一流课程建设一流专业的重要问题。

第二单元研讨主题是“卓越法治人才培养的机制创新”，由广东工业大学政法学院院长邵俊武教授主持。广东海洋大学法政学院院长张显伟教授、韶关学院政法学院法学系主任梅献中副教授、北京师范大学珠海分校法政学院院长助理刘英俊副教授分别以《重塑理念、创新模式、夯实师资：卓越法治人才培养保障机制视角的分析》《卓越法律人才计划与卓越法治人才计划比较研究》《探索与发现：卓越法治人才培养的法学教育方法研究》为主题发言。广东金融学院法学院院长张长龙教授、广东外语外贸大学法学院副院长杨帆教授作为与谈人发言。这一单元深入研讨了如何创新教学方法、如何言传身教立德树人、如何培养德法兼修卓越法治人才，各位专家提供了诸多真知灼见。

第三单元研讨主题是“卓越法治人才培养中的新技术应用”，由广东财经大学科研处处长邓世豹教授主持。中山大学法学院“最高人民法院国际海事法律研究基地（中山大学）”执行主任郭萍教授，广东南华工商职业学院应用法学与公共事业学院副院长杨咏婕副教授，广东金融学院法学院杨学科博士研究生分别以《线上线下法学课程建设与应用的思考》《应用型法学教育推进现代学徒制的策略研究》《数字时代的“新法学”建设研究》为主题发言。广东技术师范学院法学与知识产权学院院长黄俊辉教授、东莞理工学院法律与社会工作学院副院长沈亚萍副教授作为与谈人发言。这一单元主要围绕线上、线下法学课程建设和应用型法学教育实践展开,直面问题、生动直观,精准施策,所提观点让大家耳目一新、受益匪浅。

第四单元研讨主题是"粤港澳大湾区法治人才培养的合作机制",由汕头大学地方政府发展研究所执行所长邓剑光教授主持。广东开放大学副校长孙平教授、广东外语外贸大学法学院副院长韩永红教授、广东检察官(培训)学院副院长刘小红分别以"关于建立粤港澳大湾区法学学派的建议""粤港澳大湾区法治人才培养的路径探讨""关于新时代检察教育培训创新的几点思考"为主题发言。广州大学法学院副院长李明教授,广东金融学院法学院副院长安雪梅教授作为与谈人发言。本单元立足粤港澳大湾区国家战略、以粤港澳大湾区法治人才培养为切入点,探讨构建法律职业共同体的时代使命,让与会人员增添一份法学教育的责任担当。

闭幕式由广东外语外贸大学科研处副处长、广东省法学会法学教育研究会副会长兼秘书长王荣珍教授主持。该阶段进行了广东省法学会法学教育研究会第三届理事会成员增补和年会优秀论文颁奖活动。广东外语外贸大学法学院院长陈云良教授和广东财经大学法学院院长房文翠教授作了大会总结发言,概括精辟、画龙点睛,并提出法学教育仍需继续思考和探讨的问题,把会议推向高潮,研讨引向深入。会议在热烈的掌声中结束。

本次年会是在2020年疫情防控常态化、社会经济发展取得来之不易成绩的特殊历史年份召开的一次会议。与会嘉宾通过会议研讨,进一步深化了将习近平法治思想深入贯彻到法学教育和法学研究的全过程的理论认知,将在未来广东省一流法学专业建设与卓越法治人才培养等方面,打造出亮丽广东品牌、贡献出更多广东经验。

安徽省法学会法学教育研究会 2020 年年会暨“法学专业课程思政建设”研讨会在六安召开

为深入贯彻全国高校思想政治工作会议精神和中共中央办公厅、国务院办公厅《关于加强和改进新形势下高校思想政治工作的意见》以及教育部印发的《高等学校课程思政建设指导纲要》通知精神，充分发挥课程教学育人的主阵地作用，把思想政治工作贯穿教育教学全过程，落实立德树人根本任务，进一步更新教育理念，探讨建设举措，创新教学方式，推进法学专业思政建设，提升课程育人能力。2020 年 10 月 31 日，安徽省法学会法学教育研究会 2020 年年会暨“法学专业课程思政建设”研讨会在皖西学院隆重举行。本次会议由安徽省法学会法学教育研究会主办，皖西学院法学院承办，华东师范大学《思想政治课研究》编辑部协办。来自上海、浙江、河南和安徽省内高校的专家学者近 60 人汇聚一堂，围绕“法学专业课程思政建设”这一主题进行了广泛而深入的研讨。

2020 年 10 月 31 日上午，大会正式开幕。皖西学院党委委员、副校长孔敏出席开幕式并代表学校致欢迎辞。孔敏对各位嘉宾的到来表示热烈欢迎。他介绍了皖西学院的校情校史、皖西学院在课程思政建设上的举措和法学院在推进课程思政建设上所取得的成效。安徽大学法学院副院长李胜利代表主办单位、华东师范大学《思想政治课研究》编辑部编委章瑛代表协办单位讲话，皖西学院教务处处长刘仁金、法学院党委书记张道全参加会议，法学院院长刘鑫主持开幕式。

开幕式结束后，在全天共 3 个单元的研讨交流中，华东师范大学法学院任海涛教授首先通过腾讯会议的方式分享了他对课程思政的理解以及所取得的研究成果，华东师范大学法学院于浩教授、华东师范大学马克思主义学院章瑛副教授、上海政法学院国际法学院王丽华教授、华东师范大学马克思主义学院叶方兴副教授、浙江工商大学法学院徐媛媛副教授、河南牧业经济学院文法学院白慧颖教授分别以课程思想背景下法学专业人才的培养，法学课程思政和德法兼修人才的培养，法学专业课程思政的视界和边界，四自精神在法学课程教学中的渗透与融合等法学专业课程思政建设的前沿话题进行了发言。来自安徽省内高校的 20 多位专家围绕主题分别对各自在法学专业课程思政建设方面所实施的具体举措，特别是民法、经济法、知识产权法、行政法等专业核心课程在课程思政元素的挖掘、教育教学方法的改革、现代信息技术的应用以及面临的困惑和下一步的工作思路进行了交流发言，研讨会气氛活跃、讨论热烈。皖西学院法学院院长助理唐自政介绍了皖西学院法学院在课程思政建设中的具体做法以及所取得的成效，得到与会专家的高度关注和肯定。

在圆满地完成会议的各项议程后大会圆满落幕。此次研讨会的成功举办,对进一步加强省内外高校的联系,借鉴各高校在法学专业课程思政建设中的经验和做法、提升课程思政建设的质量和水平,加强“法学专业人才培养特区”和一流法学专业建设,培养德法兼修的卓越法治人才起到重要的推动作用。

法学教育研究著作目录

1. 黄进主编:《中国法学教育研究》(2019 年第 3 辑),中国政法大学出版社 2020 年版。

2. 田士永主编:《中国法学教育研究》(2019 年第 4 辑),中国政法大学出版社 2020 年版。

3. 田士永主编:《中国法学教育研究》(2020 年第 1 辑),中国政法大学出版社 2020 年版。

4. 杨宗科主编:《法学教育研究》(第 28 卷),法律出版社 2020 年版。

5. 杨宗科主编:《法学教育研究》(第 29 卷),法律出版社 2020 年版。

6. 夏锦文主编:《法学教育评论》(第 4 辑),法律出版社 2020 年版。

7. 吴彦、黄涛主编:《作为通识教育的法学教育》,商务印书馆 2020 年版。

法学教育研究论文目录

1. 季连帅、何颖:《人工智能时代法学高等教育的变革与应对》,载《黑龙江社会科学》2020年第1期。

2. 曾皓:《在我国法学教育中融入隐形思想政治教育的路径探析》,载《湖南警察学院学报》2020年第1期。

3. 杨灿明:《新时代保障法学教育高质量发展的原则》,载《法学教育研究》2020年第1期。

4. 杨娅敏:《地方高校法学专业实施诊所法律教育路径研究》,载《大理大学学报》2020年第3期。

5. 李小亚:《新媒体环境下高校法学专业学生思政教育创新策略探索》,载《创新创业理论研究与实践》2020年第3期。

6. 孙新赟、方金华:《法学本科教学中研究性学习理念及其实施——基于当前法学专业教学法的反思》,载《牡丹江大学学报》2020年第2期。

7. 袁钢:《我国法律博士专业学位设置的必要性和可行性》,载《中国高教研究》2020年第1期。

8. 邹益民:《论我国法学教育对反思能力的培养——基于理论与实践的关系角度》,载《河南大学学报(社会科学版)》2020年第5期。

9. 陈冠旭、苗家、王飞:《"互联网+"教育中的法学变革》,载《科技风》2020年第7期。

10. 胡剑锋、李一飞、魏宏斌:《高校创新创业教育融入法学专业教育研究》,载《锦州医科大学学报(社会科学版)》2020年第2期。

11. 方明月:《公共安全事件中"互联网+"时代开放教育法学课程教学模式选择研究》,载《中国多媒体与网络教学学报(中旬刊)》2020年第5期。

12. 陈楚庭:《法学专业"课程思政"教学改革探析》,载《学校党建与思想教育》2020年第16期。

13. 黄维娜:《论独立学院法学专业校企合作课程质量评价标准的构建》,载《民办高等教育研究》2020年第2期。

14. 陈云霞:《法学本科课堂教学"理实分离"的反思与改革》,载《法学教育研究》2020年第1期。

15. 张瑞萍、邓建华:《论环境法学人才培养模式》,载《牡丹江大学学报》2020 年第 1 期。

16. 牟丹、高菊英:《雨课堂模式在高校法学教学中的应用研究》,载《通讯世界》2020 年第 1 期。

17. 王韬:《苏格拉底式案例教学在行政法学教学中的应用》,载《创新创业理论研究与实践》2020 年第 4 期。

18. 季连帅:《新时代特色应用型本科高校法学人才培养模式的实践与研究》,载《哈尔滨学院学报》2020 年第 4 期。

19. 包姝妹:《法学专业"课程思政"教学改革路径探析——以〈侵权责任法〉课程为例》,载《高教学刊》2020 年第 16 期。

20. 牛春燕:《需求侧视角下医学与法学交叉人才培养模式的反思与重构——以内蒙古地区为例》,载《中国卫生法制》2020 年第 1 期。

21. 高金娣:《一流专业建设背景下"课程思政"融入专业教学研究——以知识产权专业"知识产权法学"为例》,载《科技创业月刊》2020 年第 5 期。

22. 梁胜敏:《法学专业复合应用型法律人才培养路径研究——以新建财经本科院校为例》,载《大学教育》2020 年第 2 期。

23. 庞庆龙、周伟萌:《应用型法治人才培养视角下地方院校法学本科生专业实践能力培养的路径——以玉林师范学院法学专业为例》,载《西部素质教育》2020 年第 8 期。

24. 王炜:《论高校法学专业课程思政教学改革的推进方案》,载《教育教学论坛》2020 年第 33 期。

25. 吴英永、胡炜彦:《翻转课堂在法学教学中的应用》,载《中国多媒体与网络教学学报(上旬刊)》2020 年第 3 期。

26. 郑春燕、王友健:《非法本法律硕士培养模式的体系性再造》,载《研究生教育研究》2020 年第 5 期。

27. 梁传杰:《论我国学位授权审核制度之演进》,载《研究生教育研究》2020 年第 1 期。

28. 左晶:《宪法课程与思政结合的探索与实效分析》,载《教育教学论坛》2020 年第 34 期。

29. 高卉:《法律援助、法律诊所与实践性法律教学探析》,载《兵团教育学院学报》2020 年第 2 期。

30. 郭为禄:《探寻公共卫生法学教育之道》,载《法学》2020 年第 4 期。

31. 齐伟、刘丝丝:《全面推进依法治国视野下的法学教育改革——评〈法学教育研究〉》,载《高教探索》2020 年第 8 期。

32. 王健:《回望 2019:法学教育值得记忆的十件大事》,载《甘肃政法学院学报》2020 年第 2 期。

33. 张伟:《新时代西藏法学教育发展与创新的逻辑进路》,载《西藏大学学报(社会科学版)》2020 年第 2 期。

34. 刘坤轮:《何以固本:法学教育如何回应人工智能时代?》,载《山东社会科学》2020年第11期。

35. 马怀德:《法学教育法治人才培养的根本遵循》,载《中国党政干部论坛》2020年第12期。

36. 赵新、赵云芬:《高校环境法学教育之困境与纾解》,载《教育评论》2020年第12期。

37. 徐宏:《"人民教育家"高铭暄先生法学教育思想研究》,载《法学》2020年第3期。

38. 沈伟:《速亦能达:近代中国法学教育中的速成观念》,载《北京大学教育评论》2020年第2期。

39. 张海鹏:《智慧法学教育:数字化时代法学教育的革新》,载《法学教育研究》2020年第2期。

40. 韩大元:《法学教育的人文精神》,载《现代阅读》2020年第5期。

41. 邹卫中、李萍萍:《人工智能与法学教育融合发展研究》,载《南宁师范大学学报(哲学社会科学版)》2020年第2期。

42. 廖天虎:《美国法学教育现状及其借鉴》,载《乐山师范学院学报》2020年第7期。

43. 田海鑫:《互联网视域下法学教学改革研究——评〈法治中国与法学教育〉》,载《教育发展研究》2020年第24期。

44. 时延安、陈冉:《培养符合中国社会治理需要的法治人才——人民教育家高铭暄先生法学教育思想研究》,载《教学与研究》2020年第2期。

45. 殷守革:《临床法学教育模式在应用型法律人才培养中的运用》,载《中国成人教育》2020年第13期。

46. 潘星容、陈慕娴:《新时代法学教育长效机制研究》,载《南方职业教育学刊》2020年第3期。

47. 项定宜、毕莹:《"互联网+"背景下法学教育模式探析》,载《黑龙江教师发展学院学报》2020年第12期。

48. 彭中礼:《人工智能时代的法学教育变革》,载《山东法官培训学院学报(山东审判)》2020年第6期。

49. 许婷婷:《高校法学教育的路径选择刍议》,载《科教导刊》2020年第5期。

50. 段亚楠:《"互联网+"时代法学教育面临的挑战与变革》,载《佳木斯职业学院学报》2020年第2期。

51. 蔡红:《当前中国法学教育的挑战与机遇》,载《吉林广播电视大学学报》2020年第9期。

52. 成功:《论法律职业伦理与法学教育目标》,载《安徽警官职业学院学报》2020年第2期。

53. 成功:《"以德为先":法学教育目标的重塑》,载《辽宁教育行政学院学报》2020年第3期。

54. 李嘉文、王葆莳:《英美法学教育中交易技能课程的特色和借鉴》,载《山西省政法管理干部学院学报》2020年第3期。

55. 贺雨洁、黄文旭:《我国法学教育中实务能力培养的不足和改革建议》,载《山西省政法管理干部学院学报》2020年第3期。

56. 宋佳宁:《京津冀区域高等法学教育协同发展探析》,载《重庆理工大学学报(社会科学)》2020年第5期。

57. 杨宏:《法律职业共同体视角下对我国法学教育的思考——评〈构建法律职业共同体研究文集〉》,载《中国教育学刊》2020年第6期。

58. 贺鉴、王玉全:《新时代中非法学教育合作:背景、问题及对策》,载《当代教育理论与实践》2020年第5期。

59. 林锦静:《法学教育"内涵式发展"下大学生法律思维能力培育研究——基于域外法学教育的启示》,载《桂林师范高等专科学校学报》2020年第2期。

60. 朱嘉珺:《智能时代法学教育的发展与突破》,载《淮阴师范学院学报(自然科学版)》2020年第4期。

61. 张富利、高行:《人工智能时代法学教育模式变革探析》,载《辽宁教育行政学院学报》2020年第5期。

62. 沈伟:《近代中国法学教育中的"海派"与"京派"》,载《湖州师范学院学报》2020年第11期。

63. 王淑君:《虚拟现实技术在法学教育中的应用》,载《教书育人》2020年第36期。

64. 崔艳峰:《本科法学教育改革之现代学徒制的引入》,载《晋中学院学报》2020年第5期。

65. 刘顺峰:《近代以前的法学教育:历史叙事与经验启示》,载《山东法官培训学院学报(山东审判)》2020年第6期。

66. 张恩典:《人工智能时代法律职业的变迁与法学教育变革》,载《法学教育研究》2020年第1期。

67. 周新:《论法学教育中批判性阅读的引入及能力培养》,载《广西科技师范学院学报》2020年第4期。

68. 李其瑞、冯飞飞:《中国法学教育70年:发展历程、问题反思和未来展望》,载《法学教育研究》2020年第2期。

69. 曲广娣:《我国法学教育管理体制的现状、问题及完善思路探析》,载《教育现代化》2020年第63期。

70. 王斯彤:《"人工智能+法学"模式对我国法学教育的推动和变革》,载《西部学刊》2020年第18期。

71. 梁敏:《法学教育国际化之理念与模式探索》,载《高教学刊》2020年第22期。

72. 万方:《基于法学教育内涵式发展的双语课堂实践——以〈国际商法〉课程为例》,载《教育现代化》2020 年第 32 期。

73. 杨秋实:《"卓越法治人才培养计划 2.0"下法学教育评估机制研究》,载《法制博览》2020 年第 23 期。

74. 蒋银华:《多元一体化:法治人才培养的实现机制——基于改革开放 40 年法学教育的经验总结》,载《广州大学学报(社会科学版)》2020 年第 1 期。

75. 郑向春、乔一涓:《港澳台三地法律实务课程对我国法学教育的启示》,载《山西省政法管理干部学院学报》2020 年第 3 期。

76. 陈红梅、宁嘉:《依法治国背景下的法学教育改革——以体验式教学法为视角》,载《创新创业教育》2020 年第 2 期。

77. 杜健荣:《法学教育的能力观:域外经验与中国选择》,载《法学教育研究》2020 年第 1 期。

78. 赵进华、隋军:《白山黑水,风雨陶铸:民国时期东北大学的法学教育》,载《法学教育研究》2020 年第 1 期。

79. 李刚、张榆青:《新时代法学教育的服务面向与学科创新(英文)》,载《China Legal Science》2020 年第 6 期。

80. 浪子、曹孝前:《时务学堂与新时代法学教育——"新时代法治建设与法学教育"暨"时务学堂创建 120 周年纪念"学术论坛综述》,载《岳麓法学评论》2020 年第 1 期。

81. 夏静宜:《日本法学教育中的研讨课制度及其对我国的启示》,载《法学教育研究》2020 年第 1 期。

82. 庄绪龙:《实践面向:法学教育与理论研究的使命与理念——基于具体实例的考察》,载《警学研究》2020 年第 4 期。

83. 郭剑平:《我国法学教育的目标定位及其教学改革要点探析——以统一法律职业资格制度为分析视角》,载《高教论坛》2020 年第 11 期。

84. 马怀德:《新时代法学教育的"四梁八柱"——在第十届"立格联盟"高峰论坛上的发言》,载《法学教育研究》2020 年第 1 期。

85. 王刚:《"一带一路"背景下民族高等院校法学教育之战略转型及应对——以青海民族大学为例》,载《青藏高原论坛》2020 年第 2 期。

86. 杨宗科:《论"新法学"的建设理路》,载《法学》2020 年第 7 期。

87. 吕翾:《教育与职业深度衔接的课程实施:理念与评价——以法学课程为例》,载《中国职业技术教育》2020 年第 14 期。

88. 陈灿祁、樊洁:《"双一流"建设背景下法学研究生教育改革研究》,载《当代教育理论与实践》2020 年第 4 期。

89. 陈逸飞:《"德法兼修"助推高校法学教学改革》,载《湖北经济学院学报(人文社会科学版)》2020 年第 9 期。